Verwandle dein Leben

Von GESHE KELSANG GYATSO sind folgende Bücher im Tharpa Verlag erschienen:

Allumfassendes Mitgefühl
Einführung in den Buddhismus
Das Meditationshandbuch
Herzjuwel
Herz der Weisheit
Den Geist verstehen
Freudvoller Weg
Sinnvoll zu betrachten
Acht Schritte zum Glück

GESHE KELSANG GYATSO

Verwandle dein Leben

EINE GLÜCKSELIGE REISE

THARPA VERLAG
Zürich

1. Auflage 2002
Originaltitel: Transform Your Life

© 2002 Deutsche Übersetzung
Geshe Kelsang Gyatso und Neue Kadampa-Tradition

Das Werk einschließlich aller seiner Teile ist urheberrechtlich geschützt.
Jede Reproduktion ist unzulässig, außer zur Verwendung kurzer Passagen für privates Studium, Forschung und Buchbesprechungen.

Herausgeber:
Tharpa Verlag Zürich

Übersetzung: Björn Clausen, Mark Foster, Kelsang Nyima, Hans Müller, Manfred Saner, Andrea Schumacher

Umschlaggestaltung: Barbara Berger
Umschlagbild: Wunscherfüllender Baum von Robert Beer
Fotos auf Seite 23 und 107: Kathia Rabelo
Fotos auf Seite 15 und 131: © 2001-www.arttoday.com
Foto auf Seite 425: René Knopfel
Restliche Fotos: Kelsang Dewang

Satz: Tharpa Verlag

ISBN 3-908543-17-7

Druck: Freiburger Graphische Betriebe, Freiburg, Deutschland

Inhalt

Vorwort — vii

1. TEIL: Grundlagen

Innerer Frieden — 3
Was ist der Geist? — 15
Reinkarnation — 23
Tod — 33
Karma — 49
Unser Menschenleben — 67
Eine Praxis für jeden Tag — 87

2. TEIL: Fortschritt

Andere schätzen lernen — 107
Wie man wertschätzende Liebe vertieft — 131
Austauschen vom Selbst mit anderen — 161
Großes Mitgefühl — 197
Wünschende Liebe — 215
Die Niederlage annehmen und den Sieg anbieten — 231

Nehmen und Geben	243
Das edelste gute Herz	265
Endgültige Wahrheit	275
Widmung	330
Anhang I – *Gebete für die Meditation*	331
Anhang II – Was ist Meditation?	341
Anhang III – Wie wir das Problem unserer Wut lösen	351
Anhang IV – *Die Kadampa-Lebensweise*	423
Glossar	439
Bibliographie	453
Studienprogramme	457
Index	463
Weitere Bücher von Geshe Kelsang Gyatso	479

Vorwort

Wir sollten darüber nachdenken, daß unser Menschenleben kostbar, selten und bedeutungsvoll ist. Diejenigen, die als Tiere wiedergeboren wurden, haben aufgrund der Beschränkungen ihres Körpers und Geistes nicht die Möglichkeit, den spirituellen Pfad zu verstehen oder zu praktizieren. Nur die Menschen sind frei von diesen Behinderungen und haben alle notwendigen Bedingungen, um spirituelle Pfade, den einzigen Weg zu immerwährendem Glück, auszuüben. Diese Freiheit und der Besitz der notwendigen Bedingungen sind die besonderen Eigenschaften, die unser Menschenleben so kostbar machen.

Es gibt zwar viele Menschen auf dieser Welt, doch jeder von uns hat nur ein Leben. Ein einzelner kann viele Autos und Häuser besitzen, aber selbst der reichste Mensch auf der Welt kann nicht mehr als ein Leben sein eigen nennen; und wenn dieses Leben zu Ende geht, kann er sich kein neues kaufen, borgen oder herstellen. Wenn wir dieses Leben verlieren, wird es sehr schwierig sein, in der Zukunft ein ähnlich gut qualifiziertes Menschenleben zu finden. Unser Menschenleben ist deshalb sehr selten.

Wenn wir unser Menschenleben dazu benützen, spirituelle Realisationen zu erlangen, dann bekommt unser Leben großen Sinn. Verwenden wir es auf diese Weise, verwirklichen wir unser volles Potential und entwickeln uns vom Zustand eines gewöhnlichen, unwissenden zum Zustand eines voll erleuchteten Wesens, des höchsten Wesens von allen; und wenn wir soweit sind, werden wir die Kraft haben, allen Lebewesen ohne Ausnahme zu helfen. Wenn wir also unser Menschenleben nutzen, um spirituelle Realisationen zu erlangen, können wir alle unsere Probleme lösen und alle unsere eigenen und die Wünsche anderer Lebewesen erfüllen. Was könnte sinnvoller sein?

Wenn wir über diese Punkte nachdenken, werden wir den Entschluß fassen, die spirituelle Praxis auszuüben. Dieses Buch, das ich für die tägliche spirituelle Praxis zusammengestellt habe, enthält eine Sammlung von vielen wichtigen Anweisungen aus meinen anderen Büchern. Der Stoff ist tiefgründig, aber da die Präsentation einfach ist, ist er nicht schwierig zu verstehen, selbst wenn Sie Anfänger sind. Wenn Sie die Anweisungen in die Praxis umsetzen, können sie Ihre täglichen Probleme lösen und wahres Glück finden. Ich glaube, daß die Anweisungen, die hier aufgeführt werden, besonders für diejenigen, die meine anderen Bücher bereits kennen, eine kraftvolle Methode darstellen, um die tiefsten Erfahrungen sowohl der Stufen des Pfades zur Erleuchtung als auch der Geistesschulung zu gewinnen. Wenn Sie dieses Buch mit einem positiven Geist, frei von negativen Sichtweisen, lesen, werden sie bestimmt großen Nutzen daraus ziehen.

Ich bete dafür, daß alle, die dieses Buch lesen, inneren Frieden erlangen und den wahren Sinn des Menschenlebens verwirklichen.

Geshe Kelsang Gyatso
Vereinigte Staaten von Amerika
März 2001

1. TEIL

Grundlagen

Innerer Frieden

Innerer Frieden

Alle Lebewesen haben den gleichen grundlegenden Wunsch, glücklich zu sein und Leiden zu vermeiden, aber sehr wenige Menschen verstehen, was die wahren Ursachen von Glück und Leiden sind. Vielfach sind wir der Ansicht, daß äußere Umstände, wie zum Beispiel Essen, Freunde, Autos und Geld, die wahren Ursachen für Glück sind, und infolgedessen verwenden wir fast unsere gesamte Zeit und Energie darauf, sie zu erlangen. Oberflächlich betrachtet, scheint es, als ob diese Dinge uns glücklich machen könnten, wenn wir es aber genauer ansehen, bemerken wir, daß sie uns auch viele Leiden und Probleme bringen.

Glück und Leiden sind Gegensätze. Wenn daher etwas eine wahre Ursache für Glück ist, kann es nicht zu Leiden führen. Wenn Essen, Geld und ähnliches wirklich die Ursache für Glück sind, können sie niemals die Ursachen für Leiden sein, doch wir wissen aus eigener Erfahrung, daß sie oft der Grund für Leiden sind. Eines unserer Hauptinteressen zum Beispiel ist Essen, aber das Essen, das wir zu uns nehmen, ist auch die Hauptursache für den größten Teil unserer schlechten Gesundheit und unserer Krankheiten. Bei der Herstellung der Dinge, von denen wir glaubten, daß sie uns glücklich machen würden, haben wir unsere Umwelt in einem solchen Ausmaß verschmutzt, daß die Luft, die wir atmen, und das Wasser, das wir trinken, unsere Gesundheit und unser Wohlergehen bedrohen. Wir lieben die Freiheit und Unabhängigkeit, die uns ein Auto gibt, aber der Preis, den wir in Form von Unfällen und Zerstörung der Umwelt bezahlen müssen, ist enorm hoch. Wir haben das Gefühl, daß Geld grundlegend wichtig ist, damit wir das Leben genießen können, aber das Streben nach Geld kann auch zu riesigen Problemen und Sorgen führen. Selbst unsere Familie und unsere Freunde, mit denen wir so viele glückliche Momente erleben, können uns viele Sorgen und Kummer bereiten.

In den letzten Jahren ist unser Wissen und unsere Kontrolle über die äußere Welt stark angewachsen, und infolgedessen haben wir einen erstaunlichen materiellen Fortschritt erlebt, doch das Glück der Menschen ist nicht entsprechend angewachsen. In der Welt von heute gibt es nicht weniger Leiden, und die Probleme sind nicht geringer geworden. Tatsächlich könnte man sagen, daß es heute mehr Probleme und größere Unzufriedenheit gibt als jemals zuvor. Das zeigt, daß die Lösung unserer Probleme und der Probleme der Gesellschaft als ganzes nicht im Wissen und der Kontrolle über die äußere Welt liegt.

Warum ist das so? Glück und Leiden sind Geisteszustände, und daher kann ihre Hauptursache nicht außerhalb des Geistes gefunden werden. Ist unser Geist friedvoll, sind wir jederzeit glücklich, unabhängig von äußeren Umständen, wenn er aber in irgendeiner Weise gestört oder unruhig ist, werden wir niemals glücklich sein, wie gut auch unsere äußeren Umstände sein mögen. Äußere Umstände können uns nur glücklich machen, wenn unser Geist friedvoll ist. Unsere eigene Erfahrung zeigt es uns. Zum Beispiel verschwindet jedes Glück sofort, wenn wir wütend werden, selbst wenn wir uns in der schönsten Umgebung befinden und alles besitzen, was wir benötigen, denn die Wut hat unseren inneren Frieden zerstört.

Daraus können wir ersehen, daß wir eine besondere Erfahrung von innerem Frieden entwickeln und aufrechterhalten müssen, wenn wir wahres, anhaltendes Glück finden wollen. Die einzige Methode, mit der wir dies erreichen können, ist die Schulung unseres Geistes durch die spirituelle Praxis, d. h. daß wir allmählich unsere negativen, gestörten Geisteszustände vermindern und beseitigen und sie durch positive, friedvolle Geisteszustände ersetzen. Schließlich werden wir durch die ständige Verbesserung unseres inneren Friedens immerwährenden inneren Frieden oder «Nirvana» erfahren. Haben wir einmal Nirvana erlangt, werden wir unser ganzes Leben lang und Leben für Leben glücklich sein. Wir haben alle unsere Probleme gelöst und unserem Menschenleben wahren Sinn gegeben.

Da wir alle unsere eigene Quelle von Frieden und Glück in uns tragen, fragen wir uns vielleicht, warum es so schwierig ist, immer einen friedvollen und freudigen Geist zu bewahren? Es liegt an den Verblendungen, die so oft unseren Geist in Beschlag nehmen. Verblendungen sind eine verzerrte Art und Weise, uns selbst, andere Menschen und die Welt um uns herum zu sehen; wie ein Zerrspiegel reflektieren sie eine verzerrte Welt. Der verblendete Geist des Hasses zum Beispiel sieht andere Menschen als an sich schlecht an, aber es gibt keine an sich schlechten Personen. Begehrende Anhaftung andererseits betrachtet ihr Objekt des Begehrens als an sich gut und als Quelle von Glück. Haben wir große Lust auf

Schokolade, dann scheint Schokolade an sich begehrenswert zu sein. Haben wir aber zuviel davon gegessen und wird uns schlecht, scheint sie nicht mehr länger so begehrenswert und vielleicht sogar abstoßend zu sein. Dieses Beispiel zeigt uns, daß Schokolade an sich weder begehrenswert noch abstoßend ist. Es ist der verblendete Geist der Anhaftung, der alle Arten von angenehmen Qualitäten auf seine Objekte des Begehrens projiziert und dann mit ihnen umgeht, als ob sie tatsächlich diese Eigenschaften besitzen würden.

Alle Verblendungen funktionieren auf diese Weise, d. h. sie projizieren ihre eigene verzerrte Version der Wirklichkeit und behandeln diese Projektion dann so, als ob sie wahr wäre. Wenn unser Geist unter dem Einfluß von Verblendungen steht, haben wir keine Verbindung zur Realität und sehen die Dinge nicht, wie sie wirklich sind. Da unser Geist immer unter der Kontrolle von Verblendungen, zumindest der subtilen Formen, steht, ist es nicht überraschend, daß unser Leben so oft von Frustration erfüllt ist. Es ist, als ob wir ständig Luftspiegelungen nachjagen würden, nur um dann enttäuscht zu sein, wenn sie uns nicht die erhoffte Befriedigung geben.

Wenn Dinge in unserem Leben nicht gelingen und wir in schwierigen Situationen stecken, neigen wir dazu, die Situation selbst als das Problem zu betrachten. Tatsächlich jedoch kommt jedes Problem, das wir erfahren, aus dem Geist. Wenn wir den Schwierigkeiten mit einem positiven und friedvollen Geist begegnen würden, wären sie kein Problem für uns; in der Tat sähen wir sie vielleicht sogar als eine Herausforderung oder als eine Gelegenheit für Wachstum und Entwicklung an. Probleme entstehen nur, wenn wir auf eine bestimmte Situation mit einem negativen Geisteszustand reagieren. Wenn wir also unser Leben verwandeln und frei von Problemen sein wollen, müssen wir unseren Geist umwandeln. Leiden, Probleme, Sorgen, Traurigkeit und Schmerz existieren alle nur in unserem Geist; es sind alles unangenehme Gefühle, die Teil des Geistes sind. Indem wir unseren Geist unter Kontrolle bringen und reinigen, können wir sie ein für allemal ausschalten.

Um dies genau verstehen zu können, müssen wir die Beziehung zwischen dem Geist und äußeren Objekten verstehen. Alle Objekte, ob angenehm, unangenehm oder neutral, sind bloße Erscheinungen des Geistes, so wie die Dinge, die man in einem Traum erfährt. Zu Beginn ist dies nicht einfach zu verstehen, aber wir können ein gewisses Verständnis gewinnen, indem wir über das Folgende nachdenken. Wenn wir wach sind, existieren viele verschiedene Dinge, aber wenn wir einschlafen, hören sie auf zu existieren. Der Grund liegt darin, daß der Geist, dem sie erscheinen, aufhört. Wenn wir träumen, sind die einzigen Dinge, die erscheinen, Traumobjekte. Später, wenn wir aufwachen, hören diese Objekte auf. Der Grund ist, daß der Traumgeist, dem sie erscheinen, aufhört. Wenn wir tief darüber nachdenken, werden wir verstehen, wie wir es anstellen können, daß alle unangenehmen Dinge, die wir nicht mögen, aufhören, ganz einfach indem wir unreine, verblendete Geisteszustände aufgeben; und wir können bewirken, daß alle angenehmen Dinge, die wir uns wünschen, entstehen, ganz einfach indem wir einen reinen Geist erzeugen. Die Reinigung unseres Geistes von Verblendungen durch die spirituelle Praxis erfüllt unsere tiefste Sehnsucht nach wahrem, immerwährendem Glück.

Wir sollten verstehen, daß die Verblendungen, obwohl sie fest verankert sind, kein innewohnender Bestandteil unseres Geistes sind, und daher zweifellos beseitigt werden können. Verblendungen sind bloß schlechte Geistesgewohnheiten, und so wie alle Gewohnheiten können sie überwunden werden. Zur Zeit ist unser Geist wie schmutziges Wasser, trüb und verunreinigt von Verblendungen. Doch so wie es möglich ist, den Dreck vom Wasser zu trennen, so ist es möglich, den Geist von allen Verblendungen zu reinigen. Wenn keine Verblendungen mehr in unserem Geist sind, gibt es nichts, was unseren inneren Frieden und unsere Freude trüben könnte.

Seit anfangsloser Zeit sind wir unter der Kontrolle unseres Geistes wie eine Marionette. Wir gleichen einem Diener, der für unseren Geist arbeitet; wenn unser Geist etwas machen will, bleibt uns nichts anderes übrig, als es zu tun. Manchmal ist unser Geist wie ein verrückter Elefant, der sehr viele Probleme und Gefahren für uns selbst und andere schafft. Indem wir uns aufrichtig mit der spirituellen Praxis beschäftigen, können wir diese Situation umkehren und die Herrschaft über unseren Geist erlangen. Wenn wir unseren Geist auf diese Weise umwandeln, werden wir schließlich wahre Freiheit genießen.

Damit unsere spirituelle Praxis von Erfolg gekrönt wird, brauchen wir die Segnungen und die Inspiration derjenigen, die bereits tiefe innere Realisationen erreicht haben. Wir müssen uns aber auch selbst ständig ermutigen. Wenn wir uns selbst nicht ermutigen können, wie sollten es andere tun können? Wenn wir klar verstehen, daß innerer Frieden die wahre Quelle von Glück ist, und wie wir, durch die spirituelle Praxis, immer tiefere Ebenen von innerem Frieden erfahren können, werden wir große Begeisterung für die Praxis entwickeln. Das ist sehr wichtig, denn um den beständigen inneren Frieden von Nirvana zu erreichen, müssen wir die spirituelle Praxis aufrichtig und mit großem Eifer ausüben.

Das heißt aber nicht, daß wir äußere Umstände ignorieren. Wir brauchen inneren Frieden, wir brauchen aber auch eine gute Gesundheit und außerdem gewisse äußere Bedingungen wie Nahrung und angenehme Lebensumstände. Es gibt viele Leute, die sich ausschließlich auf die materiellen Dinge des Lebens konzentrieren, während sie die spirituelle Praxis vollkommen ignorieren. Das ist das eine Extrem. Es gibt aber auch Leute, die sich ausschließlich auf die spirituelle Praxis konzentrieren, während sie die materiellen Umstände ignorieren, die nötig sind, um ein gesundes menschliches Leben aufrechterhalten zu können. Das ist das andere Extrem. Wir brauchen einen mittleren Weg, der beide Extreme, das des Materialismus und das der Spiritualität, meidet.

Es gibt Leute, die meinen, daß diejenigen, die nach der Erlangung von Nirvana streben, selbstsüchtig sind, weil es scheint, als ob sie sich nur auf ihren eigenen inneren Frieden konzentrieren würden. Diese Ansicht ist aber falsch. Unser eigentliches Ziel, das wir mit dem Erreichen des beständigen inneren Friedens von Nirvana anstreben, ist, anderen Lebewesen zu helfen, das gleiche zu erlangen. So wie der Gewinn des inneren Friedens für uns selbst der einzige Weg ist, unsere eigenen Probleme zu lösen, so ist der einzige Weg, wie wir anderen helfen können, ihre Probleme zu lösen, daß wir sie ermutigen, eine spirituelle Praxis auszuüben und ihren eigenen inneren Frieden zu entdecken. Diese Art und Weise, anderen Lebewesen von Nutzen zu sein, ist weitaus die beste; einen wirklich großen Effekt erzielen wir damit aber nur, wenn wir zuerst an unserem eigenen Geist arbeiten. Es hat wenig Sinn, den Leuten zu erzählen, wie wichtig es ist, ihre Verblendungen zu überwinden, wenn wir unsere eigenen nicht kontrollieren können. Wenn es uns aber durch die Schulung unseres Geistes gelingt, zum Beispiel unsere Wut zu vermindern oder sie sogar zu beseitigen, dann können wir anderen bestimmt helfen, ihre eigene Wut zu kontrollieren. Dann wird unser Rat nicht aus bloßen Worten bestehen, sondern wird die Kraft der persönlichen Erfahrung in sich tragen.

Manchmal können wir anderen helfen, indem wir ihnen Geld geben oder bessere materielle Umstände für sie schaffen. Wir sollten aber bedenken, daß wir ihnen am meisten nützen, wenn wir ihnen helfen, ihre Verblendungen zu überwinden und wahres, immerwährendes inneres Glück zu finden. Durch technologischen Fortschritt und indem wir für eine fairere, menschlichere Gesellschaft arbeiten, können wir das Leben der Menschen in gewisser Hinsicht verbessern, aber, was immer wir tun, es wird zwangsläufig gewisse unerwünschte Nebenwirkungen haben. Das beste, was wir uns erhoffen können, ist, daß wir den Menschen zu Umständen verhelfen, die ihnen einen vorübergehenden Aufschub ihrer Probleme und Schwierigkeiten verschaffen; wahres, immerwährendes Glück können wir ihnen aber nicht geben. Der Grund dafür ist, daß die wahre Ursache von Glück innerer Frieden ist, den wir nur im Geist, nicht aber in äußeren Umständen finden.

Ohne inneren Frieden ist äußerer Frieden nicht möglich. Wir alle wünschen uns Frieden auf Erden, aber der Weltfrieden wird niemals erreicht werden, wenn wir den Frieden nicht zuerst in unserem eigenen Geist erschaffen. Wir können sogenannte Friedenstruppen in Konfliktgebiete schicken, aber Frieden kann nicht von außen mit Waffen aufgezwungen werden. Nur wenn wir Frieden in unserem eigenen Geist schaffen und anderen helfen, das gleiche zu tun, können wir darauf hoffen, Frieden in dieser Welt zu erlangen.

Dieses Buch enthält viele tiefgründige Methoden der spirituellen Praxis, und alle diese Methoden sind praktische Mittel, unseren Geist zu reinigen und zu kontrollieren. Wenn wir diese Methoden in die Praxis umsetzen, werden wir mit Sicherheit eine besondere Erfahrung von geistigem Frieden erreichen. Indem wir diese Erfahrung ständig verbessern, werden die verblendeten Geisteszustände langsam abnehmen und unser innerer Frieden wird wachsen. Schließlich werden wir den beständigen inneren Frieden von Nirvana erlangen, indem wir die Verblendungen insgesamt aufgeben. Wenn wir unsere eigenen Verblendungen, wie zum Beispiel Wut, Anhaftung und Unwissenheit, überwunden und die tiefgründigen spirituellen Realisationen von allumfassender Liebe, allumfassendem Mitgefühl, Konzentration und Weisheit entwickelt haben, werden wir anderen viel besser helfen können. Auf diese Weise können wir anderen Lebewesen behilflich sein, ihre Problem nicht nur für ein paar Tage oder Jahre, sondern für immer lösen zu können. Wir können ihnen helfen, einen inneren Frieden und Freude zu finden, die nichts, nicht einmal der Tod, zerstören kann. Wie wunderbar!

Was ist der Geist?

Was ist der Geist?

Da Glück und Leiden vom Geist abhängen, müssen wir die Natur und Funktion des Geistes verstehen, wenn wir Leiden vermeiden und wahres Glück finden wollen. Zunächst scheint dies ziemlich einfach zu sein, da wir alle einen Geist haben und wir alle wissen, in welchem Zustand unser Geist ist – ob er glücklich oder traurig, klar oder verwirrt ist usw. Wenn uns aber jemand fragen würde, was die Natur und die Funktion unseres Geistes ist, könnten wir wahrscheinlich keine genaue Antwort geben. Das zeigt, daß wir den Geist nicht genau verstehen.

Manche Leute denken, der Geist sei das Gehirn oder ein anderer Teil oder eine Funktion des Körpers. Das ist jedoch nicht richtig. Das Gehirn ist körperlich, etwas, das man mit den Augen sehen kann. Es kann fotografiert werden, und es kann operiert werden. Der Geist hingegen ist nicht körperlich. Er kann weder mit den Augen gesehen werden, noch kann man ihn fotografieren oder durch eine Operation wiederherstellen. Das Gehirn ist deshalb nicht der Geist, sondern einfach nur ein Teil des Körpers.

Innerhalb unseres Körpers gibt es nichts, was wir als unseren Geist identifizieren können, weil Körper und Geist verschiedene Wesenheiten sind. Unser Geist kann zum Beispiel sehr beschäftigt sein, von einem Objekt zum andern springen, während unser Körper entspannt und regungslos ist. Dies ist ein Hinweis darauf, daß Körper und Geist nicht von gleicher Natur sind. In den buddhistischen Schriften wird unser Körper mit einem Gasthaus verglichen und unser Geist mit einem Gast, der darin verweilt. Sterben wir, verläßt unser Geist unseren Körper und geht ins nächste Leben über, so wie ein Gast eine Herberge verläßt und weiterzieht.

Wenn der Geist nicht das Gehirn oder irgendein anderer Teil unseres Körpers ist, was ist er dann? Er ist ein formloses Kontinuum mit der Funktion, Objekte wahrzunehmen und zu verstehen. Weil der Geist von Natur aus formlos oder immateriell ist, kann er auch nicht durch materielle Objekte behindert werden. Für unseren Körper ist es unmöglich, ohne Raumschiff zum Mond zu fliegen, unser Geist aber kann den Mond augenblicklich erreichen, indem er ganz einfach an ihn denkt. Objekte zu erkennen und wahrzunehmen ist eine Funktion, die ausschließlich der Geist besitzt. Obwohl wir sagen: «Ich weiß dieses und jenes», ist es in Wirklichkeit unser Geist, der es weiß. Wir wissen Dinge nur, indem wir unseren Geist benutzen.

Es ist sehr wichtig, unfriedliche Geisteszustände von friedvollen Geisteszuständen unterscheiden zu können. Wie im vorherigen Kapitel erklärt wurde, werden Geisteszustände, die unseren inneren Frieden stören, wie Wut, Neid und begehrende Anhaftung, Verblendungen genannt. Sie sind die Hauptursachen für alle unsere Leiden. Wir denken vielleicht, unsere Leiden seien durch andere Menschen, durch schlechte materielle Umstände oder durch die Gesellschaft verursacht.

In Wirklichkeit jedoch entstehen Leiden durch unsere verblendeten Geisteszustände. Die Essenz der Dharma-Praxis ist es, unsere Verblendungen zu vermindern und schließlich ganz auszulöschen und sie durch immerwährenden inneren Frieden zu ersetzen. Das ist der wahre Sinn unseres Menschenlebens.

Normalerweise suchen wir das Glück außerhalb von uns, nicht in uns. Wir versuchen, unsere materiellen Umstände zu verbessern, eine vorteilhaftere Arbeit oder einen höheren gesellschaftlichen Status zu erhalten usw., doch wie erfolgreich wir auch darin sein mögen, unsere äußere Lage zu verbessern, wir werden immer noch viele Probleme und große Unzufriedenheit erfahren. Nie erfahren wir reines, anhaltendes Glück. Dies zeigt uns, daß wir Glück nicht außerhalb von uns suchen, sondern es in uns selbst erschaffen sollten, indem wir unseren Geist durch aufrichtige spirituelle Praxis reinigen und kontrollieren. Wenn wir uns auf diese Weise schulen, können wir sicherstellen, daß unser Geist jederzeit ruhig und glücklich bleibt. Dann werden wir, ungeachtet der äußeren Umstände, immer glücklich und friedvoll sein.

Obwohl wir im gewöhnlichen Leben sehr hart dafür arbeiten, Glück zu finden, ist es nur schwer zu erreichen. Leiden und Probleme hingegen tauchen automatisch auf, ohne jede Anstrengung. Warum? Das liegt daran, daß die Ursache für Glück in unserem Geist, d. h. innerer Frieden, sehr schwach ist und nur durch Aufwendung von großem Bemühen seine Wirkung entfalten kann. Die inneren Ursachen für Leiden und Probleme hingegen, d. h. die Verblendungen, sind sehr stark und führen ohne Bemühen unsererseits zu ihrer Auswirkung. Das ist der wahre Grund dafür, daß Probleme wie von selbst entstehen, während Glück so schwierig zu finden ist.

Dies zeigt uns, daß der Hauptgrund sowohl für Glück als auch für Probleme im Geist und nicht in der äußeren Welt liegt. Wenn es uns gelänge, den ganzen Tag lang einen ruhigen und friedvollen Geist zu bewahren, würden wir niemals irgendwelche Probleme oder geistiges Leiden erfahren. Bleibt unser Geist zum Beispiel immer friedvoll, werden wir nicht unglücklich werden, selbst wenn wir beleidigt, kritisiert oder beschuldigt werden oder wir unsere Arbeit oder unsere Freunde verlieren. Wie schwierig sich unsere äußeren Umstände auch gestalten mögen, solange wir einen ruhigen und friedvollen Geist bewahren, werden sie kein Problem für uns sein. Wenn wir also frei von unseren Problemen werden wollen, gibt es nur eines zu tun: lernen, einen friedvollen Geisteszustand zu bewahren, indem wir dem spirituellen Pfad folgen.

Der wichtigste Punkt beim Verstehen des Geistes ist, daß die Befreiung von Leiden nicht außerhalb des Geistes gefunden werden kann. Beständige Befreiung kann nur durch die Reinigung des Geistes gefunden werden. Wenn wir frei von Problemen sein und anhaltenden Frieden und immerwährendes Glück finden wollen, müssen wir daher unser Wissen und Verständnis des Geistes vertiefen.

Es gibt drei Ebenen des Geistes: grob, subtil und sehr subtil. Grobe Geistesarten beinhalten Sinnesgewahrseinsarten wie das Augen- und das Ohrengewahrsein und alle normalen Geistesarten des Wachzustandes, einschließlich der Verblendungen wie Wut, Neid, Anhaftung und starke am Selbst festhaltende Unwissenheit. Diese groben Geistesarten stehen in Verbindung mit groben inneren Winden und sind relativ leicht zu erkennen. Innere Winde sind subtile Energiewinde, die durch die Kanäle unseres Körpers fließen und die Funktion haben, unseren Geist zu seinem Objekt zu bewegen.

Wenn wir einschlafen oder sterben, lösen sich unsere groben Geistesarten nach innen auf, und unsere subtilen Geistesarten werden manifest. Subtile Geistesarten stehen mit subtilen inneren Winden in Verbindung und sind schwieriger zu erkennen als grobe Geistesarten. Während des Tiefschlafs und am Ende des Todesprozesses lösen sich die inneren Winde ins Zentrum des Herzkanalrades im Zentralkanal auf, und dann wird der sehr subtile Geist, der Geist des Klaren Lichtes, manifest. Der sehr subtile Geist steht in Verbindung mit dem sehr subtilen inneren Wind und ist äußerst schwer zu erkennen. Das Kontinuum des sehr subtilen Geistes hat keinen Anfang und kein Ende. Dieser Geist geht von einem Leben zum nächsten, und wenn er durch die Schulung in Meditation vollkommen gereinigt wird, ist es dieser Geist, der sich schließlich in den allwissenden Geist eines erleuchteten Wesens umwandelt. Die Lebewesen haben zahllose Gedanken oder Geistesarten. Sie alle sind in zwei Arten enthalten: primäre Geistesarten und geistige Faktoren. Eine detaillierte Erklärung dazu finden Sie im Buch *Den Geist verstehen*.

Wenn wir die Natur unseres Geistes genau verstehen, werden wir mit Sicherheit erkennen, daß das Kontinuum unseres Geistes nicht aufhört, wenn wir sterben, und es wird keinen Grund geben, an der Existenz zukünftiger Leben zu zweifeln. Wenn wir erkennen, daß unsere zukünftigen Leben eine Tatsache sind, werden wir uns ganz natürlich um unser Wohlergehen und Glück in diesen Leben sorgen, und wir werden dieses gegenwärtige Leben dazu benutzen, geeignete Vorbereitungen zu treffen. Dies wird uns davon abhalten, unser kostbares Menschenleben allein mit den Anliegen dieses Lebens zu verschwenden. Deshalb ist ein korrektes Verständnis des Geistes absolut notwendig.

Reinkarnation

Reinkarnation

Viele Menschen glauben, daß nach dem Tod und Zerfall des Körpers auch das Kontinuum des Geistes ein Ende nimmt und daß der Geist nicht weiterexistiert, so wie eine Kerzenflamme, deren Wachs verbrannt ist. Es gibt sogar Menschen, die sich mit dem Gedanken tragen, Selbstmord zu begehen, in der Hoffnung, daß mit ihrem Tod ihre Probleme und Leiden ein Ende finden; diese Ansichten sind aber völlig falsch. Wie bereits erklärt, sind unser Körper und Geist getrennte Wesenheiten. Obwohl der Körper beim Tod zerfällt, erfährt das Kontinuum des Geistes keine Unterbrechung. Anstatt ein Ende zu finden, verläßt der Geist ganz einfach den gegenwärtigen Körper und geht in das nächste Leben über. Gewöhnlichen Wesen bringt der Tod nur neue Leiden, anstatt sie von ihrem Elend zu erlösen. Da sie dies nicht verstehen, zerstören viele Menschen ihr kostbares menschliches Leben, indem sie Selbstmord begehen.

Eine besondere spirituelle Praxis, die früher ziemlich weit verbreitet war, heißt «Bewußtseinsübertragung in einen anderen Körper». Es gibt viele Beispiele früherer Praktizierender, die ihr Bewußtsein von ihrem normalen in einen anderen

Körper übertragen konnten. Wenn Körper und Geist die gleiche Wesenheit sind, wie ist es dann möglich, daß diese Praktizierenden ihr Bewußtsein auf diese Weise übertragen konnten? Selbst heute ist es nichts Ungewöhnliches, daß der Geist den physischen Körper vor dem Tod zeitweise verläßt. So haben zum Beispiel viele Leute, die keine spirituell Praktizierenden sind, sogenannte «außerkörperliche Erfahrungen».

Ein anderer Weg, der uns zum Verständnis von vergangenen und zukünftigen Leben führt, besteht in der Untersuchung der Vorgänge des Schlafens, Träumens und Aufwachens, weil sie den Vorgängen des Todes, des Zwischenzustandes und der Wiedergeburt sehr ähnlich sind. Wenn wir einschlafen, sammeln sich unsere groben inneren Winde und lösen sich nach innen auf. Unser Geist wird zunehmend subtiler, bis er sich in den sehr subtilen Geist des Klaren Lichtes des Schlafes umwandelt. Während das Klare Licht des Schlafes manifest ist, sind wir im Tiefschlaf und sehen für Außenstehende wie tot aus. Wenn es endet, wird unser Geist zunehmend gröber, und wir durchschreiten die verschiedenen Stadien des Traumzustandes. Schließlich werden unser normales Erinnerungsvermögen und die Fähigkeit der geistigen Kontrolle wiederhergestellt, und wir wachen auf. Wenn das geschieht, verschwindet unsere Traumwelt, und wir nehmen die Welt des Wachzustandes wahr.

Ein sehr ähnlicher Vorgang spielt sich während unseres Todes ab. Wenn wir sterben, lösen sich unsere Winde nach innen auf, und unser Geist wird zunehmend subtiler, bis sich der sehr subtile Geist des Klaren Lichtes des Todes manifestiert. Die Erfahrung des Klaren Lichtes des Todes ist der Erfahrung des Tiefschlafs sehr ähnlich. Wenn das Klare Licht des Todes aufhört, erfahren wir die Stadien des Zwischenzustandes oder Bardos auf tibetisch, der ein traumähnlicher

Zustand ist und zwischen Tod und Wiedergeburt auftritt. Nach wenigen Tagen oder Wochen endet der Zwischenzustand, und wir werden wiedergeboren. So wie die Traumwelt beim Erwachen aus dem Schlaf verschwindet und wir die Welt des Wachzustandes wahrnehmen, so hören bei der Wiedergeburt die Erscheinungen des Zwischenzustandes auf, und wir nehmen die Welt unseres nächsten Lebens wahr.

Der einzig bedeutsame Unterschied zwischen dem Vorgang des Schlafens, Träumens und Aufwachens und dem Vorgang des Sterbens, des Zwischenzustandes und der Wiedergeburt besteht darin, daß nach der Beendigung des Klaren Lichtes des Schlafes die Verbindung zwischen unserem Geist und unserem gegenwärtigen Körper intakt bleibt, während sie nach dem Klaren Licht des Todes abbricht. Wenn wir darüber nachdenken, werden wir die Überzeugung gewinnen können, daß vergangene und zukünftige Leben existieren.

Normalerweise glauben wir, daß die Dinge, die wir in Träumen wahrnehmen, nicht real sind, während die Dinge, die wir wahrnehmen, wenn wir wach sind, wahr sind; aber in Wirklichkeit sind alle Dinge, die wir wahrnehmen, wie Träume in der Hinsicht, als sie bloße Erscheinungen des Geistes sind. Für diejenigen, die Träume richtig interpretieren können, haben sie eine große Bedeutung. Wenn wir zum Beispiel in einem Traum ein bestimmtes Land besuchen, in dem wir in diesem Leben noch nicht gewesen sind, dann weist unser Traum auf eine von vier Möglichkeiten hin: wir sind in einem früheren Leben in diesem Land gewesen; wir werden es später in diesem Leben besuchen; wir werden es in einem zukünftigen Leben besuchen, oder dieses Land hat für uns eine persönliche Bedeutung, falls wir beispielsweise kürzlich einen Brief aus diesem Land erhalten oder eine Fernsehsendung darüber gesehen haben. Ganz ähnlich ist es, wenn wir vom Fliegen träumen. Das kann bedeuten, daß wir in einem früheren Leben fliegen konnten wie ein Vogel oder wie ein Meditierender mit Wunderkräften oder daß wir in Zukunft so ein Wesen sein werden. Ein Traum vom Fliegen kann auch eine übertragene Bedeutung haben und eine Verbesserung unserer Gesundheit oder unseres Geisteszustandes symbolisieren.

Mit Hilfe von Träumen konnte ich herausfinden, wo meine Mutter nach ihrem Tod wiedergeboren wurde. Kurz bevor sie starb, nickte meine Mutter für einige Minuten ein. Als sie aufwachte, erzählte sie meiner Schwester, die sie betreute, sie hätte von mir geträumt. Im Traum hätte ich ihr einen traditionellen weißen Schal dargebracht. Ich deutete diesen Traum so, daß es mir möglich sein würde, meiner Mutter in ihrem nächsten Leben zu helfen. Deshalb betete ich nach ihrem Ableben jeden Tag dafür, daß sie in England wiedergeboren würde, damit ich die Gelegenheit hätte, ihrer Wiedergeburt zu begegnen und sie wiederzuerkennen. Ich bat mit eindringlichen Gebeten um klare Zeichen, wo die Wiedergeburt meiner Mutter zu finden sei.

Später hatte ich drei Träume, die mir bedeutungsvoll schienen. Im ersten träumte ich, ich hätte meine Mutter an einem Ort getroffen, den ich für England hielt. Ich fragte sie, wie sie von Indien nach England gereist sei, aber sie antwortete, sie sei nicht von Indien, sondern aus der Schweiz gekommen. Im zweiten Traum sah ich meine Mutter zu einer Gruppe von Menschen sprechen. Ich näherte mich ihr und sprach sie auf tibetisch an, aber sie schien nicht zu verstehen, was ich sagte. Solange sie lebte, sprach meine Mutter nur tibetisch, aber in diesem Traum sprach sie fließend englisch. Ich fragte sie, warum sie ihr Tibetisch vergessen habe, sie antwortete aber nicht. Später im selben Traum kam ein Paar aus dem Westen vor, das beim Aufbau von Dharma-Zentren in England mithilft.

Beide Träume schienen Hinweise darauf zu geben, wo meine Mutter wiedergeboren worden war. Zwei Tage nach dem zweiten Traum besuchte mich der Ehemann des Paares, von dem ich geträumt hatte, und sagte mir, seine Frau sei schwanger. Ich erinnerte mich sogleich an meinen Traum und dachte, daß ihr Baby die Reinkarnation meiner Mutter sein könnte. Die Tatsache, daß meine Mutter im Traum ihr Tibetisch vergessen hatte und nur englisch sprach, deutete darauf hin, daß sie in einem englischsprachigen Land wiedergeboren würde, und die Anwesenheit dieses Paares im Traum konnte ein Hinweis dafür sein, daß es ihre Eltern waren. Ich führte dann ein traditionelles Orakel zusammen mit rituellen Gebeten aus, und dieses zeigte an, daß ihr Kind die Reinkarnation meiner Mutter war. Ich war sehr glücklich, erwähnte es aber niemandem gegenüber.

In der Nacht, als die Frau zur Entbindung ins Krankenhaus gebracht wurde, träumte ich immer wieder von meiner Mutter. Am nächsten Morgen betrachtete ich die Angelegenheit sorgfältig und kam zu einer Entscheidung: Wenn ihr Baby in dieser Nacht geboren worden war, dann war es sicher die Reinkarnation meiner Mutter, aber wenn dies nicht der Fall war, müßte ich weitere Untersuchungen anstellen. Nachdem dieser Entscheid getroffen war, telefonierte ich mit dem Ehemann, der mir die gute Neuigkeit mitteilte, daß seine Frau in der Nacht ein Mädchen zur Welt gebracht hatte. Ich war sehr glücklich und führte eine besondere Darbringungszeremonie aus.

Einige Tage später rief mich der Vater an und teilte mir mit, daß das Baby sofort zu schreien aufhöre und zuzuhören scheine, sobald er Buddha Avalokiteshvaras Mantra

OM MANI PÄME HUM rezitiere. Er fragte mich, warum dies so sei, und ich antwortete, es beruhe auf einer Neigung aus dem vorangegangenen Leben. Ich wußte, daß meine Mutter dieses Mantra mit starkem Vertrauen ihr ganzes Leben lang rezitiert hatte.

Das Kind bekam den Namen Amaravajra. Als später Kuten Lama, der Bruder meiner Mutter, England besuchte und Amaravajra zum ersten Mal sah, war er erstaunt, wie liebevoll sie zu ihm war. Er sagte, es sei, als ob sie ihn erkennen würde. Ich machte die gleiche Erfahrung. Obwohl ich Amaravajra nur selten besuchen kann, ist sie immer äußerst glücklich, mich zu sehen.

Als Amaravajra zu reden begann, zeigte sie eines Tages auf einen Hund und rief: «Kyi, Kyi.» Danach sagte sie immer wieder «Kyi», wenn sie einen Hund sah. Ihr Vater fragte mich, ob «Kyi» etwas bedeute, und ich sagte ihm, daß im Dialekt des westlichen Tibets, wo meine Mutter gelebt hatte, «Kyi» Hund heißt. Dies war nicht das einzige tibetische Wort, welches das kleine Mädchen spontan äußerte.

Durch den Mann meiner Schwester vernahm ich später, ein tibetischer Astrologe hätte nach dem Tod meiner Mutter vorausgesagt, daß sie als Frau in einem Land mit einer anderen Sprache als Tibetisch wiedergeboren würde. Diese Geschichte stammt aus meiner persönlichen Erfahrung, aber wenn wir Nachforschungen anstellen, können wir viele andere wahre Geschichten darüber finden, wie Leute in der Lage waren, Reinkarnationen ihrer Ehemänner und -frauen, ihrer Lehrer, Eltern, Freunde und anderer zu erkennen.

In Westtibet, in der Nähe meines ersten Klosters, lebte ein Mann, der den Ruf hatte, sehr übellaunig zu sein. Er sparte viele Silbermünzen zusammen und legte sie in einen Teekrug, den er selbst vor seiner Frau verborgen hielt. Als er dann später im Sterben lag, war er aufgrund seiner Anhaftung an die Münzen besessen von dem Gedanken, daß sie gestohlen werden könnten. Er versuchte seiner Frau von den Münzen zu erzählen, doch er war sehr schwach und konnte nur immer wieder das Wort «Tib» sagen, das Teekrug bedeutet. Als seine Frau dies hörte, meinte sie, er wünsche Tee, aber als sie ihm Tee brachte, wollte er ihn nicht. Kurz darauf starb er.

Einige Zeit später fand die Frau den verborgenen Teekrug. Sie wunderte sich, warum er so schwer war. Sie öffnete den Deckel und fand die Münzen. Um die Münzen herum ringelte sich eine Schlange. Die Frau hatte schreckliche Angst vor der Schlange. Daher rief sie ihre Familie zu sich, die gemeinsam versuchte, die Schlange aus dem Teekrug zu entfernen. Trotz großer Anstrengungen gelang es aber nicht, sie von den Münzen trennen. Alle waren überrascht und verwirrt darüber und wunderten sich, woher die Schlange gekommen war.

Dann erinnerte sich die Frau an die letzten Worte ihres Mannes und erkannte, daß er ihr beim Sterben versucht hatte von den Münzen zu erzählen. Was hatte es aber mit der Schlange auf sich? Warum hatte sie so große Anhaftung an die Münzen? Die Frau beschloß, einen hellsichtigen Yogi aufzusuchen, der in ihrer Nähe wohnte. Dieser erzählte ihr, daß die Schlange die Wiedergeburt ihres Ehemannes sei. Aufgrund der Handlungen, die er aus Wut begangen hatte und aufgrund seiner Anhaftung an die Münzen, als er im Sterben lag, hatte er eine Wiedergeburt als Schlange angenommen und war in den Teekrug gekrochen, um den Münzen nahe zu sein. Mit Tränen, die über ihre Wangen rollten, flehte die Frau den Yogi an: «Bitte sag mir, wie ich meinem Mann helfen kann.» Der Yogi meinte, daß sie die

Münzen der nahegelegenen Gemeinschaft ordinierter Sangha darbringen und diese bitten sollte, für ihren Mann zu beten, damit er von der Wiedergeburt als Tier erlöst werde.

Wenn wir mit einem positiven Geist über solche Geschichten nachdenken und die Natur des Geistes und die Analogie des Schlafens, Träumens und Aufwachens bedenken, wird uns dies mit Sicherheit zu einem tiefen Verständnis führen und wir werden erkennen, daß die Existenz unserer zukünftigen Leben eine Tatsache ist. Dieses Wissen ist sehr kostbar und hilft uns, große Weisheit zu erlangen. Wir werden verstehen, daß das Glück zukünftiger Leben wichtiger ist als das Glück dieses Lebens, ganz einfach deshalb, weil die zahllosen zukünftigen Leben viel länger sind als dieses eine kurze Menschenleben. Dies wird uns dazu motivieren, für das Glück unserer zukünftigen Leben zu sorgen oder zu versuchen, durch das Aufgeben unserer Verblendungen beständige Befreiung von Leiden zu erlangen.

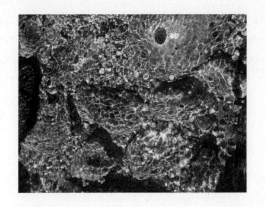

Tod

Tod

Niemand möchte leiden. Tag und Nacht, selbst in unseren Träumen, versuchen wir instinktiv auch das kleinste Leiden zu vermeiden. Dies weist darauf hin – auch wenn wir uns dessen nicht vollkommen bewußt sind – daß das, was wir im tiefsten Inneren wirklich suchen, beständige Befreiung von Leiden ist.

Es gibt Zeiten, in denen wir frei von körperlichen Beschwerden und geistigen Schmerzen sind, aber dieser Zustand hält nicht an. Es dauert nicht lange und unser Körper fühlt sich wieder unwohl oder wird krank, und unser Geist wird von Sorgen oder Unzufriedenheit geplagt. Wenn wir die Lösung für eines unserer Probleme gefunden haben, ist es nur eine Frage der Zeit, bis das nächste auftaucht, um seinen Platz einzunehmen. Dies zeigt uns, daß es uns trotz unseres Wunsches nach beständiger Befreiung von Leiden nicht gelungen ist, dies zu erreichen. Solange Verblendungen in unserem Geist bleiben, werden wir nie vollkommen frei von Leiden sein. Es kann Unterbrechungen geben, aber es dauert nicht lange und die Probleme kehren zurück. Der einzige Weg, unser Leiden definitiv zu beenden, besteht im Befolgen des spirituellen Pfades. Daß alle Lebewesen tief in ihrem Herzen die vollkommene Befreiung von Leiden wünschen, zeigt uns, daß alle in Wirklichkeit dem spirituellen Pfad folgen müssen.

Doch weil unser Wunsch nach weltlichen Vergnügen so stark ist, haben wir wenig oder kein Interesse an der spirituellen Praxis. Aus spiritueller Sicht ist dieser Mangel an Interesse an der spirituellen Praxis eine Form von Faulheit, die man die «Faulheit der Anhaftung» nennt. Solange diese Faulheit in uns ist, wird das Tor zur Befreiung für uns geschlossen bleiben, und daher werden wir in diesem Leben weiter von Elend geplagt sein und Leben für Leben endloses Leiden erfahren. Die Methode, diese Faulheit zu überwinden, besteht in der Meditation über den Tod.

Wir müssen immer wieder über unseren Tod nachdenken und meditieren, bis wir eine tiefe Realisation des Todes haben. Obwohl wir alle auf einer intellektuellen Ebene wissen, daß wir irgendwann sterben werden, sind wir uns des Todes nur oberflächlich bewußt. Da unser intellektuelles Wissen vom Tod unser Herz nicht berührt, denken wir Tag für Tag: «Ich werde heute nicht sterben, ich werde heute nicht sterben.» Selbst an unserem Todestag denken wir darüber nach, was wir morgen oder nächste Woche tun werden. Der Geist, der jeden Tag denkt: «Ich werde heute nicht sterben», ist täuschend; er führt uns in die falsche Richtung und bewirkt, daß unser Menschenleben leer wird. Wenn wir andererseits über den Tod meditieren, werden wir den irreführenden Gedanken «Ich werde heute nicht sterben» allmählich durch den nichttäuschenden Gedanken «Ich könnte heute sterben» ersetzen. Der Geist, der spontan jeden Tag denkt: «Ich könnte heute sterben», ist die Realisation des

Todes. Diese Realisation beseitigt direkt unsere Faulheit der Anhaftung und öffnet das Tor zum spirituellen Pfad.

Generell gesehen, könnten wir heute sterben oder wir könnten nicht sterben – wir wissen es nicht. Wenn wir aber jeden Tag denken: «Ich werde heute nicht sterben», täuscht uns dieser Gedanke, weil er aus unserer Unwissenheit stammt. Wenn wir aber jeden Tag denken: «Ich könnte heute sterben», täuscht uns dieser Gedanke nicht, denn er stammt aus unserer Weisheit. Dieser hilfreiche Gedanke wird unsere Faulheit der Anhaftung hemmen und uns ermutigen, uns auf das Glück unserer zahllosen zukünftigen Leben vorzubereiten oder den Pfad der Befreiung zu betreten. Auf diese Weise geben wir unserem menschlichen Leben Sinn.

Um über den Tod zu meditieren, denken wir darüber nach, daß der Tod sicher und daß unsere Todeszeit ungewiß ist. Wir müssen verstehen, daß uns zur Todeszeit und nach dem Tod nur die spirituelle Praxis helfen kann.

DER TOD IST SICHER

Der Tod wird ganz bestimmt kommen und nichts kann ihn aufhalten. Wir denken über folgendes nach:

Ganz gleich, wo ich geboren bin, ob es in einer glücklichen oder unglücklichen Existenz ist, ich werde mit Sicherheit sterben müssen. Ob ich unter den glücklichsten Umständen Samsaras oder in der tiefsten Hölle geboren bin, ich werde sterben müssen. Wie weit ich auch reise, ich werde niemals einen Ort finden, wo ich mich vor dem Tod verstecken kann, selbst wenn ich weit in den Raum reise oder mich tief in der Erde vergrabe.

Niemand, der im ersten Jahrhundert gelebt hat, lebt heute noch, und niemand, der im zweiten Jahrhundert gelebt hat, lebt heute noch und so fort. Nur die Namen überleben. Alle, die vor zweihundert Jahren gelebt haben, sind gestorben, und alle, die heute leben, werden in zweihundert Jahren nicht mehr hier sein.

Wenn wir über diese Punkte meditieren, sollten wir uns fragen: «Kann ich allein den Tod überleben?»

Wenn unser Karma, dieses Leben zu erfahren, zu Ende geht, kann nichts und niemand den Tod verhindern. Wenn die Zeit unseres Todes kommt, gibt es kein Entkommen. Wenn es möglich wäre, den Tod durch Hellsicht oder Wunderkräfte zu verhindern, wären diejenigen, die solche Kräfte besessen haben, unsterblich geworden. Aber selbst Hellsichtige sterben. Die mächtigsten Könige, die in dieser Welt regierten, waren hilflos gegenüber der Macht des Todes. Der König der Tiere, der Löwe, der einen Elefanten töten kann, wird sofort vernichtet, wenn er dem Herrn des Todes begegnet. Selbst für Millionäre besteht keine Möglichkeit, den Tod zu vermeiden. Sie können den Tod nicht durch Bestechung abwehren und sich mit den Worten Zeit kaufen: «Wenn du meinen Tod verschiebst, werde ich dir mehr Reichtum geben, als du dir in deinen kühnsten Träumen vorstellen kannst.»

Der Tod ist unerbittlich und schließt keine Kompromisse. Er ist wie ein riesiger Berg, der in alle vier Richtungen zerfällt; es gibt keine Möglichkeit, seine Vernichtung aufzuhalten. Das gleiche gilt für das Altern und die Krankheit. Das Altern kommt heimlich und untergräbt unsere Jugend, unsere Kraft und unsere Schönheit. Obwohl wir den Vorgang kaum bemerken, ist er bereits im Gange und kann nicht umgekehrt werden. Krankheit zerstört das Wohlbefinden, die Kraft und die Stärke unseres Körpers. Wenn Ärzte uns helfen, unsere erste Krankheit zu überwinden, nimmt eine andere ihren Platz ein, bis unsere Krankheit schließlich nicht mehr geheilt werden kann und wir sterben. Wir können der

Krankheit und dem Tod nicht entfliehen, indem wir vor ihnen weglaufen. Wir können sie nicht mit Reichtum besänftigen oder durch Wunderkräfte verschwinden lassen. Jedes einzelne Wesen in dieser Welt muß Alter, Krankheit und Tod erleiden.

Die Lebenszeit kann nicht verlängert werden; tatsächlich nimmt sie ständig ab. Vom Moment unserer Zeugung an eilen wir unerbittlich auf den Tod zu, so wie ein Rennpferd zum Ziel galoppiert. Selbst Rennpferde verlangsamen gelegentlich ihren Schritt, aber in unserem Rennen zum Tod halten wir niemals ein, nicht einmal für eine Sekunde. Während wir schlafen, und während wir wach sind, unser Leben vergeht sehr schnell. Von Zeit zu Zeit hält jedes Fahrzeug einmal an und unterbricht seine Reise, aber unsere Lebenszeit hört nicht auf abzulaufen. Schon einen Moment nach unserer Geburt ist bereits ein Teil unserer Lebenszeit verstrichen. Wir leben in der Umarmung des Todes. Nach unserer Geburt haben wir keine Möglichkeit auch nur für eine Minute zu verweilen. Wir eilen in die Umarmung des Herrn des Todes wie ein Athlet beim Rennen. Wir denken vielleicht, daß wir unter den Lebenden weilen, aber unser Leben ist der sichere Weg zum Tod.

Stellen wir uns vor, unser Arzt teilt uns mit, daß wir an einer unheilbaren Krankheit leiden und nur noch eine Woche zu leben haben. Wenn uns ein Freund in diesem Moment ein phantastisches Geschenk, wie einen Diamanten, oder ein neues Auto oder einen Gratisurlaub anbieten würde, würde uns das nicht groß begeistern. In Wirklichkeit befinden wir uns aber in genau diesem Dilemma, weil wir alle an einer tödlichen Krankheit leiden. Wie dumm ist es daher, sich zu sehr für die vergänglichen Vergnügen dieses kurzen Lebens zu interessieren!

Wenn es schwierig für uns ist, über den Tod zu meditieren, können wir einfach einer tickenden Uhr zuhören und uns bewußt werden, daß jedes Ticken das Ende eines Momentes unseres Lebens kennzeichnet und uns dem Tod näherbringt. Wir können uns auch vorstellen, daß der Herr des Todes ein paar Kilometer entfernt von unserem Hause wohnt und daß wir, während wir dem Ticken der Uhr zuhören, Schritt für Schritt in Richtung des Todes gehen. Auf diese Weise werden wir echte Reisende werden.

Unsere Welt ist so unbeständig wie Herbstwolken. Unsere Geburt und unser Tod gleichen dem Auftritt und dem Abgang von Schauspielern auf einer Bühne. Schauspieler wechseln häufig ihre Kostüme und Rollen und treten in vielen verschiedenen Verkleidungen auf. Genauso nehmen Lebewesen ständig verschiedene Formen an und betreten neue Welten. Manchmal sind sie Menschen, manchmal sind sie Tiere, und manchmal betreten sie die Hölle. Wir sollten verstehen, daß die Lebensspanne eines Lebewesens vergeht wie ein Blitz am Himmel und so schnell verschwindet wie Wasser, das von einem hohen Berg in die Tiefe stürzt.

Der Tod ist uns sicher, ganz gleich, ob wir uns die Zeit für die spirituelle Praxis genommen haben oder nicht. Obwohl das Leben kurz ist, wäre es nicht so schlimm, wenn wir viel Zeit für die spirituelle Praxis hätten, aber der größte Teil unserer Zeit wird durch Schlafen, Arbeiten, Essen, Einkaufen, Reden usw. aufgebraucht, und es bleibt nur wenig Zeit für die reine spirituelle Praxis. Unsere Zeit wird sehr leicht durch andere Angelegenheiten in Anspruch genommen, bis wir plötzlich sterben.

Wir sind der Meinung, daß wir viel Zeit für die spirituelle Praxis haben, aber wenn wir unsere Lebensweise genau untersuchen, werden wir sehen, daß die Tage verstreichen, ohne daß wir dazu kommen, ernsthaft zu praktizieren. Wenn wir uns nicht die Zeit nehmen, uns der spirituellen Praxis in reiner Weise zu widmen, werden wir zum Zeitpunkt des Todes auf unser Leben zurückblicken und sehen, daß es von geringem Nutzen war. Meditieren wir jedoch über den Tod, werden wir einen derart aufrichtigen Wunsch nach reiner Praxis entwickeln, daß wir ganz natürlich unseren Tagesablauf ändern, so daß zumindest ein wenig Zeit für die Praxis übrigbleibt, und schließlich werden wir mehr Zeit für die Praxis finden als für andere Dinge.

Wenn wir immer wieder über den Tod meditieren, kann es sein, daß wir uns fürchten, aber es ist nicht genug, uns bloß zu ängstigen. Haben wir einmal eine angemessene Furcht vor einem unvorbereiteten Tod entwickelt, sollten wir nach etwas suchen, das wirklichen Schutz bietet. Die Pfade zukünftiger Leben sind sehr lang und unbekannt. Wir müssen Leben um Leben durchlaufen, und wir können nicht sicher sein, wo wir wiedergeboren werden: Ob wir den Pfaden in unglückliche Existenzzustände oder den Pfaden in glücklichere Bereiche folgen müssen. Wir sind weder frei noch unabhängig, sondern müssen dorthin gehen, wo uns unser Karma hinbringt. Deshalb müssen wir etwas finden, das uns einen sicheren Weg in zukünftige Leben zeigt, etwas, das uns auf korrekte Pfade und fort von falschen Pfaden führt. Irdische Güter und die Vergnügen dieses Lebens können uns nicht helfen. Da nur die spirituellen Unterweisungen einen fehlerlosen Pfad enthüllen, der uns in der Zukunft helfen und beschützen wird, müssen wir uns mit Körper, Rede und Geist bemühen, spirituelle Unterweisungen, wie zum Beispiel diejenigen, die in diesem Buch vorgestellt werden, in die Praxis umzusetzen. Der Yogi Milarepa sagte:

In zukünftigen Leben gibt es mehr zu fürchten als in diesem. Hast du etwas vorbereitet, das dir helfen wird? Wenn du dich nicht auf deine zukünftigen Leben vorbereitet hast, dann tue es jetzt. Der einzige Schutz gegen künftige Gefahren ist die Praxis der heiligen spirituellen Unterweisungen.

Wenn wir über unser eigenes Leben nachdenken, werden wir erkennen, daß viele Jahre ohne das geringste Interesse an der spirituellen Praxis verstrichen sind; und obwohl wir jetzt den Wunsch haben zu praktizieren, hindert uns immer noch unsere Faulheit daran, rein zu praktizieren. Ein Gelehrter namens Gungtang sagte:

> Ich habe zwanzig Jahre damit verbracht, keine spirituellen Unterweisungen praktizieren zu wollen. Ich habe die nächsten zwanzig Jahre mit dem Gedanken verbracht, daß ich später praktizieren kann. Ich habe weitere zwanzig Jahre mit anderen Tätigkeiten verbracht und bedauert, daß ich mich nicht der spirituellen Praxis gewidmet habe. Das ist die Geschichte meines leeren Menschenlebens.

Dies könnte unsere eigene Lebensgeschichte sein. Wenn wir aber über den Tod meditieren, werden wir es vermeiden, unser kostbares menschliches Leben zu verschwenden, und wir werden danach streben, ihm einen Sinn zu geben.

Wir überlegen uns diese Punkte und denken mit Überzeugung: «Ich werde sicher sterben.» Denken wir darüber nach, daß zur Zeit unseres Todes nur unsere spirituelle Praxis eine wirkliche Hilfe für uns ist, fassen wir einen festen Entschluß: «Ich muß die spirituellen Unterweisungen in die Praxis umsetzen.» Wenn dieser neue Gedanke klar und deutlich in unserem Geist entsteht, führen wir die verweilende Meditation aus, um uns mehr und mehr vertraut mit ihm zu machen, bis wir ihn nicht mehr verlieren.

DER ZEITPUNKT UNSERES TODES IST UNGEWISS

Manchmal halten wir uns selbst zum Narren und denken: «Ich bin jung, und deshalb werde ich nicht so bald sterben.» Wie fehlgeleitet dieser Gedanke aber ist, können wir anhand der vielen jungen Menschen sehen, die vor ihren Eltern sterben. Manchmal denken wir: «Ich bin gesund, und deshalb werde ich nicht so bald sterben.» Wir können aber sehen, daß Menschen, die gesund sind und für Kranke sorgen, manchmal vor ihren Patienten sterben. Es kann vorkommen, daß Menschen, die ihre Freunde im Krankenhaus besuchen wollen, zuvor bei einem Autounfall sterben, da der Tod sich nicht auf diejenigen beschränkt, die alt und krank sind. Jemand, der am Morgen lebendig und wohlauf ist, kann schon am Nachmittag tot sein, und jemand, der gesund ist, wenn er einschläft, kann sterben, bevor er aufwacht. Manche Menschen sterben beim Essen, und manche Menschen sterben in der Mitte eines Gespräches. Manche Menschen sterben bei der Geburt.

Der Tod kann ohne Warnung eintreten. Dieser Feind kann jederzeit kommen, und oft schlägt er schnell zu, wenn wir es am wenigsten erwarten. Er kann uns ereilen, wenn wir zu einer Party fahren, oder wenn wir unseren Fernseher einschalten oder wenn wir denken: «Ich werde heute nicht sterben» und Pläne für unseren Sommerurlaub oder unseren Ruhestand schmieden. Der Herr des Todes kann sich an uns heranschleichen, so wie dunkle Wolken über den Himmel ziehen. Manchmal ist der Himmel hell und klar, wenn wir ein Haus betreten, aber wenn wir wieder nach draußen kommen, ist der Himmel bedeckt. Genauso schnell kann der Tod seinen Schatten auf unser Leben werfen.

Es gibt viel mehr Umstände, die zum Tod führen, als Umstände, die das Überleben fördern. Es wäre nicht so schlimm, daß unser Tod sicher und unsere Lebensspanne unbestimmt ist, wenn die Umstände, die zum Tod führen, selten wären. Es gibt aber unzählige äußere und innere Umstände, die unseren Tod verursachen können. Die äußere Umgebung verursacht den Tod durch Hungersnöte, Überschwemmungen, Feuer, Erdbeben, Umweltverschmutzung und so fort. Ähnlich verursachen die vier inneren Elemente unseres Körpers, Erde, Wasser, Feuer und Wind, den Tod, wenn ihre Harmonie verlorengeht und sich eines von ihnen übermäßig entwickelt. Wenn diese inneren Elemente in Harmonie miteinander sind, heißt es, sie seien wie vier Schlangen der gleichen Art und Stärke, die friedlich miteinander lebten. Wenn aber keine Harmonie mehr herrscht, ist es so, als ob eine Schlange stärker würde und die anderen auffräße und dann schließlich selbst verhungern würde.

Neben diesen unbelebten Todesursachen können andere Lebewesen, wie Diebe, feindliche Soldaten und wilde Tiere, unseren Tod bewirken. Selbst Dinge, die wir nicht als bedrohlich ansehen, Dinge, die wir als Stütze und Schutz in unserem Leben betrachten, wie unser Haus oder unser Auto oder unser bester Freund, können sich als Ursachen unseres Todes erweisen. Manchmal werden Menschen von ihrem eigenen Haus zu Tode gequetscht, oder sie stürzen auf ihrer eigenen Treppe in den Tod, und jeden Tag werden viele Menschen in ihren Autos getötet. Manche Menschen sterben im Urlaub, und andere Menschen werden durch ihre Hobbys und Vergnügungen getötet, so zum Beispiel Reiter, die von ihrem

Pferd zu Tode stürzen. Das Essen, das wir zu uns nehmen, um unser Leben zu fördern und zu erhalten, kann die Ursache des Todes sein. Selbst unsere Freunde und Geliebten können aus Versehen oder absichtlich zu Ursachen unseres Todes werden. Wir können in den Zeitungen lesen, daß sich Liebespaare gegenseitig töten und Eltern ihre eigenen Kinder umbringen. Wenn wir es sorgfältig prüfen, werden wir kein weltliches Vergnügen finden können, das nicht eine potentielle Ursache für den Tod ist und einzig zur Aufrechterhaltung des Lebens dient. Der große Gelehrte Nagarjuna sagte:

> Wir bleiben am Leben inmitten Abertausender von Umständen, von denen der Tod droht. Unsere Lebenskraft ist wie eine Kerzenflamme im Wind. Die Kerzenflamme unseres Lebens läßt sich leicht durch die Winde des Todes auslöschen, die aus allen Richtungen wehen.

Jeder Mensch hat das Karma geschaffen, für eine gewisse Zeit in diesem Leben zu bleiben. Da wir uns aber nicht daran erinnern können, welches Karma wir geschaffen haben, kennen wir die exakte Dauer unseres gegenwärtigen Lebens nicht. Es kann sein, daß wir einen vorzeitigen Tod sterben, bevor wir unsere Lebensspanne beendet haben, weil es möglich ist, unsere Verdienste, die Ursache unseres Glückes, schneller aufzubrauchen als das Karma, das unsere Lebenszeit bestimmt. Wenn das geschieht, werden wir so krank, daß uns die Ärzte nicht mehr helfen können, oder wir stellen fest, daß wir Nahrung und andere Notwendigkeiten nicht finden können, um unser Leben zu erhalten. Ist unsere Lebenszeit jedoch noch nicht zu Ende und haben wir noch Verdienste übrig, können wir alle Umstände, die für die Genesung notwendig sind, finden, selbst wenn wir ernsthaft krank werden.

Der menschliche Körper ist sehr zerbrechlich. Es wäre nicht so schlimm, daß es viele Ursachen für den Tod gibt, wenn unser Körper hart wie Stahl wäre, aber er ist empfindlich. Es sind keine Gewehre und Bomben nötig, um ihn zu vernichten. Er kann von einer kleinen Nadel zerstört werden. Wie Nagarjuna sagt:

> Es gibt viele Zerstörer unserer Lebenskraft.
> Unser menschlicher Körper ist wie eine Luftblase im Wasser.

So wie eine Luftblase zerplatzt, sobald sie berührt wird, so kann ein einziger Wassertropfen im Herzen oder der kleinste Kratzer eines giftigen Dornes unseren Tod verursachen. Nagarjuna sagt, daß das gesamte Weltsystem am Ende dieses Äons von Feuer verschlungen und nicht einmal Asche zurückbleiben werde. Da das ganze Universum leer wird, muß nicht betont werden, daß dieser empfindliche, menschliche Körper sehr schnell zerfallen wird.

Wir können über den Atmungsprozeß nachdenken, und wie er andauert, ohne Unterbrechung zwischen Ein- und Ausatmung. Wenn er aufhören würde, würden wir sterben. Doch wir hören nicht auf zu atmen, selbst wenn wir schlafen und keine grobe Achtsamkeit haben, und obwohl wir in vielerlei anderer Hinsicht einer Leiche gleichen. Nagarjuna sagt: «Das ist eine wunderbare Sache!» Wenn wir morgens aufwachen, sollten wir uns freuen und denken: «Wie erstaunlich, daß mein Atem mein Leben während des Schlafes erhalten hat. Wenn er während der Nacht aufgehört hätte, wäre ich jetzt tot!»

Indem wir darüber nachdenken, daß der Zeitpunkt unseres Todes völlig ungewiß ist, und indem wir verstehen, daß es keine Garantie gibt, daß wir nicht heute sterben werden, sollten wir Tag und Nacht mit Überzeugung denken: «Ich könnte heute sterben. Ich könnte heute sterben.» Meditieren wir über dieses Gefühl, kommen wir zu dem festen Entschluß:

Da ich diese Welt schon bald verlassen werde, hat es keinen Sinn, daß ich Anhaftung an die Dinge dieses Lebens entwickle. Statt dessen werde ich meinem menschlichen Leben wahren Sinn verleihen und die spirituelle Praxis aufrichtig ausüben.

Was heißt es, eine spirituelle Praxis auszuüben? Im wesentlichen bedeutet es, den Geist umzuwandeln, d. h. Verblendungen und negative Handlungen zu überwinden und konstruktive Gedanken und Handlungen zu fördern. Das können wir jederzeit tun, nicht nur wenn wir meditieren. Eine Erklärung zu den verschiedenen Stufen der Praxis der Geistesschulung folgt im zweiten Teil des Buches. Wann immer wir diese Unterweisungen in die Praxis umsetzen, üben wir eine spirituelle Praxis aus. Die Praxis der Geistesschulung ist besonders geeignet für die heutige Zeit, in der die Menschen so viele Schwierigkeiten erfahren.

Die Grundlage eines authentischen spirituellen Lebens ist moralische Disziplin. Das bedeutet, negative Handlungen wie Töten, Stehlen, sexuelles Fehlverhalten, Lügen, trennende Rede, verletzende Rede, leeres Geschwätz, Begehrlichkeit, Böswilligkeit und falsche Sichtweisen als schädlich für uns selbst und andere zu erkennen.

Wichtig ist zudem die Praxis des Gebens. Wir können nicht nur denjenigen, die es brauchen, materielle Hilfe geben, sondern wir können auch allen, denen wir begegnen, unsere Zeit, unseren guten Willen und unsere Liebe schenken. Wir können denjenigen, die Angst haben oder in Gefahr sind,

Schutz geben (das gilt besonders für Tiere), und wir können spirituelle Unterweisungen oder guten Rat erteilen, wann immer es angebracht ist.

Eine weitere wichtige Praxis ist Geduld. Geduld ist ein Geist, der Schaden oder Not mit einer tugendhaften Absicht annimmt, und ist das Gegenmittel gegen Wut. Wir praktizieren Geduld, wann immer wir davon absehen, Wut zu entwickeln, selbst wenn wir verletzt oder beleidigt werden, oder wenn wir schwierige Umstände, wie Krankheit, Armut, Einsamkeit, Verlust unserer Arbeitsstelle oder unseres Partners, oder die Nichterfüllung unserer Wünsche, ruhig annehmen. Wenn wir Schaden oder Not als Möglichkeit betrachten, unseren Geist zu schulen oder zu reinigen, können wir zu jeder Zeit einen glücklichen Geist bewahren.

Wir sollten uns außerdem anstrengen, die spirituellen Unterweisungen zu studieren und zu praktizieren, damit wir unsere spirituellen Ziele erreichen können. Wir sollten uns in meditativer Konzentration schulen, die die Quelle inneren Friedens ist. Je tiefer unsere Konzentration ist, desto tiefgründiger und stabiler wird unser geistiger Frieden sein, und desto klarer und kraftvoller wird unser Geist werden. Ganz wichtig ist die Schulung in der Weisheit, die versteht, wie die Dinge wirklich existieren. Indem wir ein tiefes Verständnis der endgültigen Wahrheit oder Leerheit erreichen, können wir die Unwissenheit des Festhaltens am Selbst aus unserem Geist tilgen und damit unseren tiefsten Wunsch nach beständiger Befreiung von Leiden erfüllen.

Karma

Karma

Das Gesetz des Karmas ist ein Spezialfall des Gesetzes von Ursache und Wirkung. Gemäß diesem Gesetz sind alle Handlungen unseres Körpers, unserer Rede und unseres Geistes Ursachen, und alle unsere Erfahrungen sind deren Auswirkungen. Das Gesetz des Karmas erklärt, warum jedes Individuum eine einzigartige geistige Veranlagung, eine einzigartige körperliche Erscheinung und einzigartige Erfahrungen hat: Es sind die verschiedenen Auswirkungen der zahllosen Handlungen, die jeder einzelne in der Vergangenheit ausgeführt hat. Wir können keine zwei Personen finden, die die genau gleiche «Geschichte» von Handlungen in ihren vergangenen Leben erschaffen haben, und deshalb können wir keine zwei Personen mit identischen Geisteszuständen, identischen Erfahrungen und identischer körperlicher Erscheinung finden. Jede Person hat ein anderes, individuelles Karma. Es gibt Menschen, die sich guter Gesundheit erfreuen, während andere dauernd krank sind. Es gibt Menschen, die sehr schön sind, während andere sehr häßlich sind. Es gibt Menschen mit frohem Gemüt, die leicht zufriedenzustellen sind, während andere mürrisch veranlagt sind und sich selten über etwas freuen. Manche verstehen die Bedeutung von spirituellen Unterweisungen mit Leichtigkeit, während andere die Unterweisungen schwierig und unverständlich finden.

Karma bedeutet «Handlung» und bezieht sich auf die Handlungen unseres Körpers, unserer Rede und unseres Geistes. Jede von uns begangene Handlung hinterläßt eine Prägung in unserem sehr subtilen Geist, und jede Prägung hat irgendwann ihre eigene Auswirkung zur Folge. Unser Geist gleicht einem Feld, und das Ausführen von Handlungen gleicht dem Säen von Samen in dieses Feld. Tugendhafte Handlungen setzen Samen für zukünftiges Glück, und nichttugendhafte Handlungen setzen Samen für zukünftiges Leiden. Die Samen, die wir in der Vergangenheit gesät haben, ruhen in unserem Geist, bis die Bedingungen für ihre Reifung entstehen. In manchen Fällen geschieht dies erst viele Leben nach dem Leben, in dem die ursprüngliche Handlung begangen wurde.

Unser Karma oder unsere Handlungen sind dafür verantwortlich, daß wir in dieser unreinen, verschmutzten Welt geboren wurden und so viele Schwierigkeiten und Probleme erfahren. Unsere Handlungen sind unrein, weil unser Geist vom inneren Gift des Festhaltens am Selbst verunreinigt ist. Das ist die grundlegende Ursache dafür, daß wir Leiden erfahren. Leiden wird durch unsere eigenen Handlungen oder Karma erschaffen – es ist nicht eine Strafe, die wir erhalten. Wir leiden, weil wir in unseren früheren Leben viele nichttugendhafte Handlungen angesammelt haben. Die Quelle dieser nichttugendhaften Handlungen sind unsere eigenen Verblendungen wie Wut, Anhaftung und die Unwissenheit des Festhaltens am Selbst.

Haben wir einmal unseren Geist vom Festhalten am Selbst und allen anderen Verblendungen gereinigt, werden alle unsere Handlungen ganz natürlich rein sein. Infolge unserer reinen Handlungen oder reinem Karma wird alles, was wir erfahren, rein sein. Wir werden in einer reinen Welt leben, einen reinen Körper besitzen, eine reine Umgebung genießen und von reinen Wesen umgeben sein. Nicht die kleinste Spur von Leiden, Unreinheit oder Problemen wird zurückbleiben. So finden wir das wahre Glück in unserem Geist.

DIE ALLGEMEINEN EIGENSCHAFTEN VON KARMA

Für jede Handlung, die wir ausführen, erfahren wir ein ihr ähnliches Resultat. Wenn ein Gärtner den Samen einer Heilpflanze sät, wird eine Heilpflanze und nicht eine giftige Pflanze wachsen; wenn er keinen Samen pflanzt, dann wird nichts wachsen. Ebenso werden wir glückliche Resultate und nicht Unglück erfahren, wenn wir positive Handlungen ausführen; wenn wir negative Handlungen ausführen, werden wir nur unglückliche Resultate erfahren, und wenn wir neutrale Handlungen ausführen, werden wir neutrale Resultate erfahren.

Wenn wir jetzt zum Beispiel irgendeine geistige Störung erfahren, dann deshalb, weil wir irgendwann in der Vergangenheit den Geist von anderen gestört haben. Wenn wir unter einer schmerzhaften körperlichen Krankheit leiden, dann deshalb, weil wir anderen in der Vergangenheit Schmerzen zugefügt haben: wir haben sie geschlagen oder auf sie geschossen, haben ihnen absichtlich die falsche Medizin verabreicht oder ihnen giftiges Essen gegeben. Wenn wir die karmische Ursache, krank zu werden, nicht geschaffen haben, dann ist es unmöglich, daß wir das Leiden körperlicher

Krankheit erfahren können, selbst wenn wir uns mitten in einer Epidemie befinden und alle um uns herum sterben. Diejenigen, die Nirvana erlangt haben zum Beispiel, erfahren niemals irgendwelche körperlichen oder geistigen Schmerzen, weil sie keine schädlichen Handlungen mehr ausführen und alle ihre nichttugendhaften Potentiale gereinigt haben, die die Hauptursache für Schmerzen sind.

Die Hauptursache des Leidens der Armut ist eine Handlung des Stehlens. Die Hauptursache dafür, daß man unterdrückt wird, ist, auf andere herabzuschauen, sie zu schlagen, Arbeit von Menschen aus niedrigerer Stellung zu verlangen oder andere zu verachten, anstatt ihnen liebende Güte zu zeigen. Die Hauptursache dafür, daß man von Freunden und der Familie getrennt wird, sind Handlungen wie die Partner anderer Leute zu verführen oder anderen absichtlich ihre Freunde und die Menschen, die für sie arbeiten, zu entfremden.

Normalerweise nehmen wir an, daß schlechte Erfahrungen wie diese einzig von den Bedingungen dieses gegenwärtigen Lebens abhängig sind. Weil wir unter diesen Umständen keine Erklärung für die meisten unserer Erfahrungen finden, meinen wir oft, daß sie unverdient und unerklärlich sind und es keine Gerechtigkeit in der Welt gibt. In Wirklichkeit aber sind die meisten unserer Erfahrungen dieses Lebens durch Handlungen in früheren Leben verursacht worden.

Anhand des folgenden Beispiels aus den buddhistischen Schriften können wir zu verstehen beginnen, wie die Erfahrungen dieses Lebens aus den Handlungen in früheren Leben entstehen und wie die Ergebnisse der Handlungen über die Zeit hinweg anwachsen, so wie ein kleiner Samen zu einem riesigen Baum heranwachsen kann. Eine Nonne namens Upala mußte vor ihrer Ordination einst viele schreckliche

Leiden erfahren. Sie war dreimal verheiratet, und jedesmal fanden ihr Ehemann und ihre Kinder ein fürchterliches Ende; und auch ihre Eltern kamen in einem Feuer um. Nachdem Upala eine furchtbare Erfahrung nach der anderen gemacht hatte, entwickelte sie den starken Wunsch, frei von jeder Form leiderfüllter Existenz zu sein, und sie suchte Buddha auf und erzählte ihm ihre Geschichte. Buddha erklärte ihr, daß sie in einem früheren Leben die Frau eines Königs und sehr eifersüchtig auf die anderen Ehefrauen gewesen war und ständig Pläne geschmiedet hatte, um deren Beziehungen zu zerstören. Ihre eifersüchtigen Handlungen waren ganz allein die Ursache für das ungewöhnliche Leiden ihres gegenwärtigen Lebens. Buddha erklärte ihr dann, wie sie ihren Geist reinigen konnte, und indem sie diese Unterweisungen ernsthaft praktizierte, erlangte sie in jenem Leben Nirvana.

Indem wir darüber nachdenken, daß die Ergebnisse unserer Handlungen bestimmt sind und daß sie anwachsen, entwickeln wir den festen Entschluß, die kleinste Nichttugend zu vermeiden und auch die scheinbar unbedeutendsten guten Gedanken und Taten zu pflegen. Dann meditieren wir über diesen Entschluß, um ihn fest und bestimmt werden zu lassen. Wenn wir unseren Entschluß jederzeit aufrechterhalten und in die Praxis umsetzen können, werden unsere Handlungen von Körper, Rede und Geist immer reiner werden, bis es keine Grundlage mehr für Leiden gibt.

Wenn wir eine Handlung nicht ausführen, können wir ihre Folge nicht erfahren. In einer Schlacht werden einige Soldaten getötet und andere überleben. Die Überlebenden werden nicht verschont, weil sie tapferer sind als die anderen, sondern weil sie keine Handlung erschaffen haben, die die Ursache dafür ist, zu diesem Zeitpunkt zu sterben.

Wir können viele weitere Beispiele dieser Art in den Tageszeitungen finden. Wenn ein Terrorist in einem großen Gebäude eine Bombe legt, kommen manche Leute um, doch andere bleiben verschont, obwohl sie sich im Zentrum der Explosion befinden. Bei einem Flugzeugabsturz oder einem Vulkanausbruch werden manche Menschen getötet und andere entkommen wie durch ein Wunder. Bei vielen Unfällen sind die Überlebenden oftmals selbst erstaunt, daß sie noch leben, während andere getötet wurden, die neben ihnen waren.

Die Handlungen der Lebewesen erschöpfen sich nicht, selbst wenn sehr viel Zeit verstreicht, bevor ihre Auswirkungen erfahren werden. Handlungen können nicht einfach verschwinden, und wir können sie nicht jemand anderem geben und damit unserer Verantwortung entgehen. Obwohl die vorübergehenden geistigen Absichten, die unsere vergangenen Handlungen ausgelöst haben, verschwunden sind, verschwinden die Potentiale nicht, die sie in unserem Geist hinterlassen haben, bis ihre Resultate reif geworden sind. Der einzige Weg, negative Potentiale zu zerstören, bevor sie als Leiden heranreifen, besteht darin, sie zu reinigen.

Unglücklicherweise ist es leichter, unsere positiven Potentiale zu zerstören; denn wenn wir es unterlassen, unsere tugendhaften Handlungen zu widmen, können sie durch einen einzigen Moment von Wut völlig wirkungslos werden. Unser Geist ist wie eine Schatztruhe und unsere tugendhaften Handlungen sind wie Juwelen. Wenn wir sie nicht durch Widmungen schützen, ist es, als ob wir einen Dieb in unsere Schatzkammer hereinlassen würden, wenn wir wütend werden.

DIE SECHS BEREICHE DER WIEDERGEBURT

Die Samen, die zum Zeitpunkt unseres Todes reifen, sind sehr wichtig, weil sie die Art der Wiedergeburt unseres nächsten Lebens bestimmen. Welcher Samen beim Tod reif wird, hängt vom Geisteszustand ab, in dem wir sterben. Sterben wir mit einem friedvollen Geist, wird dies einen tugendhaften Samen anregen, und wir werden eine glückliche Wiedergeburt erfahren. Sterben wir aber mit einem unfriedlichen Geist, zum Beispiel in einem Zustand von Wut, wird dies einen nichttugendhaften Samen anregen, und wir werden eine unglückliche Wiedergeburt erfahren. Der Vorgang gleicht der Art und Weise, wie Alpträume durch einen erregten Geisteszustand unmittelbar vor dem Einschlafen ausgelöst werden.

Der Vergleich mit dem Einschlafen ist nicht zufällig gewählt, denn, wie im Kapitel über Reinkarnation erklärt wurde, sind sich der Vorgang des Schlafens, Träumens und Aufwachens und der Vorgang des Todes, Zwischenzustandes und der Wiedergeburt sehr ähnlich. Wenn wir im Zwischenzustand sind, haben wir verschiedene Visionen, die aus den karmischen Samen entstehen, die unmittelbar vor dem Tod aktiviert wurden. Wurden negative Samen aktiviert, dann sind diese Visionen alptraumhaft, wurden aber positive Samen aktiviert, dann werden die Visionen mehrheitlich angenehm sein. Wenn die karmischen Samen genügend ausgereift sind, treiben sie uns in beiden Fällen dazu, eine Wiedergeburt in einem der sechs Bereiche Samsaras anzunehmen.

Die sechs Bereiche sind wirkliche Orte, an denen wir wiedergeboren werden können. Sie entstehen durch die Kraft unserer Handlungen oder Karma. Es gibt drei Arten von

Handlungen: körperliche Handlungen, sprachliche Handlungen und geistige Handlungen. Da unsere körperlichen und sprachlichen Handlungen ihren Ursprung immer in unseren geistigen Handlungen oder Absichten haben, werden die sechs Bereiche letztlich durch unseren Geist erschaffen. Ein Höllenbereich zum Beispiel ist ein Ort, der als Ergebnis der schlimmsten Handlungen, wie zum Beispiel eines Mordes oder außerordentlicher geistiger oder körperlicher Grausamkeit, entsteht, und diese Handlungen hängen ihrerseits von den am stärksten verblendeten Geisteszuständen ab.

Um uns ein geistiges Bild der sechs Bereiche machen zu können, vergleichen wir sie mit den Stockwerken eines großen, alten Hauses. In diesem Vergleich symbolisiert das ganze Haus Samsara, den Kreislauf von verunreinigter Wiedergeburt. Das Haus besteht aus einem Erdgeschoß, einem ersten und zweiten Stockwerk sowie drei Untergeschossen. Verblendete fühlende Wesen sind wie die Bewohner dieses Hauses. Sie sind in ständiger Bewegung, gehen nach oben und nach unten. Manchmal wohnen sie in den oberen Stockwerken und manchmal in den Untergeschossen.

Das Erdgeschoß entspricht dem menschlichen Bereich. Über diesem, im ersten Stock, befindet sich der Bereich der Halbgötter. Halbgötter sind nichtmenschliche Wesen, die andauernd in kriegerische Auseinandersetzungen mit den Göttern verwickelt sind. An Kraft und Wohlstand sind sie den Menschen überlegen, doch sind sie so von Neid und Gewalt besessen, daß ihr Leben wenig spirituellen Wert besitzt.

Im obersten Stock leben die Götter. Die niederen Klassen der Götter, die Götter des Begierdebereiches, leben in Saus und Braus, geben sich dem Müßiggang hin und verbringen ihre Zeit mit Vergnügungen und der Befriedigung ihrer

Wünsche. Obwohl sie in paradiesischen Umständen leben und eine sehr lange Lebensspanne besitzen, sind sie doch nicht unsterblich. Früher oder später fallen auch sie in die niederen Bereiche zurück. Da ihr Leben von Ablenkungen erfüllt ist, fällt es ihnen schwer, die nötige Motivation für eine Dharma-Praxis zu finden. Aus spiritueller Sicht ist deshalb ein menschliches Leben weitaus sinnvoller.

Höher als die Götter des Begierdebereiches sind die Götter des Formbereiches und des formlosen Bereiches. Die Götter des Formbereiches haben alle sinnlichen Begierden überwunden und erfahren die verfeinerte Glückseligkeit der meditativen Versenkung. Sie besitzen Körper aus Licht. Die Götter des formlosen Bereiches transzendieren selbst diese feinen Formen und verweilen formlos in einem subtilen Bewußtseinszustand ähnlich dem unendlichen Raum. Sie besitzen den reinsten und erhabensten Geist innerhalb Samsaras; trotzdem haben sie die Unwissenheit des Festhaltens am Selbst, die Wurzel Samsaras, noch nicht überwunden. So endet schließlich auch ihr Leben, und nachdem sie während Äonen Glückseligkeit erfahren haben, werden auch sie wieder in einem der niederen Bereiche Samsaras geboren. Wie die anderen Götter brauchen auch sie die in der Vergangenheit angesammelten Verdienste auf und machen nur geringe oder gar keine spirituellen Fortschritte.

Die drei oberen Stockwerke werden die «glücklichen Bereiche» genannt, weil die Lebewesen, die dort wohnen, relativ angenehme Erfahrungen haben. Diese Erfahrungen werden durch die Praxis von Tugend verursacht. In den Untergeschossen befinden sich die drei niederen Bereiche, die das Ergebnis negativer Handlungen von Körper, Rede und Geist sind. Im Tierbereich, der dem ersten Untergeschoß entspricht, sind die Erfahrungen am wenigsten schmerzhaft.

Dieser Bereich umfaßt alle Säugetiere, außer den Menschen, sowie Vögel, Fische, Insekten und Würmer, kurz, das ganze Tierreich. Der Geist der Tiere ist durch große Dummheit gekennzeichnet, ohne das geringste spirituelle Bewußtsein, und ihr Leben ist voller Angst und Brutalität.

Im mittleren Untergeschoß leben die Hungrigen Geister. Die Hauptgründe für eine Wiedergeburt in diesem Bereich sind Gier und negative Handlungen, die durch Geiz motiviert sind. Die Folge solcher Handlungen ist extreme Armut. Die Hungrigen Geister leiden ständig unter Hunger und Durst, den sie nicht ertragen können. Ihre Welt ist eine riesige Wüste. Finden sie zufälligerweise doch einmal einen Tropfen Wasser oder etwas Essen, so löst sich dies wie eine Luftspiegelung auf, oder es verwandelt sich in etwas Abstoßendes wie Eiter oder Urin. Diese Erscheinungen sind Auswirkungen ihres negativen Karmas und eines Mangels an Verdiensten.

Im untersten Kellergeschoß befindet sich der Höllenbereich. Hier leiden die Wesen unter endlosen Qualen. Einige Höllen bestehen aus Flammenmeeren, andere sind trostlose Eiswüsten, umgeben von ewiger Dunkelheit. Furchtbare Monster, heraufbeschworen durch den Geist der Höllenwesen, fügen diesen schreckliche Qualen zu. Diese Leiden scheinen unbarmherzig bis in alle Ewigkeit anzudauern. Doch schließlich erschöpft sich das Karma, das die Geburt im Höllenbereich verursacht hat. Die Höllenwesen sterben und werden anderswo in Samsara wiedergeboren. Die Hölle ist einfach nur das, was dem negativsten und verzerrtesten Geist erscheint. Sie ist kein äußerer Ort, sondern ein Alptraum, aus dem wir für sehr lange Zeit nicht aufwachen. Für diejenigen, die in der Hölle leben, sind die Leiden des Höllenbereiches so real wie für uns die Erfahrungen des Menschenbereiches.

Dies ist ein allgemeiner Überblick über Samsara. Seit anfangsloser Zeit sind wir in Samsara gefangen und irren ohne Freiheit oder Kontrolle sinnlos in den verschiedenen Bereichen umher, von den himmlischen Gefilden bis zu den tiefsten Höllen. Manchmal weilen wir bei den Göttern in den oberen Etagen, und manchmal befinden wir uns in einer menschlichen Wiedergeburt im Erdgeschoß. Die meiste Zeit jedoch sind wir in den Kellergeschossen und müssen schreckliche körperliche und geistige Qualen erdulden.

Obwohl Samsara einem Gefängnis gleicht, gibt es ein Tor, durch das wir entkommen können. Dieses Tor ist Leerheit, die endgültige Natur der Phänomene. Schulen wir uns in den spirituellen Pfaden, die in diesem Buch beschrieben sind, werden wir schließlich den Weg zu diesem Tor finden. Wenn wir durch dieses Tor hindurchschreiten, werden wir entdekken, daß das Haus nur eine Illusion war, eine Kreation unseres unreinen Geistes. Samsara ist kein äußeres Gefängnis; es ist ein Gefängnis, das durch unseren eigenen Geist erschaffen wird. Samsara wird niemals von selbst aufhören. Nur wenn wir mit großem Eifer den wahren spirituellen Pfad praktizieren und dadurch unser Festhalten am Selbst und andere Verblendungen beseitigen, können wir unser Samsara beenden. Haben wir selbst Befreiung erlangt, werden wir fähig sein, anderen den Weg zu zeigen, wie sie ihr geistiges Gefängnis durch die Beseitigung ihrer Verblendungen zerstören können.

ARTEN VON HANDLUNGEN

Obwohl es zahllose unterschiedliche Handlungen von Körper, Rede und Geist gibt, sind alle in folgenden drei Kategorien enthalten: tugendhafte Handlungen, nichttugendhafte

Handlungen und neutrale Handlungen. Die Praxis des Gebens, der moralischen Disziplin, der Geduld, des Bemühens in spiritueller Schulung, der meditativen Konzentration und der Weisheit sind Beispiele von tugendhaften Handlungen. Töten, Stehlen und sexuelles Fehlverhalten sind nichttugendhafte Handlungen des Körpers; Lügen, trennende Rede, verletzende Rede und leeres Geschwätz sind nichttugendhafte Handlungen der Rede; und Begehrlichkeit, Böswilligkeit und falsche Sichtweisen sind nichttugendhafte Handlungen des Geistes. Zusätzlich zu diesen zehn nichttugendhaften Handlungen gibt es viele weitere nichttugendhafte Handlungen, so zum Beispiel andere zu schlagen oder zu quälen oder ihnen auf irgendeine andere Weise Leid zuzufügen. Jeden Tag führen wir zudem viele neutrale Handlungen aus. Wenn wir alltägliche Handlungen ohne eine speziell gute oder schlechte Motivation ausführen wie einkaufen, kochen, essen, schlafen oder uns entspannen, dann führen wir neutrale Handlungen aus.

Alle nichttugendhaften Handlungen sind verunreinigt, weil sie durch Verblendungen motiviert sind, insbesondere durch die Verblendung der Unwissenheit des Festhaltens am Selbst. Auch die meisten unserer tugendhaften und neutralen Handlungen gründen auf dem Festhalten am Selbst und sind daher ebenfalls verunreinigt. Zur Zeit halten wir, selbst wenn wir zum Beispiel moralische Disziplin beachten, immer noch an einem inhärent existierenden Ich oder Selbst fest, das moralisch handelt, und daher ist unsere Praxis der moralischen Disziplin verunreinigte Tugend.

Wir halten ständig an einem inhärent existierenden Ich und Mein fest, Tag und Nacht. Dieser Geist ist die Verblendung der Unwissenheit des Festhaltens am Selbst. Wenn wir verlegen, ängstlich, wütend, entrüstet oder von Stolz aufgebläht sind, haben wir ein starkes Gefühl von Ich oder Selbst. Das Ich, an dem wir in diesen Situationen festhalten, ist das inhärent existierende Ich. Selbst wenn wir entspannt und relativ friedvoll sind, halten wir unser Ich als inhärent existierend fest, wenn auch weniger ausgeprägt. Dieser Geist des Festhaltens am Selbst ist die Grundlage aller unserer Verblendungen und die Quelle aller unserer Probleme. Um uns von Verblendungen und den Problemen, die sie verursachen, zu befreien, müssen wir verstehen, daß das inhärent existierende Ich, an dem wir so stark und ständig festhalten, überhaupt nicht existiert. Es hat nie existiert und wird nie existieren. Es ist lediglich die Erfindung unserer Unwissenheit des Festhaltens am Selbst.

Um die Wünsche dieses Ichs zu erfüllen, des inhärent existierenden Ichs, von dem wir glauben, daß es tatsächlich existiert, führen wir normalerweise unzählige positive und negative Handlungen aus. Diese Handlungen nennt man «werfende Handlungen». Eine werfende Handlung ist eine Handlung, die durch starkes Festhalten am Selbst motiviert ist und die Hauptursache für eine samsarische Wiedergeburt ist. Verunreinigte tugendhafte Handlungen werfen uns in eine höhere samsarische Wiedergeburt als Mensch, Gott oder Halbgott, während uns nichttugendhafte Handlungen in die niederen Wiedergeburten des Tier-, Hungrigen-Geister- oder Höllenbereiches werfen. Wenn wir im Sterben liegen und einen negativen Geisteszustand wie Wut erzeugen, bewirkt dies, daß das Potential einer nichttugendhaften werfenden Handlung heranreift und daß wir nach dem Tod eine niedere Wiedergeburt annehmen. Wenn wir andererseits beim Tod einen tugendhaften Geisteszustand entwickeln – uns zum Beispiel an unsere tägliche spirituelle Praxis erinnern –, wird dies das Potential einer tugendhaften werfenden Handlung reifen lassen, so daß wir nach dem Tod als Mensch oder als ein Wesen der anderen beiden höheren samsarischen Bereiche wiedergeboren werden, und wir werden die Leiden dieser Wesen erfahren.

Es gibt noch eine weitere Form von verunreinigter Handlung, die man «abschließende Handlung» nennt. Eine abschließende Handlung ist eine verunreinigte Handlung, die die Hauptursache für das Glück oder Leiden ist, das wir erfahren, wenn wir einmal eine bestimmte Wiedergeburt angenommen haben. Alle Menschen werden durch tugendhafte werfende Handlungen in die Menschenwelt geworfen, aber die Erfahrungen, die sie als Menschen machen, sind sehr unterschiedlich und hängen von den verschiedenen abschließenden Handlungen ab. Manche Menschen haben ein Leben voller Leiden, während andere ein Leben der Muße führen. Ganz ähnlich wurden alle Tiere durch nichttugendhafte werfende Handlungen in die Tierwelt geworfen, aber ihre Erfahrungen als Tier sind sehr unterschiedlich und hängen von den verschiedenen abschließenden Handlungen ab. Einige Tiere, so zum Beispiel manche Haustiere, können ein Leben voller Luxus führen und erhalten mehr Fürsorge und Aufmerksamkeit als viele Menschen. Höllenwesen und Hungrige Geister erfahren nur die Ergebnisse von nichttugendhaften werfenden und nichttugendhaften abschließenden Handlungen. Vom Tag ihrer Geburt an bis zu ihrem Todestag erfahren sie nur Leiden.

Eine werfende Handlung kann uns in viele zukünftige Leben werfen. In den buddhistischen Schriften findet man das Beispiel eines Mannes, der sehr wütend auf einen ordinierten Mönch wurde und ihm sagte, er sehe aus wie ein Frosch. Das Ergebnis war, daß dieser unglückliche Mann viele Male als Frosch wiedergeboren wurde. Eine einzige

Wiedergeburt kann aber auch genügen, um die Kraft unserer werfenden Handlung zu erschöpfen. Manche unserer Handlungen reifen im gleichen Leben, in dem sie ausgeführt wurden, einige reifen im nächsten Leben und andere reifen in den Leben danach.

Abschließend können wir sagen, daß wir als erstes starkes Festhalten am Selbst entwickeln, aus dem dann alle anderen Verblendungen entstehen. Diese Verblendungen treiben uns dazu, werfendes Karma zu erschaffen, das bewirkt, daß wir eine weitere samsarische Wiedergeburt annehmen, in der wir Angst, Leiden und Probleme erfahren. Während dieser Wiedergeburt werden wir ständig Festhalten am Selbst und andere Verblendungen entwickeln, die uns dazu treiben, noch mehr werfende Handlungen zu erschaffen, die zu weiteren verunreinigten Wiedergeburten führen. Dieser Prozeß von Samsara ist ein endloser Kreislauf, außer wir erreichen Nirvana.

Unser Menschenleben

Unser Menschenleben

Unser Menschenleben ist nur dann kostbar und von wahrem Wert, wenn wir es für die Schulung in den spirituellen Pfaden verwenden. An sich ist es ein Wahres Leiden. Wir erfahren die verschiedensten Arten von Leiden, weil wir eine Wiedergeburt angenommen haben, die vom inneren Gift der Verblendungen verunreinigt ist. Diese Erfahrungen haben keinen Anfang, weil wir seit anfangsloser Zeit verunreinigte Wiedergeburten angenommen haben, und sie haben kein Ende, außer wir erlangen den inneren Frieden von Nirvana. Wenn wir darüber nachdenken und meditieren, daß wir unser ganzes Leben lang und Leben für Leben, Leiden und Schwierigkeiten erfahren, dann kommen wir zu der klaren Schlußfolgerung, daß jedes einzelne Leiden und jedes Problem, das wir erfahren, darauf zurückzuführen ist, daß wir eine verunreinigte Wiedergeburt angenommen haben. Dann werden wir den starken Wunsch entwickeln, den Kreislauf der verunreinigten Wiedergeburt, Samsara, aufzugeben. Das ist der erste Schritt zum Glück von Nirvana, zur Befreiung. Aus dieser Sicht betrachtet, hat das Nachdenken und die Meditation über Leiden große Bedeutung. Der Hauptgrund für diese Meditation ist zu verhindern, daß wir alle diese Erfahrungen in der Zukunft immer wieder machen müssen.

Solange wir in diesem Kreislauf von verunreinigter Wiedergeburt stecken, werden die Leiden und Probleme niemals enden. Wir müssen sie immer und immer wieder erfahren, jedesmal wenn wir wiedergeboren werden. Obwohl wir uns nicht an die Erfahrungen im Mutterleib oder in unserer sehr frühen Kindheit erinnern können, begannen die Leiden unseres Menschenlebens zur Zeit der Empfängnis. Jeder kann beobachten, daß ein Neugeborenes Qualen und Schmerzen erfährt. Das erste, was ein Säugling nach seiner Geburt tut, ist schreien. Es kommt selten vor, daß ein Säugling in völliger Heiterkeit mit einem friedlichen, lächelnden Ausdruck auf seinem Gesicht geboren wird.

GEBURT

Wenn unser Bewußtsein in die Vereinigung des Spermas unseres Vaters und der Eizelle unserer Mutter eintritt, ist unser Körper eine sehr heiße, wäßrige Substanz wie weißer, leicht rötlich gefärbter Joghurt. In den ersten Momenten nach der Empfängnis haben wir keine groben Empfindungen, aber sobald sich diese entwickeln, beginnen wir, deutlichen Schmerz zu verspüren. Unser Körper wird allmählich immer härter, und wenn unsere Gliedmaßen wachsen, fühlt es sich an, als ob unser Körper auf einer Folterbank gestreckt würde. In der Gebärmutter ist es heiß und dunkel. Für neun Monate ist dieser kleine, eng zusammengepreßte Raum voller unreiner Substanzen unser Heim. Es fühlt sich an, als ob man in einem mit schmutziger Flüssigkeit gefüllten kleinen

Wassertank eingezwängt wäre, dessen Deckel dicht verschlossen ist, so daß weder Luft noch Licht eindringen kann.

Während wir uns im Leib unserer Mutter befinden, erleben wir in völliger Einsamkeit großen Schmerz und große Angst. Wir reagieren äußerst empfindlich auf alles, was unsere Mutter tut. Wenn sie schnell geht, fühlt es sich an, als würden wir von einem hohen Berg fallen, und wir haben schreckliche Angst. Wenn sie Geschlechtsverkehr hat, fühlt es sich an, als würden wir zwischen zwei riesigen Gewichten zerquetscht und erstickt, und wir geraten in Panik. Wenn unsere Mutter auch nur einen kleinen Sprung macht, fühlt es sich an, als würden wir aus großer Höhe heftig auf den Boden aufschlagen. Wenn sie etwas Heißes trinkt, fühlt es sich an, als ob kochendes Wasser unsere Haut verbrennen würde, und wenn sie etwas Kaltes trinkt, fühlt es sich an wie eine eiskalte Dusche im tiefsten Winter.

Wenn wir den Mutterleib verlassen, ist es, als würden wir durch eine enge Spalte zwischen zwei harten Felsen gedrückt, und als Neugeborenes ist unser Körper so empfindlich, daß jede Art von Kontakt schmerzhaft ist. Selbst wenn uns jemand sehr behutsam hält, fühlen sich die Hände an wie Dornbüsche, die sich in unser Fleisch bohren, und die feinsten Gewebe fühlen sich rauh an und kratzen. Verglichen mit der Weichheit und Ebenheit des Mutterleibes, ist jede Berührung rauh und schmerzhaft. Wenn uns jemand hoch nimmt, fühlt es sich an, als würden wir über einen ungeheuren Abgrund geschwungen, und wir haben Angst und fühlen uns unsicher. Wir haben alles vergessen, was wir in unserem vergangenen Leben gewußt haben; wir bringen nur Schmerz und Verwirrung aus dem Mutterleib mit. Was immer wir auch hören ist so sinnlos wie das Geräusch des Windes, und wir können nichts von dem, was wir wahrnehmen, verstehen. In den ersten paar Wochen gleichen wir jemandem, der blind, taub und stumm ist und unter starkem Gedächtnisschwund leidet. Wenn wir hungrig sind, können wir nicht sagen: «Ich brauche etwas zu essen», und wenn wir Schmerzen haben, können wir nicht sagen: «Hier tut es weh.» Die einzigen Zeichen, die wir geben können, sind heiße Tränen und wilde Gebärden. Unsere Mutter hat oft keine Ahnung, unter welchen Schmerzen und Unbequemlichkeiten wir leiden. Wir sind vollständig hilflos, und alles muß uns beigebracht werden: wie man ißt, wie man sitzt, wie man geht, wie man spricht.

Obwohl wir in den ersten Wochen unseres Lebens am verletzlichsten sind, hören unsere Schmerzen nicht auf, wenn wir aufwachsen. Während unseres ganzen Lebens erfahren wir weiterhin die verschiedensten Arten von Leiden. Genauso wie die Wärme eines Feuers, das wir in einem großen Haus anzünden, das ganze Haus durchdringt und die gesamte Wärme im Haus von diesem Feuer stammt, so durchdringt Leiden unser ganzes Leben, wenn wir in Samsara geboren werden, und alles Elend, das wir erfahren, entsteht, weil wir eine verunreinigte Wiedergeburt angenommen haben.

Weil wir als Mensch geboren wurden, schätzen wir unseren menschlichen Körper und Geist als unseren Besitz und klammern uns daran. In Abhängigkeit von unserem Körper und Geist entwickeln wir Festhalten am Selbst, das die Grundlage aller Verblendungen ist. Unsere menschliche Wiedergeburt ist die Grundlage für unser menschliches Leiden. Ohne diese Grundlage gibt es keine menschlichen Probleme. Die Schmerzen der Geburt gehen allmählich über in die Schmerzen des Alterns, der Krankheit und des Todes; sie sind ein Kontinuum.

ALTERN

Unsere Geburt führt zu den Schmerzen des Alterns. Altern stiehlt unsere Schönheit, unsere Gesundheit, unsere gute Figur, unseren zarten Teint, unsere Vitalität und unser Wohlbehagen. Altern verwandelt uns in verachtenswerte Geschöpfe. Es bringt viele ungewollte Schmerzen und führt uns schnell zum Tod.

Wenn wir alt werden, verlieren wir die Schönheit unserer Jugend, und unser starker, gesunder Körper wird schwach und mit Krankheiten belastet. Unsere einst feste und gut proportionierte Figur wird gebeugt und entstellt, und unsere Muskeln und unser Fleisch schrumpfen, so daß unsere Glieder wie dünne Stöcke werden und unsere Knochen hervortreten. Unser Haar verliert die Farbe und den Glanz, und unser Teint verliert seinen Schimmer. Unser Gesicht wird runzlig, und unsere Gesichtszüge verzerren sich. Milarepa sagte:

> Wie stehen alte Leute auf? Sie stehen auf, als würden sie einen Pfahl aus dem Boden ziehen. Wie gehen alte Leute? Stehen sie einmal auf ihren Füßen, müssen sie behutsam gehen wie Vogelfänger. Wie setzen sich alte Leute? Sie brechen zusammen wie schweres Gepäck, dessen Riemen gerissen ist.

Wir können über das folgende Gedicht nachdenken, das die Leiden des Alterns beschreibt:

> Wenn wir alt sind, wird unser Haar weiß,
> Aber nicht, weil wir es sauber gewaschen haben.
> Es ist ein Zeichen, daß wir bald dem Herrn des Todes
>   begegnen werden.
>
> Wir haben Falten auf unserer Stirn,
> Aber nicht weil wir zuviel Fleisch haben.

Es ist eine Warnung vom Herrn des Todes: «Du bist
im Begriff zu sterben.»

Unsere Zähne fallen aus,
Aber nicht, um Raum für neue zu schaffen.
Es ist ein Zeichen, daß wir das Essen der Menschen
bald nicht mehr genießen können.

Unsere Gesichter sind häßlich und unfreundlich,
Aber nicht, weil wir Masken tragen.
Es ist ein Zeichen, daß wir die Maske der Jugend
verloren haben.

Unsere Köpfe wackeln hin und her,
Aber nicht weil wir nicht einverstanden sind.
Es ist der Herr des Todes, der unsere Köpfe mit dem
Stock schlägt, den er in seiner rechten Hand hält.

Wir gehen gebeugt und starren auf den Boden,
Aber nicht, weil wir verlorene Nadeln suchen.
Es ist ein Zeichen, daß wir nach verlorener Schönheit,
Erinnerung und verlorenem Besitz suchen.

Wir richten uns auf allen Vieren vom Boden auf,
Aber nicht, weil wir Tiere imitieren.
Es ist ein Zeichen, daß unsere Beine zu schwach sind,
um unseren Körper zu tragen.

Wir setzen uns, als ob wir plötzlich hingefallen wären,
Aber nicht, weil wir ungehalten sind.
Es ist ein Zeichen, daß unser Körper seine Kraft
verloren hat.

Wir wiegen unseren Körper hin und her, wenn wir
gehen,
Aber nicht, weil wir uns für wichtig halten.
Es ist ein Zeichen, daß unsere Beine den Körper nicht
tragen können.

Unsere Hände zittern,
Aber nicht, weil sie in Versuchung sind zu stehlen.
Es ist ein Zeichen, daß die verlangenden Finger des
  Herrn des Todes unseren Besitz stehlen.

Wir essen sehr wenig,
Aber nicht, weil wir geizig sind.
Es ist ein Zeichen, daß wir das Essen nicht verdauen
  können.

Wir keuchen häufig,
Aber nicht, weil wir den Kranken Mantras zuflüstern.
Es ist ein Zeichen, daß unser Atem bald verschwinden
  wird.

Wenn wir jung sind, können wir um die ganze Welt reisen, aber wenn wir alt sind, schaffen wir es kaum zu unserem eigenen Gartentor. Wir werden zu schwach, um uns mit vielen weltlichen Dingen zu beschäftigen, und unsere spirituellen Aktivitäten sind oft eingeschränkt. So haben wir zum Beispiel nur noch wenig körperliche Kraft für tugendhafte Handlungen, und wir haben weniger geistige Energie fürs Auswendiglernen, Nachdenken und Meditieren. Wir können nicht an Unterweisungen teilnehmen, die an Orten stattfinden, die schwer zu erreichen sind oder schlechte Unterkünfte haben. Wir können anderen nicht helfen, wenn dies körperliche Stärke und gute Gesundheit erfordert. Entbehrungen wie diese machen alte Leute oft sehr traurig.

Wenn wir alt werden, werden wir wie Blinde und Taube. Wir können nicht deutlich sehen, und wir brauchen immer stärkere Brillen, bis wir schließlich nicht mehr lesen können. Wir können nicht gut hören, und so wird es immer schwieriger, Musik zu hören, fernzusehen oder zu hören, was andere sagen. Unser Gedächtnis schwindet. Alle Aktivitäten, weltliche und spirituelle, werden schwieriger. Wenn wir meditieren, wird es schwieriger für uns, Realisationen zu erlangen, weil unser Gedächtnis und unsere Konzentration zu schwach sind, und beim Studium können wir uns nicht groß anstrengen. Wenn wir den Dharma nicht in unserer Jugend gelernt und praktiziert haben, bleibt uns somit nichts anderes übrig, als Reue zu empfinden und auf den Herrn des Todes zu warten.

Wenn wir alt sind, bereiten uns die Dinge, die wir früher genossen haben, nicht mehr das gleiche Vergnügen. Beim Essen, Trinken und Sex verspüren wir nicht mehr die gleiche Freude. Wir sind zu schwach, um Spiele zu spielen, und wir sind oft sogar zu erschöpft, um uns unterhalten zu lassen. Wenn unsere Lebensspanne schwindet, können wir an den Aktivitäten junger Leute nicht mehr teilnehmen. Wenn sie auf Reisen gehen, müssen wir zurückbleiben. Niemand will uns bei sich haben, wenn wir alt sind, und niemand will uns besuchen. Sogar unsere eigenen Enkel wollen nicht lange bei uns bleiben. Alte Menschen denken oft: «Wie wundervoll wäre es, wenn junge Leute bei mir wären. Wir würden spazieren gehen, und ich könnte ihnen vieles zeigen.» Aber die jungen Leute kümmern sich nicht um diese Pläne. Wenn das Leben dem Ende zugeht, erfahren alte Leute den Kummer des Verlassenseins und der Einsamkeit. Sie haben viele besondere Leiden.

KRANKHEIT

Unsere Geburt führt zu den Leiden der Krankheit. So wie der Wind und der Schnee des Winters die Pracht der grünen Wiesen, Bäume, Wälder und Kräuter vertreibt, so nimmt uns die Krankheit die jugendliche Pracht unseres Körpers und zerstört seine Kraft und unsere Sinneskräfte. Wenn wir krank werden, können wir plötzlich nicht mehr alle unsere normalen körperlichen Aktivitäten ausüben, wie wir es tun können, wenn wir gut in Form und wohlauf sind. Sogar ein Meisterboxer, der normalerweise alle seine Gegner k.o. schlagen kann, wird ganz hilflos, wenn ihn eine Krankheit trifft.

Wenn wir krank werden, gleichen wir einem Vogel, der hoch am Himmel schwebt und plötzlich abgeschossen wird. Wird ein Vogel abgeschossen, fällt er senkrecht zu Boden wie ein Klumpen Blei, und all seine Pracht und Stärke werden sofort zerstört. Ganz ähnlich ergeht es uns: Wenn wir krank werden, sind wir augenblicklich handlungsunfähig. Wenn wir ernsthaft krank sind, können wir vollständig von anderen abhängig werden und sogar die Kontrolle über unsere körperlichen Funktionen verlieren. Dieser Wandel ist schwer zu ertragen, insbesondere für diejenigen, die stolz auf ihre Unabhängigkeit und körperliche Gesundheit sind.

Wenn wir krank sind, können wir unsere tägliche Arbeit nicht verrichten. Wir können nicht alle Aufgaben erledigen, die wir uns vorgenommen haben, und deshalb fühlen wir uns frustriert. Wir werden leicht ungeduldig mit unserer Krankheit und fühlen uns deprimiert wegen all der Dinge, die wir nicht tun können. Wir können die Dinge nicht genießen, die uns gewöhnlich Freude bereiten, wie Sport oder Tanzen, Trinken oder reichhaltiges Essen. Wir können die Gesellschaft unserer Freunde nicht genießen. Alle diese Beschränkungen führen dazu, daß wir uns noch elender fühlen. Und um unser Unglück noch zu vergrößern, müssen wir alle Schmerzen erdulden, die die Krankheit mit sich bringt.

Wenn wir krank sind, müssen wir nicht nur alle unerwünschten Schmerzen der Krankheit selbst erleiden, wir müssen auch allerlei andere nicht erwünschte Dinge erfahren. Wir müssen zum Beispiel alle Behandlungen über uns ergehen lassen, die verschrieben werden, sei es eine übelriechende Medizin, eine Reihe von Spritzen, eine größere Operation oder Abstinenz von etwas üben, das wir sehr mögen. Wenn wir uns operieren lassen müssen, müssen wir ins Krankenhaus gehen und alle Bedingungen dort akzeptieren. Wir müssen vielleicht Dinge essen, die uns nicht schmecken, und den ganzen Tag im Bett liegen, ohne etwas tun zu können, und vielleicht ängstigt uns die bevorstehende Operation. Unser Arzt erklärt uns möglicherweise nicht genau, wo das Problem liegt und ob er erwartet, daß wir überleben oder nicht.

Wenn wir erfahren, daß unsere Krankheit unheilbar ist, und wir keine spirituelle Erfahrung haben, werden wir uns Sorgen machen und Angst und Reue verspüren. Möglicherweise werden wir deprimiert und geben die Hoffnung auf, oder wir werden wütend auf unsere Krankheit und sehen sie als Feind, der uns böswillig all unserer Freude beraubt hat.

TOD

Unsere Geburt führt auch zu den Leiden des Todes. Wenn wir in unserem Leben sehr hart gearbeitet haben, um Besitz anzusammeln, und wenn wir sehr starke Anhaftung daran entwickelt haben, werden wir zum Zeitpunkt des Todes sehr leiden müssen und denken: «Jetzt muß ich meinen ganzen kostbaren Besitz zurücklassen.» Gewöhnlich fällt es uns sehr schwer, auch nur einen kleinen Teil von unserem am meisten geschätzten Besitz auszuleihen, geschweige denn ihn wegzugeben. Kein Wunder also, daß wir uns so elend fühlen, wenn wir erkennen, daß wir in den Händen des Todes alles aufgeben müssen.

Wenn wir sterben, müssen wir uns sogar von unseren engsten Freunden trennen. Wir müssen unseren Ehepartner verlassen, auch wenn wir lange Jahre zusammen und nicht einen Tag voneinander getrennt waren. Wenn wir sehr starke Anhaftung an unsere Freunde haben, werden wir zum Zeitpunkt des Todes großes Elend erfahren, aber alles, was wir tun können, ist, ihre Hände zu halten. Wir werden den Todesprozeß nicht aufhalten können, selbst wenn sie uns anflehen, nicht zu sterben. Gewöhnlich sind wir eifersüchtig, wenn uns jemand, an dem wir sehr stark hängen, allein läßt und Zeit mit jemand anderem verbringt, aber wenn wir sterben, werden wir unsere Freunde für immer bei anderen zurücklassen müssen. Wir werden alle verlassen müssen, einschließlich unserer Familie und aller Menschen, die uns in diesem Leben geholfen haben.

Wenn wir sterben, müssen wir diesen Körper, den wir geschätzt und auf so viele Arten umsorgt haben, zurücklassen. Er wird wie ein geistloser Stein werden und verbrannt oder im Boden vergraben werden. Wenn wir den inneren Schutz der spirituellen Erfahrung nicht haben, werden wir zum Zeitpunkt des Todes Angst und Kummer sowie körperliche Schmerzen erfahren.

Wenn unser Bewußtsein unseren Körper verläßt, gehen alle Potentiale, die wir in unserem Geist durch tugendhafte oder nichttugendhafte Handlungen angesammelt haben, mit ihm. Etwas anderes können wir aus dieser Welt nicht mitnehmen. Alle anderen Dinge täuschen uns. Der Tod beendet alle unsere Aktivitäten – unsere Gespräche, unser Essen, das Treffen mit Freunden, unseren Schlaf. An unserem Todestag geht alles zu Ende, und wir müssen alle Dinge zurücklassen, sogar die Ringe an unseren Fingern. In Tibet war es üblich, daß Bettler einen Stock bei sich trugen, um sich gegen Hunde zu verteidigen. Um den absoluten Verlust beim Tod zu verstehen, sollten wir uns daran erinnern, daß die Bettler zum Zeitpunkt des Todes sogar diesen alten Stock zurücklassen müssen, das Geringste, was ein Mensch besitzen kann. Überall auf der Welt können wir sehen, daß der auf Steinen eingravierte Name der einzige «Besitz» der Toten ist.

ANDERE FORMEN VON LEIDEN

Die Lebewesen müssen aber auch die Leiden der Trennung, die Leiden, dem zu begegnen, was sie nicht mögen, und die Leiden, ihre Wünsche nicht erfüllt zu bekommen, erfahren. Schon vor der letzten Trennung durch den Tod müssen wir uns oft vorübergehend von Menschen und Dingen trennen, die wir gern haben, und dies fügt uns geistige Schmerzen zu. Es kann sein, daß wir unser Land verlassen müssen, wo alle unsere Freunde und Verwandten leben, oder vielleicht müssen wir uns von einer Arbeit trennen, die uns gefällt. Möglicherweise verlieren wir unseren guten Ruf. Sehr oft in diesem Leben müssen wir das Unglück erleben, uns von den Menschen, die wir mögen, trennen zu müssen oder Dinge, die uns erfreuen und die uns gefallen, verlieren oder auf sie verzichten zu müssen. Doch wenn wir sterben, müssen wir uns für immer von allen Gefährten und Freuden dieses Lebens trennen.

Oft treffen wir Menschen, die wir nicht mögen, und müssen mit ihnen leben, oder wir begegnen Umständen, die unangenehm für uns sind. Manchmal befinden wir uns vielleicht sogar in sehr gefährlichen Situationen, wie in einem Feuer oder einer Überschwemmung, oder vielleicht finden wir uns in Umständen, wo Gewalt herrscht, wie in einem Aufstand oder einer Schlacht. Unser Leben ist voll von weniger extremen Situationen, die wir als unangenehm empfinden. Manchmal werden wir davon abgehalten, das zu tun, was wir wollen. So kann es vorkommen, daß wir uns an einem sonnigen Tag zum Strand aufmachen, und dann in einem Stau steckenbleiben. Manchmal erfahren wir Störungen von Geistern, die unsere Meditation und andere spirituelle Übungen beeinträchtigen. Es gibt zahllose Umstände, die unsere Pläne vereiteln und uns davon abhalten, das zu tun, was wir wollen. Es ist, wie in einem Dornbusch zu leben; sobald wir versuchen, uns zu bewegen, werden wir durch die Umstände verletzt. Menschen und Dinge sind wie Dornen, die sich in unser Fleisch bohren, und es gibt keine Situation, in der wir uns ganz und gar wohl fühlen. Je mehr Wünsche und Pläne wir haben, desto größere Frustrationen erleben wir. Je größer unser Wunsch nach bestimmten Verhältnissen ist, desto eher finden wir uns in Situationen gefangen, die wir nicht wollen. Jeder Wunsch scheint sein eigenes Hindernis hervorzurufen. Unerwünschte Situationen widerfahren uns, ohne daß wir danach suchen. Tatsächlich sind die einzigen Dinge, die ohne Mühe entstehen, die Dinge, die wir nicht wollen, und nur die Wünsche, die wir nicht haben, werden mühelos erfüllt. Niemand möchte sterben, doch der Tod kommt mühelos. Niemand möchte krank sein, doch die Krankheit kommt mühelos. Wenn wir ohne freie Wahl oder Kontrolle wiedergeboren werden, haben wir einen unreinen Körper, und wir bewohnen eine unreine Umgebung, und somit ergießen sich unerwünschte Dinge über uns. Diese Art von Erfahrung ist in Samsara ganz selbstverständlich.

Unsere Wünsche sind zahllos, aber wie groß auch unsere Anstrengungen sind, nie haben wir das Gefühl, daß sie erfüllt wurden. Sogar wenn wir bekommen, was wir uns wünschen, bekommen wir es nicht so, wie wir es wollen. Wir besitzen zwar das Objekt, aber wir können keine Befriedigung aus diesem Besitz gewinnen. Zum Beispiel träumen wir vielleicht davon, reich zu werden, aber sind wir dann wirklich reich geworden, gestaltet sich unser Leben nicht so, wie wir es uns vorgestellt haben, und wir haben nicht das Gefühl, unser Wunsch sei in Erfüllung gegangen. Das verhält sich so, weil unsere Wünsche nicht abnehmen, wenn unser Reichtum zunimmt. Je größer unser Reichtum ist, desto größer sind unsere Wünsche. Der Reichtum, den wir suchen, kann nicht gefunden werden, weil wir eine Größe suchen, die unsere Wünsche stillt, und kein noch so großer Reichtum kann zu diesem Ziel führen. Was noch schlimmer ist, dadurch, daß wir das Objekt unseres Begehrens erhalten, schaffen wir neue Umstände für Unzufriedenheit. Mit jedem Objekt, das wir wünschen, kommen andere Objekte, die wir nicht wünschen. Zum Beispiel sind mit Reichtum Steuern, Unsicherheit und komplizierte finanzielle Umstände verbunden. Diese unerwünschten Extras verhindern, daß wir je das Gefühl haben, wirklich das zu besitzen, was wir uns wünschen. Vielleicht träumen wir von einem Urlaub in der Südsee, und es kann vorkommen, daß wir tatsächlich unsere Ferien dort verbringen, aber die Erfahrung ist nie ganz so, wie wir es erwartet haben, und unser Urlaub bringt noch andere Dinge mit sich, einen Sonnenbrand zum Beispiel und große Auslagen.

Wenn wir es überprüfen, sehen wir, daß unsere Wünsche übertrieben sind. Sie beinhalten das Beste, was Samsara zu bieten hat: die beste Arbeit, den besten Partner, den besten Ruf, das beste Haus, das beste Auto, den besten Urlaub. Alles, was nicht zum Besten gehört, hinterläßt in uns ein Gefühl der Enttäuschung. Dies läßt uns weiter suchen und doch nicht finden, was wir uns wünschen. Aber kein weltliches Vergnügen kann uns die vollständige und vollkommene Befriedigung geben, die wir begehren. Ständig werden bessere Dinge hergestellt. Überall verkünden Anzeigen, daß das absolut Beste gerade auf den Markt gekommen ist, aber einige Tage später trifft ein neues «Bestes» ein, und es ist besser als «das Beste», das vor einigen Tagen angepriesen wurde. Es ist kein Ende von neuen Dingen abzusehen, die unsere Wünsche gefangen nehmen.

Schulkinder können ihren eigenen und den Ehrgeiz ihrer Eltern nicht zufriedenstellen. Sogar wenn sie die Besten ihrer Klasse sind, sind sie nicht zufrieden, außer sie können es im nächsten Jahr wieder sein. Wenn sie weiter erfolgreich in ihrer Arbeit sind, wird ihr Ehrgeiz so stark wie eh und je sein. Es gibt keinen Punkt, an dem sie sich mit dem Gefühl ausruhen können, vollkommen mit dem Erreichten zufrieden zu sein.

Wir könnten denken, daß zumindest die Menschen auf dem Land, die ein einfaches Leben führen, zufrieden sein müßten. Wenn wir es aber nachprüfen, werden wir herausfinden, daß auch Bauern auf der Suche sind und nicht finden, was sie sich wünschen. Ihr Leben ist voller Probleme und Sorgen, und sie haben keinen wirklichen Frieden und keine Zufriedenheit. Ihr Lebensunterhalt hängt von vielen Unsicherheitsfaktoren außerhalb ihrer Kontrolle ab, wie zum Beispiel dem Wetter. Bauern sind nicht weniger frei von Unzufriedenheit als Geschäftsleute in der Stadt. Die Geschäftsleute sehen gepflegt und tüchtig aus, wenn sie morgens mit ihren Aktenkoffern zur Arbeit gehen, aber obwohl sie äußerlich sehr souverän wirken, tragen sie in ihren Herzen große Unzufriedenheit. Sie sind immer noch auf der Suche und können nicht finden, was sie sich wünschen.

Wenn wir über diese Situation nachdenken, könnten wir zum Schluß kommen, daß wir finden können, was wir suchen, wenn wir unseren gesamten Besitz aufgeben. Prüfen wir es aber nach, sehen wir, daß auch arme Leute suchen und nicht finden, was sie sich wünschen; und für viele arme Leute ist es schwierig, das Notwendigste zum Leben zu finden.

Das Leiden der Unzufriedenheit können wir auch nicht vermeiden, indem wir unsere Umstände ständig ändern. Wir denken vielleicht, daß wir irgendwann finden, was wir uns wünschen, wenn wir immer wieder unseren Partner oder unsere Arbeitsstelle wechseln oder wenn wir ständig herumreisen. Aber auch wenn wir an jeden Ort dieses Planeten reisen würden und an jedem Ort einen neuen Geliebten oder eine neue Geliebte hätten, würden wir immer noch nach einem anderen Ort und einem neuen Partner suchen. In Samsara gibt es keine wirkliche Erfüllung von Wünschen.

Wen wir auch sehen, in hoher oder niedriger Stellung, Ordinierter oder Laie, Mann oder Frau, sie unterscheiden sich bloß in ihrer Erscheinung, in ihrer Kleidung, ihrem Benehmen und ihrem Rang. In ihrer Essenz sind alle gleich. Sie alle haben Probleme in ihrem Leben. Wenn wir ein Problem haben, ist es leicht zu glauben, daß es durch unsere besonderen Umstände verursacht wurde und daß das Problem verschwinden wird, wenn wir unsere Umstände ändern. Wir geben die Schuld anderen Menschen, unseren Freunden, unserem Essen, unserer Regierung, unserer Zeit, dem Wetter, der Gesellschaft, der Geschichte usw. Doch äußere Umstände wie diese sind nicht die Hauptursache unserer Probleme. Wir müssen erkennen, daß diese schmerzhaften Erfahrungen die Konsequenzen unserer Wiedergeburt sind, die vom inneren Gift der Verblendungen verunreinigt ist.

Die Menschen müssen menschliches Leiden erfahren, weil sie eine verunreinigte menschliche Wiedergeburt angenommen haben. Tiere müssen tierisches Leiden erfahren und Hungrige Geister und Höllenwesen müssen auf ähnliche Weise ihr eigenes besonderes Leiden erfahren, weil sie eine verunreinigte Wiedergeburt angenommen haben. Selbst Götter sind nicht ohne Leiden, weil auch sie eine verunreinigte Wiedergeburt angenommen haben. Das Nachdenken über das ganze Elend verunreinigter Wiedergeburt führt uns zum festen Entschluß:

Solange ich im Kreislauf verunreinigter Wiedergeburt, Samsara, bleibe, werde ich alle diese Leiden ohne Ende erfahren, Leben für Leben. Deshalb muß ich Samsara aufgeben und den höchsten inneren Frieden von Nirvana erlangen.

Wir meditieren über diesen Entschluß so lange wie möglich. Wir müssen diese Kontemplationen über die Leiden der verunreinigten Wiedergeburt immer wieder durchführen, und dann tief über den Entschluß meditieren, Samsara aufzugeben. Der Geist, der diesen Entschluß hält, ist «Entsagung». Haben wir Nirvana einmal erreicht, werden wir nie mehr verunreinigte Umwelten, Körper oder Geistesarten erfahren. Wir werden alles als rein wahrnehmen, weil unser Geist rein geworden ist, frei vom inneren Gift der Verblendungen.

Der erste Schritt bei der Erlangung von Nirvana besteht, um es zusammenzufassen, in der Realisation von Entsagung, dem spontanen Wunsch, Samsara, verunreinigte Wiedergeburt, aufzugeben. Dann geben wir Samsara auf und erreichen Nirvana, indem wir eine direkte Realisation von Leerheit, der endgültigen Natur aller Phänomene, erlangen. Die endgültige Natur der Phänomene wird ausführlich im Kapitel über die endgültige Wahrheit erklärt.

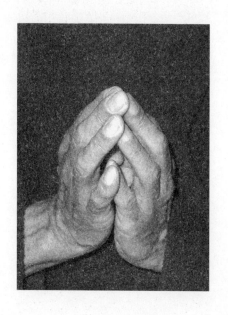

Eine Praxis für jeden Tag

Eine Praxis für jeden Tag

Wir müssen tugendhafte oder positive Handlungen erschaffen, weil sie die Grundlage für unser zukünftiges Glück sind; wir müssen nichttugendhafte oder negative Handlungen aufgeben, weil sie die Grundlage für unser zukünftiges Leiden sind; und wir müssen unsere Verblendungen unter Kontrolle bringen, weil sie die Ursache für verunreinigte Wiedergeburt sind. All dies können wir erreichen, wenn wir die folgenden Übungen von Vertrauen, Schamgefühl, Rücksicht, Nichtanhaftung, Nichthaß und Bemühen praktizieren.

VERTRAUEN

Vertrauen ist die Grundlage aller tugendhaften Qualitäten und spirituellen Realisationen. Insbesondere hängt unsere Fähigkeit, den spirituellen Pfad zu betreten, von unserem Vertrauen ab, das glaubt, daß uns spirituelle Realisationen direkt vor Leiden und Gefahr beschützen.

Der große Yogi Ensapa sagte, daß alle spirituellen Erfahrungen, große und kleine, von Vertrauen abhängig seien. Da

Vertrauen die Grundlage jeder Erlangung ist, sollte es unsere Hauptpraxis sein. Als der berühmte buddhistische Meister Atisha in Tibet war, kam einmal ein Mann auf ihn zu und bat ihn um spirituelle Unterweisungen. Atisha blieb still, und so wiederholte der Mann seine Bitte sehr laut, weil er dachte, daß Atisha ihn nicht gehört habe. Da antwortete Atisha: «Ich höre gut, aber du mußt Vertrauen haben.»

Was genau ist Vertrauen? Vertrauen ist ein von Natur aus tugendhafter Geist, der in erster Linie die Funktion hat, der Wahrnehmung von Fehlern im Objekt, auf das er gerichtet ist, entgegenzuwirken. Das Objekt von Vertrauen ist jedes Objekt, das als heilig oder rein angesehen wird, wie zum Beispiel erleuchtete Wesen, spirituelle Unterweisungen, spirituelle Realisationen und spirituelle Lehrer und Freunde.

Vertrauen ist mehr als bloß Glaube. Vielleicht glauben wir zum Beispiel, daß Menschen auf dem Mond waren, aber dieser Glaube ist nicht Vertrauen, denn Vertrauen sieht sein Objekt als rein und heilig. Ohne Vertrauen ist alles profan. Wir sind blind für alles, was über die gewöhnliche und unvollkommene Welt hinausgeht, in der wir normalerweise leben, und wir können uns nicht einmal vorstellen, daß reine, fehlerlose Wesen, Welten oder Geisteszustände existieren. Vertrauen gleicht reinen Augen, die uns befähigen, eine reine und vollkommene Welt hinter der von Leiden geplagten Welt Samsaras zu sehen.

Dem Buddhismus zufolge heißen erleuchtete Wesen Buddhas, ihre Unterweisungen heißen Dharma, und die Praktizierenden, die Realisationen dieser Unterweisungen erlangt haben, heißen Sangha. Sie sind als die «Drei Juwelen» bekannt: das Buddha-Juwel, das Dharma-Juwel und das Sangha-Juwel. Sie sind Objekte des Vertrauens und der Zuflucht und heißen Juwelen, weil sie sehr kostbar sind. In

Abhängigkeit davon, daß wir die Gefahren und die Leiden Samsaras sehen und starkes Vertrauen in die uns Schutz gewährende Kraft von Buddha, Dharma und Sangha entwickeln, fassen wir den Entschluß, uns auf die Drei Juwelen zu verlassen. Das ist die einfache Art, zu Buddha, Dharma und Sangha Zuflucht zu nehmen.

Es gibt drei Arten von Vertrauen: glaubendes Vertrauen, bewunderndes Vertrauen und wünschendes Vertrauen. Wenn wir glauben, daß unsere spirituelle Praxis das Wichtigste in unserem Leben ist, dann ist dies ein Beispiel von glaubendem Vertrauen. Wenn wir die guten Qualitäten unseres Spirituellen Lehrers oder seiner Unterweisungen erkennen und auf dieser Grundlage Bewunderung für diese Qualitäten entwickeln und unser Geist sehr klar und frei von störenden, negativen Vorstellungen wird, dann ist dies ein Beispiel für bewunderndes Vertrauen. Dieses Vertrauen kommt aus einem reinen Herzen und entsteht, wenn wir aufrichtigen Respekt und tiefe Bewunderung für jemanden oder eine Sache entwickeln, die wir für wertvoll oder nützlich halten. Wenn wir auf der Grundlage von glaubendem Vertrauen und bewunderndem Vertrauen den aufrichtigen Wunsch entwickeln, die spirituellen Unterweisungen in die Praxis umzusetzen, dann ist dies wünschendes Vertrauen.

Ohne Vertrauen ist unser Geist wie ein verbrannter Samen, denn so wie ein verbrannter Samen nicht keimen kann, so kann Wissen ohne Vertrauen niemals spirituelle Realisationen hervorbringen. Vertrauen in die spirituellen Unterweisungen oder Dharma führt zu einer festen Absicht, sie zu praktizieren, und dies wiederum führt zu Bemühen. Mit Bemühen können wir alles erreichen.

Vertrauen ist essentiell. Haben wir kein Vertrauen, wird unser Geist ungezähmt bleiben, selbst wenn wir die tiefgründigsten

Unterweisungen und die geschicktesten Analysemethoden beherrschen, denn wir werden diese Unterweisungen nicht in die Praxis umsetzen. Ganz gleich, wie gut wir die spirituellen Unterweisungen auf einer intellektuellen Ebene verstehen, wenn wir kein Vertrauen haben, wird uns dies nicht helfen, unsere Probleme der Wut und der anderen Verblendungen zu vermindern. Wir werden vielleicht sogar stolz auf unser Wissen, und dadurch vergrößern wir tatsächlich noch unsere Verblendungen. Spirituelles Wissen ohne Vertrauen wird uns nicht helfen, unsere Negativität zu reinigen. Es kann sogar sein, daß wir schweres negatives Karma erschaffen, wenn wir unsere spirituelle Stellung für Geld, einen guten Ruf, Macht oder politischen Einfluß mißbrauchen. Wir sollten daher Vertrauen als etwas sehr Kostbares schätzen. So wie jeder Ort von Raum durchdrungen ist, so sind alle tugendhaften Geisteszustände von Vertrauen durchdrungen.

Wenn ein Praktizierender großes Vertrauen hat, dann wird er einen Nutzen erhalten, selbst wenn er einen Fehler macht. In Indien herrschte einmal eine Hungersnot, in der viele Menschen starben. Eine alte Frau ging zu ihrem Spirituellen Meister und sagte: «Bitte zeige mir einen Weg, mein Leben zu retten.» Ihr Spiritueller Meister gab ihr den Rat, Steine zu essen. Die Frau fragte: «Aber wie kann ich Steine eßbar machen?» Ihr Spiritueller Meister antwortete: «Wenn du das Mantra der Göttin Tsunda rezitierst, wirst du die Steine kochen können.» Er lehrte sie das Mantra, machte aber einen kleinen Fehler. Er lehrte OM BALE BULE BUNDE SÖHA statt OM TZALE TZULE TZUNDE SÖHA. Die Frau hatte jedoch großes Vertrauen in dieses Mantra und, während sie es mit Konzentration rezitierte, kochte sie Steine und aß sie.

Der Sohn dieser alten Frau war Mönch, und er begann sich Sorgen um seine Mutter zu machen. Deshalb ging er nach

Hause, um sie zu sehen. Er war überrascht, sie wohlgenährt und bei guter Gesundheit vorzufinden. Er sagte: «Mutter, wie kommt es, daß du so gesund bist, wenn selbst junge Menschen verhungern?» Seine Mutter erklärte, daß sie Steine gegessen habe. Ihr Sohn fragte: «Wie konntest du Steine kochen?» Und sie sagte ihm das Mantra, das ihr zum Rezitieren gegeben worden war. Ihr Sohn erkannte den Fehler schnell und erklärte: «Dein Mantra ist falsch! Das Mantra der Göttin Tsunda ist OM TZALE TZULE TZUNDE SÖHA.» Als die alte Frau dies hörte, wurde sie von Zweifeln befallen. Sie versuchte, beide Mantras zu rezitieren, aber jetzt wirkte keines mehr, weil ihr Vertrauen zerstört war.

Um unser Vertrauen in die spirituellen Unterweisungen zu entwickeln und zu vergrößern, müssen wir auf eine besondere Art zuhören und lesen. Wenn wir zum Beispiel ein Buch lesen, das den spirituellen Pfad enthüllt, sollten wir denken:

Dieses Buch ist wie ein Spiegel, der alle Fehler meiner körperlichen, sprachlichen und geistigen Handlungen reflektiert. Indem es mir alle meine Unzulänglichkeiten aufzeigt, gibt es mir eine großartige Möglichkeit, diese zu überwinden und damit alle Fehler aus meinem Geisteskontinuum zu entfernen.

Dieses Buch ist das beste Heilmittel. Indem ich die Anweisungen, die darin enthalten sind, in die Praxis umsetze, kann ich mich von den Krankheiten der Verblendungen heilen, die die eigentliche Quelle aller meiner Probleme und Leiden sind.

Dieses Buch ist das Licht, das die Dunkelheit meiner Unwissenheit vertreibt, die Augen, mit denen ich den wahren Pfad zur Befreiung und Erleuchtung sehen kann, und der erhabene Spirituelle Meister, von dem ich den tiefgründigsten und befreienden Rat erhalte.

Es spielt keine Rolle, ob der Autor berühmt ist oder nicht – wenn ein Buch reine spirituelle Unterweisungen enthält, ist es wie ein Spiegel, wie ein Heilmittel, wie Licht und wie Augen, und es ist der erhabene Spirituelle Meister. Wenn wir Dharma-Bücher und -Unterweisungen mit dieser besonderen Erkenntnis lesen und anhören, werden unser Vertrauen und unsere Weisheit mit Sicherheit anwachsen. Wenn wir auf diese Weise nachdenken, können wir Vertrauen in die spirituellen Unterweisungen, in die Lehrer, die uns den spirituellen Pfad zeigen, und in unsere spirituellen Freunde entwickeln und aufrechterhalten. Damit wird es leichter für uns, Fortschritte auf dem spirituellen Pfad zu machen.

SCHAMGEFÜHL UND RÜCKSICHT

Der Unterschied zwischen Schamgefühl und Rücksicht besteht darin, daß wir mit Schamgefühl unangemessene Handlungen aus Gründen vermeiden, die uns selbst betreffen, während wir mit Rücksicht unangemessene Handlungen aus Gründen vermeiden, die andere betreffen. Schamgefühl hält uns also davon ab, unangemessene Handlungen zu begehen, indem es uns daran erinnert, daß es nicht richtig ist, diese Handlungen auszuführen, weil wir zum Beispiel ein spirituell Praktizierender, ein Mönch oder eine Nonne, ein Lehrer, ein Erwachsener usw. sind oder weil wir die negativen Resultate unserer Handlungen nicht erfahren wollen. Wenn wir denken: «Es ist nicht richtig, Insekten zu töten, weil dies dazu führen wird, daß ich in der Zukunft leiden werde», und dann den festen Entschluß fassen, sie nicht zu töten, sind wir durch Schamgefühl motiviert. Unser Schamgefühl schützt uns davor, negative Handlungen zu begehen, indem es an unser Gewissen und die Verhaltensregeln appelliert, die wir für angemessen halten. Wenn es uns nicht gelingt,

Schamgefühl zu erzeugen, wird es uns sehr schwerfallen, moralische Disziplin zu praktizieren.

Beispiele für Rücksicht sind, daß man etwas Unangenehmes nicht sagt, weil es die andere Person verletzen würde, oder daß man das Fischen aufgibt, weil es schmerzhaft für die Fische ist. Wie müssen Rücksicht praktizieren, wann immer wir mit anderen zusammen sind, indem wir darauf achten, wie sich unser Verhalten auswirkt, ob es die anderen stört oder verletzt. Unsere Begehren sind endlos, und manche davon würden anderen viel Kummer bereiten, wenn wir sie ausleben würden. Bevor wir also gemäß unseren Wünschen handeln, sollten wir überlegen, ob es jemanden stört oder verletzt, und wenn wir denken, daß es so ist, dann sollten wir nicht handeln. Wenn uns das Wohl anderer wichtig ist, dann werden wir uns ganz natürlich rücksichtsvoll verhalten.

Rücksicht ist für alle Menschen wichtig. Sind wir rücksichtsvoll, werden uns andere mögen und respektieren, und unsere Beziehungen zu Familie und Freunden werden harmonisch und von langer Dauer sein. Ohne Rücksicht aber werden Beziehungen schnell auseinanderbrechen. Rücksicht verhindert, daß andere Menschen das Vertrauen in uns verlieren, und stellt die Basis dar, auf der wir einen Geist entwickeln, der sich erfreut.

Ob wir ein guter oder schlechter Mensch sind, hängt davon ab, ob wir Schamgefühl und Rücksicht besitzen. Ohne diese zwei Geistesarten wird unser tägliches Verhalten negativ werden und dazu führen, daß andere sich von uns abwenden. Schamgefühl und Rücksicht gleichen schönen Kleidern, die bewirken, daß andere sich zu uns hingezogen fühlen. Ohne sie gleichen wir einem nackten Menschen, den alle meiden wollen.

Sowohl Schamgefühl als auch Rücksicht sind durch den Entschluß gekennzeichnet, negative und unangemessene Handlungen und das Brechen von Gelübden und Verpflichtungen zu unterlassen. Dieser Entschluß ist die Essenz der moralischen Disziplin. Wir erzeugen und bewahren diesen Entschluß, indem wir über die Vorteile der moralischen Disziplin nachdenken und uns der Gefahren bewußt werden, die ein Bruch der moralischen Disziplin darstellen. Insbesondere müssen wir daran denken, daß wir ohne moralische Disziplin keine Chance haben, eine höhere Wiedergeburt und schon gar nicht Nirvana zu erlangen.

Schamgefühl und Rücksicht sind die Grundlagen der moralischen Disziplin, die die Basis für das Erlangen spiritueller Realisationen und die Hauptursache für höhere Wiedergeburten ist. Der große spirituelle Lehrer Nagarjuna sagte, daß das Glück höherer Wiedergeburt aus der moralischen Disziplin stamme. Die Resultate der Praxis des Gebens können in einem höheren oder niederen Bereich erfahren werden. Das ist davon abhängig, ob wir sie in Verbindung mit moralischer Disziplin praktizieren. Wenn wir keine moralische Disziplin praktizieren, wird unser Karma des Gebens in einem niederen Bereich reifen. So gibt es zum Beispiel Hunde, die aufgrund von Handlungen des Gebens, die sie in früheren Leben angesammelt haben, unter viel besseren Umständen leben als manche Menschen: Sie werden von ihren Besitzern verwöhnt, sie erhalten besonderes Essen und weiche Kissen und werden wie ein bevorzugtes Kind behandelt. Trotz dieser Annehmlichkeiten wurden diese armen Wesen aber in einer niederen Lebensform und mit dem Körper und Geist eines Tieres wiedergeboren. Sie haben weder die körperliche noch die geistige Grundlage, um mit ihrer Praxis des Gebens oder irgendeiner anderen tugendhaften

Praxis fortfahren zu können. Sie können den Sinn des spirituellen Pfades nicht verstehen und können ihren Geist nicht umwandeln. Unter den günstigen Umständen ihres Lebens verbrauchen sie ihr früheres Karma des Gebens; und ist dieses einmal aufgebraucht, haben die Vergnügen ein Ende, da sie keine Gelegenheit hatten, neues Karma des Gebens zu erschaffen. In einem zukünftigen Leben werden sie unter Armut und Hunger leiden. Sie müssen diese Erfahrungen machen, weil sie Geben nicht in Verbindung mit moralischer Disziplin praktiziert und somit nicht die Ursache für eine höhere Wiedergeburt erschaffen haben. Indem wir Schamgefühl und Rücksicht praktizieren, können wir nichttugendhafte oder unangemessene Handlungen aufgeben, die die Ursache für zukünftiges Leiden sind.

NICHTANHAFTUNG

Nichtanhaftung bedeutet in diesem Zusammenhang den Geist der Entsagung, der als Gegenmittel gegen Anhaftung dient. Entsagung ist nicht der Wunsch, unsere Familie, unsere Freunde, unser Heim, unsere Arbeit oder ähnliches aufzugeben und wie ein Bettler zu werden. Es ist ein Geist, der die Funktion hat, Anhaftung an weltliche Vergnügen aufzugeben, und der die Befreiung von verunreinigter Wiedergeburt anstrebt.

Wir müssen lernen, unsere Anhaftung durch die Praxis der Entsagung aufzugeben, sonst wird sie unsere spirituelle Praxis ernsthaft behindern. So wie ein Vogel, dem Steine an die Beine gebunden wurden, nicht fliegen kann, so können wir keine Fortschritte auf dem spirituelle Pfad machen, wenn wir durch die Ketten der Anhaftung gefesselt sind.

Die Zeit für die Praxis der Entsagung ist genau jetzt, vor unserem Tod. Wir müssen unsere Anhaftung an weltliche Vergnügen abbauen, indem wir erkennen, daß sie uns täuschen und uns keine wirkliche Befriedigung geben können. Tatsächlich führen sie nur zu Leiden. Dieses Menschenleben mit all seinen Leiden und Problemen ist eine sehr gute Gelegenheit, unsere Entsagung und unser Mitgefühl zu verstärken. Wir sollten diese kostbare Gelegenheit nicht verschwenden. Die Realisation der Entsagung ist das Tor, durch das wir in den spirituellen Pfad zur Befreiung, Nirvana, eintreten. Ohne Entsagung ist es unmöglich, den Pfad zum höchsten Glück von Nirvana zu betreten, geschweige denn darauf fortzuschreiten.

Um unsere Entsagung zu entwickeln und zu verstärken, können wir wiederholt über das Folgende nachdenken:

Weil mein Bewußtsein anfangslos ist, habe ich unzählige Wiedergeburten in Samsara angenommen. Ich hatte unzählige Körper; wenn man sie alle zusammenbringen würde, würden sie die ganze Welt ausfüllen, und das Blut und die anderen Körperflüssigkeiten, die durch sie geflossen sind, würden einen Ozean bilden. Meine Leiden in allen diesen früheren Leben waren so groß, daß die Tränen des Kummers, die ich vergossen habe, einen weiteren Ozean bilden würden.

In jedem einzelnen Leben litt ich unter Krankheit, Altern, Tod, dem Umstand, von meinen Liebsten getrennt zu sein, und dem Unvermögen, meine Wünsche zu erfüllen. Ich werde diese Leiden in unzähligen zukünftigen Leben wieder und wieder erfahren müssen, wenn ich in diesem Leben die beständige Befreiung von Leiden nicht erreiche.

Wir denken darüber nach und fassen aus tiefstem Herzen den festen Entschluß, Anhaftung an weltliche Vergnügen aufzugeben und die beständige Befreiung von verunreinigter Wiedergeburt zu erlangen. Indem wir diesen Entschluß in die Praxis umsetzen, können wir unsere Anhaftung unter Kontrolle bringen und viele unserer täglichen Probleme lösen.

NICHTHASS

Nichthaß bedeutet in diesem Zusammenhang Liebe, die das Gegenmittel gegen Haß ist. Viele Leute haben Probleme, weil ihre Liebe mit Anhaftung vermischt ist; für diese Leute gilt: je größer ihre «Liebe», desto größer ihre begehrende Anhaftung. Wenn ihre Begierden nicht erfüllt werden, sind sie verletzt und werden wütend. Nur schon, wenn das Objekt ihrer Anhaftung, zum Beispiel ihre Geliebte oder ihr Geliebter, mit jemand anderem spricht, werden sie eifersüchtig und aggressiv. Das zeigt ganz klar, daß ihre «Liebe» nicht echte Liebe, sondern Anhaftung ist. Echte Liebe kann nie eine Ursache von Wut sein. Sie ist das Gegenteil von Wut und kann nie zu Problemen führen. Wenn wir alle Wesen lieben wie eine Mutter ihr liebstes Kind, gibt es keine Grundlage für Probleme, weil unser Geist immer ruhig sein wird. Liebe ist der wahre innere Schutz vor Leiden.

Liebe ist ein tugendhafter Geist, der durch Gleichmut motiviert ist und dem sein Objekt schön oder angenehm erscheint. Gleichmut ist ein ausgewogener Geisteszustand, der uns davon abhält, Wut und Anhaftung zu entwickeln, indem wir spezielle Gegenmittel anwenden. Gleichmut erkennt, daß Wut und Anhaftung schädlich wie Gift sind, und verhindert deshalb ihre Entstehung und sorgt für einen friedvollen

Geist. Wenn der Geist des Gleichmuts manifest ist, sind wir ausgeglichen und ruhig, weil wir frei von den störenden Gedanken der Anhaftung, der Wut und anderer Verblendungen sind.

Das Entwickeln von Gleichmut gleicht dem Pflügen eines Ackers – es befreit den Geist von den Steinen und dem Unkraut der Wut und der Anhaftung, und damit ist es möglich, daß wahre Liebe wachsen kann. Wir müssen lernen, alle Lebewesen zu lieben. Wenn wir jemanden treffen, sollten wir glücklich darüber sein, ihn zu sehen und ein warmes Gefühl der Zuneigung für ihn entwickeln. Auf der Grundlage dieses Gefühls der Zuneigung sollten wir wertschätzende Liebe entwickeln, so daß wir aufrichtig spüren, daß andere kostbar und wichtig sind. Wenn wir andere auf diese Weise schätzen, wird es nicht schwierig sein, wünschende Liebe zu erzeugen, d. h. ihnen Glück geben zu wollen. Indem wir lernen, alle zu lieben, können wir alle unsere täglichen Probleme der Wut und des Neids überwinden, und unser Leben wird glücklich und bedeutungsvoll. Eine ausführlichere Erklärung, wie unsere Liebe entwickelt und vergrößert wird, folgt in späteren Kapiteln.

BEMÜHEN

Wenn wir uns in unserer spirituellen Praxis nicht anstrengen, kann uns niemand die Befreiung von Leiden geben. Wir sind oft unrealistisch, was unsere Erwartungen betrifft. Wir möchten höhere Erlangungen schnell erreichen, aber ohne uns zu bemühen, und wir wollen glücklich sein, ohne die Ursachen für Glück erschaffen zu müssen. Wir sind nicht willens, die kleinste Unannehmlichkeit zu ertragen, und wollen trotzdem, daß unser gesamtes Leiden aufhört. Wir leben in den Klauen des Herrn des Todes, wünschen uns aber wie ein Langlebensgott zu sein. Wie sehr wir auch die Erfüllung dieser Wünsche ersehnen, sie werden uns versagt bleiben. Wenn wir keine Energie und kein Bemühen für unsere spirituellen Übungen aufwenden, werden alle unsere Hoffnungen auf Glück vergeblich sein.

Bemühen bedeutet in diesem Zusammenhang ein Geist, der sich an Tugend erfreut. Es hat die Funktion, unseren Geist dazu zu bringen, daß er sich darüber freut, tugendhafte Handlungen auszuüben. Mit Bemühen erfreuen wir uns zum Beispiel an Handlungen des Zuhörens, Lesens, Nachdenkens oder Meditierens über spirituelle Unterweisungen oder der Praxis des Pfades zur Befreiung. Mit Bemühen werden wir schließlich das endgültige höchste Ziel unseres Menschenlebens erlangen.

Wenn wir uns in unserer Meditation bemühen, werden wir geistige Geschmeidigkeit entwickeln. Selbst wenn wir Probleme wie Schwere, Müdigkeit oder andere Formen geistigen oder körperlichen Unbehagens verspüren, wenn wir zu meditieren beginnen, sollten wir trotzdem geduldig weiterfahren und uns mit unserer Praxis vertraut machen. Allmählich, wenn sich unsere Meditation verbessert, wird sie zu geistiger Geschmeidigkeit führen; unser Geist und Körper werden sich leicht, gesund und unermüdlich fühlen und frei von Hindernissen für die Konzentration sein. Alle unsere Meditationen werden leicht und effektiv sein, und es wird uns nicht schwerfallen, Fortschritte zu machen.

Wie schwierig die Meditation zu Beginn auch sein mag, wir sollten nie die Hoffnung aufgeben. Statt dessen sollten wir moralische Disziplin praktizieren, die uns vor groben Ablenkungen schützt und die Grundlage bildet, auf der wir reine Konzentration entwickeln können. Moralische

Disziplin stärkt zudem die Achtsamkeit – die Lebenskraft der Konzentration.

Wir müssen Faulheit aufgeben: Faulheit, die aus Anhaftung an weltliche Vergnügen, Faulheit, die aus Anhaftung an ablenkende Tätigkeiten, und Faulheit, die aus Entmutigung entsteht. Mit Faulheit erreichen wir gar nichts. Solange wir faul sind, bleibt das Tor zu spirituellen Erlangungen geschlossen für uns. Faulheit macht unser Menschenleben bedeutungslos. Sie täuscht uns und läßt uns ziellos in Samsara herumirren. Wenn wir dem Einfluß der Faulheit entkommen und tief in die spirituelle Schulung eintauchen können, werden wir schnell unser spirituelles Ziel erreichen. Die Schulung auf den spirituellen Pfaden gleicht dem Bau eines großen Gebäudes: es verlangt ständiges Bemühen. Wenn wir es zulassen, daß Faulheit unser Bemühen unterbricht, werden wir die Vollendung unserer Arbeit nicht erleben.

Unsere spirituellen Erlangungen hängen also von unserem eigenen Bemühen ab. Ein intellektuelles Verständnis der spirituellen Unterweisungen genügt nicht, um uns zum höchsten Glück der Befreiung zu tragen; wir müssen unsere Faulheit überwinden und unser Wissen in die Praxis umsetzen. Buddha sagte:

> Falls du nur Bemühen hast, hast du alle Erlangungen,
> Falls du aber nur Faulheit hast, hast du gar nichts.

Eine Person, die kein großes spirituelles Wissen besitzt, sich aber dennoch ständig bemüht, wird allmählich alle tugendhaften Qualitäten erlangen. Eine Person aber, die sehr viel weiß und nur einen Fehler, nämlich Faulheit, hat, wird ihre guten Qualitäten nicht vergrößern und keine Erfahrung der spirituellen Pfade gewinnen können. Wenn wir all dies verstehen, dann sollten wir tagtäglich in unserem Studium und unserer Praxis der spirituellen Unterweisungen freudvolles Bemühen anwenden.

2. TEIL

Fortschritt

Andere schätzen lernen

Andere schätzen lernen

Wir wünschen uns aus tiefstem Herzen, immer glücklich zu sein, aber in der Regel kümmert uns das Glück und die Freiheit anderer Lebewesen nicht so sehr. Tatsächlich aber sind unser eigenes Glück und Leiden völlig unbedeutend, verglichen mit dem Glück und dem Leiden anderer Lebewesen. Es gibt unzählige andere Wesen, wir hingegen sind nur eine einzelne Person. Mit dieser Einsicht müssen wir lernen, andere zu schätzen und das endgültige, höchste Ziel des menschlichen Lebens erreichen.

Was ist das endgültige, höchste Ziel des menschlichen Lebens? Wir sollten uns fragen, was wir für das Wichtigste im Leben halten: Was wünschen wir uns, wonach streben wir, wovon träumen wir? Für manche Leute ist es materieller Besitz, ein großes Haus zum Beispiel mit dem neuesten Luxus, ein schnelles Auto oder ein gut bezahlter Job. Für andere ist es ein guter Ruf, gutes Aussehen, Macht, Zerstreuung oder Abenteuer. Viele versuchen den Sinn ihres Lebens in der Beziehung zu ihrer Familie und ihrem Freundeskreis zu finden. Alle diese Dinge können uns eine kurze Weile glücklich machen, aber sie können uns auch viele Sorgen und viele Leiden bereiten. Sie können uns niemals das perfekte und dauerhafte Glück verschaffen, nach dem wir uns alle in der Tiefe unseres Herzens sehnen. Sind diese Dinge das Wichtigste in unserem Leben, werden sie uns eines Tages im Stich lassen, da wir sie nicht mit uns nehmen können, wenn wir sterben. Weltliche Errungenschaften sind als Selbstzweck hohl; sie sind nicht der eigentliche Sinn des menschlichen Lebens.

Es heißt, daß von allen irdischen Besitztümern das legendäre wunscherfüllende Juwel das kostbarste ist. In dieser degenerierten Zeit ist es nicht möglich, ein solches Juwel zu finden. In der Vergangenheit jedoch, als die Menschen noch sehr viele Verdienste besaßen, gab es magische Juwelen, die über die Kraft verfügten, Wünsche zu erfüllen. Diese Juwelen konnten jedoch nur die Wünsche nach verunreinigtem Glück wahr werden lassen, niemals aber das reine Glück gewähren, das einem reinen Geist entspringt. Außerdem hatte ein wunscherfüllendes Juwel nur die Kraft, Wünsche in einem einzelnen Leben zu erfüllen. Es konnte seinen Besitzer nicht in seinen zukünftigen Leben beschützen. Somit ist letztendlich selbst ein wunscherfüllendes Juwel täuschend.

Das einzige, was uns niemals täuschen wird, ist das Erlangen der vollen Erleuchtung. Was ist Erleuchtung? Es ist allwissende Weisheit, die frei von allen fehlerhaften Erscheinungen ist. Eine Person, die diese Weisheit besitzt, ist ein erleuchtetes Wesen. Dem Buddhismus zufolge sind «erleuchtetes Wesen» und «Buddha» Synonyme. Mit Ausnahme erleuchteter Wesen erfahren alle Lebewesen zu jeder Zeit, Tag und Nacht, fehlerhafte Erscheinungen, selbst im Schlaf.

Alles, was uns erscheint, nehmen wir wahr, als ob es von sich aus existieren würde. Das ist fehlerhafte Erscheinung.

Wir nehmen «Ich» und «Mein» wahr, als ob sie inhärent existieren würden. Wir halten intensiv daran fest und glauben, daß diese Erscheinung wahr ist. Auf dieser Grundlage führen wir viele unangemessene Handlungen aus, die dazu führen, daß wir Leiden erfahren. Das ist der wahre Grund, warum wir leiden. Erleuchtete Wesen sind vollkommen frei von fehlerhaften Erscheinungen und den Leiden, die sie hervorbringen.

Nur indem wir Erleuchtung erlangen, können wir unser tiefstes Verlangen nach reinem und anhaltendem Glück befriedigen, denn in dieser unreinen Welt hat nichts die Kraft, diesen Wunsch zu erfüllen. Erst wenn wir ein voll erleuchteter Buddha sind, werden wir den tiefgründigen und anhaltenden Frieden erfahren, der durch die permanente Beendigung aller Verblendungen und deren Prägungen erwächst. Dann werden wir frei sein von allen Fehlern und geistiger Verdunkelung und die Eigenschaften besitzen, die nötig sind, um allen Lebewesen direkt zu helfen. Dann werden wir ein Zufluchtsobjekt für alle Lebewesen sein. Mit dieser Einsicht können wir klar erkennen, daß das Erlangen der Erleuchtung das endgültige, höchste Ziel und der wahre Sinn unseres kostbaren Menschenlebens ist. Da es unser größter Wunsch ist, immer glücklich und vollkommen frei zu sein von allen Fehlern und allen Leiden, müssen wir die feste Absicht entwikkeln, Erleuchtung zu erlangen. Wir sollten denken: «Ich muß Erleuchtung erlangen, weil es nirgendwo in Samsara wahres Glück gibt.»

Die Hauptursache der Erleuchtung ist Bodhichitta, der spontane, durch Mitgefühl motivierte Wunsch, für alle Lebewesen Erleuchtung zu erlangen. Eine Person, die diesen kostbaren Geist von Bodhichitta besitzt, wird ein «Bodhisattva» genannt. Die Ursache von Bodhichitta ist Mitgefühl. Da die

Entwicklung von Mitgefühl davon abhängt, andere zu schätzen, ist der erste Schritt zum höchsten Glück der Erleuchtung zu lernen, wie man andere schätzt. Eine Mutter schätzt ihre Kinder, und wir mögen unsere Freunde bis zu einem gewissen Grad schätzen, aber diese Wertschätzung ist nicht unparteiisch und normalerweise mit Anhaftung verbunden. Wir sollten deshalb einen reinen Geist entwickeln, der alle Lebewesen unvoreingenommen und ohne jede Bevorzugung schätzt.

Jedes einzelne Lebewesen trägt den Samen oder das Potential in sich, ein voll erleuchtetes Wesen zu werden – das ist unsere Buddha-Natur. In Buddhas Lehren haben wir die beste Methode gefunden, dieses Potential zu verwirklichen. Unsere Aufgabe ist es nun, diese Unterweisungen in die Praxis umzusetzen. Nur Menschen haben diese Möglichkeit. Tiere können für ihren Lebensunterhalt sorgen, ihre Feinde besiegen und ihre Familien beschützen, aber sie können den spirituellen Pfad weder verstehen noch ihm folgen. Es wäre sehr schade, wenn wir unser menschliches Leben nur darauf verwenden würden, das anzustreben, was auch Tiere erreichen können, und so diese einzigartige Gelegenheit verschwenden, eine Quelle des Nutzens für alle Lebewesen zu werden.

Wir haben die Wahl: Entweder fahren wir damit fort, unser Leben zu vergeuden und gehen weltlichen Vergnügungen nach, die uns keine wirkliche Befriedigung verschaffen und bei unserem Tod verschwinden, oder wir widmen unser Leben der Verwirklichung unseres gesamten spirituellen Potentials. Wenn wir uns bemühen, den Anweisungen, die in diesem Buch enthalten sind, zu folgen, werden wir definitiv Erleuchtung erlangen. Tun wir es nicht, wird sich die Erleuchtung niemals von allein einstellen, ganz gleich wie lange wir warten. Um dem buddhistischen Pfad zur Erleuchtung zu folgen, ist es nicht nötig, unseren äußeren Lebensstil zu ändern. Wir brauchen unsere Familie, Freunde oder Vergnügungen nicht aufzugeben und müssen uns nicht in eine Höhle in den Bergen zurückziehen. Alles, was wir tun müssen, ist das Objekt unserer Wertschätzung zu ändern.

Bisher haben wir unser eigenes Wohl über das Wohl anderer gestellt, und solange wir dies weiterhin tun, wird unser Leiden nicht enden. Lernen wir jedoch, alle Lebewesen mehr als uns selbst zu schätzen, werden wir schon bald die Glückseligkeit der Buddhaschaft genießen. Der Pfad zur Erleuchtung ist eigentlich ganz einfach: Wir müssen lediglich aufhören, uns selbst zu schätzen, und lernen, andere zu schätzen. Alle weiteren spirituellen Realisationen ergeben sich dann von selbst.

Instinktiv halten wir uns selbst für wichtiger als alle anderen, während die erleuchteten Wesen andere für wichtiger erachten als sich selbst. Welche dieser zwei Sichtweisen ist nützlicher? In jedem unserer Leben, seit anfangsloser Zeit, waren wir die Sklaven unseres Geistes der Selbst-Wertschätzung. Wir vertrauten ihm blindlings und befolgten alle seine Befehle, weil wir glaubten, daß der Weg, unsere Probleme zu lösen und Glück zu finden, darin bestehe, uns an die erste Stelle zu setzen. Wir haben so hart und so lange für uns selbst gearbeitet, doch was haben wir vorzuweisen? Haben wir alle unsere Probleme gelöst und das anhaltende Glück, nach dem wir uns sehnen, gefunden? Nein. Es ist offensichtlich, daß uns das Verfolgen unserer eigenen, egoistischen Interessen getäuscht hat. Nachdem wir uns über so viele Leben hinweg unserer Selbst-Wertschätzung hingegeben haben, ist es nun an der Zeit, uns einzugestehen, daß es schlichtweg nicht funktioniert. Jetzt ist der Zeitpunkt gekommen, das Objekt unserer Wertschätzung von uns selbst auf andere zu übertragen.

Zahllose erleuchtete Wesen haben entdeckt, daß sie wahren Frieden und Glück erfahren haben, nachdem sie die Selbst-Wertschätzung aufgegeben hatten und nur noch andere schätzten. Wenn wir die Methoden anwenden, die sie lehrten, besteht kein Grund, warum wir nicht fähig sein sollten, es ihnen gleichzutun. Wir können nicht erwarten, unseren Geist über Nacht zu ändern, aber durch geduldiges und konsequentes Praktizieren der Anweisungen, wie man andere schätzen lernt, und gleichzeitiges Ansammeln von Verdiensten, Reinigen von Negativität und Empfangen von Segnungen können wir allmählich unsere gewöhnliche Haltung der Selbst-Wertschätzung durch die erhabene Geisteshaltung, die alle Lebewesen schätzt, ersetzen.

Um dies zu erreichen, müssen wir nicht unseren Lebensstil ändern. Was wir hingegen ändern müssen, sind unsere Sichtweisen und Absichten. In der Regel sind wir der Auffassung, daß wir selbst das Zentrum des Universums sind und daß sich die Bedeutsamkeit der anderen Menschen und Dinge in erster Linie daraus ableitet, wie sie uns selbst betreffen. Unser Auto beispielsweise ist wichtig, nur weil es das *unsrige* ist, und unsere Freunde sind wichtig, weil sie *uns* glücklich machen. Fremde hingegen erscheinen uns nicht so wichtig, da sie nicht unmittelbar unser Glück beeinflussen. Wird das Auto eines Fremden beschädigt oder gestohlen, so sind wir nicht besonders besorgt. Wie wir in den folgenden Kapiteln sehen werden, beruht diese egozentrische Sicht der Welt auf Unwissenheit und stimmt nicht mit der Wirklichkeit überein. Diese Sichtweise ist die Quelle unserer gesamten gewöhnlichen, egoistischen Absichten. Gerade weil wir denken: «Ich bin wichtig, ich brauche dies, ich habe jenes verdient», begehen wir negative Handlungen, die zu einer endlosen Flut von Problemen für uns selbst und andere führen.

Indem wir diese Anweisungen in die Praxis umsetzen, können wir eine realistische Sicht auf die Welt entwickeln, die auf dem Verständnis der Gleichheit und gegenseitigen Abhängigkeit aller basiert. Wenn es uns gelingt, jedes einzelne Lebewesen als wichtig zu erachten, werden wir ihnen gegenüber ganz natürlich gute Absichten entwickeln. Während die Geisteshaltung, die nur uns selbst schätzt, die Grundlage für alle unreinen, samsarischen Erfahrungen ist, stellt die Geisteshaltung, die andere schätzt, die Grundlage für alle guten Eigenschaften der Erleuchtung dar.

Andere zu schätzen ist nicht so schwierig – alles, was wir tun müssen, ist zu verstehen, warum wir andere schätzen sollten, und dann eine klare Entscheidung treffen, dies auch zu tun. Indem wir über diese Entscheidung meditieren, werden wir ein tiefes und starkes Gefühl der Wertschätzung für alle Lebewesen entwickeln. Dann bringen wir dieses besondere Gefühl in unser tägliches Leben ein.

Es gibt zwei Hauptgründe, warum wir alle Lebewesen schätzen sollten. Erstens haben sie uns große Güte entgegengebracht, und zweitens hat das Wertschätzen anderer enorme Vorteile. Dies wird nun erklärt.

DIE GÜTE ANDERER LEBEWESEN

Wir sollten über die große Güte aller Lebewesen nachdenken. Wir können damit beginnen, über die Güte unserer Mutter in diesem Leben nachzudenken. Dann können wir, indem wir den Rahmen ausweiten, an die Güte aller anderen Lebewesen denken, die alle in früheren Leben unsere Mütter waren, wie weiter unten erklärt werden wird. Wenn wir die Güte unserer jetzigen Mutter nicht zu schätzen wissen, wie wollen wir dann die Güte der Mütter unserer vergangenen Leben anerkennen?

Es ist sehr leicht, die Güte unserer Mutter zu vergessen oder sie als selbstverständlich zu erachten und sich nur an die Zeiten zu erinnern, wo wir das Gefühl hatten, daß uns unsere Mutter verletzte. Deshalb müssen wir uns in jeder Einzelheit daran erinnern, wie gütig unsere Mutter vom ersten Augenblick unseres Lebens an zu uns war.

Am Anfang war unsere Mutter gütig, denn sie hat uns einen Ort für unsere Wiedergeburt zur Verfügung gestellt. Bevor wir in der Gebärmutter gezeugt wurden, wanderten wir als Bardo-Wesen – ein Wesen, das zwischen Tod und Wiedergeburt steht – von einem Ort zum andern und konnten nirgendwo Ruhe finden. Wir wurden von den Winden unseres Karmas umhergetrieben, hatten keine Freiheit zu wählen, wohin wir gehen wollten, und alle unsere Bekanntschaften waren kurzlebig. Wir litten unter großen Schmerzen und Angst, und aus diesem Zustand konnten wir in den sicheren Mutterleib eintreten. Obwohl wir ein ungeladener Gast waren, erlaubte uns unsere Mutter zu bleiben, als sie erfuhr, daß wir in ihrem Körper waren. Wenn sie uns hätte loswerden wollen, hätte sie es tun können. Dann wären wir jetzt nicht am Leben und hätten die gegenwärtigen Möglichkeiten nicht. Wir können nur deshalb heute das Bestreben entwickeln, das höchste Glück der Erleuchtung zu erlangen, weil unsere Mutter so gütig war, uns zu erlauben, in ihrem Körper zu bleiben. Einen Menschen, der uns im Winter, wenn es draußen kalt ist und stürmt, in sein warmes Haus einlädt und gut bewirtet, halten wir für sehr gütig. Wie viel gütiger aber ist unsere eigene Mutter, die uns in ihren eigenen Körper eintreten ließ und uns dort so gute Gastfreundschaft gewährte!

Als wir im Mutterleib waren, schützte uns unsere Mutter mit viel Sorgfalt, noch sorgfältiger, als sie ein sehr kostbares Juwel behüten würde. In jeder Situation dachte sie an unsere Sicherheit. Sie konsultierte Ärzte, betrieb Gymnastik, nahm besondere Nahrung zu sich und nährte uns neun Monate lang Tag und Nacht. Sie achtete stets darauf, nichts zu tun, was die Entwicklung unserer körperlichen oder geistigen Fähigkeiten hätte beeinträchtigen können. Weil sie sich so gut um uns gekümmert hat, wurden wir mit einem normalen, gesunden Körper geboren, mit dem wir so viele gute Dinge erreichen können.

Bei unserer Geburt durchlitt unsere Mutter große Schmerzen, doch als sie uns sah, fühlte sie sich glücklicher, als wenn ihr jemand einen wunderbaren Schatz überreicht hätte. Selbst während der Qualen der Entbindung war es unser Wohlergehen, das sie am meisten beschäftigte. Als wir neu geboren waren, liebte uns unsere Mutter von ganzem Herzen, obwohl wir mehr einem Frosch als einem Menschen glichen. Wir waren vollkommen hilflos, noch hilfloser als ein neugeborenes Fohlen, das, sobald es auf der Welt ist, zumindest aufstehen und sich ernähren kann. Wir waren wie blind, unfähig, unsere Eltern zu erkennen, und wir konnten nichts verstehen. Wenn jemand Vorbereitungen getroffen hätte, uns zu töten, hätten wir es nicht gewußt. Wir hatten keine Ahnung, was wir taten. Wir merkten nicht einmal, wenn wir urinierten.

Wer beschützte und sorgte sich um dieses kleine Bündel Mensch? Es war unsere Mutter. Sie kleidete es, wiegte es und fütterte es mit ihrer eigenen Milch. Sie entfernte den Schmutz von seinem Körper ohne Gefühle des Ekels. Manchmal entfernen Mütter mit ihrem eigenen Mund den Schleim von der Nase ihres Kindes, weil sie ihm mit ihren rauhen Händen nicht weh tun wollen. Selbst wenn unsere Mutter

Probleme hatte, schaute sie uns liebevoll an und gab uns Kosenamen. Als wir klein waren, war unsere Mutter immer wachsam. Wenn sie uns auch nur für kurze Zeit vergessen hätte, hätten wir zu Tode kommen oder ein Leben lang behindert sein können. Jeden Tag in unserer frühen Kindheit verhinderte unsere Mutter zahlreiche Katastrophen, und sie betrachtete alle Dinge vom Standpunkt unserer Sicherheit und unseres Wohlergehens aus.

Im Winter achtete sie darauf, daß wir gute Kleidung und warm hatten, auch wenn sie selbst fror. Sie suchte uns immer das Beste zum Essen aus und behielt das Schlechteste für sich, und sie wäre lieber selbst krank geworden, als uns krank zu sehen. Sie hätte es vorgezogen, selbst zu sterben, als uns sterben zu sehen. Unsere Mutter verhält sich uns gegenüber ganz natürlich so wie jemand, der das Austauschen vom Selbst mit anderen verwirklicht hat, und schätzt uns mehr als sich selbst. Sie ist fähig, unser Wohlergehen über ihr eigenes zu stellen, und sie tut dies vollkommen und spontan. Wenn uns jemand mit dem Tod bedrohen würde, würde sie sich dem Mörder stellen, um uns zu schonen. So groß ist ihr Mitgefühl für uns.

Als wir klein waren, schlief unsere Mutter nicht gut. Ihr Schlaf war leicht, sie wachte alle paar Stunden auf und achtete wachsam auf unsere Schreie. Als wir älter wurden, lehrte uns unsere Mutter, wie man ißt, trinkt, spricht, sitzt und geht. Sie schickte uns zur Schule und ermutigte uns, gute Dinge im Leben zu tun. Das Wissen und die Fähigkeiten, die wir jetzt besitzen, haben wir allein ihrer Güte zu verdanken. Als wir heranwuchsen und zu Jugendlichen wurden, wollten wir lieber mit unseren Freunden zusammensein, und wir vergaßen unsere Mutter vollständig. Vergnügten wir uns, dann war es so, als ob unsere Mutter aufgehört hätte zu existieren, und wir erinnerten uns erst wieder an sie, wenn wir etwas von ihr wollten. Obwohl wir vergeßlich waren und uns dem Spaß völlig hingaben, den wir mit unseren Freunden hatten, blieb unsere Mutter ständig besorgt. Sie war oft ängstlich, und insgeheim war sie immer etwas in Sorge um uns. Sie sorgte sich in einer Weise, wie wir uns normalerweise nur um uns selbst sorgen. Selbst wenn wir erwachsen sind und eine eigene Familie haben, sind wir unserer Mutter nicht gleichgültig. Sie mag vielleicht alt und schwach und kaum mehr in der Lage sein, auf ihren Füßen zu stehen, doch ihre Kinder vergißt sie nie.

Wenn wir auf diese Weise meditieren und uns an die Güte unserer Mutter in allen Einzelheiten erinnern, werden wir unsere Mutter schließlich von ganzem Herzen schätzen. Wenn dieses Gefühl der Wertschätzung aus tiefstem Herzen kommt, sollten wir es auf alle anderen Lebewesen ausdehnen und uns daran erinnern, daß uns jedes einzelne von ihnen die gleiche Güte entgegengebracht hat.

Wie ist es möglich, daß alle Lebewesen unsere Mütter sind? Da wir keinen Anfang unseres Geisteskontinuums finden können, folgt, daß wir in der Vergangenheit zahllose Wiedergeburten hatten, und wenn wir zahllose Wiedergeburten hatten, müssen wir zahllose Mütter gehabt haben. Wo sind alle diese Mütter jetzt? Es sind alle heute lebenden Wesen.

Die Begründung ist falsch, daß die Mütter aus unseren früheren Leben jetzt nicht mehr unsere Mütter sind, weil viel Zeit vergangen ist, seit sie tatsächlich für uns gesorgt haben. Wenn unsere jetzige Mutter heute sterben würde, würde sie dann aufhören, unsere Mutter zu sein? Nein, wir würden sie immer noch als unsere Mutter betrachten und für ihr Glück beten. Das gleiche gilt für alle unsere früheren Mütter – sie sind gestorben, bleiben aber dennoch unsere Mütter. Es liegt nur an der veränderten äußeren Erscheinung, daß wir einander nicht erkennen.

Im täglichen Leben sehen wir viele verschiedene Lebewesen, menschliche und nichtmenschliche. Einige betrachten wir als Freunde, andere als Feinde und die meisten als Fremde. Diese Unterscheidungen werden durch unsere fehlerhaften Geisteshaltungen getroffen. Sie werden nicht durch einen gültigen Geist bestätigt.

Wir können dann über die Güte unserer Mütter in anderen Wiedergeburten meditieren. Wir bedenken zum Beispiel, wie aufmerksam eine Vogelmutter ihre Eier vor Gefahren schützt und wie sie ihre Jungen unter ihren Flügeln abschirmt. Wenn ein Jäger kommt, fliegt sie nicht weg und läßt ihre Jungen ungeschützt zurück. Den ganzen Tag lang sucht sie nach Nahrung, um ihre Jungen zu versorgen, bis sie stark genug sind, das Nest zu verlassen.

Ein Räuber in Tibet erstach einst eine Stute, die mit einem Fohlen trächtig war. Das Messer drang so tief in die Seite der Stute ein, daß die Gebärmutter aufschlitzt wurde und das Fohlen aus der Seite der Mutter herauskam. Während sie im Sterben lag, gab die Mutter ihre letzte Kraft, um ihr Junges mit großer Zuneigung zu lecken. Als der Räuber dies sah, wurde er von großer Reue überwältigt. Er war erstaunt zu sehen, daß diese Mutter selbst in den Todesqualen solches Mitgefühl für ihr Fohlen hatte und daß ihre ganze Sorge seinem Wohlergehen galt. Nach diesem Erlebnis gab der Räuber seinen nichttugendhaften Lebenswandel auf und begann, Dharma auf reine Weise zu praktizieren.

Jedes einzelne Lebewesen zeigte uns die gleiche selbstlose Fürsorge, die vollkommene Güte einer Mutter. Selbst wenn wir andere Lebewesen nicht als unsere Mütter sehen, so haben sie uns dennoch sehr große Güte erwiesen. Unser

Körper zum Beispiel ist nicht nur das Ergebnis der Güte unserer Eltern, sondern zahlloser Wesen, die für unser Essen, unsere Unterkunft und so fort gesorgt haben. Wir können die Freuden und Möglichkeiten des menschlichen Lebens nur genießen, weil wir diesen gegenwärtigen Körper mit seinen menschlichen Fähigkeiten besitzen. Selbst einfache Freuden, wie spazierengehen oder einen schönen Sonnenuntergang bewundern, können als Folge der Güte unzähliger Lebewesen angesehen werden. Unsere Fertigkeiten und Fähigkeiten stammen alle aus der Güte anderer: Man mußte uns essen, laufen, sprechen, lesen und schreiben lehren. Sogar die Sprache, die wir sprechen, ist nicht unsere eigene Erfindung, sondern das Werk vieler Generationen. Ohne sie könnten wir mit anderen nicht kommunizieren oder Ideen austauschen. Wir könnten weder dieses Buch lesen, Dharma lernen noch klar denken. Alle Einrichtungen, die wir für selbstverständlich halten, wie Häuser, Autos, Straßen, Geschäfte, Schulen, Krankenhäuser und Kinos, werden ausschließlich durch die Güte anderer erschaffen. Wenn wir mit dem Bus oder Auto reisen, sind die Straßen für uns selbstverständlich, doch es haben viele Menschen sehr hart daran gearbeitet, sie zu bauen und abzusichern, damit wir sie benutzen können.

Die Tatsache, daß manche Leute, die uns helfen, gar nicht die Absicht haben, dies zu tun, ist irrelevant. Da wir Nutzen aus ihren Handlungen ziehen, erweisen sie uns, aus unserer Perspektive betrachtet, Güte. Anstatt sich mit ihrer Motivation zu befassen, die wir ohnehin nicht kennen, sollten wir uns auf den tatsächlichen Nutzen konzentrieren, der sich daraus ergibt. Jeder, der in irgendeiner Form zu unserem Glück und Wohl beiträgt, verdient unsere Dankbarkeit und unseren Respekt. Müßten wir alles zurückgeben, was wir von anderen empfangen haben, stünden wir mit leeren Händen da.

Wir könnten einwenden, daß wir die Dinge nicht kostenlos erhalten, sondern dafür arbeiten müssen. Wenn wir einkaufen gehen, müssen wir bezahlen, und wenn wir in einem Restaurant essen, müssen wir die Rechnung begleichen. Wir haben vielleicht ein Auto, doch das Auto mußten wir kaufen, und jetzt müssen wir für Benzin, Steuer und Versicherungskosten aufkommen. Nichts bekommen wir umsonst. Woher aber kommt dieses Geld? Es stimmt, daß wir im allgemeinen für unser Geld arbeiten müssen, doch es sind andere, die uns einstellen oder unsere Ware kaufen, und somit sind sie es, die uns indirekt mit Geld versorgen. Zudem können wir eine bestimmte Arbeit nur verrichten, weil wir die notwendige Ausbildung oder Bildung besitzen, die wir aber von anderen erhalten haben. Wo immer wir auch hinschauen, erblicken wir nur die Güte anderer. Wir alle sind in einem Netz der Güte miteinander verflochten, von dem wir uns unmöglich trennen können. Alles, was wir besitzen und genießen, einschließlich unseres Lebens, entspringt der Güte anderer. Tatsächlich entsteht das ganze Glück der Welt durch die Güte anderer.

Auch unsere spirituelle Entwicklung und das reine Glück der vollen Erleuchtung hängen von der Güte anderer Lebewesen ab. Daß wir die spirituellen Unterweisungen lesen, über sie nachdenken und meditieren können, hängt völlig von der Güte anderer ab. Zudem können wir, wie später erklärt werden wird, ohne Lebewesen, denen wir etwas geben, die unsere Geduld auf die Probe stellen und für die wir Mitgefühl entwickeln können, niemals die tugendhaften Eigenschaften entwickeln, die nötig sind, um Erleuchtung zu erlangen.

Kurz gesagt, wir benötigen andere für unser körperliches, emotionales und spirituelles Wohlbefinden. Ohne andere Lebewesen sind wir nichts. Unser Gefühl, eine Insel, ein unabhängiges, autarkes Individuum zu sein, ist weit von der

Realität entfernt. Die Vorstellung, eine Zelle im unermeßlichen Körper des Lebens zu sein, die individuell und doch eng mit allen Lebewesen verbunden ist, kommt der Wahrheit schon näher. Ohne andere können wir nicht existieren, und sie wiederum werden durch alles, was wir tun, beeinflußt. Der Gedanke, daß es möglich ist, unser eigenes Glück sicherzustellen, gleichzeitig jedoch das Wohlergehen anderer zu vernachlässigen, oder unser Glück sogar auf ihre Kosten abzusichern, ist vollkommen unrealistisch.

Indem wir über die unzähligen Arten der Hilfe nachdenken, die wir durch andere erfahren, sollten wir zum festen Entschluß kommen: «Ich muß alle Lebewesen schätzen, weil sie mir große Güte erweisen.» Auf diesem Entschluß gründend, entwickeln wir ein Gefühl der Wertschätzung – ein Gefühl, daß alle Lebewesen wichtig sind und daß ihr Glück von Bedeutung ist. Wir versuchen, unseren Geist eingerichtet mit diesem Gefühl zu vermischen und es solange wie möglich aufrechtzuerhalten, ohne es zu vergessen. Wenn wir uns von der Meditation erheben, versuchen wir, dieses Gefühl der Liebe beizubehalten, so daß wir immer, wenn wir jemandem begegnen oder uns an jemanden erinnern, ganz spontan denken: «Diese Person ist wichtig, das Glück dieser Person ist von Bedeutung.» Auf diese Weise können wir das Wertschätzen von Lebewesen zu unserer Hauptpraxis machen.

DIE VORTEILE, ANDERE ZU SCHÄTZEN

Ein weiterer Grund dafür, daß wir andere schätzen sollten, besteht darin, daß dies die beste Methode ist, sowohl unsere eigenen als auch die Probleme anderer zu lösen. Probleme, Sorgen, Schmerzen und Kummer sind Geistesarten; es sind

Gefühle, und sie existieren nicht außerhalb des Geistes. Wenn wir jeden, dem wir begegnen oder an den wir denken, schätzen, wird es keine Grundlage für die Entwicklung von Neid, Wut oder von anderen schädlichen Gedanken geben, und unser Geist wird zu jeder Zeit friedvoll bleiben. Neid beispielsweise ist ein Geisteszustand, der das Glück eines anderen nicht ertragen kann; wenn wir diese Person aber schätzen, wie kann ihr Glück dann unseren Geist stören? Wie können wir den Wunsch haben, anderen zu schaden, wenn wir doch das Glück eines jeden als von höchster Wichtigkeit erachten? Indem wir alle Lebewesen aufrichtig schätzen, werden wir immer mit liebender Güte handeln, auf freundliche und rücksichtsvolle Art, und sie werden unsere Liebenswürdigkeit erwidern. Andere Menschen werden sich uns gegenüber nicht unfreundlich verhalten, und es wird keine Grundlage für Konflikte oder Auseinandersetzungen geben. Unsere Mitmenschen werden uns mögen, und unsere Beziehungen werden sich stabiler und befriedigender gestalten.

Andere zu schätzen schützt uns außerdem vor den Problemen, die durch begehrende Anhaftung entstehen. Wir fühlen uns oft stark zu einer Person hingezogen, von der wir glauben, daß sie uns helfen wird, unsere Einsamkeit zu überwinden, indem sie uns den Trost, die Sicherheit oder die Abwechslung bietet, die wir ersehnen. Doch wenn wir allen gegenüber eine liebevolle Geisteshaltung einnehmen, fühlen wir uns nicht einsam. Anstatt uns an andere zu klammern, damit unsere eigenen Wünsche befriedigt werden, werden wir uns wünschen, die Bedürfnisse und Anliegen der anderen zu erfüllen. Alle Lebewesen zu schätzen löst alle unsere Probleme, denn alle Probleme entspringen samt und sonders dem Geist der Selbst-Wertschätzung. Würde uns jetzt zum

Beispiel unser Partner oder unsere Partnerin wegen einer anderen Person verlassen, so wären wir sicherlich sehr betroffen. Wenn wir ihn oder sie jedoch wirklich schätzen würden, so wäre es unser Wunsch, daß er oder sie glücklich ist, und wir würden uns an seinem resp. ihrem Glück erfreuen. Somit gäbe es keine Grundlage für uns, eifersüchtig oder deprimiert zu sein; obwohl die Situation wahrscheinlich eine Herausforderung für uns wäre, würde sie kein Problem für uns darstellen. Andere zu schätzen bietet den höchsten Schutz vor Leiden und Problemen und ermöglicht es uns, stets ruhig und friedvoll zu bleiben.

Unsere Nachbarn und die Menschen in unserer unmittelbaren Umgebung zu schätzen führt ganz natürlich zu Harmonie im Gemeinwesen und in der Gesellschaft insgesamt, und dies wiederum macht alle glücklicher. Wir mögen zwar keine bekannte oder einflußreiche Persönlichkeit sein, doch wenn wir jeden, dem wir begegnen, aufrichtig schätzen, können wir einen nachhaltigen Beitrag zum Wohl unseres Gemeinwesens leisten. Dies gilt auch für Menschen, die den Wert der Religion abstreiten. Es gibt Leute, die nicht an vergangene und zukünftige Leben oder an heilige Wesen glauben, die aber trotzdem versuchen, ihre Eigeninteressen aufzugeben und dem Wohl anderer zu dienen. Das ist eine sehr positive Haltung, die zu guten Ergebnissen führen wird. Wenn eine Lehrerin ihre Schüler schätzt und frei von Eigeninteresse ist, werden die Schüler sie respektieren und nicht nur den Stoff lernen, den sie unterrichtet, sondern auch die liebenswürdigen und bewundernswerten Eigenschaften annehmen, die sie auszeichnen. Eine solche Lehrerin wird zwangsläufig ihr Umfeld in positiver Weise beeinflussen und ihre Anwesenheit wird zu vorteilhaften Veränderungen in der ganzen Schule führen. Es heißt, es gäbe einen magischen

Kristall, der die Kraft hat, jede Flüssigkeit zu reinigen, in die er getaucht wird. Jene Menschen, die alle Lebewesen schätzen, sind wie dieser Kristall: Durch ihre bloße Anwesenheit entfernen sie die Negativität aus der Welt und geben Liebe und Freundlichkeit zurück.

Selbst jemand, der klug und mächtig ist, aber andere nicht liebt, wird früher oder später Problemen begegnen und es schwierig finden, seine Wünsche zu erfüllen. Wenn der Herrscher eines Landes sein Volk nicht schätzt, sondern sich nur um seine eigenen Interessen kümmert, wird er Kritik und Mißtrauen ernten und schließlich seine Position verlieren. Wenn ein spiritueller Lehrer seine Schüler nicht schätzt und keine gute Beziehung zu ihnen unterhält, wird er ihnen nicht helfen können, und die Schüler werden keine Realisationen erlangen.

Wenn ein Arbeitgeber nur seine eigenen Interessen verfolgt und sich nicht um das Wohl seiner Angestellten kümmert, werden die Angestellten unzufrieden sein. Sie werden wahrscheinlich ineffizient arbeiten und sicherlich die Wünsche des Arbeitgebers nicht mit großer Begeisterung erfüllen. Somit wird der Arbeitgeber aufgrund seiner eigenen fehlenden Rücksicht gegenüber den Arbeitnehmern Nachteile erleiden. Ähnlich verhält es sich, wenn die Arbeitnehmer nur damit beschäftigt sind, die Firma auszunützen, wo sie nur können: dies wird den Arbeitgeber verärgern, der möglicherweise ihre Löhne kürzt oder sie entläßt. Es könnte sogar sein, daß die Firma in Konkurs geht und in der Folge alle ihren Arbeitsplatz verlieren. So leiden die Arbeitnehmer wegen ihrer fehlenden Rücksicht gegenüber ihrem Arbeitgeber. Für Menschen in jedem Tätigkeitsbereich führt der sicherste Weg zum Erfolg über die Verringerung der Selbst-Wertschätzung und über eine größere Rücksichtnahme auf andere. Manchmal scheint es vielleicht, als ob Selbst-Wertschätzung kurzfristige Vorteile bringen würde, langfristig jedoch führt sie immer zu Problemen. Andere zu schätzen ist die Lösung für alle Probleme des täglichen Lebens.

Alle Leiden, die wir erfahren, sind Auswirkungen negativen Karmas, und die Quelle allen negativen Karmas ist die Selbst-Wertschätzung. Weil wir ein derart übertriebenes Gefühl unserer eigenen Wichtigkeit haben, durchkreuzen wir die Pläne anderer Menschen, nur um unsere eigenen Wünsche zu erfüllen. Da wir von unseren selbstsüchtigen Begierden getrieben werden, ist es uns gleichgültig, daß wir dadurch den Geistesfrieden anderer zerstören und ihnen Kummer bereiten. Solche Handlungen säen einzig und allein Samen für zukünftiges Leiden. Wenn wir andere aufrichtig schätzen, werden wir nicht den Wunsch haben, sie zu verletzen, sondern werden unsere destruktiven und schädlichen Handlungen einstellen. Wir werden ganz natürlich moralische Disziplin üben, auf das Töten sowie auf grausames Verhalten gegenüber anderen Lebewesen verzichten, sie nicht bestehlen oder uns in ihre Beziehungen einmischen. In der Folge müssen wir dann in der Zukunft nicht die unangenehmen Auswirkungen solcher negativen Handlungen tragen. Auf diese Weise schützt uns das Schätzen anderer vor allen zukünftigen Problemen, die durch negatives Karma entstehen.

Indem wir andere schätzen, sammeln wir ununterbrochen Verdienste an, und Verdienste sind die Hauptursache für den Erfolg aller unserer Tätigkeiten. Wenn wir alle Lebewesen schätzen, werden wir ganz natürlich viele tugendhafte und hilfreiche Handlungen ausführen. Allmählich werden alle unsere Handlungen des Körpers, der Rede und des Geistes rein und nützlich sein, und wir werden zu einer Quelle des Glücks und der Inspiration für jeden, dem wir begegnen. Wir werden aus eigener Erfahrung erkennen, daß dieser kostbare Geist der Liebe das wirkliche wunscherfüllende Juwel ist, denn es erfüllt sowohl unsere eigenen als auch die reinen Wünsche aller anderen Lebewesen.

Der Geist, der andere schätzt, ist äußerst kostbar. Haben wir solch ein gutes Herz, wird es uns selbst und allen, die um uns sind, nur Glück bringen. Dieses gute Herz ist die eigentliche Essenz des Bodhisattva-Pfades und die Hauptursache von Großem Mitgefühl, dem Wunsch, alle Lebewesen vor Angst und Leiden zu beschützen. Indem wir unser Großes Mitgefühl vertiefen, werden wir schließlich das allumfassende Mitgefühl eines Buddhas erlangen, welches tatsächlich die Kraft hat, alle Lebewesen vor Leiden zu schützen. So führt uns die Wertschätzung anderer zum endgültigen, höchsten Ziel unseres Menschenlebens.

Indem wir über alle diese Vorteile, andere zu schätzen, nachdenken, gelangen wir zu folgendem Entschluß:

Ich werde alle Lebewesen ohne Ausnahme schätzen, weil dieser kostbare Geist der Liebe die beste Methode ist, alle Probleme zu lösen und alle Wünsche zu erfüllen. Schließlich wird er mir das höchste Glück der Erleuchtung schenken.

Wir meditieren so lange wie möglich mit einsgerichteter Konzentration über diesen Entschluß und entwickeln ein starkes Gefühl der Wertschätzung für jedes einzelne Lebewesen. Wenn wir uns von der Meditation erheben, versuchen wir, dieses Gefühl zu behalten und unseren Vorsatz umzusetzen. Wenn wir mit anderen Menschen zusammentreffen, sollten wir uns immer bewußt sein, daß ihr Glück und ihre Wünsche mindestens genauso wichtig sind wie unsere eigenen. Natürlich können wir nicht sofort alle Lebewesen schätzen; doch wenn wir unseren Geist in dieser

Einstellung schulen, indem wir mit unserer Familie und unseren Freunden beginnen, können wir allmählich den Rahmen unserer Liebe ausdehnen, bis er schließlich alle Lebewesen umfaßt. Wenn wir auf diese Weise alle Lebewesen aufrichtig schätzen, sind wir keine gewöhnliche Person mehr, sondern sind ein großes Wesen geworden, wie ein Bodhisattva.

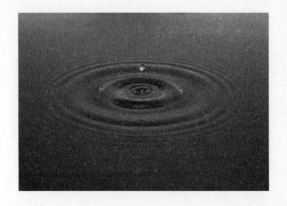

Wie man wertschätzende Liebe vertieft

Wie man wertschätzende Liebe vertieft

Die Methode, unsere Liebe für andere zu vergrößern, besteht darin, uns mit der Praxis, andere zu schätzen, vertraut zu machen. Zur Verstärkung unseres Entschlusses, alle Lebewesen zu schätzen, müssen wir weitere Anweisungen darüber erhalten, wie wir wertschätzende Liebe vertiefen können.

Wir alle haben jemanden, der besonders kostbar für uns ist, unser Kind zum Beispiel, unser Partner oder unsere Mutter. Diese Person scheint mit einzigartigen Qualitäten ausgestattet zu sein, die sie von anderen abhebt. Wir schätzen diese Person und möchten uns auf eine besondere Weise um sie kümmern. Wir müssen lernen, alle Lebewesen auf ähnliche Weise zu betrachten, indem wir den außergewöhnlichen und einzigartigen Wert eines jeden Wesens erkennen. Unsere Familie und unsere engen Freunde schätzen wir bereits, Fremde hingegen mögen wir nicht, und unsere Feinde behagen uns erst recht nicht. Die überwiegende Mehrheit aller Lebewesen spielt für uns keine besondere Rolle. Durch die Praxis der Anweisungen über das Wertschätzen anderer können wir diese Voreingenommenheit beseitigen und im Laufe der Zeit jedes einzelne Lebewesen so schätzen wie eine Mutter ihr liebstes Kind. Je mehr wir unsere Liebe auf diese Weise vertiefen und verbessern können, um so stärker werden unser Mitgefühl und Bodhichitta und um so schneller werden wir Erleuchtung erlangen.

UNSERE FEHLER IM SPIEGEL DES DHARMAS ERKENNEN

Eine der Hauptfunktionen der Unterweisungen Buddhas, des Dharmas, ist es, uns als Spiegel zu dienen, in dem wir unsere Fehler sehen können. Wenn zum Beispiel Wut in unserem Geist entsteht, sollten wir, anstatt nach Entschuldigungen zu suchen, zu uns sagen: «Diese Wut ist das innere Gift der Verblendung. Sie hat keinen Wert und keine Berechtigung; ihre einzige Funktion ist zu schaden. Ich werde sie nicht in meinem Geist dulden.» Wir können den Dharma-Spiegel auch dazu verwenden, um zwischen begehrender Anhaftung und Liebe zu unterscheiden. Diese werden leicht verwechselt. Es ist aber unbedingt notwendig, daß wir sie unterscheiden können, denn Liebe bringt uns einzig und allein Glück, während der Geist der Anhaftung uns nur Leiden bringt und uns noch stärker an Samsara bindet. Sobald wir bemerken, daß Anhaftung in unserem Geist entsteht, sollten wir uns vorsehen: Wie angenehm es auch scheinen mag, unserer Anhaftung zu folgen, es ist, als ob man Honig von einer Rasierklinge leckt, und es führt auf die Dauer unweigerlich zu weiterem Leiden.

Der Hauptgrund, warum wir nicht alle Lebewesen schätzen, ist der, daß wir sehr stark mit uns selbst beschäftigt sind und deshalb sehr wenig Bereitschaft in unserem Geist vorhanden ist, andere anzuerkennen. Haben wir den Wunsch, andere aufrichtig zu schätzen, dann müssen wir unser zwanghaftes Selbstinteresse verringern. Warum halten wir uns selbst für so kostbar, andere hingegen nicht? Der Grund ist der, daß wir so stark mit Selbst-Wertschätzung vertraut sind. Seit anfangsloser Zeit haben wir an einem wahrhaft existierenden Ich festgehalten. Dieses Festhalten am Ich führt automatisch zu Selbst-Wertschätzung, die instinktiv meint: «Ich bin wichtiger als andere.» Für gewöhnliche Wesen sind das Festhalten am eigenen Ich und die Selbst-Wertschätzung zwei Seiten der gleichen Medaille: Das Festhalten am Ich hält an einem wahrhaft existierenden Ich fest, während die Selbst-Wertschätzung dieses Ich für kostbar hält und es schätzt. Die grundlegende Ursache dafür ist unser Tag und Nacht und selbst im Schlaf anhaltendes Vertrautsein mit unserer Selbst-Wertschätzung.

Da wir unser Selbst oder Ich für so unglaublich kostbar und wichtig halten, übertreiben wir unsere eigenen guten Eigenschaften und entwickeln eine aufgeblasene Sicht der eigenen Person. Fast alles kann diesem arroganten Geist als Grundlage dienen: unser Aussehen, Besitz, Wissen, unsere Erfahrungen oder unser Ansehen. Wenn wir eine witzige Bemerkung machen, denken wir: «Ich bin ja so geistreich!» Haben wir die Welt bereist, meinen wir, dies allein mache uns zu einer faszinierenden Persönlichkeit. Sogar auf Dinge, für die wir uns eigentlich schämen sollten, wie unser Geschick, andere zu täuschen, oder auf Fähigkeiten, die wir uns nur einbilden, können wir Stolz entwickeln. Andererseits finden wir es sehr schwierig, uns unsere Fehler und Unzulänglichkeiten einzugestehen. Wir verbringen so viel Zeit damit, über unsere echten oder imaginären guten Eigenschaften nachzudenken, daß uns unsere Fehler nicht mehr bewußt sind. In Wirklichkeit ist unser Geist mit groben Verblendungen angefüllt. Diese ignorieren wir aber und täuschen uns vielleicht selber, indem wir meinen, keine derart widerwärtigen Geisteszustände zu besitzen. Das ist das gleiche wie sich einzureden, daß unser Haus sauber ist, nachdem wir den Dreck unter den Teppich gekehrt haben.

Fehler zuzugeben ist oft sehr schmerzlich, so daß wir alle möglichen Ausflüchte machen, anstatt unsere übersteigerte Selbsteinschätzung zu ändern. Eine der häufigsten Methoden, sich den eigenen Fehlern nicht zu stellen, ist, andere zu beschuldigen. Haben wir beispielsweise eine schwierige Beziehung, sind wir ganz selbstverständlich der Meinung, daß die andere Person allein die Schuld trägt. Wir sind nicht fähig, auch nur einen Teil der Schuld zu akzeptieren. Anstatt die Verantwortung für unsere Handlungen zu übernehmen und uns zu bemühen, unser Verhalten zu verändern, streiten wir uns und bestehen darauf, daß es der andere ist, der sich ändern muß. Das übertriebene Gefühl unserer eigenen Wichtigkeit führt daher zu einer kritischen Einstellung gegenüber anderen Menschen und macht es fast unmöglich, Konflikte zu vermeiden. Die Tatsache, daß wir unsere Fehler nicht wahrnehmen, hält andere jedoch nicht davon ab, sie zu bemerken und auf sie hinzuweisen. Tun sie dies, halten wir sie aber für ungerecht. Statt unser eigenes Verhalten ehrlich zu betrachten, um herauszufinden, ob die Kritik gerechtfertigt ist oder nicht, geht unser Geist der Selbst-Wertschätzung in die Defensive und übt Vergeltung, indem er Fehler bei anderen Menschen findet.

Ein weiterer Grund, warum wir andere nicht für kostbar halten, ist darin zu suchen, daß wir zwar ihren Fehlern Beachtung schenken, ihre guten Eigenschaften aber ignorieren. Unglücklicherweise sind wir sehr geschickt darin geworden, die Fehler anderer zu erkennen, und wir verwenden sehr viel geistige Energie darauf, sie aufzulisten, zu analysieren und sogar über sie zu meditieren! Wenn wir mit einer solch kritischen Haltung eine Meinungsverschiedenheit mit unserem Partner oder Kollegen haben, suchen wir immer wieder nach Gründen, warum wir selbst im Recht und sie im Unrecht sind, statt zu versuchen, ihren Standpunkt zu verstehen. Weil wir uns ausschließlich auf ihre Fehler und ihre Unzulänglichkeiten konzentrieren, werden wir ärgerlich und nachtragend, und anstatt sie zu schätzen, entwickeln wir den Wunsch, ihnen zu schaden oder sie zu diskreditieren. Auf diese Weise können kleine Unstimmigkeiten schnell zu Konflikten führen, die sich über Monate hinziehen.

Sich mit seinen eigenen Vorzügen und den Fehlern anderer zu befassen, führt niemals zu etwas Gutem. Was aber tatsächlich geschieht, ist, daß wir eine höchst verzerrte, selbstgefällige Sicht unserer eigenen Person und eine überhebliche, respektlose Einstellung gegenüber anderen aufbauen. Wie der buddhistische Meister Shantideva im *Leitfaden für die Lebensweise eines Bodhisattvas* sagt:

> Wer sich selbst als hoch und andere als niedrig
>   betrachtet,
> Wird in den niederen Bereichen wiedergeboren.
> Wenn er später aber als Mensch wiedergeboren wird,
> Wird er ein Diener sein oder einer niederen Schicht
>   angehören.

Uns selbst als überlegen und andere als unterlegen zu betrachten hat zur Folge, daß wir viele negative Handlungen begehen, die später zu einer Wiedergeburt in den niederen Bereichen führen werden. Aufgrund dieser hochmütigen Einstellung werden wir einer niederen Schicht angehören und wie ein Diener oder Sklave leben, selbst wenn wir schließlich wieder als Mensch geboren werden. Aus Stolz halten wir uns vielleicht für hoch intelligent, in Wirklichkeit jedoch macht uns unser Stolz töricht und füllt unseren Geist mit Negativität. Es hat keinen Wert, sich selbst wichtiger zu nehmen als andere und sich nur mit den eigenen guten Eigenschaften zu befassen. Dies vergrößert weder unsere Vorzüge noch reduziert es unsere Fehler und hat auch nicht zur Folge, daß andere unsere erhabene Meinung über uns teilen.

Konzentrieren wir uns statt dessen auf die guten Eigenschaften anderer, wird sich unser verblendeter Stolz verringern, und wir werden andere als wichtiger und kostbarer ansehen als uns selbst. Infolgedessen wird sich unsere Liebe und unser Mitgefühl vergrößern, und wir werden ganz natürlich tugendhafte Handlungen ausführen. Folglich werden wir in den höheren Bereichen als Mensch oder Gott wiedergeboren, und wir werden den Respekt und die Freundschaft vieler Menschen gewinnen. Über die guten Eigenschaften anderer nachzudenken kann nur zu Gutem führen. Deshalb suchen Bodhisattvas ausschließlich nach guten Eigenschaften in anderen, während gewöhnliche Wesen nach Fehlern suchen.

Im *Rat aus dem Herzen Atishas* steht:

> Sucht nicht bei anderen nach Fehlern, sondern sucht nach euren eigenen Fehlern, und reinigt sie wie schlechtes Blut.
>
> Denkt nicht über eure eigenen guten Qualitäten nach, sondern denkt über die guten Qualitäten der anderen nach, und respektiert alle, wie es ein Diener tun würde.

Wir müssen über unsere eigenen Fehler nachdenken, denn wenn sie uns nicht bewußt sind, werden wir nicht motiviert sein, sie zu überwinden. Indem sie ständig ihren Geist auf Fehler und Unvollkommenheiten untersuchten und dann großes Bemühen aufbrachten, diese aufzugeben, konnten diejenigen, die nun erleuchtet sind, ihren Geist von den Verblendungen, dem Ursprung aller Fehler, befreien. Buddha sagte, daß diejenigen, die ihre eigenen Fehler verstehen, weise sind, während diejenigen, die sich ihrer eigenen Fehler nicht bewußt sind und bei anderen nach Fehlern suchen, Narren sind. Über unsere eigenen Qualitäten und die Fehler anderer nachzudenken, führt nur dazu, unsere Selbst-Wertschätzung zu vergrößern und unsere Liebe für andere zu verringern; alle erleuchteten Wesen sind sich jedoch darin einig, daß Selbst-Wertschätzung die Wurzel allen Übels und andere zu schätzen die Quelle allen Glückes ist. Die einzigen, die diese Ansicht nicht vertreten, sind diejenigen, die noch immer in Samsara sind. Wir können unsere gewöhnliche Sicht behalten, wenn wir möchten, oder wir können die Sichtweise aller heiligen Wesen annehmen. Wir haben die Wahl, doch wäre es weise, die letztere anzunehmen, wenn wir wahren Frieden und wahres Glück genießen möchten.

Manche Leute behaupten, daß fehlende Selbstachtung eines unserer Hauptprobleme ist und wir uns deshalb ausschließlich auf unsere guten Eigenschaften konzentrieren sollten, um unser Selbstvertrauen zu steigern. Es stimmt, daß wir Vertrauen in unser spirituelles Potential benötigen und unsere guten Eigenschaften anerkennen und verbessern müssen, um wirklichen spirituellen Fortschritt zu machen. Wir müssen aber zudem ein ausgeprägtes und realistisches Bewußtsein für unsere derzeitigen Fehler und Unzulänglichkeiten haben. Wenn wir ehrlich mit uns sind, werden wir erkennen, daß unser Geist zur Zeit mit Unreinheiten wie Wut, Anhaftung und Unwissenheit angefüllt ist. Diese geistigen Krankheiten werden nicht einfach verschwinden, indem wir so tun, als ob sie nicht existierten. Der einzige Weg, wie wir sie jemals loswerden können, ist, ihre Existenz ehrlich zuzugeben und sich dann um ihre Beseitigung zu bemühen.

Obwohl uns unsere Fehler genauestens bewußt sein sollten, dürfen wir es niemals zulassen, daß wir von ihnen überwältigt oder entmutigt werden. Vielleicht haben wir viel Wut in unserem Geist, dies bedeutet jedoch nicht, daß wir eine inhärent wütende Person sind. Wie zahlreiche und wie starke Verblendungen wir auch haben, sie sind kein wesentlicher Bestandteil unseres Geistes. Sie sind Verunreinigungen, die vorübergehend unseren Geist verschmutzen, aber seine reine, essentielle Natur nicht beflecken. Sie sind wie Schlamm, der das Wasser zwar verschmutzt, jedoch niemals ein immanenter Bestandteil davon sein wird. So wie Schlamm entfernt werden kann und reines, klares Wasser zurückbleibt, so können auch die Verblendungen entfernt werden, und die Reinheit und Klarheit unseres Geistes wird aufgedeckt. Obwohl wir uns eingestehen sollten, daß wir Verblendungen besitzen, sollten wir uns nicht mit ihnen identifizieren und denken: «Ich bin ein selbstsüchtiger, wertloser Mensch» oder «Ich bin ein wütender Mensch». Statt dessen sollten wir uns mit unserem reinen Potential identifizieren und die Weisheit und den Mut entwickeln, unsere Verblendungen zu überwinden.

Wenn wir äußere Dinge betrachten, können wir normalerweise diejenigen, die nützlich und wertvoll sind, von denjenigen unterscheiden, die es nicht sind. Wir müssen lernen, unseren Geist in gleicher Weise zu betrachten. Obwohl die Natur unseres Ursprungsgeistes rein und klar ist, steigen viele begriffliche Gedanken in ihm auf, wie Luftblasen im Meer oder wie Lichtstrahlen, die einer einzigen Flamme entstammen. Manche dieser Gedanken sind nützlich und führen sowohl jetzt als auch in der Zukunft zu Glück, während andere zu Leiden und dem extremen Elend einer Wiedergeburt in den niederen Bereichen führen. Wir müssen unseren Geist kontinuierlich überwachen und lernen, zwischen nutzbringenden und schädlichen Gedanken, die jeden Moment aufsteigen, zu unterscheiden. Diejenigen, denen dies gelingt, sind wahrhaft weise.

Einst traf ein schlechter Mann, der Tausende von Menschen getötet hatte, einen Bodhisattva namens König Chandra. Dieser half ihm, indem er ihn Dharma lehrte und ihm seine Fehler aufzeigte. Der Mann sagte: «Nachdem ich in den Spiegel des Dharmas geschaut habe, verstehe ich, wie schlecht meine Taten gewesen sind, und ich fühle großes Bedauern.» Motiviert durch seine tiefe Reue, führte er ernsthaft Reinigungsübungen aus und wurde schließlich ein hoch realisierter Yogi. Diese Geschichte zeigt, daß sogar der schlechteste Mensch durch das Erkennen seiner Fehler im Spiegel des Dharmas und durch anschließendes zielstrebiges Bemühen bei deren Beseitigung ein vollkommen reines Wesen werden kann.

In Tibet gab es einen berühmten Dharma-Praktizierenden namens Geshe Ben Gungyal, der weder Gebete rezitierte, noch in der traditionellen Meditationshaltung meditierte. Das einzige, was er praktizierte, war, seinen Geist sehr aufmerksam zu beobachten und Verblendungen entgegenzutreten, sobald sie auftraten. Wann immer er bemerkte, daß sein Geist auch nur geringfügig unruhig wurde, war er besonders wachsam und weigerte sich, irgendeinem negativen Gedanken zu folgen. Wenn er zum Beispiel das Gefühl hatte, daß Selbst-Wertschätzung in seinem Geist am Entstehen war, pflegte er sich sofort an ihre Nachteile zu erinnern und hinderte dann diesen Geisteszustand daran, sich zu manifestieren, indem er das Gegenmittel, die Praxis der Liebe, anwendete. Wann immer sein Geist von sich aus friedvoll und positiv war, entspannte er sich und erlaubte sich, seine tugendhaften Geisteszustände zu genießen.

Um seinen Fortschritt beurteilen zu können, legte er jedesmal, wenn ein negativer Gedanke auftauchte, einen schwarzen Kieselstein vor sich hin und bei jedem positiven Gedanken einen weißen. Am Ende des Tages zählte er die Kieselsteine. Waren es mehr schwarze Kiesel, so tadelte er sich und bemühte sich am nächsten Tag noch intensiver. Waren es jedoch mehr weiße Kieselsteine, so lobte und ermutigte er sich. Zunächst überwogen die schwarzen Kiesel bei weitem. Über die Jahre hinweg verbesserte sich sein Geist aber derart, daß er den Punkt erreichte, an dem Tage vergingen, ohne daß sich schwarze Kiesel ansammelten. Bevor Geshe Ben Gungyal ein Dharma-Praktizierender wurde, hatte er den Ruf, wild und widerspenstig zu sein. Indem er aber streng über seinen Geist wachte und ihn mit vollkommener Aufrichtigkeit im Spiegel des Dharmas beurteilte, wurde aus ihm allmählich ein sehr reines und heiliges Wesen. Warum können wir es ihm nicht gleichtun?

Die Kadampa-Meister oder Geshes lehrten, daß es die Aufgabe eines Spirituellen Meisters ist, die Fehler seiner Schüler aufzuzeigen, denn dadurch erlangt der Schüler oder die Schülerin ein klares Verständnis für seine oder ihre Unzulänglichkeiten und hat die Möglichkeit, diese zu überwinden. Heutzutage aber würde es die Schüler wahrscheinlich aus der Fassung bringen, wenn ein Lehrer oder eine Lehrerin sie auf ihre Fehler aufmerksam machen würde, und vielleicht würden sie sogar ihr Vertrauen zu ihm oder ihr verlieren. Deshalb muß der Lehrer oder die Lehrerin fast immer sanfter vorgehen. Wie dem auch sei, selbst wenn unser Spiritueller Meister aus Taktgefühl vielleicht darauf verzichtet, direkt auf unsere Fehler hinzuweisen, müssen wir sie dennoch erkennen, indem wir unseren Geist im Spiegel seiner Lehren kritisch betrachten. Indem wir eine Beziehung herstellen zwischen unserer eigenen Situation und den Unterweisungen unseres Spirituellen Meisters über Karma und Verblendungen, können wir verstehen, was wir aufgeben und was wir praktizieren müssen.

Ein kranker Mensch kann nicht von seiner Krankheit geheilt werden, indem er die Anweisungen auf der Arzneimittelpackung liest. Durch die Einnahme der Arznei aber kann er kuriert werden. Buddha erteilte Dharma-Unterweisungen als das erhabene Heilmittel, um die innere Krankheit unserer Verblendungen zu heilen. Diese Krankheit können wir aber nicht durch das bloße Lesen und Studieren von Dharma-Büchern heilen. Wir können unsere täglichen Probleme erst lösen, wenn wir uns den Dharma zu Herzen nehmen und ihn aufrichtig praktizieren.

ALLE LEBEWESEN ALS ERHABEN BETRACHTEN

Der große Bodhisattva Langri Tangpa betete:

Und mit einer perfekten Absicht
Möge ich andere über alles schätzen.

Wenn wir den Wunsch haben, Erleuchtung zu erlangen oder den höheren Bodhichitta zu entwickeln, der aus dem Austauschen vom Selbst mit anderen entsteht, müssen wir auf jeden Fall die Sichtweise annehmen, daß andere kostbarer sind als wir selbst. Diese Sicht beruht auf Weisheit und führt uns zu unserem endgültigen Ziel, während die Sicht, die uns selbst für kostbarer als andere hält, auf der Unwissenheit des Festhaltens am Selbst basiert und uns entlang den Pfaden Samsaras führt.

Was entscheidet eigentlich darüber, ob etwas wertvoll ist oder nicht? Wenn wir gefragt würden, was wertvoller sei, ein Diamant oder ein Knochen, dann würden wir den Diamanten wählen, denn ein Diamant ist nützlicher für uns. Für einen Hund hingegen würde ein Knochen kostbarer sein, weil er den Knochen fressen kann, während er mit einem Edelstein nichts anzufangen weiß. Dies läßt erkennen, daß der Wert nicht eine immanente Eigenschaft eines Objektes ist, sondern von den Bedürfnissen und Wünschen des einzelnen Individuums abhängt, und diese wiederum sind abhängig von seinem Karma. Für jemanden, dessen größter Wunsch es ist, die spirituellen Realisationen der Liebe, des Mitgefühls, des Bodhichittas und der großen Erleuchtung zu erlangen, sind Lebewesen wertvoller als ein ganzes Universum voller Diamanten oder gar wunscherfüllender Juwelen. Warum ist das so? Lebewesen helfen dieser Person, Liebe und Mitgefühl zu entwickeln und den Wunsch nach Erleuchtung zu erfüllen, eine Aufgabe, die selbst ein ganzes Universum voller Juwelen niemals bewältigen könnte.

Niemand möchte für immer ein gewöhnliches, unwissendes Wesen bleiben; tatsächlich haben wir alle den Wunsch, uns zu verbessern und immer höhere Stufen zu erklimmen. Die höchste aller Stufen ist die volle Erleuchtung, und die Hauptstraße dahin sind die Realisationen der Liebe, des Mitgefühls, des Bodhichittas und die Praxis der Sechs Vollkommenheiten. Diese Qualitäten können wir nur in Abhängigkeit von anderen Lebewesen entwickeln. Wie können wir lieben lernen, ohne jemanden zu haben, den wir lieben können? Wie können wir Geben praktizieren ohne jemanden, dem wir etwas geben können, oder wie können wir Geduld üben, ohne jemanden, der uns ärgert? Immer wenn wir ein anderes Lebewesen sehen, können wir unsere spirituellen Qualitäten wie Liebe und Mitgefühl verbessern und dadurch kommen wir der Erleuchtung und der Erfüllung unserer tiefsten Wünsche näher. Wie gütig Lebewesen doch sind, daß sie uns als Gegenstand der Liebe und des Mitgefühls dienen. Wie kostbar sie sind!

Als Atisha in Tibet war, hatte er einen indischen Assistenten, der ihn ständig kritisierte. Als die Tibeter ihn fragten, warum er diesen Gehilfen behalte, wenn es doch so viele ergebene Tibeter gebe, die überglücklich wären, ihm zu dienen, antwortete Atisha: «Ohne diesen Mann hätte ich niemanden, mit dem ich mich in Geduld schulen könnte. Er ist sehr gütig zu mir. Ich brauche ihn!» Atisha erkannte, daß der einzige Weg zur Erfüllung seines sehnlichsten Wunsches, allen Lebewesen zu helfen, über die Erlangung der Erleuchtung führte und daß er dazu seine Geduld vervollkommnen mußte. Für Atisha war dieser griesgrämige Assistent kostbarer als jeder materielle Besitz, als Lob oder jede andere weltliche Erlangung.

Unsere spirituellen Realisationen sind unser innerer Reichtum, denn sie stehen uns in allen Situationen bei und sind der einzige Besitz, den wir mitnehmen können, wenn wir sterben. Wenn wir erst einmal lernen, den inneren Reichtum der Geduld, des Gebens, der Liebe und des Mitgefühls höher zu schätzen als äußere Bedingungen, werden wir jedes einzelne fühlende Wesen für höchst kostbar halten, ganz gleich wie es uns behandelt. So wird es sehr leicht für uns sein, die Lebewesen zu schätzen.

In unserer Meditationssitzung denken wir über die Begründungen nach, die oben aufgeführt sind, bis wir zum folgenden Entschluß gelangen:

Fühlende Wesen sind äußerst kostbar, weil ich ohne sie nicht den inneren Reichtum spiritueller Realisationen ansammeln kann, der mir schließlich das endgültige Glück der vollen Erleuchtung bringt. Da ich ohne diesen inneren Reichtum für alle Ewigkeit in Samsara bleiben muß, werde ich fühlende Wesen immer als äußerst wichtig betrachten.

Wir meditieren so lange wie möglich eingerichtet über diesen Entschluß. Wenn wir uns von der Meditation erheben, versuchen wir, ihn weiterhin zu bewahren, indem wir erkennen, wie sehr wir jedes einzelne fühlende Wesen für unsere spirituelle Praxis benötigen. Wenn wir diese Erkenntnis beibehalten, werden unsere inneren Probleme der Wut, der Anhaftung, der Eifersucht und dergleichen abnehmen, und wir werden andere Lebewesen instinktiv schätzen. Ganz besonders wenn andere Menschen unsere Pläne durchkreuzen oder uns kritisieren, sollten wir uns daran erinnern, daß wir diese Leute brauchen, um die spirituellen Realisationen zu entwickeln, die den wahren Sinn unseres menschlichen Lebens ausmachen. Wenn uns jeder mit der Güte und dem Respekt begegnen würde, die unsere Selbst-Wertschätzung für angebracht hält, würden unsere Verblendungen nur verstärkt werden und unsere Verdienste würden sich erschöpfen. Man stelle sich vor, was für ein Mensch wir wären, wenn wir immer bekommen würden, was wir wollten! Wir wären wie ein verzogenes Kind, das meint, die Welt drehe sich nur um die eigene Person, und das überall unbeliebt ist. In der Tat brauchen wir alle jemanden wie Atishas Assistenten, denn solche Leute geben uns die Möglichkeit, unsere Selbst-Wertschätzung zu zerstören und unseren Geist zu schulen, und verleihen dadurch unserem Leben einen wirklichen Sinn.

Da die obige Argumentation das genaue Gegenteil unserer normalen Denkweise darstellt, müssen wir sehr gewissenhaft über sie nachdenken, bis wir davon überzeugt sind, daß jedes einzelne Lebewesen tatsächlich wichtiger ist als jede äußere Errungenschaft. In Wirklichkeit sind Buddhas und fühlende Wesen gleich wichtig – Buddhas, weil sie den Pfad zur Erleuchtung aufzeigen, und fühlende Wesen, weil sie die Objekte der tugendhaften Geisteszustände sind, die wir benötigen, um Erleuchtung zu erlangen. Deshalb sollten wir Buddhas und fühlende Wesen als gleich wichtig und kostbar erachten, denn ihre Güte, durch die wir fähig sind, unser höchstes Ziel, die Erleuchtung, zu erreichen, ist gleichwertig. Wie Shantideva im *Leitfaden für die Lebensweise eines Bodhisattvas* sagt:

> Das höchste Ziel der Erleuchtung zu erlangen
> Ist gleichermaßen abhängig von fühlenden Wesen und
>   Buddhas;
> Warum respektieren wir also fühlende Wesen nicht
> In gleicher Weise, wie wir Buddhas respektieren?

LEBEWESEN HABEN KEINE FEHLER

Obwohl es wahr ist, daß wir von fühlenden Wesen abhängig sind, die uns als Gegenstand unserer Geduld, unseres Mitgefühls usw. dienen, haben wir vielleicht den Einwand, daß es trotzdem nicht möglich ist, diese Wesen für kostbar zu halten, da sie mit so vielen Fehlern behaftet sind. Wie können wir jemanden für kostbar halten, dessen Geist von Anhaftung, Wut und Unwissenheit durchdrungen ist? Die Antwort auf diese Frage ist ziemlich tiefsinnig. Obwohl der Geist fühlender Wesen voller Verblendungen ist, sind fühlende Wesen selbst nicht mit Fehlern behaftet. Wir sagen, daß Meerwasser salzig ist. Die Ursache dafür, daß es salzig schmeckt, ist aber tatsächlich das Salz im Wasser und nicht das Wasser selbst. In Wirklichkeit schmeckt Wasser nicht salzig. Ebenso sind alle Fehler, die wir in Menschen wahrnehmen, in Wahrheit die Fehler ihrer Verblendungen und nicht die der Menschen selbst. Buddhas erkennen, daß Verblendungen viele Fehler haben, doch sie betrachten Menschen niemals als fehlerhaft, weil sie zwischen den Menschen und ihren Verblendungen unterscheiden. Wenn jemand ärgerlich ist, denken wir: «Er ist ein schlechter und ärgerlicher Mensch», während Buddhas denken: «Er ist ein leidendes, von der inneren Krankheit der Wut gepeinigtes Wesen.» Wenn ein Freund an Krebs leiden würde, würden wir ihm nicht die Schuld an seinem körperlichen Leiden geben, und wenn jemand unter Wut oder Anhaftung leidet, sollten wir ihm ebenfalls keine Vorwürfe wegen der Krankheit seines Geistes machen.

Verblendungen sind die Feinde fühlender Wesen. Einem Opfer geben wir nicht die Schuld für das Fehlverhalten seines Angreifers. Warum sollten wir also fühlende Wesen für die Fehler ihrer inneren Feinde verantwortlich machen? Wenn jemand vorübergehend vom inneren Feind der Wut überwältigt wird, ist es unangebracht, ihm die Schuld zu geben, denn er selbst und die Wut in seinem Geist sind zwei verschiedene Phänomene. So wie der Defekt eines Mikrofons nicht der Defekt eines Buches und der Makel einer Tasse nicht der Makel einer Teekanne ist, so sind auch die Fehler der Verblendungen nicht die Fehler der Person. Das einzig richtige Verhalten denjenigen gegenüber, die durch ihre Verblendungen dazu getrieben werden, anderen Schaden zuzufügen, ist, Mitgefühl zu empfinden. Manchmal ist es unumgänglich, daß wir die Menschen, die sich auf eine sehr verblendete Art und Weise verhalten, zum eigenen Schutz und zur Sicherheit anderer zurückhalten, aber es ist niemals angebracht, sie zu beschuldigen oder mit ihnen ärgerlich zu werden.

Üblicherweise sprechen wir von unserem Körper und Geist als «mein Körper» und «mein Geist», so wie wir von unserem sonstigen Besitz sprechen. Dies weist darauf hin, daß sie sich von unserem Ich unterscheiden. Unser Körper und Geist sind die Basis, auf der wir unser Ich festlegen, sie sind nicht das Ich an sich. Verblendungen sind Eigenschaften des Geistes einer Person, sie sind nicht die Person selbst. Da wir niemals Fehler in fühlenden Wesen an sich finden können, können wir sagen, daß sie in dieser Hinsicht den Buddhas gleichen.

Genauso wie wir zwischen einer Person und ihren Verblendungen unterscheiden, so sollten wir uns daran erinnern, daß Verblendungen nur vorübergehende, zufällige Eigenschaften des Geistes dieser Person und nicht seine wirkliche Natur sind. Verblendungen sind verzerrte begriffliche Gedanken, die im Geist aufsteigen wie Wellen im Meer. Und so wie es für Wellen möglich ist abzuebben, ohne daß das Meer verschwindet, so ist es auch möglich, daß unsere Verblendungen aufhören, ohne daß unser Geisteskontinuum endet.

Weil Buddhas zwischen Verblendungen und Personen unterscheiden, ist es ihnen möglich, die Fehler der Verblendungen zu erkennen, ohne jemals einen einzigen Fehler in irgendeinem fühlenden Wesen zu sehen. Folglich nehmen ihre Liebe und ihr Mitgefühl für fühlende Wesen niemals ab. Weil wir selbst andererseits diese Unterscheidung nicht treffen, sehen wir ständig Fehler in anderen Leuten, aber erkennen die Fehler der Verblendungen nicht, nicht einmal in unserem eigenen Geist.

Ein Gebet lautet:

Dieser Fehler, den ich sehe, ist nicht der Fehler der
  Person,
Sondern der Fehler der Verblendungen.
Mit dieser Erkenntnis möge ich niemals die Fehler
  anderer wahrnehmen,
Sondern alle Wesen als erhaben betrachten.

Sich auf die Fehler anderer zu konzentrieren ist der Ursprung für einen großen Teil unserer Negativität und ist eines der Haupthindernisse dafür, andere als äußerst kostbar ansehen zu können. Wenn wir aufrichtig daran interessiert sind, wertschätzende Liebe zu entwickeln, müssen wir zwischen der Person und ihren Verblendungen unterscheiden lernen und erkennen, daß es die Verblendungen sind, die Schuld an den Fehlern tragen, die wir wahrnehmen.

Es scheint vielleicht, als ob ein Widerspruch zwischen diesem und einem früheren Abschnitt bestünde, in dem uns geraten wird, unsere eigenen Fehler zu erkennen. Wenn wir selbst Fehler haben, so haben andere Leute sicher auch Fehler! In gewisser Hinsicht stimmt das, denn fühlende Wesen haben Verblendungen in ihrem Geist, und Verblendungen sind Fehler. Hier steht jedoch nicht zur Debatte, ob fühlende Wesen von sich aus Fehler haben oder nicht, sondern was die nützlichste Art ist, sie zu betrachten. Von einem praktischen Standpunkt aus gesehen, ist unsere wichtigste spirituelle Aufgabe, Verblendungen aus unserem eigenen Geist zu entfernen und unsere Liebe für andere fühlende Wesen zu verbessern. Um diese Aufgabe erfüllen zu können, ist es von großem Vorteil, unsere eigenen Fehler zu betrachten – unsere Verblendungen und nichttugendhaften Handlungen – und es ist äußerst nachteilig, sich mit den Fehlern anderer zu befassen. Erst wenn wir unsere eigenen Verblendungen entfernt haben und andere Menschen aus tiefstem Herzen lieben und respektieren, können wir ihnen wirklich helfen und sie von Leiden befreien.

Wenn ein Kind einen Wutanfall bekommt, so ist seiner Mutter bewußt, daß das Kind sich in verblendeter Art und Weise verhält. Ihre Liebe wird dadurch aber nicht beeinträchtigt. Obwohl sie gegenüber der Wut ihres Kindes nicht blind ist, schließt sie daraus nicht, daß das Kind bösartig oder an sich wütend ist. Weil sie zwischen der Verblendung und der Person unterscheidet, ist ihr Kind weiterhin schön für sie und sie sieht seine vollen Entwicklungsmöglichkeiten. In gleicher Weise sollten wir alle fühlenden Wesen als äußerst kostbar betrachten, während wir zugleich klar verstehen, daß sie von der Krankheit der Verblendung geplagt sind.

Den obigen Gedankengang können wir ebenso auf uns selbst anwenden und erkennen, daß unsere Fehler in Wahrheit die Fehler unserer Verblendungen und nicht unserer Person sind. Dies hindert uns daran, uns mit unseren Fehlern zu identifizieren und Schuldgefühle zu haben und uns unzulänglich zu fühlen, und es hilft uns, unsere Verblendungen in realistischer und praktischer Weise zu sehen. Wir müssen uns unsere Verblendungen eingestehen und die Verantwortung dafür übernehmen, sie zu überwinden; damit dies aber wirkungsvoll ist, müssen wir uns von ihnen distanzieren. Wir können zum Beispiel denken: «Jetzt gerade ist Selbst-Wertschätzung in meinem Geist, doch das bin nicht ich. Ich kann sie zerstören, ohne mich selbst zu zerstören.» In dieser Weise können wir vollkommen rücksichtslos mit unseren Verblendungen und doch freundlich und geduldig mit uns selbst umgehen. Wir brauchen uns nicht wegen unserer vielen Verblendungen Vorwürfe zu machen, die wir aus früheren Leben geerbt haben. Doch wenn wir unserem zukünftigen Selbst Frieden und Glück wünschen, sind wir selbst dafür verantwortlich, diese Verblendungen aus unserem Geist zu entfernen.

Wie schon erwähnt, ist eine der besten Methoden, andere als kostbar anzusehen, daß wir uns an ihre Güte erinnern. Wiederum könnten wir einwenden: «Wie kann ich andere als gütig ansehen, wenn sie so viele grausame und schädliche Taten begehen?» Um dies beantworten zu können, müssen wir verstehen, daß Menschen von ihren Verblendungen kontrolliert werden, wenn sie anderen schaden. Verblendungen sind mit einem starken Halluzinogen vergleichbar, das Menschen dazu zwingt, sich in einer Weise zu verhalten, die ihrer wahren Natur widerspricht. Eine Person, die unter dem Einfluß von Verblendungen steht, ist nicht bei klarem Verstand, denn sie fügt sich selbst schreckliches Leid zu, und niemand, der bei Sinnen ist, würde Leiden für sich selbst erschaffen. Alle Verblendungen basieren auf einer fehlerhaften Sichtweise. Wenn wir die Dinge so wahrnehmen, wie sie wirklich sind, verschwinden unsere Verblendungen auf natürliche Art und Weise, und tugendhafte Geisteszustände manifestieren sich von selbst. Geisteshaltungen wie Liebe und Güte gründen auf der Realität und sind Ausdruck unserer reinen Natur. Wenn wir daher andere Lebewesen für gütig halten, sehen wir über ihre Verblendungen hinaus und beziehen uns auf ihre reine Natur, ihre Buddha-Natur.

Buddha verglich unsere Buddha-Natur mit einem Goldklumpen im Dreck, denn unabhängig davon, wie abstoßend die Verblendungen einer Person auch sein mögen, die wahre Natur ihres Geistes bleibt unbefleckt wie reines Gold. Selbst im Herzen der grausamsten und verkommensten Menschen existiert das Potential für grenzenlose Liebe, grenzenloses

Mitgefühl und grenzenlose Weisheit. Im Gegensatz zu den Samen unserer Verblendungen, die zerstört werden können, ist dieses Potential absolut unzerstörbar. Es ist die reine, essentielle Natur eines jeden Lebewesens. Wenn wir mit anderen Menschen verkehren, sollten wir uns auf das Gold ihrer Buddha-Natur und nicht auf ihre Verblendungen konzentrieren. Damit wird es uns nicht nur gelingen, sie als etwas Besonderes und Einzigartiges zu sehen, sondern es wird auch helfen, ihre guten Qualitäten zum Vorschein zu bringen. Indem wir jeden einzelnen als einen zukünftigen Buddha betrachten, werden wir dieses Potential aus Liebe und Mitgefühl heraus auf natürliche Weise unterstützen und es dazu anregen heranzureifen.

Weil wir so stark daran gewöhnt sind, uns selbst mehr als andere zu schätzen, ist es schwierig für uns zu erkennen, daß alle fühlenden Wesen von höchster Wichtigkeit sind. Damit diese Sichtweise selbstverständlich für uns wird, müssen wir unseren Geist jahrelang geduldig schulen. So wie ein Ozean aus vielen winzigen Wassertropfen entsteht, die sich über eine sehr lange Zeit ansammeln, so sind die Realisationen der Liebe und des Mitgefühls der fortgeschrittenen Praktizierenden das Ergebnis ständiger Schulung. Anfangs sollten wir versuchen, unsere Eltern, unsere Familie und engen Freunde zu schätzen, und dieses Gefühl dann auf die Menschen in unserem Gemeinwesen ausweiten. Allmählich können wir den Rahmen unserer Wertschätzung vergrößern, bis er alle fühlenden Wesen umfaßt.

Es ist wichtig, mit unserem unmittelbaren Umfeld zu beginnen, denn wenn wir versuchen, alle fühlenden Wesen ganz allgemein zu lieben, während wir die einzelnen Individuen vernachlässigen, mit denen wir Umgang haben, wird unsere Wertschätzung abstrakt und unecht sein. Wir mögen positive

Gefühle während der Meditation entwickeln, doch diese werden schnell vergehen, wenn wir nicht mehr meditieren, und unser Geist wird im Grunde unverändert bleiben. Wenn wir jedoch am Ende jeder Meditationssitzung den ausdrücklichen Entschluß fassen, alle, mit denen wir unsere Zeit verbringen, zu schätzen, und dann diesen Entschluß in die Praxis umsetzen, wird unsere Wertschätzung wirklichkeitsnah und aufrichtig sein. Indem wir uns intensiv bemühen, unser Umfeld zu lieben, selbst wenn uns das Leben schwer gemacht wird, wird unsere Selbst-Wertschätzung kontinuierlich abgetragen, und wir werden allmählich ein stabiles Fundament der Wertschätzung für andere in unserem Geist aufbauen. Auf dieser Grundlage wird es nicht schwierig sein, unsere Liebe auf immer mehr fühlende Wesen auszuweiten, bis wir die allumfassende Liebe und das allumfassende Mitgefühl eines Bodhisattvas entwickelt haben.

Unsere Fähigkeit, anderen zu helfen, hängt außerdem von unserer karmischen Verbindung ab, die wir sowohl in diesem wie in früheren Leben zu ihnen hatten. Wir alle haben einen engen Freundeskreis, zu dem wir in diesem Leben in einer besonderen karmischen Verbindung stehen. Obwohl wir lernen müssen, alle Lebewesen in gleicher Weise zu schätzen, bedeutet dies nicht, daß wir alle auf exakt die gleiche Weise behandeln sollten. Es wäre zum Beispiel unangebracht, mit unserem Arbeitgeber genauso umzugehen wie mit unseren engen Freunden oder unserer Familie. Es gibt auch Menschen, die einfach in Ruhe gelassen werden wollen oder jegliches Zeichen der Zuneigung ablehnen. Andere zu lieben ist in erster Linie eine Geisteshaltung, und wie wir diese ausdrücken, hängt sowohl von den Bedürfnissen und Wünschen eines jeden einzelnen als auch von unserer karmischen Verbindung mit ihnen ab. Wir können uns nicht aktiv um jeden einzelnen kümmern, wir können jedoch allen Lebewesen gegenüber eine fürsorgliche Einstellung entwickeln. Das ist der Hauptzweck der Geistesschulung. Wenn wir unseren Geist in dieser Weise schulen, werden wir schließlich ein Buddha werden, der die tatsächliche Kraft besitzt, alle fühlenden Wesen zu schützen.

Indem wir sorgfältig über die obigen Punkte nachdenken, kommen wir zu der folgenden Schlußfolgerung:

Weil alle fühlenden Wesen sehr wertvoll für mich sind, muß ich sie schätzen und gern haben.

Wir sollten diesen Entschluß als einen Samen betrachten, den wir immer in unserem Geist behalten und den wir nähren, bis er zum spontanen Gefühl heranwächst, uns selbst und alle fühlenden Wesen in gleicher Weise zu schätzen. Diese Realisation wird «Gleichstellen vom Selbst und anderen» genannt. So wie wir unseren eigenen Frieden und unser eigenes Glück für wichtig halten, so sollten wir auch den Frieden und das Glück aller Lebewesen als wichtig erachten; und so wie wir daran arbeiten, uns selbst von Leiden und Problemen zu befreien, so sollten wir uns auch bemühen, andere davon zu befreien.

BESCHEIDENHEIT ENTWICKELN

Bodhisattva Langri Tangpa sagte:

Wann immer ich mit anderen verkehre,
Möge ich mich selbst als den geringsten von allen sehen.

Mit diesen Worten ermutigt uns Langri Tangpa dazu, den Geist der Bescheidenheit zu entwickeln und uns selbst als geringer und weniger kostbar zu betrachten als andere. Wie schon erwähnt, ist der Wert eines Objektes nicht eine inhärente Eigenschaft, sondern hängt vom Karma des jeweiligen Individuums ab. Weil eine Mutter eine besondere karmische Verbindung mit ihren Kindern hat, erscheinen sie ihr natürlicherweise als kostbar. Für einen Praktizierenden, der nach Erleuchtung strebt, sind alle fühlenden Wesen gleich wertvoll, weil sie einerseits außerordentlich gütig sind und weil sie ihm andererseits als erhabene Objekte für die Entwicklung und Vergrößerung seiner spirituellen Realisationen dienen. Für einen solchen Praktizierenden gibt es kein einziges Wesen, das minderwertig oder weniger wichtig ist, nicht einmal ein Insekt. Wenn der Wert eines Objektes vom Karma abhängt, fragen wir uns vielleicht, ob ein Praktizierender, der nach Erleuchtung strebt, alle Wesen aufgrund seiner karmischen Verbindung mit ihnen für kostbar hält. Der Praktizierende entwickelt diese besondere Sichtweise durch die Kontemplation korrekter Gründe, die sein karmisches Potential, alle Wesen als seine kostbare Mutter zu betrachten, heranreifen lassen. In Wirklichkeit ist jedes fühlende Wesen unsere Mutter, und deshalb haben wir selbstverständlich eine karmische Verbindung zu jedem einzelnen; aber aufgrund unserer Unwissenheit haben wir keine Ahnung, daß sie unsere kostbaren Mütter sind.

Im allgemeinen würden wir alle es vorziehen, hohes Ansehen und einen guten Ruf zu genießen, und wir sind nur wenig oder kaum daran interessiert, bescheiden zu sein. Praktizierende wie Langri Tangpa streben das genaue Gegenteil an. Sie suchen sich untergeordnete Positionen aus und gönnen anderen das Glück eines höheren Ansehens. Es gibt drei Beweggründe, warum solche Praktizierende danach streben, Bescheidenheit zu praktizieren. Erstens verbrauchen wir unsere Verdienste nicht für weltliche Erlangungen, wenn wir Bescheidenheit praktizieren, sondern heben sie für die Entwicklung innerer Realisationen auf. Wir besitzen nur eine begrenzte Anzahl von Verdiensten und verschwenden wir sie für materiellen Besitz, Ruf, Beliebtheit oder Macht, wird nicht genug positive Energie in unserem Geist übrigbleiben, um tiefe spirituelle Realisationen zu erzielen. Zweitens sammeln wir eine riesige Menge von Verdiensten an, wenn wir Bescheidenheit praktizieren und uns zugleich wünschen, daß andere eine höhere Stellung genießen. Wir sollten erkennen, daß es jetzt an der Zeit ist, Verdienste anzusammeln, und nicht, sie zu verschwenden. Drittens müssen wir Bescheidenheit praktizieren, weil es kein inhärentes Ich gibt. Wir sollten unser Selbst, unser Ich – das Objekt unserer Selbst-Wertschätzung – als das geringste von allen betrachten, als etwas, das wir vernachlässigen oder vergessen sollten. Auf diese Weise wird unsere Selbst-Wertschätzung geringer werden und unsere Liebe für andere wird zunehmen.

Obwohl viele Praktizierende Bescheidenheit üben, nehmen sie dennoch gesellschaftliche Positionen an, die es ihnen erlauben, einer großen Anzahl fühlender Wesen behilflich zu sein. Jemand, der auf diese Weise praktiziert, wird vielleicht ein reiches, mächtiges und geachtetes Mitglied der Gesellschaft, seine Motivation aber ist ausschließlich auf das Wohl anderer gerichtet. Weltliche Erlangungen reizen ihn nicht im geringsten, denn er weiß, daß sie trügerisch sind und die Verschwendung seiner Verdienste bedeuten. Selbst als König würde er seinen gesamten Reichtum als das Eigentum anderer ansehen, und in seinem Herzen würde er weiterhin andere Lebewesen als erhaben betrachten. Da er sich weder an seine Position noch an seinen Besitz klammern würde, könnten diese Dinge nicht dazu dienen, seine Verdienste zu erschöpfen.

Wir müssen auch dann Bescheidenheit üben, wenn wir mit denjenigen Umgang pflegen, die uns aufgrund gesellschaftlicher Konventionen gleichgestellt oder untergeordnet sind. Da wir keinen Einblick in den Geist anderer haben, wissen wir nicht, wer wirklich ein realisiertes Wesen ist und wer nicht. Es kann sein, daß jemand keine angesehene Position in der Gesellschaft innehat, wenn er jedoch in seinem Herzen liebende Güte gegenüber allen Lebewesen bewahrt, ist er in Wirklichkeit ein realisiertes Wesen. Zudem können sich Buddhas in beliebiger Form manifestieren, um Lebewesen zu helfen, und solange wir selbst kein Buddha sind, haben wir keine Möglichkeit festzustellen, wer eine Emanation eines Buddhas ist und wer nicht. Wir können nicht mit Sicherheit feststellen, ob unser engster Freund oder schlimmster Feind, unsere Mutter oder sogar unser Hund nicht eine Emanation ist. Nur weil wir das Gefühl haben, jemanden sehr gut zu kennen, und beobachtet haben, wie er sich in verblendeter Art und Weise verhalten hat, bedeutet dies nicht, daß er ein gewöhnliches Wesen ist. Was wir wahrnehmen ist eine Reflexion unseres eigenen Geistes. Ein gewöhnlicher, verblendeter Geist sieht zwangsläufig eine Welt voller gewöhnlicher, verblendeter Menschen.

Nur wenn wir unseren Geist reinigen, werden wir fähig sein, reine, heilige Wesen direkt wahrzunehmen. Bis dahin können wir nicht mit Sicherheit wissen, ob jemand eine Emanation ist oder nicht. Vielleicht sind alle, die wir kennen, Emanationen eines Buddhas! Dies mag ziemlich unwahrscheinlich erscheinen, aber nur deshalb, weil wir normalerweise unsere Mitmenschen für gewöhnlich halten. Tatsächlich wissen wir es ganz einfach nicht. Was wir aber objektiv sagen können, ist, daß jemand eine Emanation sein könnte oder auch nicht. Das ist eine sehr nützliche Denkweise, denn wenn wir glauben, daß jemand eine Emanation eines Buddhas sein könnte, werden wir ihn ganz natürlich respektieren und es vermeiden, ihm zu schaden. Die Wirkung, die eine derartige Sichtweise auf unseren Geist hat, nämlich zu denken, daß jemand ein Buddha sein könnte, ist fast mit dem Gedanken gleichzusetzen, daß er ein Buddha ist. Da wir selbst die einzige Person sind, von der wir mit Sicherheit sagen können, daß sie kein Buddha ist, werden wir durch die Schulung in dieser Denkweise mit der Zeit jeden als überlegen und kostbarer als uns selbst betrachten.

Uns selbst als den geringsten von allen zu betrachten ist zu Beginn nicht so leicht zu akzeptieren. Wenn wir zum Beispiel einem Hund begegnen, sollten wir uns dann als niedriger als den Hund ansehen? Wir können die Geschichte des buddhistischen Meisters Asanga als Beispiel nehmen, der einem sterbenden Hund begegnete, der sich dann später als eine Emanation Buddha Maitreyas entpuppte. Der Hund vor uns mag als gewöhnliches Tier erscheinen, die Tatsache bleibt jedoch bestehen, daß wir seine wahre Natur nicht kennen. Vielleicht wurde auch er von Buddha ausgestrahlt, um uns zu helfen, Mitgefühl zu entwickeln. Da wir so oder so nicht sicher sein können, sollten wir, anstatt unsere Zeit mit der Spekulation zu verschwenden, ob der Hund ein gewöhnliches Tier oder eine Emanation ist, einfach denken: «Dieser Hund könnte eine Emanation Buddhas sein.» In diesem Sinne können wir glauben, daß wir geringer sind als der Hund, und dieser Gedanke wird uns vor jeglichen Gefühlen der Überlegenheit bewahren.

Einer der Vorteile der Bescheidenheit ist, daß sie es uns ermöglicht, von jedem zu lernen. Eine stolze Person kann von anderen Menschen nicht lernen, denn sie hat das Gefühl, sie wüßte alles besser. Eine bescheidene Person andererseits, die jeden respektiert und erkennt, daß andere unter Umständen sogar Emanationen Buddhas sein könnten, besitzt die Offenheit des Geistes, von jedem und aus jeder Situation zu lernen. Genauso wie sich Wasser nicht auf Berggipfeln sammeln kann, so können sich gute Qualitäten und Segnungen nicht auf den felsigen Gipfeln des Stolzes sammeln. Wenn wir statt dessen eine bescheidene, respektvolle Haltung gegenüber allen bewahren, werden jederzeit gute Qualitäten und Inspirationen in unseren Geist strömen, so wie Bäche in ein Tal fließen.

Austauschen vom Selbst mit anderen

Austauschen vom Selbst mit anderen

Während die beiden letzten Kapitel die Praxis des Gleichstellens vom Selbst und anderen erklären, d. h. wie wir uns selbst und alle Lebewesen in gleicher Weise schätzen, zeigt uns dieses Kapitel, wie wir das Selbst mit anderen austauschen. Austauschen vom Selbst mit anderen bedeutet, daß wir unsere Selbst-Wertschätzung aufgeben und lernen, ausschließlich andere zu schätzen. Da die Haupthindernisse, die der Erlangung dieser Realisation entgegenstehen, unsere Verblendungen sind, werde ich jetzt erklären, wie wir unsere Verblendungen und insbesondere unsere Selbst-Wertschätzung überwinden können.

Normalerweise teilen wir die äußere Welt ein in Dinge, die wir entweder als gut oder kostbar, als schlecht oder wertlos oder als keines von beiden ansehen. Meistens sind die getroffenen Unterscheidungen falsch oder haben wenig Bedeutung. Beispielsweise ist unsere Gewohnheit, Menschen, je nachdem, was für ein Gefühl sie uns geben, als Freunde, Feinde oder Fremde zu kategorisieren, sowohl falsch als auch ein großes Hindernis für die Entwicklung von unvoreingenommener Liebe für alle Lebewesen. Statt so fest an unserer Kategorisierung der äußeren Welt festzuhalten, wäre es viel nützlicher, wenn wir lernen würden, zwischen wertvollen und wertlosen Geisteszuständen zu unterscheiden.

Um eine bestimmte Verblendung zu überwinden, müssen wir fähig sein, sie richtig zu identifizieren und sie klar von anderen Geisteszuständen zu unterscheiden. Es ist relativ einfach, Verblendungen wie Wut oder Neid zu identifizieren und zu sehen, wie sie uns schaden. Verblendungen wie Anhaftung, Stolz, Festhalten am Selbst und Selbst-Wertschätzung hingegen sind viel schwieriger zu erkennen und können leicht mit anderen Geisteszuständen verwechselt werden. So haben wir zum Beispiel viele Begehren, aber nicht alle sind durch begehrende Anhaftung motiviert. Wir können den Wunsch haben, zu schlafen, zu essen, unsere Freunde zu treffen oder zu meditieren, ohne von Anhaftung beeinflußt zu sein. Ein Begehren, das Anhaftung ist, stört zwangsläufig unseren Geist. Doch da uns ein solches Begehren in subtiler, indirekter Weise beeinflussen kann, ist es möglicherweise schwierig für uns zu erkennen, wenn es in unserem Geist entsteht.

WAS IST SELBST-WERTSCHÄTZUNG?

Von all den unzähligen begrifflichen Gedanken, die aus dem Ozean unseres Ursprungsgeistes entstehen, ist Selbst-Wertschätzung der schädlichste und der Geist, der andere wertschätzt, der nützlichste. Was genau ist Selbst-Wertschätzung? Selbst-Wertschätzung ist als ein Geist definiert, der uns selbst für überaus wichtig und kostbar hält und der sich aus der Erscheinung der wahren Existenz des Selbst entwickelt.

Die Verblendung der Selbst-Wertschätzung arbeitet fast immer in unserem Geist und ist der eigentliche Kern unserer samsarischen Erfahrung.

Unsere Selbst-Wertschätzung ist es, die uns das Gefühl gibt, unser Glück und unsere Freiheit seien wichtiger als das Glück und die Freiheit anderer, unsere Wünsche und Gefühle hätten größere Bedeutung und unser Leben und unsere Erfahrungen seien interessanter. Wegen unserer Selbst-Wertschätzung fühlen wir uns betroffen, sobald wir kritisiert oder beleidigt werden. Dies gilt aber nicht, wenn es unseren Freund trifft. Und wird jemand gekränkt, den wir ablehnen, freut es uns vielleicht sogar. Haben wir Schmerzen, ist es das Wichtigste auf der Welt für uns, diese so schnell wie möglich zu lindern. Mit den Schmerzen anderer aber sind wir wesentlich geduldiger. Wir sind so vertraut mit Selbst-Wertschätzung, daß wir es schwierig finden, uns ein Leben ohne sie vorzustellen. Sie ist fast so selbstverständlich für uns wie das Atmen. Überprüfen wir dies aber mit unserer Weisheit, werden wir erkennen, daß Selbst-Wertschätzung ein völlig fehlerhafter Geist ohne Bezug zur Wirklichkeit ist. Es gibt absolut keine gültigen Gründe anzunehmen, wir seien wichtiger als andere. Für Buddhas, die einen fehlerfreien Geist haben und die die Dinge genau so sehen, wie sie sind, sind alle Lebewesen gleich wichtig.

Selbst-Wertschätzung ist ein falsches Gewahrsein, weil ihr beobachtetes Objekt, das inhärent existierende Selbst oder Ich, nicht existiert. Wenn wir unseren Geist beobachten, während sich Selbst-Wertschätzung ausgeprägt zeigt, beispielsweise wenn wir Angst haben, beschämt oder entrüstet sind, wird uns auffallen, daß wir ein sehr lebhaftes Ich-Gefühl haben. Aufgrund der Unwissenheit des Festhaltens am Selbst erscheint uns unser Ich als eine solide, reale Wesenheit, die aus sich selbst heraus existiert, unabhängig von unserem Körper oder Geist. Dieses unabhängige Ich wird das «inhärent existierende Ich» genannt und existiert überhaupt nicht. Das Ich, an das wir uns so sehr klammern, das wir so sehr schätzen und dem wir unser ganzes Leben widmen, um ihm zu dienen und es zu beschützen, ist lediglich eine Erfindung unserer Unwissenheit. Wenn wir eingehend über diesen Punkt nachdenken, werden wir erkennen, wie albern es ist, etwas zu schätzen, was nicht existiert. Eine Erklärung, wie das inhärent existierende Ich nicht existiert, wird im Kapitel über die endgültige Wahrheit gegeben.

Aufgrund der Prägungen des Festhaltens am Selbst, die wir seit anfangsloser Zeit angesammelt haben, erscheint unserem Geist alles, unser Ich eingeschlossen, als inhärent existierend. Weil wir an unserem eigenen Ich als inhärent existierend festhalten, halten wir auch am Selbst anderer als inhärent existierend fest und stellen uns dann vor, das Selbst und andere seien inhärent verschieden. Wir erzeugen dann Selbst-Wertschätzung, die instinktiv meint: «Ich bin äußerst wichtig und kostbar.» Zusammenfassend kann man sagen: Unser Festhalten am Selbst hält an unserem Ich als inhärent existierend fest, und unsere Selbst-Wertschätzung schätzt dann dieses inhärent existierende Ich mehr als alle anderen. Für gewöhnliche Wesen stehen das Festhalten am Selbst und die Selbst-Wertschätzung in sehr enger Beziehung zueinander und sind beinahe miteinander vermischt. Wir können sagen, daß es sich bei beiden um eine Form von Unwissenheit handelt, denn beide halten irrtümlicherweise an einem nichtexistierenden Objekt fest, dem inhärent existierenden Ich. Weil jede Handlung, die durch solche Geistesarten motiviert ist, eine verunreinigte Handlung ist, die verursacht, daß wir in Samsara wiedergeboren werden, trifft es zu, daß für gewöhnliche Wesen, sowohl das Festhalten am Selbst als auch die Selbst-Wertschätzung der Ursprung Samsaras sind.

Es gibt noch eine subtilere Art der Selbst-Wertschätzung, die nicht mit dem Festhalten am Selbst verbunden ist und daher keine Form von Unwissenheit ist. Diese Art der Selbst-Wertschätzung existiert im Geist von Hinayana-Feindzerstörern, die sowohl die Unwissenheit des Festhaltens am Selbst als auch alle anderen Verblendungen vollständig aufgegeben und Nirvana erreicht haben. Hinayana-Feindzerstörer besitzen noch eine subtile Form der Selbst-Wertschätzung, die aus den Prägungen des Festhaltens am Selbst entsteht und die sie daran hindert, zum Wohl aller fühlenden Wesen zu arbeiten. Eine Erklärung dieser Art von Selbst-Wertschätzung würde den Rahmen dieses Buches sprengen. Hier bezieht sich Selbst-Wertschätzung auf die Selbst-Wertschätzung gewöhnlicher Wesen und ist ein verblendeter Geist, der ein nichtexistierendes Selbst schätzt und es für äußerst wichtig hält.

DIE FEHLER DER SELBST-WERTSCHÄTZUNG

Es ist unmöglich, auch nur ein einziges Problem, Unglück oder eine einzige schmerzliche Erfahrung zu finden, die nicht aus Selbst-Wertschätzung entsteht. Wie Bodhisattva Shantideva sagt:

> Das ganze Glück der Welt
> Entsteht aus dem Wunsch, daß andere glücklich sein
>   mögen.
> Das ganze Leid der Welt
> Entsteht aus dem Wunsch, selbst glücklich zu sein.

Wie sollen wir diese Worte verstehen? Wie schon erwähnt, sind alle unsere Erfahrungen Auswirkungen von Handlungen, die wir in der Vergangenheit begangen haben: Angenehme Erfahrungen sind Auswirkungen von positiven Handlungen und unangenehme Erfahrungen sind Auswirkungen von negativen Handlungen. Wenn wir niemals negative Handlungen begehen würden, wäre es unmöglich für uns, irgendwelche unangenehmen Auswirkungen zu erfahren. Alle negativen Handlungen sind durch Verblendungen motiviert, die wiederum aus der Selbst-Wertschätzung stammen. Zuerst entwickeln wir den Gedanken: «Ich bin wichtig», und deswegen haben wir das Gefühl, daß die Erfüllung unserer Wünsche von höchster Wichtigkeit ist. Dann begehren wir die Dinge, die uns attraktiv erscheinen, und wir entwickeln Anhaftung. Wir fühlen Abneigung gegenüber den Dingen, die uns unattraktiv erscheinen, und wir entwickeln Wut. Und schließlich fühlen wir Gleichgültigkeit gegenüber den Dingen, die uns neutral erscheinen, und wir entwickeln Unwissenheit. Aus diesen drei Verblendungen entstehen alle anderen Verblendungen. Festhalten am Selbst und Selbst-Wertschätzung sind die Wurzeln des Leidensbaumes; Verblendungen, wie Wut und Anhaftung, sind sein Stamm; negative Handlungen sind seine Äste, und das Elend und der Schmerz Samsaras sind seine bitteren Früchte.

Wenn wir verstehen, wie sich Verblendungen entwickeln, können wir erkennen, daß Selbst-Wertschätzung der Kern unserer Negativität und unseres Leidens ist. Weil wir das Glück anderer mißachten und unsere eigenen Interessen selbstsüchtig verfolgen, begehen wir viele nichttugendhafte Handlungen, deren Folgen ausschließlich Leiden sind. Das gesamte Elend von Krankheit, Gebrechen, Naturkatastrophen und Krieg kann auf Selbst-Wertschätzung zurückgeführt werden. Es ist unmöglich, eine Krankheit oder irgendein anderes Unglück zu erleiden, wenn wir nicht irgendwann in der Vergangenheit die Ursache dafür erzeugt haben, und diese war zwangsläufig eine nichttugendhafte Handlung, die durch Selbst-Wertschätzung motiviert war.

Dies sollte uns aber nicht zur Schlußfolgerung verleiten, daß das Leiden einer Person selbstverschuldet und es daher unangebracht ist, Mitgefühl zu entwickeln. Lebewesen begehen negative Handlungen, weil sie durch ihre Verblendungen motiviert sind, und wenn sie unter dem Einfluß von Verblendungen stehen, haben sie keine Kontrolle über ihren Geist. Ein Arzt würde die Behandlung eines Geisteskranken, der seinen Kopf verletzte, als er ihn gegen eine Wand schlug, nicht mit der Begründung verweigern, daß der Patient selbst schuld ist. Ähnlich verhält es sich, wenn jemand in einem früheren Leben eine negative Handlung beging, die jetzt zur Folge hat, daß er an einer schweren Krankheit leidet: Es besteht kein Anlaß, daß wir ihm aus diesem Grund unser Mitgefühl versagen sollten. Tatsächlich wird unser Mitgefühl sogar viel stärker werden, wenn wir verstehen, daß die Lebewesen nicht frei von Verblendungen sind, die die Ursache all ihres Leidens darstellen. Um anderen wirksam helfen zu können, benötigen wir eine äußerst mitfühlende Absicht, die sich wünscht, andere von ihrem manifesten Leiden *und* seinen zugrundeliegenden Ursachen zu befreien.

Es ist nicht schwer zu verstehen, wie die Selbst-Wertschätzung, die wir in diesem Leben haben, uns Leiden zufügt. Jede Disharmonie, alle Streitigkeiten und Kämpfe entstammen der Selbst-Wertschätzung der betroffenen Menschen. Mit Selbst-Wertschätzung beharren wir auf unseren Meinungen und Interessen und sind nicht gewillt, eine Situation aus einer anderen Perspektive zu betrachten. Die Folge davon ist, daß wir schnell ärgerlich werden und anderen verbal oder sogar körperlich schaden wollen. Selbst-Wertschätzung macht uns deprimiert, wenn unsere Wünsche nicht in Erfüllung gehen, wenn wir unsere Ambitionen nicht verwirklichen können oder sich unser Leben nicht so gestaltet, wie wir es geplant haben. Wenn wir jede Situation untersuchen, in der wir uns elend gefühlt haben, werden wir entdecken, daß sie von übermäßiger Sorge um unser eigenes Wohl geprägt war. Wenn wir unsere Arbeit, unser Heim, unseren Ruf oder unsere Freunde verlieren, sind wir traurig, aber nur, weil wir uns so sehr an diese Dinge klammern. Wir sind nicht annähernd so besorgt, wenn andere Leute ihre Arbeit verlieren oder von ihren Freunden getrennt werden.

Äußere Bedingungen an sich sind weder gut noch schlecht. Reichtum beispielsweise gilt im allgemeinen als erstrebenswert, haben wir jedoch starke Anhaftung an Reichtum, wird er uns viel Kummer bereiten und dazu dienen, unsere Verdienste zu erschöpfen. Wird unser Geist andererseits in erster Linie durch die Wertschätzung anderer beeinflußt, so kann es sogar nützlich sein, unser ganzes Geld zu verlieren, denn dies gibt uns die Gelegenheit, das Leiden derjenigen zu verstehen, die sich in ähnlichen Situationen befinden, und es entstehen weniger Ablenkungen von unserer spirituellen Praxis. Selbst wenn wir tatsächlich alle Wünsche unserer Selbst-Wertschätzung erfüllten, gäbe es keine Garantie, daß wir glücklich wären, denn jede samsarische Errungenschaft zieht neue Probleme nach sich und führt ausnahmslos zu neuem Begehren. Die unerbittliche Jagd nach der Befriedigung unserer selbstsüchtigen Wünsche gleicht dem Trinken von Salzwasser, um unseren Durst zu löschen. Je mehr wir unserem Verlangen nachgeben, desto größer wird unser Durst.

Wenn sich Menschen umbringen, liegt es normalerweise daran, daß ihre Wünsche nicht erfüllt wurden. Doch nur weil ihre Selbst-Wertschätzung ihnen das Gefühl gab, ihre Wünsche seien das Wichtigste auf der Welt, konnten sie dies nicht ertragen. Es liegt an unserer Selbst-Wertschätzung, daß wir unsere Wünsche und Pläne so ernst nehmen und unfähig sind, die Schwierigkeiten, die das Leben bereithält, zu akzeptieren und aus ihnen zu lernen. Wir werden kein besserer Mensch, indem wir bloß unsere Wünsche nach weltlichem Erfolg erfüllen. Die Eigenschaften, die von wirklicher Bedeutung sind, wie Weisheit, Geduld und Mitgefühl, werden wir mit gleicher Wahrscheinlichkeit durch unsere Mißerfolge wie durch unsere Erfolge entwickeln.

Oft haben wir das Gefühl, daß es andere sind, die uns unglücklich machen, und wir können ziemlich nachtragend sein. Wenn wir die Lage jedoch genau betrachten, werden wir feststellen, daß es immer unsere eigene geistige Haltung ist, die für unser Unglück verantwortlich ist. Die Handlungen eines anderen Menschen machen uns nur unglücklich, wenn wir es ihnen erlauben, eine negative Reaktion in uns hervorzurufen. Kritik beispielsweise hat von sich aus nicht die Kraft, uns zu verletzen; nur aufgrund unserer Selbst-Wertschätzung sind wir gekränkt. Mit Selbst-Wertschätzung sind wir derart abhängig von der Meinung und Anerkennung anderer Menschen, daß wir unsere Freiheit verlieren, auf die konstruktivste Art und Weise zu reagieren und zu handeln.

Manchmal haben wir das Gefühl, daß der Grund für unser Unglück der ist, daß sich jemand in Schwierigkeiten befindet, den wir lieben. Wir müssen bedenken, daß unsere Liebe für andere zur Zeit fast immer mit Anhaftung, d. h. mit einem ichbezogenen Geist, vermischt ist. Die Liebe beispielsweise, die Eltern im allgemeinen für ihre Kinder empfinden, ist zwar tief und aufrichtig, doch ist es nicht immer reine Liebe. Mit ihr vermischt sind die unterschiedlichsten Gefühle: das

Bedürfnis, die Liebe und Anerkennung erwidert zu bekommen, der Glaube, daß die Kinder Teil ihrer selbst seien, der Wunsch, andere Leute mit ihren Kindern zu beeindrucken, und die Hoffnung, daß die Kinder irgendwie die Ambitionen und Träume ihrer Eltern erfüllen werden. Es ist manchmal sehr schwer, zwischen unserer Liebe und unserer Anhaftung für andere zu unterscheiden. Sind wir aber dazu fähig, werden wir erkennen, daß die Ursache unseres Leidens ausnahmslos die Anhaftung ist. Reine bedingungslose Liebe verursacht niemals Schmerz oder Sorge, sondern nur Frieden und Freude.

Alle Probleme der menschlichen Gesellschaft, wie Krieg, Verbrechen, Umweltverschmutzung, Drogenabhängigkeit, Armut, Unrecht und auch Disharmonie innerhalb der Familie, sind das Resultat von Selbst-Wertschätzung. Im Glauben, daß nur der Mensch von Bedeutung ist und die Natur lediglich dazu dient, die menschlichen Bedürfnisse zu stillen, haben wir Tausende von Tierarten ausgerottet und unseren Planeten derart verschmutzt, daß die große Gefahr besteht, daß er auch für Menschen bald nicht mehr bewohnbar sein wird. Würde jeder den anderen schätzen, wären viele der größten Probleme dieser Welt innerhalb von wenigen Jahren gelöst.

Selbst-Wertschätzung ist wie eine eiserne Kette, die uns in Samsara gefangenhält. Die grundlegende Ursache unseres Leidens besteht darin, daß wir uns in Samsara befinden; und wir sind in Samsara, weil wir unaufhörlich die verblendeten, ichbezogenen Handlungen ausführen, die den Zyklus der unkontrollierten Wiedergeburt in Gang halten. Samsara ist die Erfahrung eines ichbezogenen Geistes. Die sechs Bereiche Samsaras, vom Götterbereich bis zur Hölle, sind allesamt traumähnliche Projektionen eines Geistes, der durch Selbst-Wertschätzung und Festhalten am Selbst entstellt ist. Indem uns diese zwei Geistesarten dazu bringen, unser Leben als einen ständigen Kampf anzusehen, der unserem eigenen Ich dient und es beschützt, nötigen sie uns, unzählige destruktive Taten zu begehen, die uns im Alptraum Samsaras gefangenhalten. Solange wir diese zwei Geistesarten nicht zerstören, werden wir niemals wahre Freiheit oder wahres Glück kennen. Wir werden zu keiner Zeit unseren Geist wirklich unter Kontrolle haben und werden nicht sicher sein vor der Gefahr einer niederen Wiedergeburt.

Unsere Selbst-Wertschätzung zu kontrollieren, und sei es nur gelegentlich, ist von größtem Wert. Alle Sorgen, Ängste und jede Traurigkeit beruhen auf Selbst-Wertschätzung. Sobald wir von unserer zwanghaften Sorge um unser eigenes Wohl ablassen, wird sich unser Geist entspannen und leichter werden. Selbst wenn wir schlechte Nachrichten erhalten, wird unser Geist friedvoll bleiben, solange wir es schaffen, unsere gewohnte ichbezogene Reaktion zu überwinden. Gelingt es uns andererseits nicht, unsere Selbst-Wertschätzung zu bezwingen, werden uns selbst die belanglosesten Dinge stören. Es bringt uns gleich aus der Fassung, wenn ein Freund uns kritisiert, und sogar die Nichterfüllung der kleinsten Wünsche führt zu Niedergeschlagenheit. Sagt ein Dharma-Lehrer etwas, was uns mißfällt, werden wir möglicherweise ärgerlich oder verlieren sogar unser Vertrauen zu ihm. Viele Leute geraten außer sich, nur weil eine Maus in ihr Zimmer kommt. Mäuse fressen keine Menschen. Welchen Grund gibt es also, sich aufzuregen? Es ist nur der törichte Geist der Selbst-Wertschätzung, der uns stört. Wenn wir die Maus so sehr liebten wie uns selbst, würden wir die Maus in unserem Zimmer willkommen heißen und denken: «Sie hat das gleiche Recht hier zu sein wie ich!»

Selbst-Wertschätzung ist der schlimmste Fehler derjenigen, die nach Erleuchtung streben. Selbst-Wertschätzung ist das größte Hindernis auf dem Weg zur Wertschätzung anderer. Andere nicht zu schätzen ist das größte Hindernis für die Entwicklung von Großem Mitgefühl, und das Versäumnis, Großes Mitgefühl zu entwickeln, ist das größte Hindernis für die Erzeugung von Bodhichitta und den Eintritt in den Pfad zur Erleuchtung, den Mahayana-Pfad. Da Bodhichitta die Hauptursache für die große Erleuchtung ist, können wir erkennen, daß Selbst-Wertschätzung auch das größte Hindernis für die Erlangung der Buddhaschaft darstellt.

Obwohl wir vielleicht zustimmen, daß wir objektiv gesehen in keiner Weise wichtiger als andere sind und daß Selbst-Wertschätzung viele Fehler hat, haben wir möglicherweise trotzdem noch das Gefühl, daß sie unentbehrlich ist. Wenn wir selbst nicht für uns sorgen und uns nicht schätzen, dann wird es sicherlich auch niemand anders tun! Das ist eine falsche Denkweise. Es ist zwar richtig, daß wir uns um uns selbst kümmern müssen, doch sollten wir nicht durch Selbst-Wertschätzung motiviert sein. Wir können auf unsere Gesundheit achten, einer Arbeit nachgehen und uns um unser Haus sowie unseren Besitz kümmern, und dies allein aus Sorge um das Wohlergehen anderer. Wenn wir unseren Körper als ein Werkzeug betrachten, mit dem wir anderen von Nutzen sein können, sind wir imstande, ihn zu ernähren, zu kleiden, zu waschen und ausruhen zu lassen, alles ohne Selbst-Wertschätzung. So wie ein Krankenwagenfahrer sich um sein Fahrzeug kümmern kann, ohne es sein eigen zu nennen, so können wir uns zum Nutzen anderer um unseren Körper und Besitz kümmern. Der einzige Weg, wie wir allen Lebewesen je wirklich helfen können, ist ein Buddha zu werden, und die menschliche Gestalt ist das bestmögliche

Werkzeug, dies zu vollbringen. Deshalb müssen wir unseren Körper gut pflegen. Tun wir dies mit Bodhichitta-Motivation, so werden alle unsere Handlungen, die das Wohl unseres Körpers betreffen, Teil des Pfades zur Erleuchtung.

Vielleicht verwechseln wir manchmal Selbst-Wertschätzung mit Selbstvertrauen und Selbstachtung. Tatsächlich aber haben diese nichts miteinander zu tun. Es ist nicht aus Selbstachtung, daß wir immer nur das Beste für uns selbst wollen, und es ist nicht aus Selbstachtung, daß wir andere täuschen oder ausnutzen oder unsere Verantwortung ihnen gegenüber vernachlässigen wollen. Wenn wir es ehrlich überprüfen, werden wir erkennen, daß es unsere Selbst-Wertschätzung ist, die uns veranlaßt, in einer Weise zu handeln, die uns unsere Selbstachtung raubt und unser Selbstvertrauen zerstört. Manche Leute werden durch ihre Selbst-Wertschätzung in den Abgrund des Alkoholismus oder der Drogenabhängigkeit getrieben und verlieren dabei auch noch das letzte Quentchen Selbstachtung. Andererseits werden unsere Selbstachtung und unser Selbstvertrauen um so größer werden, je mehr wir andere schätzen und bemüht sind, ihnen zu helfen. Das Bodhisattva-Gelübde beispielsweise, in dem der Bodhisattva verspricht, alle Fehler und Hindernisse zu überwinden, alle guten Qualitäten zu erlangen und so lange zu arbeiten, bis alle Lebewesen von den Leiden Samsaras befreit sind, ist Ausdruck eines enormen Selbstvertrauens, völlig jenseits von dem eines ichbezogenen Wesens.

Vielleicht fragen wir uns auch: «Wenn ich keine Selbst-Wertschätzung hätte, würde dies nicht bedeuten, daß ich mich selbst nicht leiden kann? Sicherlich ist es nötig, sich selbst zu akzeptieren und zu lieben, denn wie kann ich andere lieben, wenn ich mich selbst nicht liebe?» Das ist ein wichtiger Punkt. In der *Geistesschulung in sieben Punkten* erklärt Geshe Chekhawa einige Verpflichtungen der Geistesschulung, die den Praktizierenden der Geistesschulung als Richtlinien dienen. Die erste besagt: «Laß es nicht zu, daß deine Geistesschulung unangemessenes Verhalten verursacht.» Diese Verpflichtung rät Praktizierenden, mit sich selbst glücklich zu sein. Sind wir übermäßig selbstkritisch, werden wir uns in uns selbst zurückziehen und entmutigt sein. Dadurch wird es sehr schwer für uns, unseren Geist auf die Wertschätzung anderer zu richten. Obwohl es notwendig ist, sich der eigenen Fehler bewußt zu werden, sollten wir uns ihretwegen nicht hassen. Diese Verpflichtung rät uns außerdem, daß wir uns um uns selbst und unsere Bedürfnisse kümmern sollten. Versuchen wir, ohne Grundbedürfnisse, wie ausreichende Nahrung und eine Unterkunft, auszukommen, werden wir wahrscheinlich unserer Gesundheit schaden und unsere Fähigkeit, anderen zu helfen, wird beeinträchtigt. Außerdem könnten Leute, wenn sie sehen, daß wir uns in extremer Weise verhalten, daraus schließen, daß wir unausgeglichen sind und man uns weder vertrauen noch glauben kann. Unter solchen Umständen werden wir nicht in der Lage sein, den Menschen zu helfen. Es ist nicht einfach, Selbst-Wertschätzung vollkommen aufzugeben, und es wird eine lange Zeit in Anspruch nehmen. Sind wir nicht zufrieden mit uns selbst oder vernachlässigen wir unser eigenes Wohl in törichter Weise, werden wir weder das Selbstvertrauen noch die Energie besitzen, um eine so radikale spirituelle Veränderung herbeizuführen.

Wenn wir frei von Selbst-Wertschätzung sind, verlieren wir nicht unseren Wunsch, glücklich zu sein, sondern erkennen, daß echtes Glück in der Wertschätzung anderer zu finden ist. Wir haben eine unerschöpfliche Quelle von Glück innerhalb unseres eigenen Geistes entdeckt – unsere Liebe für andere.

Schwierige äußere Umstände deprimieren uns nicht, und angenehme Ereignisse lassen uns nicht in übertriebene Begeisterung ausbrechen, denn wir sind fähig, beides umzuwandeln und zu genießen. Statt sich auf das Ansammeln von guten äußeren Bedingungen zu konzentrieren, ist unser Wunsch nach Glück in den Entschluß eingegangen, Erleuchtung zu erlangen. Darin erkennen wir den einzigen Weg zu reinem Glück. Obwohl wir uns danach sehnen, die endgültige Glückseligkeit der vollen Erleuchtung zu genießen, so ist es ausschließlich zum Nutzen anderer, denn Erleuchtung zu erlangen ist lediglich ein Mittel zum Zweck, das uns unseren wahren Wunsch erfüllt, nämlich allen Lebewesen das gleiche Glück zuteil werden zu lassen. Wenn wir ein Buddha werden, erstrahlt unser Glück für immer als Mitgefühl, nährt alle Lebewesen und bringt sie nach und nach zum gleichen Zustand.

Kurz gesagt, Selbst-Wertschätzung ist ein vollkommen wertloser und unnötiger Geisteszustand. Wir mögen hoch intelligent sein, doch wenn wir nur um unser eigenes Wohl besorgt sind, können wir unseren grundlegenden Wunsch nach Glück niemals erfüllen. In Wirklichkeit macht uns Selbst-Wertschätzung dumm. Sie bewirkt, daß wir in diesem Leben Unglück erfahren, verleitet uns zu zahllosen negativen Handlungen, die zu Leiden in allen zukünftigen Leben führen, sie fesselt uns an Samsara und blockiert den Pfad zur Erleuchtung. Andere zu schätzen bewirkt das genaue Gegenteil. Schätzen wir ausschließlich andere, werden wir in diesem Leben glücklich sein und viele tugendhafte Handlungen ausführen, die zu Glück in zukünftigen Leben führen. Wir werden frei von den Verblendungen sein, die uns in Samsara halten, und schnell alle notwendigen Qualitäten entwickeln, um Erleuchtung zu erlangen.

WIE SELBST-WERTSCHÄTZUNG ZERSTÖRT WIRD

Durch Nachdenken über die Fehler der Selbst-Wertschätzung und die Vorteile der Wertschätzung anderer werden wir den festen Entschluß fassen, Selbst-Wertschätzung aufzugeben und ausschließlich andere zu schätzen. Wir sollten diesen Entschluß so lange wie möglich in der Meditation aufrechterhalten. Wenn wir uns von der Meditation erheben, sollten wir versuchen, unseren Entschluß in die Praxis umzusetzen und ihn während aller unserer Aktivitäten beizubehalten. Es ist unmöglich, Selbst-Wertschätzung sofort auszuschalten, da sie eine so tief verwurzelte und alles durchdringende Geistesgewohnheit ist, die uns seit anfangsloser Zeit begleitet hat. Indem wir jedoch ihre Nachteile erkennen und großes Bemühen aufbringen, können wir sie langsam abbauen. Wir können die schlimmsten Exzesse der Selbst-Wertschätzung sofort stoppen und die subtileren Arten nach und nach ausmerzen.

Nachdem wir die Absicht entwickelt haben, unsere Selbst-Wertschätzung zu überwinden, besteht der nächste Schritt darin, sie sofort zu erkennen, wenn sie in unserem Geist entsteht. Dazu müssen wir unser Geisteskontinuum während aller unserer Handlungen untersuchen. Das bedeutet, daß wir nach Geshe Ben Gungyals Vorbild praktizieren und unseren eigenen Geist, unser Geisteskontinuum, bei allen unseren Aktivitäten beobachten sollten. Normalerweise achten wir darauf, was andere tun. Viel besser wäre es jedoch, wenn wir verfolgen würden, was in unserem eigenen Geist geschieht. Was wir auch tun, ob wir arbeiten, uns unterhalten, uns entspannen oder Dharma studieren, ein Teil unseres Geistes sollte ständig aufmerksam unsere aufsteigenden Gedanken überprüfen. Sobald sich eine Verblendung zu entwickeln droht, sollten wir versuchen, dies zu verhindern. Wenn wir eine Verblendung in einem frühen Stadium ertappen, ist es recht einfach, sie abzuwenden, erlauben wir ihr jedoch, sich voll zu entfalten, wird sie sehr schwierig zu kontrollieren sein.

Eine unserer destruktivsten Verblendungen ist Wut. Da sie in unserem täglichen Leben so viel Schaden anrichtet, gebe ich in Anhang III weiterführende Anweisungen, wie wir mit dem Problem der Wut umgehen können. Wir werden wütend, weil wir unserem Geist erlauben, auf einem Objekt zu verweilen, das mit Wahrscheinlichkeit Wut in uns auslöst. Erwischen wir unseren Geist, sobald er beginnt, sich auf ein solches Objekt zu konzentrieren, ist es ziemlich einfach, Wut an der Entstehung zu hindern und unsere Gedanken in eine konstruktivere Richtung zu lenken. Wir müssen uns nur sagen: «Diese Art zu denken ist unangebracht und führt bald zu Wut, die viele Fehler hat.» Versäumen wir es jedoch, frühzeitig unsere Wut zu erkennen und erlauben ihr, sich zu entfalten, wird sie schnell zu einem tobenden Feuer, das man sehr schwer löschen kann. Das gleiche gilt für alle anderen Verblendungen, einschließlich der Selbst-Wertschätzung. Wird uns ein selbstsüchtiger Gedankengang rechtzeitig bewußt, können wir ihn leicht abwenden, erlauben wir ihm aber sich zu entwickeln, wird er stärker werden, bis es beinahe unmöglich ist, ihn aufzuhalten.

Es gibt drei Stufen, Verblendungen aufzugeben. Auf der ersten Stufe erkennt man eine bestimmte Verblendung, wenn sie entsteht, erinnert sich an ihre Nachteile und hindert sie daran, manifest zu werden. Solange wir unseren Geist überwachen, ist dies recht einfach, und wir sollten versuchen, diese Praxis jederzeit anzuwenden, ganz gleich womit wir gerade beschäftigt sind. Wir müssen uns insbesondere darum bemühen, äußerst wachsam zu sein, sobald uns auffällt, daß unser Geist angespannt oder unglücklich ist, denn ein solcher Geist bildet eine perfekte Brutstätte für Verblendungen. Aus diesem Grund sagt Geshe Chekhawa in der *Geistesschulung in sieben Punkten*: «Vertraue immer einzig auf einen glücklichen Geist.»

Auf der zweiten Stufe bändigt man seine Verblendungen, indem man die entsprechenden Gegenmittel einsetzt. Um beispielsweise unsere Anhaftung zu bezwingen, können wir über die Fehler von Samsara meditieren und unsere Anhaftung durch den entgegengesetzten Geist der Entsagung ersetzen. Indem wir in regelmäßiger und systematischer Weise über den Pfad zur Erleuchtung meditieren, verhindern wir nicht nur die Entstehung verblendeter Gedanken- und Gefühlsmuster, sondern ersetzen sie zudem durch starke und stabile tugendhafte Muster, die auf Weisheit und nicht auf Unwissenheit beruhen. Auf diese Weise können wir die Entstehung der meisten Verblendungen von vornherein verhindern. Sind wir beispielsweise sehr stark vertraut mit der Sichtweise, daß andere wichtiger sind als wir selbst, dann wird Selbst-Wertschätzung nur selten entstehen.

Auf der dritten Stufe gibt man Verblendungen zusammen mit ihren Samen vollständig auf, indem man eine direkte Realisation von Leerheit gewinnt. Auf diese Weise zerstören wir das Festhalten am Selbst, die Wurzel aller Verblendungen.

Wenn wir das Gleichstellen vom Selbst und anderen praktizieren, wie es weiter oben erklärt wurde, denken wir: «Genauso wichtig wie mein eigenes Glück ist das Glück eines jeden anderen.» Auf diese Weise teilen wir unser Gefühl der Wertschätzung. Da dies unser Gerechtigkeitsgefühl anspricht und unseren Geist der Selbst-Wertschätzung nicht direkt herausfordert, ist es einfacher zu akzeptieren und zu praktizieren. Wir können auch darüber nachdenken, daß es völlig gleichgültig ist, wie sehr wir leiden, denn wir sind bloß eine einzelne Person, während es zahllose Lebewesen gibt: Es ist also offensichtlich wichtig, daß die Lebewesen zumindest etwas Frieden und Glück erfahren. Obwohl wir jeden unserer Finger für kostbar halten, wären wir bereit, einen Finger zu opfern, um die anderen neun zu retten, aber neun zu opfern, um einen zu retten, wäre absurd. In ähnlicher Weise sind neun Menschen wichtiger als eine einzelne Person, und deshalb sind natürlich zahllose Lebewesen wichtiger als ein einzelnes Selbst. Daraus folgt, daß es logisch ist, andere mindestens ebensosehr zu schätzen wie uns selbst.

Nachdem wir uns etwas mit der Praxis des Gleichstellens vom Selbst und anderen vertraut gemacht haben, sind wir bereit, dem Geist der Selbst-Wertschätzung direkter entgegenzutreten. Da Selbst-Wertschätzung so viele Fehler hat, sollten wir uns ermutigen, ihr entgegenzutreten und sie zu überwinden, sobald sie sich in unserem Geist entwickelt. Wenn wir unseren Geist ununterbrochen aufmerksam beobachten, können wir uns darin schulen, Selbst-Wertschätzung zu erkennen, sobald sie entsteht, und uns dann sofort an ihre Nachteile erinnern. Geshe Chekhawa rät uns «alle Schuld zusammenzufassen», womit er meint, daß wir die Selbst-Wertschätzung für unsere gesamten Probleme und Leiden verantwortlich machen sollten. Normalerweise beschuldigen wir andere, wenn etwas mißlingt, doch der wahre Grund für alle unsere Probleme ist unser Geist der Selbst-Wertschätzung. Haben wir die Selbst-Wertschätzung erst einmal richtig identifiziert, sollten wir sie als unseren ärgsten Feind betrachten und ihr die Schuld für alle unsere Leiden geben. Obwohl es gut ist, Toleranz zu üben und anderen ihre Schwächen zu verzeihen, sollten wir unsere Selbst-Wertschätzung niemals tolerieren, denn je nachsichtiger wir mit ihr sind, um so mehr wird sie uns schaden. Es ist viel besser, vollkommen rücksichtslos mit ihr zu sein, und sie für alles verantwortlich zu machen, was mißglückt. Wenn wir auf etwas wütend sein wollen, dann auf den «Dämon» unserer Selbst-Wertschätzung. In Wirklichkeit ist Wut, die gegen Selbst-Wertschätzung gerichtet ist, keine echte Wut, denn sie beruht auf Weisheit und nicht auf Unwissenheit, und sorgt dafür, daß unser Geist rein und friedvoll wird.

So zu praktizieren erfordert großes Geschick. Weisen wir unserer Selbst-Wertschätzung die Schuld für alle unsere Probleme zu, entwickeln dann aber Schuldgefühle und fühlen uns unzulänglich, so zeigt dies, daß wir bei der Schuldzuweisung nicht klar unterschieden haben zwischen unserer Selbst-Wertschätzung und uns selbst. Obwohl es stimmt, daß die Selbst-Wertschätzung für jedes unserer Probleme verantwortlich ist, bedeutet es nicht, daß wir selbst die Schuld tragen. Einmal mehr müssen wir lernen, zwischen uns selbst und unseren Verblendungen zu unterscheiden. Werden wir angegriffen, so ist es nicht unsere Schuld, sondern die Schuld unserer Selbst-Wertschätzung. Warum? Weil es die karmische Auswirkung einer nichttugendhaften Handlung ist, die wir in einem früheren Leben unter dem Einfluß von Selbst-Wertschätzung begangen haben. Zudem schadet uns unser Angreifer lediglich wegen seiner eigenen Selbst-Wertschätzung, und ihn zu beschuldigen ist nicht hilfreich, denn das wird uns nur verbittern. Wenn wir jedoch unserem Geist der Selbst-Wertschätzung die ganze Schuld geben und uns entschließen, ihn zu zerstören, werden wir nicht nur unbehelligt bleiben, sondern untergraben gleichzeitig die Grundlage für alles zukünftige Leiden.

Die Unterweisung über das Erkennen der Fehler unserer Selbst-Wertschätzung und die nachfolgende Entwicklung des Wunsches, diese zu überwinden, ist nicht so einfach in die Praxis umzusetzen. Wir müssen daher geduldig sein. Eine Praxis, die für eine bestimmte Person geeignet ist, ist nicht unbedingt für jemand anderen geeignet, und eine Praxis, die für jemanden zu einer bestimmten Zeit angebracht ist, ist nicht ohne weiteres für die gleiche Person zu einer anderen Zeit geeignet. Buddha erwartete nicht von uns, daß wir alle seine Lehren sofort in die Praxis umsetzen; sie sind für eine große Vielfalt von Praktizierenden verschiedener Entwicklungsstufen und Veranlagungen gedacht. Es gibt auch einige Anweisungen, die nicht praktiziert werden können, solange wir andere Übungen betonen, so wie es nicht angebracht ist, Tee und Kaffee gleichzeitig zu trinken. Dharma-Anweisungen sind wie Medikamente und müssen geschickt verabreicht werden, indem wir die Wesensart des einzelnen und seine besonderen Bedürfnisse berücksichtigen. Um uns beispielsweise zu ermutigen, Entsagung zu entwickeln – den Wunsch, Befreiung von Samsara zu erlangen –, gab Buddha ausführliche Unterweisungen darüber, daß das gewöhnliche Leben die Natur von Leiden hat. Nicht jeder kann jedoch diese Unterweisungen sofort anwenden. Manche Menschen werden durch das Meditieren über Leiden nur entmutigt. Anstatt einen freudigen Geist der Entsagung zu entwickeln, werden sie einfach nur deprimiert. Für diese Leute ist es besser, vorübergehend nicht über Leiden zu meditieren, sondern später darauf zurückzukommen, wenn ihr Geist stärker und ihre Weisheit klarer ist.

Praktizieren wir fortgeschrittene Unterweisungen und stellen wir fest, daß sich unser Stolz oder unsere Verwirrung verstärken, weist dies darauf hin, daß wir für solche Unterweisungen noch nicht bereit sind und zunächst den Aufbau eines stabilen Fundamentes grundlegender Übungen betonen sollten. Wenn irgendeine Meditation oder Praxis keine gute Wirkung auf unseren Geist hat, uns unglücklich macht oder unsere Verblendungen vergrößert, so ist dies ein klares Zeichen dafür, daß wir falsch praktizieren. Anstatt hartnäckig und ehrgeizig die Praxis fortzusetzen, mag es besser sein, sie einstweilig zur Seite zu legen und Rat bei erfahrenen Praktizierenden zu suchen. Wir können auf diese Praxis zurückkommen, sobald wir verstehen, wo der Fehler liegt und wie man richtig praktiziert. Was wir jedoch niemals tun sollten, ist eine Dharma-Anweisung abzulehnen und zu denken: «Das werde ich niemals praktizieren.»

Gehen wir einkaufen, so fühlen wir uns nicht gezwungen, alles, was es im Geschäft gibt, zu kaufen. Es ist jedoch hilfreich, sich zu merken, was der Laden führt, so daß wir später zurückkommen können, falls wir etwas benötigen. Das gleiche gilt für Dharma-Unterweisungen. Wenn wir sie anhören, sind wir vielleicht nicht sofort in der Lage, alles zu praktizieren, was gelehrt wird. Es ist jedoch trotzdem wichtig, sich alles zu merken, so daß wir ein umfassendes Verständnis des Dharmas aufbauen können. Wir können dann später, wenn wir dazu bereit sind, die Anweisungen, die wir gehört haben, in die Praxis umsetzen. Einer der großen Vorteile des Lamrims, der Stufen des Pfades zur Erleuchtung, ist, daß er uns eine Struktur oder ein «Lagerhaus» zur Verfügung stellt, in das wir alle Dharma-Unterweisungen, die wir gehört haben, einordnen können.

Erinnern wir uns nur an die Unterweisungen, die wir sofort in unserer gegenwärtigen Situation gebrauchen können, bleibt uns nichts, worauf wir zurückgreifen können, wenn sich unsere Umstände ändern. Wenn wir uns jedoch an alle Unterweisungen, die wir erhalten haben, erinnern können, werden wir eine riesige Palette von Anweisungen zur Verfügung haben, die wir zu gegebener Zeit anwenden können. Eine Praxis, die uns momentan schwer verständlich und relativ unwichtig erscheinen mag, kann später zu einem wesentlichen Teil unserer spirituellen Übungen werden. Wichtig ist, daß wir umsichtig und unserem eigenen Tempo entsprechend vorgehen, sonst können wir uns verwirrt oder entmutigt fühlen und den Dharma schließlich sogar vollständig ablehnen.

Es gibt keine größere spirituelle Praxis, als Selbst-Wertschätzung zu erkennen, sobald sie entsteht, und ihr dann alle Schuld für unsere Probleme zuzuweisen. Es spielt keine Rolle, wieviel Zeit wir damit verbringen; selbst wenn es Jahre dauert oder gar unser ganzes Leben, wir müssen damit fortfahren, bis unsere Selbst-Wertschätzung vollkommen zerstört ist. Wir sollten es nicht eilig haben, Ergebnisse zu sehen, sondern statt dessen geduldig und ernsthaft praktizieren. Schnelle Ergebnisse zu erwarten ist an sich ein Ausdruck von Selbst-Wertschätzung und ist das beste Rezept für Enttäuschungen. Praktizieren wir mit Freude und Beharrlichkeit, während wir gleichzeitig Negativität reinigen, Verdienste ansammeln und Segnungen empfangen, werden wir mit Sicherheit unsere Selbst-Wertschätzung erfolgreich verringern und schließlich aufgeben können.

Selbst wenn unsere Meditationen nicht gut verlaufen, können wir im Alltag Achtsamkeit und Wachsamkeit praktizieren und Selbst-Wertschätzung unterbinden, sobald sie entsteht. Es ist eine einfache Praxis, die aber ausgezeichnete Resultate bringt. Wenn wir uns ständig darin üben, werden unsere Probleme verschwinden, und wir werden immer glücklich sein, ganz natürlich. Es gibt Menschen, denen es gelungen ist, ihre Selbst-Wertschätzung vollkommen aufzugeben, und die jetzt ausschließlich andere schätzen. In der Folge sind alle ihre Probleme verschwunden und ihr Geist ist immer von Freude erfüllt. Ich kann Ihnen garantieren, daß Sie um so glücklicher sein werden, je weniger Sie sich selbst und je mehr Sie andere schätzen.

Wir sollten in unserem Herzen fest dazu entschlossen sein, unseren Geist der Selbst-Wertschätzung aufzugeben. Wenden wir für diesen Entschluß jeden Tag und Jahr für Jahr rüstungsgleiches Bemühen an, wird unsere Selbst-Wertschätzung allmählich nachlassen und schließlich enden. Die frühen Kadampa-Meister oder Geshes pflegten oft zu sagen, daß alles, was wir tun müssen, um ein tugendhaftes Leben zu führen, darin besteht, unseren Verblendungen möglichst großen Schaden zuzufügen und anderen Lebewesen möglichst großen Nutzen zu bringen. Mit diesem Verständnis sollten wir jederzeit gegen unseren inneren Feind, die Selbst-Wertschätzung, zu Felde ziehen und danach streben, andere zu schätzen und ihnen zu nutzen.

Um unsere Selbst-Wertschätzung vollkommen zu zerstören, müssen wir uns auf die Praxis des Austauschens vom Selbst mit anderen verlassen, wobei wir uns nicht mehr länger an unser eigenes Glück klammern, sondern erkennen, daß andere Menschen und ihre Bedürfnisse und Wünsche von höchster Wichtigkeit sind. Unsere einzige Sorge gilt dem Wohl anderer.

Obwohl jemand, der sich vollkommen mit anderen ausgetauscht hat, keine Selbst-Wertschätzung mehr besitzt, bedeutet dies nicht, daß er sich selbst vernachlässigt. Er kümmert sich sehr wohl um sich selbst, doch er tut es nur anderen zuliebe. Er betrachtet sich selbst als Diener aller Lebewesen und als deren Besitz; aber selbst Diener müssen essen und ruhen, wollen sie tatkräftig sein. Im allgemeinen wäre es zum Beispiel sehr töricht, wenn wir unsere ganze Habe verschenken würden und nichts für den eigenen Lebensunterhalt oder für unsere spirituelle Praxis übrigließen. Da es unser eigentlicher Wunsch ist, allen Lebewesen zu helfen, und dieses Ziel nur erreichbar ist, wenn wir selbst ein Buddha werden, müssen wir unsere spirituelle Praxis schützen, indem wir unser Leben so gestalten, daß wir auf möglichst effektive Weise praktizieren können. Darüber hinaus sollten wir sicherstellen, wenn wir anderen behilflich sind, daß wir, indem wir einer Person helfen, nicht unsere Fähigkeit untergraben, vielen anderen Menschen zu helfen. Obwohl wir von Herzen gerne alles weggeben würden, was wir besitzen, um einem Menschen zu helfen, müssen wir doch unsere Zeit und unsere Ressourcen so verwalten, daß wir von größtem Nutzen für alle Lebewesen sind.

Die Praxis des Austauschens vom Selbst mit anderen gehört einer besonderen Weisheitsüberlieferungslinie an, die auf Buddha Shakyamuni zurückgeht und über Manjushri und Shantideva bis zu Atisha und Je Tsongkhapa überliefert wurde. Der Bodhichitta, der mit dieser Methode entwickelt wird, ist tiefgründiger und kraftvoller als der Bodhichitta, der mit anderen Methoden erzeugt wird. Obwohl jeder, der Interesse an spiritueller Entwicklung hat, fähig ist, seine Selbst-Wertschätzung zu verringern, und lernen kann, andere zu schätzen, ist eine vollkommene Realisation des Austauschens vom Selbst mit anderen eine sehr tiefgründige Erlangung. Um unseren Geist auf eine derart radikale Art und Weise umzuwandeln, benötigen wir tiefes Vertrauen in diese Praxis, eine Fülle von Verdiensten und kraftvolle Segnungen von einem Spirituellen Meister, der persönliche Erfahrung mit diesen Unterweisungen hat. Mit Hilfe dieser förderlichen Bedingungen ist die Praxis des Austauschens vom Selbst mit anderen nicht schwierig.

Wir fragen uns vielleicht, weshalb es nötig ist, andere mehr zu schätzen als uns selbst. Wäre es nicht besser, vermehrtes Gewicht darauf zu legen, den Menschen gleich jetzt in praktischer Weise zu helfen, anstatt nach derart hohen spirituellen Realisationen zu streben? Der Grund, weshalb wir unseren Geist im Austauschen vom Selbst mit anderen schulen müssen, liegt darin, daß unsere Selbst-Wertschätzung nicht nur unsere Absicht, sondern auch unsere Fähigkeit beeinträchtigt, anderen zu nutzen. Mit Selbst-Wertschätzung besitzen wir keine unvoreingenommene, allumfassende Liebe für alle Lebewesen, und solange unser Wunsch, ihnen zu helfen, mit Selbst-Wertschätzung vermischt ist, können wir niemals sicher sein, daß unsere Handlungen ihnen tatsächlich von Nutzen sind. Obwohl wir vielleicht manchen Menschen aufrichtig helfen möchten, wie unserer Familie, unseren Freunden oder Notleidenden, erwarten wir normalerweise, daß wir etwas zurückbekommen, und sind gekränkt und enttäuscht, wenn dies ausbleibt. Da unser Wunsch, anderen zu nutzen, mit selbstsüchtigen Interessen verbunden ist, bleibt unsere Hilfe fast immer an Erwartungen oder persönliche Vorteile geknüpft. Weil unsere Absicht unrein ist, fehlt es unserer Fähigkeit zu helfen an Kraft, und sie bleibt begrenzt.

Wenn wir uns nicht bemühen, unsere Selbst-Wertschätzung zu beseitigen, aber behaupten, zum Nutzen aller Lebewesen zu arbeiten, kommt unsere Behauptung aus unserem Munde und nicht aus unserem Herzen. Selbstverständlich sollten wir anderen in praktischer Weise helfen, wann immer wir können. Wir sollten jedoch stets daran denken, daß es unsere Hauptabsicht ist, unseren Geist zu entwickeln. Indem wir uns im Austauschen vom Selbst mit anderen schulen, werden wir schließlich das endgültige Glück der Buddhaschaft erfahren und die vollkommene Macht besitzen, anderen Lebewesen zu nutzen. Erst dann werden wir in der Position sein, sagen zu können: «Ich bin ein Wohltäter aller Lebewesen.» Auf diese Weise erreichen wir mit unserer Schulung im Austauschen vom Selbst mit anderen sowohl unser eigenes als auch das Ziel anderer.

Im Augenblick ist unsere wichtigste Aufgabe, unseren Geist zu schulen und insbesondere unsere Absicht zu stärken, anderen behilflich zu sein. In seinem *Freundlichen Brief* sagt Nagarjuna, daß unsere Fähigkeit, anderen zu helfen, allmählich anwachsen wird – obwohl wir vielleicht momentan noch nicht die Kraft dazu besitzen –, sofern wir die Absicht, helfen zu wollen, ständig beibehalten. Das liegt daran, daß unsere Verdienste, unsere Weisheit und unsere Fähigkeit, anderen tatsächlich von Nutzen zu sein, zunehmen werden, je mehr wir andere schätzen. Und Möglichkeiten, auf praktische Weise zu helfen, werden sich dann von selbst ergeben.

WIE IST ES MÖGLICH, DAS SELBST MIT ANDEREN AUSZUTAUSCHEN?

Austauschen vom Selbst mit anderen bedeutet nicht, daß wir die andere Person werden. Es bedeutet, daß wir das Objekt unserer Wertschätzung vom Selbst auf andere übertragen. Um zu verstehen, wie dies möglich ist, sollten wir erkennen, daß sich das Objekt unseres Geistes der Selbst-Wertschätzung ständig ändert. Wenn wir jung sind, ist das Objekt unserer Selbst-Wertschätzung ein Mädchen oder ein Junge. Später jedoch ändert es sich und ist ein Jugendlicher, dann ein Mensch mittleren Alters und schließlich ein alter Mensch. Zur Zeit schätzen wir uns vielleicht als einen bestimmten Menschen namens Maria oder Hans. Nach unserem Tod jedoch wird sich das Objekt unserer Wertschätzung vollkommen ändern. Auf diese Weise verändert sich das Objekt unserer Wertschätzung ständig, sowohl innerhalb dieses jetzigen Lebens als auch von einem Leben zum nächsten. Da unsere Wertschätzung ganz von selbst von einem Objekt zum anderen wechselt, ist es durch Schulung in der Meditation auf jeden Fall möglich für uns, das Objekt unserer Wertschätzung vom Selbst auf andere zu übertragen.

Aufgrund unserer Unwissenheit halten wir sehr stark an unserem Körper fest und denken: «Das ist mein Körper.» Indem wir diesen Körper als «mein» identifizieren, schätzen und lieben wir ihn von ganzem Herzen und haben das Gefühl, daß er unser kostbarster Besitz ist. In Wirklichkeit jedoch gehört unser Körper anderen; wir haben ihn nicht aus unserem früheren Leben mitgebracht, sondern erhielten ihn in diesem Leben von unseren Eltern. Zum Zeitpunkt der Empfängnis ging unser Bewußtsein in die Vereinigung des Spermas unseres Vaters und der Eizelle unserer Mutter ein, die sich allmählich zu unserem gegenwärtigen Körper entwickelte. Unser Geist identifizierte sich dann mit diesem Körper, und wir begannen, ihn zu schätzen. Wie Shantideva im *Leitfaden für die Lebensweise eines Bodhisattvas* sagt, ist unser Körper nicht wirklich unser Eigentum, sondern er gehört anderen; er wurde von anderen erschaffen, und nach unserem Tod wird er von anderen beseitigt werden. Wenn wir sorgfältig darüber nachdenken, werden wir erkennen, daß wir schon jetzt ein Objekt schätzen, das in Wirklichkeit anderen gehört. Weshalb also sollten wir andere Lebewesen nicht schätzen können? Außerdem ist die Wertschätzung anderer die Ursache dafür, Nirvana zu erlangen, den Zustand jenseits von Leiden, während die Wertschätzung unseres Körpers nur zu einer Wiedergeburt innerhalb Samsaras führt.

«Selbst» und «andere» sind relative Begriffe, in etwa vergleichbar mit «dieser Berg» und «jener Berg», nicht aber mit «Esel» und «Pferd». Betrachten wir ein Pferd, können wir nicht behaupten, es sei ein Esel, und genausowenig können wir sagen, ein Esel sei ein Pferd. Wenn wir jedoch auf einen Berg im Osten steigen, sprechen wir von «diesem Berg», und wir bezeichnen den Berg im Westen als «jenen Berg»; klettern wir jedoch vom östlichen Berg herunter und den westlichen Berg hinauf, dann bezeichnen wir den westlichen Berg als «diesen Berg» und den östlichen Berg als «jenen Berg». «Dieser» und «jener» hängen also von unserem Standpunkt ab. Dies gilt auch für das Selbst und andere. Indem wir vom «Berg des Selbst» hinabsteigen, ist es möglich, den «Berg des anderen» zu erklimmen und somit andere in gleicher Weise zu schätzen wie uns selbst. Dies gelingt uns, wenn wir erkennen, daß aus der Perspektive einer anderen Person betrachtet, sie das Selbst ist, während wir der andere sind.

Diejenigen, die geschickt in der Praxis des Geheimen Mantras oder Tantras sind, haben eine tiefgründige Erfahrung des Austauschens vom Selbst mit anderen. In der tantrischen Praxis der Selbsterzeugung tauschen wir unser gegenwärtiges Selbst gegen das Selbst eines tantrischen Buddhas aus. Nehmen wir zum Beispiel eine Vajrayogini-Praktizierende namens Sarah. Wenn sie sich nicht gerade mit der tantrischen Praxis befaßt, erscheint ihr der gewöhnliche Körper und sie identifiziert sich mit ihm und sie schätzt ihn. Wenn sie sich jedoch eingehend auf die Meditation der Selbsterzeugung konzentriert, verschwindet das Gefühl vollkommen, Sarah zu sein und ihren Körper zu besitzen. Anstatt sich mit Sarahs Körper zu identifizieren, identifiziert sich die Praktizierende mit dem göttlichen Körper von Buddha Vajrayogini und entwickelt den Gedanken: «Ich bin Vajrayogini.» Die

Praktizierende hat nun das Objekt der Wertschätzung, nämlich den unreinen Körper eines gewöhnlichen Wesens, vollständig ausgetauscht gegen den nichtverunreinigten Körper eines erleuchteten Wesens – Buddha Vajrayogini. Durch die Schulung in der Meditation wird die Praktizierende sehr stark vertraut mit dem Körper der Gottheit, was dazu führt, daß sie sich vollkommen mit diesem identifiziert. Da Vajrayoginis Körper ein reiner Körper ist, ist die Identifizierung mit diesem Körper und die Wertschätzung für ihn eine Ursache für die Erleuchtung. Anhand dieses Beispiels können wir erkennen, daß es möglich ist, unsere Basis der Identifikation zu ändern. Es hängt lediglich von unserer Motivation und Vertrautheit ab. Eine detaillierte Erklärung der tantrischen Praxis ist in *Führer ins Dakiniland* und *Tantrische Ebenen und Pfade* zu finden.

DIE EIGENTLICHE PRAXIS DES AUSTAUSCHENS VOM SELBST MIT ANDEREN

Wir denken:

Ich habe seit anfangsloser Zeit für meine eigenen Ziele gearbeitet und versucht, Glück für mich selbst zu finden und Leiden zu vermeiden, doch was habe ich für alle meine Anstrengungen vorzuzeigen? Ich leide noch immer. Ich habe immer noch einen unkontrollierten Geist. Noch immer erfahre ich eine Enttäuschung nach der anderen. Ich bin immer noch in Samsara. Meine Selbst-Wertschätzung ist schuld. Sie ist mein schlimmster Feind und ein fürchterliches Gift, das sowohl mir selbst als auch anderen schadet.

Andere zu schätzen hingegen ist die Grundlage allen Glücks und aller Güte. Diejenigen, die heute Buddhas sind, erkannten die Zwecklosigkeit, für ihre eigenen Ziele zu arbeiten, und beschlossen, statt dessen für andere zu arbeiten. Folglich wurden sie zu reinen Wesen, frei von allen Problemen Samsaras, und erlangten das dauerhafte Glück der vollen Erleuchtung. Ich muß meine gewöhnliche, kindische Haltung grundlegend ändern. Von nun an werde ich aufhören, mich selbst zu schätzen und beginnen, ausschließlich andere zu schätzen.

Diese Entscheidung wird zu einem tiefen Gefühl von wertschätzender Liebe für alle Lebewesen führen, und wir meditieren dann über dieses Gefühl, so lange wir können.

Wir versuchen, dieses Gefühl während der Meditationspause beizubehalten. Wem wir auch begegnen, wir denken: «Diese Person ist wichtig. Ihr Glück und ihre Freiheit sind wichtig.» Wann immer Selbst-Wertschätzung in unserem Geist zu entstehen beginnt, denken wir: «Selbst-Wertschätzung ist Gift, ich werde sie nicht in meinem Geist dulden.» Auf diese Weise können wir unser Objekt der Wertschätzung von uns selbst auf alle Lebewesen übertragen. Wenn wir für alle Lebewesen eine Liebe entwickelt haben, die nicht die geringste Spur von Eigeninteresse aufweist, haben wir die Realisation des Austauschens vom Selbst mit anderen erzielt.

Werden unsere Wünsche nicht erfüllt und beginnen wir, uns unglücklich zu fühlen, sollten wir uns sofort daran erinnern, daß der Fehler nicht bei der anderen Person oder in der Situation liegt, sondern in unserem eigenen Geist der Selbst-Wertschätzung zu finden ist, der instinktiv meint: «Meine Wünsche sind von höchster Wichtigkeit.» Ständig an die Fehler der Selbst-Wertschätzung zu denken wird unseren Vorsatz, sie aufzugeben, stärken, und statt uns selbst zu bemitleiden, wenn wir Probleme haben, können wir unser eigenes Leiden benutzen, um uns an die Leiden der zahllosen

Mutterwesen zu erinnern, und dadurch Liebe und Mitgefühl für sie entwickeln.

Im *Leitfaden für die Lebensweise eines Bodhisattvas* erklärt Shantideva eine besondere Methode, wie wir unsere Erfahrung des Austauschens vom Selbst mit anderen vertiefen können. In dieser Meditation stellen wir uns vor, daß wir uns in die Lage einer anderen Person hineinversetzen, und versuchen, die Welt aus ihrer Perspektive zu betrachten. Normalerweise entwickeln wir den Gedanken «Ich» auf der Basis von unserem eigenen Körper und Geist. Nun jedoch versuchen wir «Ich» zu denken, während wir den Körper und Geist einer anderen Person beobachten. Diese Praxis hilft uns, ein tiefes Einfühlungsvermögen für andere Menschen zu entwickeln, und zeigt uns, daß sie ein Selbst haben, das ebenfalls ein Ich ist und das ebenso wichtig wie unser eigenes Selbst oder Ich ist. Eine Mutter ist aufgrund ihrer Fähigkeit, sich mit den Gefühlen ihres Babys zu identifizieren, imstande, die Bedürfnisse und Wünsche ihres Kindes viel besser zu verstehen als andere Menschen. Das gleiche gilt, wenn wir mit dieser Meditation vertraut werden: Unser Verständnis für andere Menschen und unser Einfühlungsvermögen werden sich vergrößern.

Diese Technik ist besonders wirksam, wenn wir sie auf jemanden anwenden, mit dem wir Schwierigkeiten haben, beispielsweise auf jemanden, den wir nicht mögen, oder auf jemanden, den wir als unseren Rivalen betrachten. Wenn wir uns vorstellen, daß wir selbst diese andere Person sind und die Situation aus ihrer Perspektive betrachten, wird es uns schwerfallen, weiterhin an unseren verblendeten Ansichten festzuhalten. Sofern wir die Relativität vom Selbst und anderen aus eigener Erfahrung verstehen und lernen, unser «Selbst» als den «anderen» zu betrachten, werden wir viel objektiver und unparteiischer gegenüber unserem Selbst werden, und unser Gefühl, daß wir das Zentrum des Universums sind, wird erschüttert werden. Wir werden den Sichtweisen anderer offener gegenüber stehen, werden toleranter und verständnisvoller sein, und wir werden andere mit größerem Respekt behandeln und ihnen mehr Rücksicht entgegenbringen. Weitere Einzelheiten zu dieser Praxis sind in *Sinnvoll zu betrachten* zu finden.

Zusammenfassend kann man sagen, daß durch die Praxis der Anweisungen über die Geistesschulung Bodhisattva Geshe Langri Tangpa und zahllose andere Praktizierende der Vergangenheit tiefgründige spirituelle Realisationen erlangten, einschließlich der vollkommenen Realisation des Austauschens vom Selbst mit anderen. Zu Beginn waren diese Praktizierenden ichbezogene Menschen wie wir. Es gelang ihnen jedoch durch ständige Beharrlichkeit, ihre Selbst-Wertschätzung vollkommen zu beseitigen. Praktizieren wir diese Anweisungen geduldig und von ganzem Herzen, gibt es keinen Grund, warum nicht auch wir ähnliche Realisationen erlangen sollten. Wir können nicht erwarten, daß wir unsere Selbst-Wertschätzung sofort zerstören werden, aber durch geduldiges Praktizieren wird sie allmählich immer schwächer werden, bis sie schließlich ganz aufhört.

Großes Mitgefühl

Großes Mitgefühl

Nachdem wir etwas Erfahrung mit dem Wertschätzen aller Lebewesen gewonnen haben, können wir unser Mitgefühl ausweiten und vertiefen. Die anzuwendende Methode wird in diesem Kapitel dargelegt. Im allgemeinen besitzt jeder von uns bereits jetzt etwas Mitgefühl. Wir alle empfinden Mitgefühl, wenn wir sehen, daß unsere Familie oder unsere Freunde Kummer haben, und sogar Tiere haben Mitgefühl, wenn sie sehen, daß ihre Jungen Schmerzen erleiden. Unser Mitgefühl ist unser Buddha-Samen oder unsere Buddha-Natur. Es ist unser Potential, ein Buddha zu werden. Da alle Lebewesen diesen Samen besitzen, werden alle Lebewesen schließlich Buddhas werden.

Wenn eine Hündin sieht, daß ihre Welpen Schmerzen haben, entwickelt sie den Wunsch, sie zu beschützen und sie von ihren Schmerzen zu befreien. Dieser mitfühlende Wunsch ist ihr Buddha-Samen. Leider aber sind Tiere nicht in der Lage, sich in Mitgefühl zu schulen, und somit kann ihr Buddha-Samen nicht heranreifen. Menschen aber haben eine außergewöhnliche Gelegenheit, ihre Buddha-Natur zu entwickeln. Durch Meditation können wir unser Mitgefühl ausweiten und vertiefen, bis es sich in den Geist des Großen Mitgefühls verwandelt – den Wunsch, alle Lebewesen ohne Ausnahme vor ihren Leiden zu beschützen. Indem der Geist des Großen oder allumfassenden Mitgefühls verbessert wird, wandelt er sich schließlich in das Mitgefühl eines Buddhas um, das tatsächlich die Kraft hat, alle Lebewesen zu beschützen. Ein Buddha zu werden bedeutet daher, unsere mitfühlende Buddha-Natur zu wecken und die Schulung in allumfassendem Mitgefühl zu vollenden. Nur Menschen sind dazu in der Lage.

Mitgefühl ist die eigentliche Essenz des Buddhadharmas und die Hauptpraxis derjenigen, die ihr Leben der Erlangung der Erleuchtung widmen. Es ist der Ursprung der Drei Erhabenen Juwelen – Buddha, Dharma und Sangha. Es ist der Ursprung Buddhas, weil alle Buddhas aus Mitgefühl hervorgehen. Es ist der Ursprung des Dharmas, weil Buddhas ausschließlich aus Mitgefühl für andere Dharma-Unterweisungen erteilen. Es ist der Ursprung des Sanghas, weil wir durch Zuhören und Praktizieren von Dharma-Unterweisungen, die aus Mitgefühl gegeben wurden, zu Sangha oder Höheren Wesen werden.

WAS IST MITGEFÜHL?

Was genau ist Mitgefühl? Mitgefühl ist ein Geist, der durch die Wertschätzung anderer Lebewesen motiviert ist und sich wünscht, sie von ihren Leiden zu erlösen. Es ist möglich, daß wir aus einer selbstsüchtigen Absicht heraus wünschen, daß eine andere Person von ihrem Leiden befreit wird; das kommt in Beziehungen, die in erster Linie auf Anhaftung beruhen, oft vor. Ist unser Freund zum Beispiel krank oder deprimiert, so wünschen wir uns vielleicht, daß er sich schnell erholt, so daß wir seine Gesellschaft wieder genießen können. Dieser Wunsch aber ist im Grunde ichbezogen und kein wahres Mitgefühl. Wahres Mitgefühl beruht zwangsläufig auf der Wertschätzung anderer.

Obwohl wir bereits einen gewissen Grad an Mitgefühl besitzen, ist es zur Zeit sehr voreingenommen und begrenzt. Wenn unsere Familie und unsere Freunde leiden, entwickeln wir leicht Mitgefühl für sie, doch wir finden es viel schwieriger, Sympathie für scheinbar unangenehme Leute oder auch für Fremde zu empfinden. Außerdem haben wir Mitgefühl für diejenigen, die an manifesten Schmerzen leiden, aber nicht für diejenigen, die in guten Verhältnissen leben und ganz besonders nicht für diejenigen, die schädliche Handlungen begehen. Wenn wir wirklich unser Potential verwirklichen möchten, indem wir volle Erleuchtung erlangen, müssen wir den Rahmen unseres Mitgefühls ausdehnen, bis er alle Lebewesen ohne Ausnahme umfaßt, genauso wie eine liebende Mutter Mitgefühl für alle ihre Kinder empfindet, unabhängig davon, ob sie sich gut oder schlecht benehmen. Dieses allumfassende Mitgefühl ist das Herz des Mahayana-Buddhismus. Im Gegensatz zu unserem jetzigen, begrenzten Mitgefühl, dem Mitgefühl, das ab und zu ganz natürlich entsteht, muß allumfassendes Mitgefühl durch Schulung über lange Zeit hinweg entwickelt werden.

WIE MAN MITGEFÜHL ENTWICKELT

Es gibt zwei wesentliche Stufen in der Entwicklung von allumfassendem Mitgefühl. Zuerst müssen wir alle Lebewesen lieben, und dann müssen wir über ihre Leiden nachdenken. Wenn wir einen Menschen nicht lieben, können wir kein echtes Mitgefühl für ihn entwickeln, selbst wenn er Schmerzen hat. Denken wir jedoch über das Leiden von jemandem nach, den wir lieben, wird Mitgefühl spontan entstehen. Deshalb empfinden wir Mitgefühl für unsere Freunde oder Verwandten, nicht aber für Leute, die wir nicht mögen. Die Wertschätzung anderer ist die Grundlage für die Entwicklung von Mitgefühl. Die Methode, mit der wir unseren Geist der wertschätzenden Liebe entwickeln und vertiefen, wurde bereits erläutert. Jetzt müssen wir uns vor Augen führen, daß jedes einzelne samsarische Wesen Leiden erfährt.

Zunächst können wir an diejenigen denken, die gerade jetzt intensive, manifeste Schmerzen erleiden. Es gibt so viele Menschen, die schreckliches geistiges und körperliches Leiden durch Krankheiten wie Krebs, AIDS und Parkinson erfahren. Wie viele Menschen haben ein geliebtes Kind oder einen teuren Freund durch die Geißel AIDS verloren und mußten zusehen, wie sie immer schwächer wurden, wohlwissend, daß es kein Heilmittel gibt. Jeden Tag erleben Tausende von Menschen die Qualen des Todes durch Krankheiten oder Unfälle. Wahllos werden sie für immer von allen getrennt, die sie lieben, und die Menschen, die sie zurücklassen, sind oft untröstlich in ihrer Trauer und Einsamkeit. Man stelle sich nur eine alte Frau vor, die ihren Ehemann und Lebenspartner verliert und nach der Beerdigung traurig heimkehrt in ein leeres Haus, um den Rest ihrer Tage allein zu verbringen.

Überall auf der Welt können wir sehen, wie Millionen von Menschen durch die Greuel des Krieges und infolge «ethnischer Säuberungen», Bombardierungen, Landminen und Massaker leiden. Stellen Sie sich vor, es wäre Ihr Kind, das zum Spielen in die Felder geht, auf eine Landmine tritt und ein Bein oder sogar sein Leben verliert. Hunderttausende von Flüchtlingen in der ganzen Welt leben in schäbigen Lagern und hoffen, eines Tages in ihre zerstörten Häuser zurückkehren zu können. Viele warten darauf, wieder mit ihren Angehörigen vereint zu sein, Tag für Tag in der Ungewißheit, ob diese noch am Leben oder schon tot sind.

Jedes Jahr verwüsten Naturkatastrophen wie Überschwemmungen, Erdbeben und Orkane ganze Gemeinden, machen Menschen obdachlos und verursachen Hungersnöte. Einige wenige Sekunden eines Erdbebens können Tausende von Menschenleben kosten, Häuser zerstören und alles unter Tonnen von Trümmern begraben. Überlegen Sie sich, wie Sie sich in einem solchen Fall fühlen würden. In vielen Ländern der ganzen Welt sind Hungersnot und Dürre weit verbreitet. So viele Menschen haben kaum genug Nahrung zum Überleben und kratzen täglich mühsam eine magere Mahlzeit zusammen, während andere, die weniger Glück haben, aufgeben und dem Hungertod erliegen. Stellen Sie sich die Qual vor, zuschauen zu müssen, wie Ihre Lieben langsam immer mehr abmagern, und zu wissen, daß Sie nichts ausrichten können. Wenn wir eine Zeitung lesen oder die Nachrichten im Fernsehen anschauen, sehen wir Lebewesen, die schreckliche Schmerzen erleiden, und wir alle kennen persönlich Menschen, die ungeheures geistiges oder körperliches Leid durchleben.

Wir können aber auch über die jämmerliche Lage der zahllosen Tiere nachdenken, die extreme Hitze und Kälte erfahren und unter großem Hunger und Durst leiden. Jeden Tag können wir überall um uns herum das Leiden der Tiere sehen. Die Tiere in freier Wildbahn leben fast immer in der Angst, die Beute eines anderen Tieres zu werden, und viele werden tatsächlich von Raubtieren bei lebendigem Leib gefressen.

Denken Sie nur an die panische Angst und den Schmerz, den eine Feldmaus erfährt, wenn sie von einem Falken gefangen und in Stücke gerissen wird! Zahllose Tiere werden von Menschen zur Arbeit, als Nahrung oder zur Unterhaltung benutzt und leben oft unter widerwärtigen Bedingungen, bis sie geschlachtet, vom Metzger verarbeitet und für den menschlichen Verzehr abgepackt werden. Hungrige Geister und Höllenwesen müssen noch viel schlimmere Leiden über eine unvorstellbar lange Zeit ertragen.

Wir sollten uns auch ins Gedächtnis rufen, daß selbst diejenigen leiden, die gegenwärtig keinen manifesten Schmerz erleben, wenn auch auf andere Art. Jeder einzelne in Samsara erfährt das Leiden, seine Wünsche nicht erfüllen zu können. So viele Leute finden es schwierig, selbst den bescheidenen Wunsch nach menschenwürdiger Unterkunft, ausreichender Nahrung oder Freundschaft zu befriedigen; und selbst wenn diese Wünsche erfüllt werden, entstehen neue, die ihren Platz einnehmen. Je öfter wir bekommen, was wir wollen, desto stärker wird unsere Anhaftung, und je stärker unsere Anhaftung wird, um so schwieriger wird es, Zufriedenheit zu finden. Die Begehren samsarischer Wesen sind endlos. Es gibt keine gewöhnliche Person, die die Befriedigung aller ihrer Wünsche gefunden hat; das gelingt nur denjenigen, die selbstsüchtige Geistesarten überwunden haben.

Alles Leiden ist das Ergebnis negativen Karmas. Wenn wir Mitgefühl für diejenigen entwickeln können, die die Auswirkungen ihrer vergangenen negativen Handlungen erfahren, weshalb sollten wir nicht auch Mitgefühl für diejenigen entwickeln können, die die Ursache für Leiden in der Zukunft erschaffen? Langfristig gesehen, ist ein Folterknecht in einer schlimmeren Position als sein Opfer, denn sein Leiden beginnt gerade erst. Wenn das Opfer seine Schmerzen ohne

Haßgefühle annehmen kann, wird es dieses bestimmte negative Karma aufbrauchen und kein weiteres erzeugen; und somit ist das Ende seines Leidens in Sicht. Der Folterknecht hingegen muß zuerst viele Äonen in der Hölle durchleiden, und dann, wenn er wieder als Mensch geboren wird, muß er Schmerzen erfahren, die denen ähnlich sind, die er seinem Opfer zugefügt hat. Aus diesem Grund ist es absolut gerechtfertigt, starkes Mitgefühl für solche Leute zu entwickeln.

Wenn ein Kind seine Hand ins Feuer hält und sich dabei verbrennt, wird dies seine Mutter nicht davon abhalten, Mitgefühl zu empfinden, selbst wenn das Kind vor den Gefahren des Feuers gewarnt worden ist. Tatsächlich möchte niemand leiden. Lebewesen erzeugen die Ursachen für Leiden, weil sie von ihren Verblendungen kontrolliert werden. Wir sollten daher gleiches Mitgefühl für alle Lebewesen empfinden: für diejenigen, die die Ursachen von Leiden erzeugen, in gleichem Maße wie für diejenigen, die bereits die Auswirkungen ihrer ungeschickten Handlungen erfahren. Es gibt kein einziges Lebewesen, das nicht ein geeignetes Objekt für unser Mitgefühl wäre.

Vielleicht fällt es uns auch schwer, Mitgefühl für reiche, gesunde und angesehene Menschen zu haben, die keine manifesten Schmerzen zu erfahren scheinen. In Wirklichkeit jedoch erfahren auch sie eine Vielzahl von geistigen Leiden, und es fällt ihnen schwer, einen friedvollen Geist zu bewahren. Sie machen sich Sorgen um ihr Geld, ihren Körper und ihren Ruf. Wie alle anderen samsarischen Wesen auch leiden sie unter Wut, Anhaftung und Unwissenheit und haben keine andere Wahl, als ununterbrochen und unerbittlich die Leiden der Geburt, des Alterns, der Krankheit und des Todes, Leben für Leben, durchzustehen. Außerdem sind ihr Reichtum und ihre guten Lebensbedingungen völlig bedeutungslos, wenn sie diese in ihrer Unwissenheit nur dazu benutzen, um die Ursache für zukünftiges Leiden zu erschaffen.

Wenn wir auf der Grundlage tiefempfundener Liebe für alle Lebewesen über ihre Schmerzen, ihr Unvermögen, ihre Wünsche zu erfüllen, über die Samen, die sie für ihr zukünftiges Leiden säen, und über ihre fehlende Freiheit nachdenken, werden wir tiefes Mitgefühl für sie entwickeln. Wir müssen uns in ihre Lage versetzen und ihre Schmerzen genauso deutlich fühlen wie unsere eigenen. Anfänglich können wir über das Leiden unserer Familie und engen Freunde nachdenken, und dann können wir unseren Geist des Mitgefühls ausweiten, bis er alle Lebewesen umfaßt. Wenn dieses Gefühl allumfassenden Mitgefühls in unserem Geist entsteht, vermischen wir unseren Geist damit und versuchen dieses Mitgefühl zu behalten, so lange wir können. Auf diese Weise können wir unseren Geist mit Großem Mitgefühl vertraut machen. Zuerst werden wir dieses Gefühl wahrscheinlich nur wenige Minuten beibehalten können, aber durch Übung werden wir allmählich fähig sein, es immer länger zu bewahren, bis es spontan, Tag und Nacht, alle unsere Gedanken durchdringt. Von diesem Zeitpunkt an werden uns alle unsere Aktivitäten der Erleuchtung näher bringen und unser ganzes Leben wird bedeutungsvoll.

Zusammenfassend läßt sich sagen, daß jeder, der in Samsara wiedergeboren wird, Leiden erfahren muß. Menschen haben keine andere Wahl als menschliches Leiden zu erdulden, Tiere müssen das Leiden der Tiere erfahren, und Hungrige Geister und Höllenwesen müssen alle Leiden ihres jeweiligen Bereiches erleben. Wenn die Lebewesen dieses Leiden nur ein einziges Leben lang erfahren müßten, wäre es nicht so schlimm, doch der Kreislauf des Leidens setzt sich Leben für Leben endlos fort. Wir denken über diesen erbarmungslosen Kreislauf nach und entwickeln den starken Wunsch, alle Lebewesen von samsarischer Wiedergeburt zu erlösen und sie zu einem Zustand dauerhafter Befreiung zu führen, und wir meditieren über dieses allumfassende Mitgefühl.

DER INNERE REICHTUM DES MITGEFÜHLS

Wenn wir uns von der Meditation erheben, versuchen wir, unsere Erfahrung des Mitgefühls in die Meditationspause einzubringen. Jedesmal wenn wir jemandem begegnen, sollten wir uns daran erinnern, wie er leidet, und daraufhin Mitgefühl für ihn entwickeln. Dann wird der bloße Anblick eines Lebewesens wie das Entdecken eines seltenen und kostbaren Schatzes sein. Der Grund dafür ist, daß das Mitgefühl, das wir bei der Begegnung mit anderen empfinden, ein erhabener innerer Schatz ist, der eine unerschöpfliche Quelle des Nutzens sowohl für unser derzeitiges Leben als auch für unsere zukünftigen Leben darstellt.

Wie bereits erwähnt, kann uns weltlicher Reichtum in unseren zukünftigen Leben nicht helfen, und selbst in diesem Leben ist es ungewiß, ob er uns Glück bringen wird, denn häufig ist er die Ursache für die verschiedensten Formen von Ängsten und kann sogar unser Leben gefährden. Reiche Leute haben spezielle Sorgen, die arme Menschen nicht kennen; sie haben beispielsweise Angst vor Dieben, machen sich Sorgen über ihre Investitionen, die Zinssätze, über einen eventuellen Verlust ihres Geldes oder ihres gesellschaftlichen Ranges. Das ist eine schwere Last für sie. Während die meisten Leute sich jederzeit frei bewegen können, benötigen viele wohlhabende und berühmte Leute Leibwächter und machen sich vielleicht sogar Sorgen darüber, entführt zu werden. Reiche Menschen haben wenig Freiheit oder Unabhängigkeit, und sie können sich niemals völlig entspannen. Je höher wir in der Welt aufsteigen, um so tiefer müssen wir fallen; es ist sicherer, näher am Boden zu sein.

Ganz gleich wie erfolgreich wir darin sind, unsere äußeren Lebensumstände zu verbessern, sie können uns niemals weder reines Glück bringen, noch wirklichen Schutz vor Leiden bieten. Wahres Glück kann man in dieser unreinen Welt nicht finden. Anstatt danach zu streben, äußeren Reichtum zu erwerben, wäre es viel besser, wenn wir den inneren Reichtum der Tugend suchen würden, denn im Gegensatz zu äußerem Reichtum kann uns dieser niemals täuschen und wird uns auf jeden Fall den Frieden und das Glück bringen, nach dem wir uns sehnen.

Sind wir geschickt, so können Freunde wie Schatztruhen für uns sein, aus denen wir den kostbaren Schatz der Liebe, des Mitgefühls, der Geduld und so weiter schöpfen können. Damit unsere Freunde diese Funktion aber ausüben können, muß unsere Liebe frei von Anhaftung sein. Ist unsere Liebe für unsere Freunde mit starker Anhaftung verbunden, wird sie davon abhängig sein, daß sich die Freunde so verhalten, wie wir es wünschen, und sobald sie etwas tun, was uns mißfällt, kann unsere Zuneigung in Wut umschlagen. Tatsächlich sind es meist unsere Freunde, die das Objekt unserer Wut sind, und nicht unsere Feinde oder Fremde!

Sind wir oft ungehalten mit unseren Freunden, machen wir sie zu Maras. Ein Mara ist jemand oder etwas, durch das unsere spirituelle Praxis beeinträchtigt wird. Niemand ist von sich aus ein Mara, lassen wir es jedoch zu, daß andere Menschen verblendete Geistesarten wie Wut, starke Anhaftung oder Selbst-Wertschätzung in uns hervorrufen, so werden sie für uns zu Maras. Ein Mara muß keine Hörner und keinen beängstigenden Gesichtsausdruck zur Schau tragen; ein scheinbar guter Freund, der uns schmeichelt und uns zu sinnlosen Aktivitäten verführt, kann ein größeres Hindernis für unsere spirituelle Praxis darstellen. Ob unsere Freunde kostbare Schätze oder Maras sind, hängt vollständig von uns selbst ab. Wenn wir uns aufrichtig in Geduld, Mitgefühl und Liebe üben, können sie wie unbezahlbare Juwelen sein, aber wenn wir häufig wütend auf sie werden, können sie zu Maras werden.

Wir wären überglücklich, wenn wir eine vergrabene Schatzkiste entdecken oder einen großen Geldbetrag gewinnen würden, und würden uns für Glückspilze halten. Bedenken wir jedoch die trügerische Natur des weltlichen Reichtums und die Überlegenheit des inneren Reichtums der Tugend, wieviel glücklicher sollten wir uns da schätzen, wenn wir ein anderes Lebewesen treffen, das eine potentielle Quelle unbegrenzten inneren Reichtums darstellt? Für einen ernsthaften und mitfühlenden Praktizierenden ist allein schon der Anblick anderer Lebewesen, mit ihnen sprechen zu können oder der bloße Gedanke an sie vergleichbar mit dem Fund eines vergrabenen Schatzes. Alle seine Begegnungen mit anderen Menschen dienen dazu, sein Mitgefühl zu vertiefen, und selbst alltägliche Aktivitäten, wie einkaufen oder mit Freunden plaudern, werden zu Ursachen für die Erleuchtung.

Unter allen tugendhaften Geistesarten ist Mitgefühl die erhabenste. Mitgefühl reinigt unseren Geist, und wenn unser Geist rein ist, werden auch seine Objekte rein sein. Es gibt viele Berichte über spirituell Praktizierende, die ihren Geist durch das Entwickeln von starkem Mitgefühl von der Negativität reinigten, die ihren spirituellen Fortschritt über lange Zeit behindert hatte. Asanga beispielsweise, ein großer buddhistischer Meister, der im Indien des fünften Jahrhunderts

n. Chr. lebte, meditierte in einer abgelegenen Berghöhle, um eine Vision von Buddha Maitreya zu erhalten. Nach zwölf erfolglosen Jahren brach er sein Retreat entmutigt ab. Auf seinem Weg ins Tal traf er auf einen alten Hund, der in der Mitte des Pfades lag. Sein Körper war mit Wunden übersät, die von Maden befallen waren; er schien dem Tode nahe. Dieser Anblick rief in Asanga ein überwältigendes Mitgefühl für alle Lebewesen hervor, die in Samsaras gefangen sind. Während er mit äußerster Sorgfalt die Maden von dem sterbenden Hund entfernte, erschien plötzlich Buddha Maitreya. Maitreya erklärte, daß er seit Beginn des Retreats bei Asanga gewesen sei und daß Asanga ihn wegen der Unreinheiten in seinem Geist nicht hätte wahrnehmen können. Es war das außerordentliche Mitgefühl Asangas, das schließlich die karmischen Hindernisse beseitigte, die ihn daran gehindert hatten, Maitreya zu sehen. Der Hund war in Wirklichkeit eine Emanation Maitreyas gewesen; Maitreya strahlte sich als leidender Hund aus, um Asangas Mitgefühl zu wecken. Anhand dieser Geschichte können wir sehen, wie Buddhas sich auf viele verschiedene Arten manifestieren, um den Lebewesen zu helfen.

Jeder, der mit einem Geist reinen Mitgefühls stirbt, wird zweifellos in einem Reinen Land wiedergeboren, wo er nie wieder die Leiden Samsaras erfahren muß. Es war der größte Wunsch des Bodhisattvas Geshe Chekhawa, in der Hölle wiedergeboren zu werden, um den dort leidenden Wesen helfen zu können. Doch als er auf seinem Sterbebett lag, nahm er eine Vision des Reinen Landes wahr, und er erkannte, daß sein Wunsch nicht erfüllt werden würde. Anstatt in der Hölle wiedergeboren zu werden, hatte er keine andere Wahl als ins Reine Land zu gehen! Der Grund war, daß sein Mitgefühl seinen Geist derart gereinigt hatte, daß unreine Objekte, wie Höllenbereiche, nicht mehr existierten, was seine eigene Erfahrung anbelangte: für ihn war alles rein.

Wir finden es vielleicht schwierig, diese Geschichten zu glauben. Der Grund dafür ist, daß wir die Beziehung zwischen unserem Geist und seinen Objekten nicht verstehen. Wir haben das Gefühl, daß die Welt «dort draußen» existiert, unabhängig vom Geist, der sie wahrnimmt. In Wirklichkeit aber sind die Objekte vollständig abhängig vom Geist, der sie wahrnimmt. Diese unreine Welt, die wir derzeit erleben, existiert einzig und allein in Beziehung zu unserem unreinen Geist. Haben wir unseren Geist durch die Schulung im Austauschen vom Selbst mit anderen, durch Mitgefühl usw. erst einmal vollkommen gereinigt, wird diese unreine Welt verschwinden, und wir werden eine neue, reine Welt wahrnehmen. Unser Gefühl, daß Dinge getrennt von unserem Geist mit ihrer eigenen festen, inhärenten Natur existieren, stammt aus unserer Unwissenheit des Festhaltens am Selbst. Wenn wir die wahre Natur der Dinge verstehen, werden wir erkennen, daß unsere Welt einem Traum gleicht, in dem alles als bloße Erscheinung des Geistes existiert. Wir werden erkennen, daß wir unsere Welt ändern können, indem wir ganz einfach unseren Geist ändern, und daß wir lediglich unseren Geist reinigen müssen, wenn wir uns wünschen, frei von Leiden zu sein. Nachdem wir unseren Geist gereinigt haben, werden wir in der Lage sein, unseren mitfühlenden Wunsch zu erfüllen, indem wir anderen zeigen, wie sie das gleiche tun können.

Wenn wir alle Vorteile des Mitgefühls bedacht haben, sollten wir uns dazu entschließen, jede Gelegenheit zu nutzen, um es zu entwickeln. Unsere wichtigste Aufgabe ist es, die

Unterweisungen über Mitgefühl in die Praxis umzusetzen, sonst werden sie nur leere Worte für uns bleiben.

Reines Mitgefühl ist ein Geist, der das Leiden anderer Lebewesen unerträglich findet; aber es deprimiert uns nicht. Tatsächlich versorgt es uns mit einer enormen Energie, um für andere arbeiten zu können und den spirituellen Pfad zu ihrem Wohl zu vollenden. Es zerschlägt unsere Selbstgefälligkeit und verhindert, daß wir mit dem oberflächlichen Glück, der Erfüllung unserer weltlichen Wünsche, zufrieden sind. Statt dessen werden wir einen tiefen inneren Frieden kennenlernen, der nicht durch sich ändernde Bedingungen gestört werden kann. Es ist starken Verblendungen unmöglich, in einem Geist voller Mitgefühl zu entstehen. Wenn wir keine Verblendungen entwickeln, haben äußere Bedingungen allein nicht die Kraft, uns zu stören. Das heißt also, wird unser Geist von Mitgefühl bestimmt, ist er immer friedvoll. Das ist die Erfahrung all derjenigen, die ihr Mitgefühl über das begrenzte Mitgefühl hinaus, das man normalerweise für seinen engen karmischen Kreis empfindet, zum selbstlosen Mitgefühl für alle Lebewesen ausgeweitet haben.

Mitgefühl und Weisheit zu entwickeln und wann immer möglich Notleidenden zu helfen, ist der wahre Sinn des Lebens. Indem wir unser Mitgefühl vergrößern, kommen wir der Erleuchtung und der Erfüllung unserer tiefsten Wünsche näher. Wie gütig die Lebewesen doch sind, uns als Objekte unseres Mitgefühls zu dienen. Wie kostbar sie sind! Wenn es keine leidenden Wesen mehr gäbe, denen wir helfen könnten, müßten Buddhas sie für uns ausstrahlen! In der Tat, wenn wir die Geschichte von Maitreya und Asanga bedenken, werden wir erkennen, daß wir nicht mit Sicherheit sagen können, ob diejenigen, denen wir derzeit zu helfen versuchen, nicht in Wirklichkeit Ausstrahlungen von Buddha sind, die zu unserem Wohl manifestiert wurden. Daß wir die Meditationen über das Wertschätzen anderer und über das Mitgefühl gemeistert haben, zeigt sich schließlich dadurch, daß wir bei jeder Begegnung mit jemand anderem, selbst mit jemandem, der uns schadet, immer das aufrichtige Gefühl haben, einen seltenen und kostbaren Schatz gefunden zu haben.

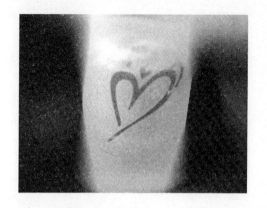

Wünschende Liebe

Wünschende Liebe

Im allgemeinen gibt es drei Arten von Liebe: zuneigungsvolle Liebe, wertschätzende Liebe und wünschende Liebe. Zuneigungsvolle Liebe ist ein Geist, der eine andere Person als angenehm, sympathisch oder schön ansieht und nicht mit begehrender Anhaftung vermischt ist. Betrachtet beispielsweise eine Mutter ihre Kinder, empfindet sie große Zuneigung für sie, und in ihren Augen sind sie schön, unabhängig davon, wie sie anderen Leuten erscheinen. Aufgrund ihrer zuneigungsvollen Liebe sind die Kinder ganz natürlich kostbar und wichtig für sie; dieses Gefühl ist wertschätzende Liebe. Da sie ihre Kinder schätzt, hat sie den aufrichtigen Wunsch, sie glücklich zu sehen; dieser Wunsch ist wünschende Liebe. Wünschende Liebe entsteht aus wertschätzender Liebe, die wiederum aus zuneigungsvoller Liebe hervorgeht. Diese drei Arten der Liebe müssen wir für ausnahmslos alle Lebewesen entwickeln.

WIE MAN WÜNSCHENDE LIEBE ENTWICKELT

Die Methode, wie wir wertschätzende Liebe entwickeln und vertiefen, wurde bereits erläutert. Jetzt müssen wir wünschende

Liebe entwickeln und vertiefen, indem wir darüber nachdenken, daß es den Lebewesen, die wir von ganzem Herzen schätzen, an wahrem Glück fehlt. Alle möchten glücklich sein, doch niemand in Samsara erfährt wahres Glück. Das Glück der Lebewesen ist im Vergleich mit der Vielzahl von Leiden, die sie ertragen müssen, rar und flüchtig, und selbst dieses Glück ist nur eine Form von verunreinigtem Glück, das in Wirklichkeit die Natur von Leiden hat. Buddha bezeichnete die angenehmen Gefühle, die von weltlichen Vergnügungen herrühren, als «sich veränderndes Leiden», denn sie sind lediglich die Erfahrung einer vorübergehenden Verringerung manifester Schmerzen. Mit anderen Worten, wir erleben Vergnügen aufgrund der Linderung unseres vorherigen Schmerzes. Beispielsweise ist die Freude, die wir beim Essen genießen, eigentlich nur eine vorübergehende Verringerung unseres Hungers. Das Vergnügen, das wir beim Trinken empfinden, ist bloß eine vorübergehende Verringerung unseres Durstes, und das Vergnügen, das wir an gewöhnlichen Beziehungen haben, ist größtenteils nur eine vorübergehende Verringerung unserer grundlegenden Einsamkeit.

Wie können wir das verstehen? Wenn wir die Ursache unseres weltlichen Glücks vergrößern, wird es sich allmählich in Leiden verwandeln. Essen wir zum Beispiel unser Lieblingsgericht, so schmeckt es wunderbar, würden wir es aber tellerweise verspeisen, schlüge unser Vergnügen schon bald in Unbehagen, Widerwillen und schließlich Schmerz um. Bei schmerzhaften Erfahrungen geschieht jedoch nicht das Umgekehrte. Wenn wir beispielsweise mit einem Hammer immer wieder auf unseren Finger schlagen, wird niemals ein angenehmes Gefühl entstehen, da es eine wahre Ursache für Leiden ist. So wie eine wahre Ursache von Leiden niemals zur Entstehung von Glück führen kann, genauso kann eine wahre Ursache von Glück niemals zu Schmerzen führen. Da sich die angenehmen Gefühle, die aus weltlichen Vergnügungen entstehen, ohne Frage in Schmerzen verwandeln, folgt, daß sie kein echtes Glück sein können. Der ausgiebige Genuß von Essen, Sport, Sex oder jeder anderen gewöhnlichen Vergnügung führt ausnahmslos zu Leiden. Ganz gleich wie sehr wir versuchen, Glück in weltlichen Vergnügungen zu finden, wir werden niemals erfolgreich sein. Den samsarischen Vergnügen zu frönen gleicht, wie schon erwähnt, dem Trinken von Salzwasser; anstatt unseren Durst zu stillen, werden wir um so durstiger, je mehr wir trinken. In Samsara erreichen wir niemals einen Punkt, an dem wir sagen können: «Jetzt bin ich vollkommen zufriedengestellt, ich brauche nichts mehr.»

Weltliches Vergnügen ist nicht nur kein wahres Glück, sondern hält auch nicht lange an. Die Menschen widmen ihr ganzes Leben dem Erwerb von Besitz, einem gesellschaftlichen Rang, dem Aufbau eines Heimes, einer Familie und eines Freundeskreises, aber wenn sie sterben, geht alles verloren. Alles, wofür sie gearbeitet haben, verschwindet schlagartig, und sie gehen in ihr nächstes Leben über, allein und mit leeren Händen. Sie sehnen sich danach, tiefe und anhaltende Freundschaften mit anderen zu schließen, doch in Samsara ist dies nicht möglich. Das zärtlichste Liebespaar wird schließlich auseinandergerissen werden, und wenn sich die beiden in einem zukünftigen Leben erneut begegnen, werden sie sich nicht wiedererkennen. Vielleicht glauben wir, daß diejenigen, die gute Beziehungen haben und die ihre Ambitionen im Leben verwirklicht haben, wahrhaft glücklich sind, doch in Wirklichkeit ist ihr Glück so zerbrechlich wie eine Luftblase im Wasser. Unbeständigkeit verschont nichts und niemanden; in Samsara werden alle unsere Träume schließlich zerschlagen. Wie Buddha in den *Vinaya-Sutras* sagt:

Am Ende der Ansammlung steht die Auflösung.
Am Ende des Aufstiegs steht der Fall.
Am Ende der Begegnung steht die Trennung.
Am Ende der Geburt steht der Tod.

Die Natur Samsaras ist Leiden, denn solange die Lebewesen in Samsara wiedergeboren werden, können sie niemals wahres Glück erfahren. Buddha verglich das Leben in Samsara mit dem Sitzen auf einer Stecknadel: Ganz gleich, wie sehr wir auch versuchen, unsere Position zu verändern, sie bleibt schmerzhaft, und ganz gleich, was wir auch tun, um uns der samsarischen Situation anzupassen und sie zu verbessern, sie wird uns immer irritieren und Schmerzen bereiten. Wahres Glück kann nur gefunden werden, indem wir Befreiung von Samsara erreichen. Dadurch, daß wir darüber nachdenken, werden wir den tiefempfundenen Wunsch entwickeln, daß alle Lebewesen reines Glück erfahren mögen, indem sie Befreiung erlangen.

Wir sollten unsere Meditation damit beginnen, uns auf unsere Familie und Freunde zu konzentrieren, und daran denken, daß sie niemals wahrem Glück begegnen werden, solange sie in Samsara weilen, und daß ihnen selbst das begrenzte Glück, das sie gegenwärtig erleben, bald entrissen werden wird. Dann dehnen wir dieses Gefühl der wünschenden Liebe aus, um alle Lebewesen einzuschließen, indem wir denken: «Wie wundervoll wäre es, wenn alle Lebewesen das reine Glück der Befreiung erfahren könnten!» Wir vermischen unseren Geist mit diesem Gefühl der wünschenden Liebe so lange wie möglich. Wann immer wir außerhalb der Meditation ein Lebewesen sehen oder uns an ein Lebewesen erinnern, sei es Mensch oder Tier, beten wir im Geist: «Mögen sie immer glücklich sein. Mögen sie das Glück der Erleuchtung erlangen.» Wenn wir diesen Gedanken ständig bewahren, können wir Tag und Nacht wünschende Liebe beibehalten, selbst während des Schlafes.

Die Meditation über Liebe ist sehr kraftvoll. Selbst wenn unsere Konzentration nicht sehr stark ist, sammeln wir eine riesige Menge von Verdiensten an. Über Liebe zu meditieren schafft die Ursache, als Mensch oder Gott wiedergeboren zu werden, in der Zukunft einen attraktiven Körper zu haben und von vielen Menschen geliebt und respektiert zu werden. Liebe ist der große Beschützer, sie bewahrt uns vor Wut und Neid sowie vor Schaden, der uns von Geistern zugefügt wird. Als Buddha Shakyamuni unter dem Bodhi-Baum meditierte, wurde er von allen furchterregenden Dämonen dieser Welt angegriffen, doch seine Liebe verwandelte ihre Waffen in einen Blumenregen. Letztendlich wird unsere Liebe zur allumfassenden Liebe eines Buddhas werden, die tatsächlich die Kraft hat, allen Lebewesen Glück zu gewähren.

Die meisten Beziehungen beruhen auf einer Mischung von Liebe und Anhaftung. Das ist aber keine reine Liebe, denn sie gründet auf dem Wunsch nach eigenem Glück: Wir schätzen die andere Person, weil sie uns ein gutes Gefühl gibt. Reine Liebe ist frei von Anhaftung und sorgt sich einzig und allein um das Glück des anderen. Sie führt niemals zu Problemen, sondern ausschließlich zu Frieden und Glück für uns selbst und für andere. Wir müssen Anhaftung aus unserem Geist entfernen. Das bedeutet jedoch nicht, daß wir unsere Beziehungen aufgeben müssen. Statt dessen sollten wir lernen, Anhaftung von Liebe zu unterscheiden, und allmählich versuchen, alle Spuren von Anhaftung aus unseren Beziehungen zu verbannen und unsere Liebe zu verbessern, bis sie rein ist.

WIDRIGE UMSTÄNDE UMWANDELN

Wenn das Leben problemlos verläuft, jeder freundlich zu uns ist und uns mit Respekt behandelt, ist es nicht sehr schwierig, anderen Glück zu wünschen. Läßt unsere Liebe für unsere Mitmenschen aber nach, sobald sie uns Probleme verursachen oder es unterlassen, uns zu würdigen, so zeigt dies, daß unsere Liebe nicht rein ist. Solange unsere positiven Gefühle für andere davon abhängig sind, ob wir gut von ihnen behandelt werden, wird unsere Liebe schwach und instabil sein, und wir werden sie nicht in allumfassende Liebe umwandeln können. Es ist unvermeidbar, daß die Leute manchmal undankbar und negativ auf unsere Freundlichkeit reagieren. Es ist daher unbedingt notwendig, daß wir einen Weg finden, diese Erfahrung in den spirituellen Pfad umzuwandeln.

Jedesmal wenn uns jemand schadet, sollten wir, statt ärgerlich zu werden, versuchen, diesen Menschen als einen Spirituellen Lehrer zu sehen, und ihm gegenüber einen Geist der Dankbarkeit entwickeln. Es gibt verschiedene Begründungen, die wir benutzen können, um diese besondere Erkenntnis zu entwickeln. Wir können denken:

Der einzige Grund, weshalb mir die Leute schaden, ist der, daß ich durch meine früheren negativen Handlungen die Ursache geschaffen habe, daß sie sich so verhalten. Diese Leute lehren mich das Gesetz des Karmas. Indem sie mich betrügen und meine Hilfe durch Schaden vergelten, erinnern sie mich daran, daß ich andere in der Vergangenheit getäuscht und ihnen geschadet habe. Sie betrügen mich nur, weil ich sie oder andere in früheren Leben betrogen habe. Sie ermuntern mich dazu, mein negatives Karma zu reinigen und mich in der Zukunft von schädlichen Handlungen zurückzuhalten. Wie gütig sie sind! Sie müssen mein Spiritueller Meister sein, der von Buddha ausgestrahlt wurde.

Mit diesen Überlegungen verwandeln wir eine Situation, die normalerweise zu Wut oder Selbstmitleid führen würde, in eine nachhaltige Lektion darüber, wie notwendig Reinigung und moralische Disziplin sind.

Ein alternativer Gedankengang wäre:

Diese Erfahrung zeigt mir, daß es in Samsara keine Gewißheit gibt. Alles ändert sich. Freunde werden zu Feinden und Feinde werden zu Freunden. Warum? Weil in Samsara jeder von seinen Verblendungen kontrolliert wird und niemand frei ist. Diese Situation spornt mich an, samsarische Wiedergeburt aufzugeben. Deshalb muß ich, anstatt ärgerlich oder entmutigt zu werden, samsarische Wiedergeburt aufgeben und einen freudigen Geist der Entsagung erzeugen – den aufrichtigen Wunsch, den beständigen inneren Frieden der Befreiung zu erlangen. Ich bete, daß ich Befreiung von Samsara erlange und daß alle Lebewesen den gleichen Zustand erlangen mögen.

Indem wir diesem Gedankengang folgen, sehen wir die Person, die uns unfreundlich behandelt, als Spirituellen Lehrer an, der uns dazu ermuntert, Samsara zu verlassen und reines Glück zu erfahren. Diese geschickte Art und Weise, unser Problem zu betrachten, wandelt dieses in eine Chance um, auf dem spirituellen Pfad fortzuschreiten. Da diese Person uns eine tiefgründige Lektion über die Natur von Samsara erteilt und somit einen derart nützlichen Einfluß auf unseren Geist hat, ist sie sehr gütig zu uns.

Wir können auch denken:

Die Person, die mir schadet oder mich stört, ermuntert mich in Wirklichkeit dazu, Geduld zu praktizieren; und da es unmöglich ist, auf dem spirituellen Pfad fortzuschreiten, ohne den starken Geist der Geduld zu entwickeln, ist diese Person für mich von großem Nutzen.

Geduld ist ein Geist, der durch eine tugendhafte Absicht motiviert ist und freudig Schwierigkeiten und den Schaden anderer annimmt. Ein ungeduldiger Mensch besitzt keine geistige Stabilität und gerät durch das kleinste Hindernis oder die geringste Kritik aus der Fassung. Entwickeln wir andererseits wahre Geduld, wird unser Geist so stabil sein wie ein Berg und so still wie die Tiefen des Ozeans. Mit solch einem ruhigen, starken Geist wird es nicht schwierig sein, die spirituellen Realisationen der allumfassenden Liebe, des Großen Mitgefühls und des Bodhichittas zu vervollkommnen.

Mit diesen geschickten Überlegungen können wir sogar diejenigen Menschen, die uns schaden oder betrügen, als unsere Spirituellen Lehrer ansehen. Das ist eine sehr wichtige Erkenntnis, denn es bedeutet, daß ein jeder unser Lehrer sein kann. Ob jemand unser Spiritueller Lehrer oder unsere Spirituelle Lehrerin oder ein Hindernis für unseren spirituellen Fortschritt ist, hängt vollständig von unserem Geist ab. In vielerlei Hinsicht sind diejenigen Menschen, die uns schaden, die gütigsten von allen, da sie unsere selbstzufriedene Sichtweise, die Samsara als einen Vergnügungsgarten ansieht, erschüttern, und sie inspirieren uns wie ein kraftvoller Spiritueller Meister dazu, uns intensiver in unserer spirituellen Praxis zu bemühen. Mit diesen Gedanken können wir den Schaden, der uns zugefügt wird, in den spirituellen Pfad umwandeln und, statt entmutigt zu sein, können wir lernen, selbst diejenigen zu schätzen, die uns Leiden zufügen. Es ist besonders wichtig, diese Einstellung gegenüber unseren engen Freunden und unserer Familie zu haben. Da wir so viel Zeit mit ihnen verbringen, wäre es sehr nützlich, wenn wir sie als reine Spirituelle Lehrer betrachten würden!

Wir stellen hohe Ansprüche an unsere Freunde und hoffen, daß sie eine Quelle wahren Glückes für uns sein werden, doch in Samsara können wir niemals solche Freunde finden. Selbst wenn sie nicht absichtlich versuchen, uns zu schaden, werden sie uns zwangsläufig von Zeit zu Zeit Probleme bereiten. Wir meinen, wenn wir lange genug auf der Suche sind, werden wir schließlich den richtigen Freund oder den perfekten Partner finden, der uns niemals enttäuschen wird; in Samsara gibt es aber keine perfekten Freunde. Samsarische Beziehungen sind von Natur aus trügerisch. Wir hoffen auf eine andauernde harmonische und befriedigende Beziehung, aber irgendwie klappt es nicht. Es ist überflüssig, der anderen Person die Schuld dafür zu geben, daß sie unseren Erwartungen nicht entspricht – es ist die Schuld der samsarischen Wiedergeburt. Da wir in Samsara wiedergeboren wurden, müssen wir unweigerlich unbefriedigende Beziehungen erfahren. Es ist unmöglich, reine Freunde in dieser unreinen Welt zu finden. Wenn wir uns wirklich an reinen, harmonischen Beziehungen erfreuen wollen, müssen wir Samsara entsagen. Wenn uns also unsere Freunde im Stich lassen, sollten wir nicht ärgerlich mit ihnen werden, sondern sie statt dessen als Spirituelle Lehrer betrachten, die uns die Fehler Samsaras aufzeigen.

Auch samsarische Orte sind von Natur aus trügerisch. Wir meinen, wenn wir umziehen, oder von der Stadt wegziehen oder in ein anderes Land übersiedeln, würden wir einen Ort finden, wo wir uns wirklich wohl fühlen und glücklich sein können. Doch solange wir in Samsara bleiben, werden wir niemals einen solchen Ort finden. Wir sind schon oft umgezogen, aber zufrieden sind wir noch immer nicht. Wenn wir eine neue Gegend besuchen, erscheint sie uns so schön, daß wir davon überzeugt sind, das Leben dort könne alle unsere Probleme lösen. Entschließen wir uns dann aber tatsächlich zum Umzug, tauchen schon bald neue Probleme auf. Es gibt keinen Ort auf dieser Welt, an dem wir nicht irgendwelche Probleme erleben werden. Wünschen wir uns ein Leben in einer reinen Umwelt oder hoffen wir, einen Ort zu finden, wo wir uns stets zu Hause fühlen können, müssen wir unseren Geist reinigen, indem wir allumfassende Liebe und allumfassendes Mitgefühl entwickeln.

Obwohl wir unser Leben damit verbringen, nach Glück in Samsara zu suchen, und dabei von Freund zu Freund wechseln und von einem Ort zum andern ziehen, werden wir niemals wahres Glück finden. Wir gleichen dem Dieb, der eines Nachts in Milarepas Höhle eindrang und nach etwas Wertvollem suchte, das er stehlen konnte. Als Milarepa den Dieb hörte, lachte er und sagte: «Ich kann am hellichten Tage nichts finden, wie also kannst du erwarten, etwas bei Nacht zu entdecken?» Wie können wir erwarten, Glück in der leeren Höhle Samsaras zu finden, solange wir von der Dunkelheit unserer Verblendungen umnachtet sind, und selbst alle Buddhas mit ihrer allwissenden Weisheit nicht imstande waren, es zu finden? Samsara ist ein Gefängnis, aus dem wir ausbrechen müssen, anstatt unsere Zeit darin mit der fruchtlosen Suche nach Glück zu verschwenden.

Mit solchen Gedanken können wir scheinbar widrige Umstände in Chancen zu spirituellem Wachstum umwandeln. Es gibt zwei Möglichkeiten, widrige Umstände in den Pfad umzuwandeln: mittels Methode und mittels Weisheit. Wir tragen die Samen der Buddhaschaft in uns. Doch um diese Samen in den vollkommenen Körper und Geist eines Buddhas umzuwandeln, müssen wir sie sowohl nähren als auch von allen Behinderungen für ihr Wachstum befreien. Übungen, die das Wachstum von Buddha-Samen nähren, wie zum Beispiel Entsagung, Mitgefühl und Bodhichitta, sind als Methodenübungen bekannt; und Übungen, die die Buddha-Samen von Behinderungen befreien, werden Weisheitsübungen genannt. Benutzen wir unsere Widrigkeiten, um unsere Erfahrung von Entsagung, der Wertschätzung anderer und so weiter zu verstärken, so wandeln wir widrige Umstände mittels Methode in den Pfad um. Benutzen wir unsere Widrigkeiten, um unsere Realisation der Leerheit zu vertiefen, so wandeln wir widrige Umstände mittels Weisheit in den Pfad um. Weitere Einzelheiten können in *Allumfassendes Mitgefühl* gefunden werden.

In diesen degenerierten Zeiten ist es eine absolute Notwendigkeit, widrige Umstände in den Pfad umzuwandeln, weil wir ständig von Schwierigkeiten umgeben sind, so wie eine Kerzenflamme im Wind, die einmal in diese und dann in jene Richtung geblasen wird. Es ist nicht möglich, schwierige Situationen zu vermeiden. Können wir jedoch unsere Einstellung diesen Situationen gegenüber ändern, werden sie kein Problem mehr für uns darstellen. Anstatt es den Widrigkeiten zu erlauben, uns unglücklich zu machen oder uns zu entmutigen, können wir sie benutzen, um unsere Erfahrung der Stufen des spirituellen Pfades zu vertiefen, und somit können wir immer einen reinen und friedvollen Geist bewahren.

Im *Rad der scharfen Waffen* erklärt der große Meister Dharmarakshita, daß alle Schwierigkeiten, die wir in diesem Leben erfahren, das Resultat der negativen Handlungen sind, die wir in vergangenen Leben oder zu einem früheren Zeitpunkt in diesem Leben begangen haben. Finden wir es schwierig, unsere Wünsche zu befriedigen, liegt es daran, daß wir in der Vergangenheit andere davon abgehalten haben, sich die ihren zu erfüllen. Werden wir von unseren Freunden getrennt, liegt es daran, daß wir die Beziehungen anderer gestört haben. Können wir keine vertrauenswürdigen Freunde finden, liegt es daran, daß wir Leute getäuscht haben. Wird unser Körper von Krankheiten geplagt, liegt es daran, daß wir anderen körperliche Schmerzen zugefügt haben. Finden uns Leute unattraktiv, liegt es daran, daß wir häufig auf andere wütend waren. Sind wir arm, liegt es daran, daß wir den Besitz anderer gestohlen haben. Haben wir eine kurze Lebensspanne, liegt es daran, daß wir andere getötet haben. Dharmarakshita listet viele solche Beispiele von Handlungen und ihren Auswirkungen auf, die von Buddha in den Sutras, zum Beispiel im *Sutra der hundert Taten* und in den *Vinaya-Sutras*, erklärt werden. Lesen wir diese Sutras, werden wir in der Lage sein, alle Schwierigkeiten, denen wir in unserem Alltag begegnen, als ein Rad der scharfen Waffen zu erkennen, das auf uns zurückkommt als Antwort auf den Schaden, den wir angerichtet haben.

Es ist wichtig, die Beziehung zwischen Handlungen und ihren Wirkungen zu verstehen. Unsere normale Reaktion auf ein Problem ist zu versuchen, jemanden zu finden, den wir beschuldigen können. Wenn wir die Situation aber mit Weisheit betrachten, werden wir erkennen, daß wir selbst durch unsere negativen Handlungen die Ursache für dieses Problem erzeugt haben. Die Hauptursache für alle unsere Probleme ist notwendigerweise eine negative körperliche, sprachliche oder geistige Handlung, die wir selbst in der Vergangenheit ausgeführt haben. Die Handlungen anderer Leute sind nur Nebenbedingungen, die es unserem negativen Karma ermöglichen heranzureifen. Wenn es nicht diese Leute sind, die die Bedingungen dafür schaffen, daß unser negatives Karma heranreift, dann wird auf jeden Fall jemand oder etwas anderes dafür sorgen; denn ist die Hauptursache erst einmal geschaffen, kann nichts die Auswirkung, die früher oder später eintritt, aufhalten, es sei denn, wir beseitigen sie mittels einer Reinigungspraxis. Anstatt andere für unsere Probleme verantwortlich zu machen, sollten wir unser Unglück benutzen, um unser Verständnis von Karma zu vertiefen.

Wenn wir unseren Geist darin schulen, die spirituellen Lektionen in allen unseren Erfahrungen zu erkennen, können wir alles und jeden als unseren Spirituellen Lehrer betrachten, und wir können jede beliebige Situation zu unserem Vorteil nutzen. Dies ist eine sehr wichtige Erkenntnis, denn sie bedeutet, daß keine Erfahrung jemals verschwendet wird. Die Zeit, die wir aufwenden, um Dharma-Unterweisungen anzuhören oder Dharma-Bücher zu lesen, ist normalerweise ziemlich begrenzt, doch wenn wir die Dharma-Lektionen im Alltagsleben erkennen, werden wir immer in der Gegenwart unseres Spirituellen Meisters sein. Wie Milarepa sagte:

> Ich muß keine Bücher lesen; alles, was meinem Geist erscheint, ist ein Dharma-Buch. Alle Dinge bestätigen die Wahrheit von Buddhas Lehren und vergrößern meine spirituelle Erfahrung.

Weil Milarepa alles als seinen Spirituellen Lehrer betrachtete, schritt er sehr schnell auf dem spirituellen Pfad voran und erlangte Erleuchtung noch in jenem Leben.

Die Funktion eines Buddhas ist es, heiligen Dharma zu enthüllen und Segnungen zu gewähren. Weil unser Spiritueller Meister diese Funktionen ausübt, ist er von unserem Standpunkt aus ein Buddha. In ähnlicher Weise sind für einen qualifizierten Dharma-Praktizierenden alle Lebewesen Spirituelle Lehrer und alle Situationen sind Dharma-Lektionen.

Können wir diese besondere Erkenntnis mit Achtsamkeit beibehalten, wird es keine Hindernisse mehr in unserer spirituellen Praxis geben, weil alle unsere Alltagserfahrungen bedeutungsvoll werden und dazu dienen, unsere guten Eigenschaften zu vermehren.

Sind wir geschickt, so kann jeder, dem wir begegnen, uns das Gesetz des Karmas lehren. Sehen oder hören wir Berichte über arme Leute, können wir darüber nachdenken, daß Armut die Folge davon ist, daß es in der Vergangenheit versäumt wurde, Geben zu praktizieren. Dies wird uns dazu ermuntern, die Praxis des Gebens auszuüben. Wenn wir Tiere sehen, können wir darüber nachdenken, daß sie eine niedere Wiedergeburt angenommen haben, weil sie keine moralische Disziplin praktiziert haben. Sie lehren uns somit, daß wir jetzt reine moralische Disziplin einhalten müssen. In ähnlicher Weise lehren uns diejenigen, die unter Wut leiden, wie wichtig es ist, Geduld zu üben; und alle, die im Gefängnis von Samsara gefangen sind, lehren uns, daß wir Faulheit aufgeben und großes Bemühen aufbringen müssen, um eine anhaltende Beendigung samsarischer Wiedergeburt zu erlangen und jedem helfen zu können, das gleiche zu tun. Mit solchen Gedanken werden wir allmählich die tiefe Erfahrung gewinnen, daß uns alle Lebewesen das unbezahlbare Geschenk von Dharma-Unterweisungen geben. Anstatt auf diejenigen herabzublicken, die Leiden erfahren, werden wir sie als unsere unvergleichlich kostbaren Spirituellen Meister respektieren und schätzen.

Die Niederlage annehmen und den Sieg anbieten

Die Niederlage annehmen und den Sieg anbieten

Nachdem wir etwas Erfahrung in Liebe und Mitgefühl für alle Lebewesen gewonnen haben, müssen wir nun dieses gute Herz in unseren Alltag einbringen. Wenn uns jemand beispielsweise aus Wut oder Neid schadet oder beleidigt, sollten wir mit einem Geist, der in Liebe und Mitgefühl verweilt, den Schaden freudig annehmen und nicht Vergeltung üben: das ist die Bedeutung von «die Niederlage annehmen und den Sieg anderen anbieten». Diese Praxis schützt uns direkt vor Entmutigung und Unzufriedenheit. Das aufrichtige Praktizieren von Geduld ist die Grundlage für die Realisation des Nehmens und Gebens, das im nächsten Kapitel erläutert wird.

Wenn uns leblose Objekte oder auch Menschen Probleme bereiten und wir bereits alles mögliche unternommen haben, um die Situation zu verbessern, bleibt uns nichts anderes übrig, als unser Leiden geduldig zu ertragen, ohne ärgerlich zu werden oder die Fassung zu verlieren. Sind die Auswirkungen unseres negativen Karmas bereits herangereift, ist es unmöglich, sie zu vermeiden, und nicht einmal ein Buddha kann unser Leiden verhindern. Alles, was wir tun können, ist Geduld zu praktizieren und unsere Schwierigkeiten freudig anzunehmen. Auf diese Weise halten wir unseren Geist in einem ausgeglichenen und positiven Zustand, ganz gleich, wie schlecht unsere äußeren Umstände auch sein mögen. Praktizieren wir zum Beispiel Geduld, wenn wir krank sind, werden wir in der Lage sein, ruhig und friedvoll zu bleiben, und verhalten wir uns geduldig, wenn uns jemand schadet, werden wir die Klarheit und Ruhe des Geistes besitzen, um in einer konstruktiven Weise zu reagieren, ohne Wut oder Selbstmitleid. In jeder unangenehmen oder schmerzhaften Situation sollten wir denken:

Diese Situation ist das Resultat meines negativen Karmas. Da die Auswirkung schon herangereift ist, ist es zu spät, sie zu reinigen. Es bleibt mir nichts anderes übrig, als die Situation mit einem glücklichen Geist geduldig anzunehmen. Ich habe die Ursache für dieses Problem selbst erschaffen und somit ist es meine Verantwortung, das Resultat anzunehmen. Wenn ich die Resultate meiner negativen Handlungen nicht erfahre, wer sonst soll sie erfahren?

Obwohl die Geduld, unsere Leiden freiwillig zu ertragen, nicht die eigentliche Praxis des Nehmens ist, werden wir, wenn wir dazu fähig sind, unser eigenes Leiden mutig zu ertragen, auch keine Schwierigkeiten haben, das Leiden anderer auf uns zu nehmen. Alle, die in der Lage sind, diese Geduld zu praktizieren, besitzen einen sehr starken Geist. Sie sind wie echte Helden oder Heldinnen, unbeirrt von den Leiden Samsaras, und nichts hat die Kraft, ihren Geist zu stören. Wie Dharmarakshita sagt:

Wer die samsarischen Vergnügen annimmt, die Leiden
    jedoch nicht ertragen kann,

Wird viele Probleme erfahren;
Ein Bodhisattva aber, der Leiden mutig annimmt,
Wird immer glücklich sein.

Die Menschen, die einzig und allein Glück in Samsara erwarten und es schwierig finden, die Leiden Samsaras zu erdulden, werden sich nur immer weiteres Elend aufladen. Wir leiden, weil wir uns in Samsara befinden. Samsara ist das Werk unseres unreinen Geistes des Festhaltens am Selbst, und somit ist die eigentliche Natur Samsaras Leiden. Solange wir die Ursache in unserem Geist haben – die Unwissenheit des Festhaltens am Selbst – werden wir weiterhin die Auswirkungen erleiden – Samsara in seinem ganzen Elend. Zu hoffen, diesem Leiden zu entkommen, ohne vorher unseren Geist des Festhaltens am Selbst gereinigt zu haben, offenbart einen grundlegenden Mangel an Weisheit. In allen unseren Leben hat es uns an Weisheit gefehlt; und deshalb haben wir uns durch die Manipulation unserer samsarischen Welt von Leiden zu befreien versucht, während wir es vernachlässigt haben, unseren Geist zu reinigen. Statt so weiterzufahren, sollten wir nun der weisen und mutigen Haltung eines Bodhisattvas nacheifern und unsere Leiden und Probleme als Ansporn für unsere spirituelle Praxis betrachten.

Der Grund dafür, daß wir es so schwierig finden, Leiden anzunehmen, liegt darin, daß unser Geist der Selbst-Wertschätzung in grober Weise die Wichtigkeit unseres eigenen Glückes übertreibt. Wenn wir glücklich sind, ist in Wirklichkeit nur eine Person glücklich, und wenn wir leiden, leidet nur eine Person. Verglichen mit dem Leiden zahlloser Lebewesen ist unser eigenes Leiden unbedeutend. Natürlich ist jedes einzelne Lebewesen wichtig, würde uns aber jemand fragen, ob eine einzelne Person oder zehn Leute wichtiger seien, müßten wir antworten, daß es die zehn Leute sind.

Diese Argumentation ist sehr hilfreich und kann uns in unserer Praxis helfen, die Niederlage anzunehmen.

Es ist jedoch wichtig, daß wir unsere Weisheit einsetzen, wenn wir diese Praxis ausführen. Falls das Annehmen der Niederlage und das Anbieten des Sieges ein ernsthaftes Hindernis für die Erfüllung unserer Bodhichitta-Wünsche darstellt, wird dies indirekt zahllosen Lebewesen schaden, einschließlich der Person, der wir den Sieg anbieten. Ohne Weisheit erlauben wir es vielleicht jemandem, daß er unsere großartige Möglichkeit zerstört, auf dem Weg zur Erleuchtung voranzuschreiten und vielen Lebewesen von Nutzen zu sein. Ein solches Mitgefühl wäre unangebracht und würde zu einer fehlerhaften Praxis führen. Stellen wir uns eine Praktizierende namens Maria vor, die alle ihre Handlungen dem Wohl anderer gewidmet hat. Falls nun jemand versucht, sie aus Eifersucht zu töten, und Maria dies zuläßt, um die Wünsche ihres Angreifers zu erfüllen, so wäre dies törichtes Mitgefühl. Mitgefühl allein ist nicht ausreichend; wir müssen es mit Weisheit ausgleichen, denn sonst werden wir viele Fehler begehen.

Ein mitfühlender Mann fand einmal auf der Straße einen großen lebendigen Fisch, der vom Karren eines Fischers heruntergefallen war. Da er das Leben des Fisches retten wollte, hob er ihn vorsichtig auf und brachte ihn zu einem nahegelegenen Teich. Es dauerte jedoch nicht lange, da bemerkten die Anwohner, daß alle kleinen Fische im Teich verschwunden waren und nur noch ein großer Fisch übrig war. Als sie erkannten, daß es der große Fisch war, der die anderen Fische im Teich gefressen hatte, waren sie sehr aufgebracht und töteten ihn. Die mitfühlende Handlung des Mannes führte somit nicht nur zum Tod aller Fische im Teich, sondern auch zum Tod des großen Fisches, den er zu retten versucht hatte.

Diese Geschichte macht deutlich, daß mehr als nur ein mitfühlender Wunsch nötig ist, um anderen wirklich helfen zu können. Wir müssen unsere Weisheit entwickeln, denn ohne Weisheit können unsere Anstrengungen ins Gegenteil umschlagen. Im Buddhismus werden Mitgefühl und Weisheit als einander ergänzend angesehen, und beide sind gleichermaßen notwendig, wenn wir anderen effektiv helfen wollen.

Angenommen, wir haben keine Selbst-Wertschätzung mehr und jemand verlangt von uns, das eigene Leben aufzugeben. Vielleicht sind wir in der Lage, unser Leben aufzugeben, ohne dabei ein Gefühl des Verlustes zu verspüren, aber bevor wir es tatsächlich tun, müssen wir uns fragen, ob dies anderen Lebewesen wirklich dienlich wäre. In gewissen Fällen mag es sehr sinnvoll sein. Der tibetische König Yeshe Ö opferte sein Leben, damit der große indische buddhistische Gelehrte Atisha nach Tibet eingeladen werden konnte, um dort Dharma zu lehren. Yeshe Ös selbstlose Tat des Gebens rührte Atisha so tief, daß er die Einladung annahm. Es gelang ihm, den rauhen und widerspenstigen Tibetern den kostbaren Kadam-Dharma zu lehren, und sie gaben ihm Liebe und Dankbarkeit zurück. Der reine Buddhadharma, den er lehrte, blühte in ganz Tibet und auch in anderen Ländern. Seit jener Zeit haben zahllose Wesen bedeutenden Nutzen aus Yeshe Ös geschickter Handlung, sein Leben freiwillig aufzugeben, gezogen, und sie tun es heute noch. Diese Geschichte wird ausführlich im *Freudvollen Weg* beschrieben.

Andererseits gibt es vielleicht auch Situationen, in denen es jemanden freut, wenn wir unser Leben aufgeben, aber gleichzeitig wird unsere Möglichkeit zerstört, vielen anderen zu helfen. Erkennen wir, daß wir mehr Leuten nützen können, indem wir am Leben bleiben, sollten wir unser Leben nicht aufgeben. Wird jemand wütend und droht uns damit, uns umzubringen, können wir sogar kämpfen, um unser Leben zum Wohl der vielen zu schützen. Buddha sagte, daß es ein gravierender Fehler wäre, unseren Körper aus einem geringfügigen Grund aufzugeben oder unsere Gesundheit unnötig zu gefährden, da dies ein großes Hindernis für unsere spirituelle Praxis bedeuten würde.

Normalerweise sollten wir versuchen, anderen eine Freude zu bereiten, indem wir ihren Wünschen nachkommen und auch Kritik oder Probleme, mit denen sie uns konfrontieren, annehmen. Allerdings wäre dies nicht ratsam, wenn beispielsweise die Wünsche einer bestimmten Person Schaden verursachen und zu unnötigem Leiden führen würden. Bäte uns zum Beispiel jemand, ihm bei einem Banküberfall zu helfen, oder würde unser Kind uns bitten, ihm eine Angel zu kaufen oder ein Gewehr, um Vögel zu schießen, sollten wir uns natürlich weigern. Wir müssen von unserer Weisheit Gebrauch machen und nicht einfach blindlings allem zustimmen, worum wir gebeten werden.

Verbringen wir den größten Teil unserer Zeit damit, uns nach den Wünschen anderer zu richten, kann es auch geschehen, daß uns keine Zeit mehr für das Studium des Dharmas, die Kontemplation und die Meditation bleibt. Außerdem haben viele Leute unangebrachte Wünsche und nutzen uns vielleicht aus. Wenn wir uns nicht jeden Tag etwas Zeit zum Meditieren nehmen, wird es sehr schwierig sein, in unserem Alltag einen friedvollen und positiven Geist zu bewahren, und unsere gesamte spirituelle Praxis wird darunter leiden. Da es der wahre Sinn der Meditation ist, unsere Fähigkeit, anderen zu helfen, auszubauen, ist es nicht egoistisch, sich täglich Zeit zum Meditieren zu nehmen. Wir müssen unsere Zeit und Energie so einteilen, daß wir von größtmöglichem Nutzen für andere sein können. Um dabei effektiv zu sein, benötigen wir etwas Zeit für uns selbst, damit wir unsere Kräfte erneuern, unsere Gedanken sammeln und die Dinge im rechten Licht sehen können.

Wird Praktizierenden der Geistesschulung Schaden zugefügt, so nehmen sie ihr Leiden geduldig an. Dies bedeutet jedoch nicht, daß sie keinen Versuch unternehmen, unverletzt zu bleiben. Es ist falsch zu denken, daß wir es anderen erlauben können, uns zu schaden, nur weil wir versuchen, Geduld zu praktizieren, und unseren Geist der Selbst-Wertschätzung zerstören wollen. Tatsächlich haben wir die Pflicht, uns vor Schaden zu schützen, denn gelingt es anderen, uns zu schaden, so erschaffen sie damit die Ursache für großes zukünftiges Leiden. Bodhisattvas verwenden alle ihnen zur Verfügung stehenden befriedenden und zornvollen Mittel, um andere daran zu hindern, ihnen zu schaden. Ihre Motivation besteht jedoch ausschließlich darin, andere davor zu bewahren, negatives Karma zu erzeugen, und sich selbst die Möglichkeit zu sichern, anderen von Nutzen zu sein. Obwohl es nach außen hin so erscheinen mag, als ob sie aus Eigeninteresse handeln würden, beschützen sie in Wirklichkeit ihren Körper und ihr Leben aus Mitgefühl für alle Lebewesen.

Es ist sehr schwierig, nur anhand der äußeren Handlungen einer Person zu beurteilen, ob ihre Dharma-Praxis rein ist oder nicht. Nach vielen Jahren des Zusammenlebens gelingt es uns vielleicht allmählich, die wahre Motivation eines anderen Menschen zu verstehen, aber aufgrund des äußeren Verhaltens allein ist dies nicht möglich.

Ferner ist es sinnlos, unnötig Leiden zu ertragen und zum Beispiel medizinische Hilfe abzulehnen, wenn wir ernsthaft krank sind. Wir mögen denken: «Als Praktizierender der Geistesschulung kann ich alle meine Probleme allein durch meine innere Kraft lösen.» Tatsächlich aber brechen wir durch die Ablehnung von Hilfe unsere Verpflichtung der Geistesschulung: «Bleibe natürlich, während du dein inneres Streben veränderst.» Gemäß der Kadampa-Tradition von Je Tsongkhapa sollten wir die Konventionen der normalen Gesellschaft einhalten, selbst wenn wir hohe Realisationen haben. Da es üblich ist, bei Krankheit medizinische Behandlung in Anspruch zu nehmen, sollten wir nicht zu viel Aufmerksamkeit auf uns lenken und diese ablehnen, wenn die Behandlung von Nutzen ist, selbst wenn wir geistig stark genug wären, den Schmerz ohne fremde Hilfe zu ertragen. Die Tradition Je Tsongkhapas, äußerlich wie eine gewöhnliche Person zu erscheinen, während wir innerlich besondere Geisteszustände wie allumfassendes Mitgefühl und Liebe entwickeln, ist sehr praktisch und schön.

Wir meinen vielleicht, daß sich unsere Leiden und Probleme vervielfachen und uns völlig überwältigen würden, wenn wir die ganze Zeit geduldig die Niederlage annehmen praktizieren. Tatsächlich aber verringert die Praxis der Geduld immer unser Leiden, weil wir den Schwierigkeiten, die wir haben, nicht auch noch geistiges Leiden hinzufügen. Da Leiden, Sorgen, Depressionen und Schmerz Gefühle sind, sind sie Geistesarten, und es folgt, daß sie innerhalb und nicht außerhalb unseres Geistes existieren. Bleibt unser Geist aufgrund der Praxis der Geduld ruhig und glücklich, wenn wir widrige Umstände erfahren, haben wir kein Problem. Wir stecken möglicherweise in einer Krise oder sind vielleicht sogar krank oder verletzt, doch wir sind frei von Schmerzen. Indem wir unseren Geist auf diese Weise kontrollieren, werden unsere Schmerzen, unsere Sorgen und unsere Depressionen verschwinden, und wir finden wahres inneres Glück. Behalten wir in schwierigen Situationen einen friedvollen Geist, ist es zudem viel wahrscheinlicher, Lösungen zu finden und konstruktiv zu reagieren. Die Praxis der Geistesschulung ist sehr sanft. Sie verlangt keine körperlichen Entbehrungen und Unannehmlichkeiten, sondern beschäftigt sich hauptsächlich mit der inneren Aufgabe, unseren Geist zu kontrollieren und umzuwandeln. Haben wir einmal gelernt, wie man das macht, werden wir die wahre Bedeutung dieser Unterweisungen verstehen.

Zusammenfassend kann man sagen: Wenn wir den Wunsch haben, anderen wirkungsvoll zu helfen, müssen wir auf jeden Fall in der Lage sein, unsere Probleme anzunehmen, ohne wütend zu werden oder entmutigt zu sein. Anderen zu helfen ist nicht immer einfach – es bringt oft beträchtliche Schwierigkeiten und Unannehmlichkeiten mit sich und macht es erforderlich, entgegen den Wünschen unseres Geistes der Selbst-Wertschätzung zu handeln. Wenn wir dies nicht akzeptieren können, wird das Eingehen der Verpflichtung, anderen zu nützen, nur halbherzig und instabil sein. Entwickeln wir jedoch die Fähigkeit, unsere eigenen Probleme geduldig anzunehmen, werden wir die geistige Kraft besitzen, uns darin zu schulen, die Leiden anderer auf uns zu nehmen und ihnen Glück zu schenken. Allmählich werden wir die innere Realisation, die Niederlage anzunehmen und den Sieg anzubieten, entwickeln, und nichts wird die Kraft haben, uns von unseren hilfreichen Aktivitäten abzuhalten.

Nehmen und Geben

Nehmen und Geben

Mit der Praxis von Nehmen und Geben können wir unsere Liebe und unser Mitgefühl weiter verbessern. In Abhängigkeit von dieser Praxis können wir einen ganz besonderen Bodhichitta entwickeln, der den eigentlichen Pfad zur Buddhaschaft darstellt.

Wenn wir zu Beginn über Nehmen und Geben meditieren, können wir nicht wirklich die Leiden anderer auf uns nehmen und ihnen auch nicht unser Glück schenken. Indem wir uns aber vorstellen, es jetzt zu tun, schulen wir unseren Geist darin, es in der Zukunft tun zu können. Wir sollten nicht zu viel darüber nachdenken, wie es möglich ist, die Leiden anderer allein durch die Kraft der Vorstellung zu lindern. Statt dessen sollten wir das Nehmen und Geben ganz einfach mit einer guten Motivation praktizieren und verstehen, daß es eine überragende Methode ist, unsere Verdienste zu vermehren und unsere Konzentration zu verbessern. Diese Praxis reinigt außerdem unsere Nichttugenden und Verblendungen, insbesondere unsere Selbst-Wertschätzung, und läßt unsere Liebe und unser Mitgefühl sehr stark werden. Durch schrittweise Schulung wird unsere Meditation über das Nehmen und Geben so stark, daß wir die Fähigkeit entwickeln werden, das Leiden anderer direkt auf uns zu nehmen und ihnen Glück zu schenken.

Es gibt viele Beispiele von vollendeten buddhistischen Yogis, die ihre Konzentration verwendeten, um das Leiden anderer Wesen, mit denen sie eine karmische Verbindung haben, auf sich zu nehmen. Es wird die Geschichte erzählt von einem indischen Meister des Buddhismus namens Maitriyogi, der den Schmerz eines Hundes, der geschlagen worden war, auf sich nahm, so daß die Wunden auf seinem eigenen statt auf dem Körper des Hundes erschienen. Der große tibetische Yogi Milarepa hatte die Meditation über das Nehmen und Geben vollkommen gemeistert. Einmal nahm er das Leiden eines kranken Mannes auf sich. Dieser aber glaubte nicht, daß er dank Milarepa frei von Schmerzen war. Um es zu beweisen, gab ihm Milarepa die Schmerzen zurück, und als dem Mann die Schmerzen zu stark wurden, übertrug Milarepa sie auf eine Tür, die darauf zu zittern anfing! Vertrauensvoll Praktizierende des Buddhismus glauben, wenn ihr Spiritueller Meister krank ist, daß er in Wirklichkeit die Leiden anderer auf sich nimmt. Auch viele Christen glauben, daß Jesus die Leiden der Menschen auf sich nahm, als er es zuließ, gekreuzigt zu werden. Es ist gut möglich, daß Jesus Nehmen praktizierte, als er am Kreuz hing.

Wenn Buddhas und hohe Bodhisattvas die Kraft haben, das Leiden anderer direkt auf sich zu nehmen und ihnen Glück zu schenken, fragen wir uns vielleicht, weshalb die Lebewesen noch immer leiden. Weil Buddhas diese Kraft haben, gewähren sie allen Lebewesen unablässig Segnungen. Als unmittelbare Folge des Empfangens dieser Segnungen erfährt jedes einzelne Lebewesen, Tiere und Höllenwesen eingeschlossen, gelegentlich Geistesfrieden, und in diesen Momenten sind sie glücklich und frei vom Leiden der manifesten Schmerzen. Der einzige Weg aber, wie Lebewesen die beständige Befreiung von Leiden erreichen können, ist der, Buddhas Lehren tatsächlich in die Praxis umzusetzen. So wie ein Arzt eine Krankheit nur heilen kann, wenn der Patient das verordnete Medikament auch tatsächlich einnimmt, so können Buddhas unsere innere Krankheit der Verblendungen nur heilen, wenn wir das Heilmittel des Dharmas auch wirklich anwenden. In den Sutras heißt es:

> Buddhas können die Leiden der fühlenden Wesen
> nicht mit ihren Händen entfernen,
> Oder das Böse von ihrem Geist mit Wasser abwaschen
> Oder ihnen ihre Realisationen wie ein Geschenk
> überreichen;
> Aber sie können sie zur Befreiung führen, indem sie
> die endgültige Wahrheit enthüllen.

Sind die Fensterläden unseres Hauses geschlossen, so kann nur wenig Licht eindringen, und es wird kalt und dunkel bleiben, selbst wenn draußen die Sonne scheint; öffnen wir sie aber, werden die warmen Sonnenstrahlen hineinströmen. Obwohl die Sonne der Segnungen Buddhas unablässig scheint, können nur wenige Segnungen eindringen und unser Geist bleibt kalt und dunkel, wenn er durch fehlendes Vertrauen verschlossen ist; wenn wir jedoch starkes Vertrauen entwickeln, wird sich unser Geist öffnen und das volle Sonnenlicht von Buddhas Segnungen wird hineinströmen. Vertrauen ist die Lebenskraft der spirituellen Praxis. Wir müssen unerschütterliches Vertrauen in Buddhas Lehren besitzen, sonst werden wir niemals die Energie aufbringen, diese Unterweisungen in die Praxis umzusetzen.

NEHMEN MITTELS MITGEFÜHL

Für nichtmenschliche Wesen, d. h. für Tiere oder sogar Götter, bringt Leiden nur Kummer und Unglück, und sie können nichts aus ihrem Schmerz lernen. Im Gegensatz dazu können Menschen, die dem Buddhadharma begegnet sind, sehr viel aus ihrem Leiden lernen. Für uns Menschen kann Leiden ein großer Ansporn sein, Entsagung, Mitgefühl und Bodhichitta zu entwickeln, und es kann uns ermutigen, eine aufrichtige Reinigungspraxis durchzuführen.

Als junger Mann war der tibetische Laien-Lama Je Gampopa sehr glücklich mit einer schönen, jungen Frau verheiratet. Aber schon bald wurde die Frau krank und starb. Wegen seiner starken Anhaftung an seine Frau war Gampopa von tiefer Trauer überwältigt. Sein Verlust ließ ihn jedoch erkennen, daß Tod und Unbeständigkeit die eigentliche Natur Samsaras sind, und dies wiederum ermutigte ihn dazu, durch reine Dharma-Praxis die beständige Befreiung von Samsara zu suchen. Zuerst verließ er sich auf verschiedene Kadampa-Geshes und praktizierte Kadam-Lamrim, und später begegnete er Milarepa und erhielt die Mahamudra-Anweisungen. Indem er alle Unterweisungen praktizierte, die er gehört hatte, wurde er schließlich ein großer Meister, der viele Wesen auf dem spirituellen Pfad führte. Anhand dieses Beispiels können wir sehen, daß Leiden für qualifizierte Dharma-Praktizierende viele gute Eigenschaften hat. Für diese Praktizierenden gleichen Samsaras Leiden einem Spirituellen Meister, der sie auf dem Pfad zur Erleuchtung führt.

Shantideva sagt:

Außerdem hat Leiden gute Eigenschaften.
Durch Kummer wird Stolz vertrieben,

Mitgefühl entsteht für diejenigen, die in Samsara
gefangen sind,
Das Böse wird gemieden, und Freude wird an der
Tugend gefunden.

Weil wir die guten Eigenschaften des Leidens verstehen, sollten wir uns über die Möglichkeit freuen, Nehmen mittels Mitgefühl praktizieren zu können.

UNSERE EIGENEN ZUKÜNFTIGEN LEIDEN AUF UNS NEHMEN

Um uns auf die eigentliche Meditation, die Leiden anderer auf uns zu nehmen, vorzubereiten, können wir damit beginnen, unsere eigenen zukünftigen Leiden auf uns zu nehmen. Diese Meditation ist eine kraftvolle Methode, unser negatives Karma, die Hauptursache für unsere zukünftigen Leiden, zu reinigen. Wenn wir die Ursache für unsere zukünftigen Leiden entfernen, fehlt die Grundlage, um die Auswirkung zu erfahren. Uns von zukünftigen Leiden zu befreien ist wichtiger als uns von gegenwärtigen Leiden zu entlasten, weil unsere Leiden in der Zukunft endlos sein werden, während die gegenwärtigen Leiden nur ein kurzes Leben lang bestehen. Deshalb sollten wir uns darin schulen, unsere zukünftigen Leiden auf uns zu nehmen, solange wir noch die Möglichkeit haben, die Ursachen dieser Leiden zu reinigen. Diese Praxis dient auch dazu, unsere Selbst-Wertschätzung zu verringern, die der Hauptgrund dafür ist, daß wir es so schwierig finden, unsere Leiden zu ertragen, und sie stärkt außerdem unsere Geduld. Wenn wir durch die Praxis, unsere eigenen Leiden geduldig anzunehmen, unsere widrigen Umstände freudig ertragen können, wird es auch nicht schwierig sein, die Leiden anderer auf uns zu nehmen. Auf diese Weise erwerben wir die Fähigkeit, unser eigenes Leiden zu verhindern und anderen von Nutzen zu sein. Haben wir dies verstanden, fassen wir den Entschluß, unsere Nichttugenden zu reinigen, indem wir ihre Folgen jetzt auf uns nehmen.

Wir stellen uns vor, daß sich alle Leiden, die wir in der Zukunft als Mensch, Gott, Halbgott, Tier, Hungriger Geist oder Höllenwesen erfahren werden, in der Form von schwarzem Rauch sammeln und sich in unserem Ursprungsgeist bei unserem Herzen auflösen. Wir stellen uns intensiv vor, daß dies die negativen Potentiale, die die Ursache für unsere zukünftigen Leiden sind, in unserem Geist reinigt. Dann erzeugen wir ein Gefühl der Freude und meditieren über dieses Gefühl so lange wie möglich. Wir sollten diese Meditation, unsere zukünftigen Leiden auf uns zu nehmen, viele Male wiederholen, bis wir Zeichen erhalten, daß unser negatives Karma gereinigt worden ist. Die Freude, die wir durch das Ausführen dieser Meditation erfahren, ermutigt uns, aufrichtig die Leiden anderer Lebewesen mittels Mitgefühl auf uns nehmen zu wollen.

Eine weitere Vorbereitung auf die eigentliche Meditation, die Leiden anderer anzunehmen, sind Gebete. Es ist sehr einfach, Gebete zu sprechen, und wenn wir es mit einem guten Herzen und starker Konzentration tun, sind sie sehr kraftvoll. Während wir uns auf die Bedeutung konzentrieren und glauben, daß sich der lebendige Buddha Shakyamuni vor uns befindet, beten wir:

Deshalb, o mitfühlender, Ehrwürdiger Guru, erbitte ich
  Deine Segnungen,
Damit all die Leiden, Negativität und Hindernisse der
  fühlenden Mutterwesen
Gleich jetzt in mir reifen.

Wir empfinden Freude bei dem Gedanken, die Leiden aller Lebewesen auf uns zu nehmen, und behalten dieses besondere Gefühl so lange wie möglich. Indem wir dieses Gebet Tag und Nacht wiederholen, stärken wir unseren aufrichtigen Wunsch unaufhörlich, die Leiden anderer auf uns zu nehmen. Dann führen wir die eigentliche Meditation aus, die Leiden anderer auf uns zu nehmen.

DIE VORTEILE, DIE LEIDEN ANDERER AUF UNS ZU NEHMEN

Die Praxis, die Leiden aller Lebewesen auf uns zu nehmen, hat fünf Hauptvorteile: (1) unser negatives Karma wird gereinigt, (2) unsere Verdienste werden zunehmen, (3) unser Mitgefühl wird stärker, (4) wir werden einen sehr starken Geist entwickeln, der Widrigkeiten mutig ertragen kann, und (5) unser Mitgefühl wird sich schließlich in das allumfassende Mitgefühl eines Buddhas verwandeln.

Zur Zeit gleicht unser Geist einer offenen Wunde: bei der geringsten Schwierigkeit schrecken wir bestürzt zurück. Mit einem derart schwachen Geist beeinträchtigen selbst kleine Probleme unsere Dharma-Praxis. Schulen wir uns jedoch im Nehmen, können wir unseren Geist stärken, bis er unerschütterlich wird. Die Kadampa-Geshes pflegten in ihren Gebeten um einen Geist zu bitten, der so stark und stabil ist wie der Amboß eines Schmiedes und der auch bei den härtesten Schlägen nicht zerbricht. Wir brauchen einen starken und stabilen Geist, der von keiner Härte, mit der uns das Leben konfrontiert, gestört wird. Mit einem solchen Geist gleichen wir Helden oder Heldinnen, und nichts kann unseren Fortschritt auf dem Weg zur Erleuchtung beeinträchtigen.

Diejenigen, die eine tiefe Erfahrung in der Praxis des Nehmens haben, können ihre eigenen Wünsche und die Wünsche anderer mit Leichtigkeit erfüllen. Weshalb ist das so? Der Grund dafür liegt in der großen Anzahl ihrer Verdienste und darin, daß ihre Wünsche immer rein und durch Mitgefühl motiviert sind. Sie können ihre Wünsche sogar allein mit Hilfe von Gebeten erfüllen oder einfach dadurch, daß sie die Wahrheit kundtun.

Es gibt viele Geschichten über Bodhisattvas, die durch die Kraft ihrer Wahrheitserklärung Wundertaten vollbrachten. Diese Deklarationen sind sehr wirksam, weil sie durch Bodhichitta motiviert sind, und Bodhichitta schöpft seine Kraft aus Großem Mitgefühl. Als ich als junger Mönch am Kloster Jampaling im westlichen Tibet lebte, war ich einige Monate schwer krank. Als die Schmerzen so schlimm wurden, daß ich sie kaum mehr ertragen konnte, kam mein Lehrer Geshe Palden zu mir. Er besaß eine gesegnete Mala, von der er uns schon oft erzählt hatte, wie bemerkenswert sie sei. Wir hatten jedoch immer geglaubt, daß er nur scherzte, aber diesmal stand er an meinem Bett und sagte zu mir: «Wenn es wahr ist, daß meine Mala vom Weisheits-Buddha Manjushri gesegnet wurde, dann sollst du schnell geheilt werden.» Darauf segnete er mich, indem er meinen Scheitel mit der Mala berührte. Schon bald danach hatte ich mich vollkommen erholt.

DIE EIGENTLICHE MEDITATION ÜBER DAS NEHMEN

Es gibt zwei Arten der Schulung im Nehmen mittels Mitgefühl. Die erste Methode ist, sich allgemein auf alle Lebewesen zu konzentrieren und ihre Leiden auf sich zu nehmen, und die zweite ist, daß man sich auf ein einzelnes Lebewesen oder eine bestimmte Gruppe konzentriert und sich dabei vorstellt, ihre besonderen Leiden auf sich zu nehmen.

Um die erste Methode zu praktizieren, stellen wir uns vor, daß wir von allen Mutterlebewesen umgeben sind. Aus glückverheißenden Gründen und um uns zu helfen, leichter mit ihnen in Verbindung zu treten, können wir alle Wesen in menschlicher Gestalt visualisieren, sollten uns aber daran erinnern, daß jedes einzelne die Leiden seines eigenen besonderen Bereiches erfährt. Eine klare Vorstellung ist nicht nötig – ein grobes geistiges Bild ist ausreichend.

Anschließend entwickeln wir Mitgefühl für alle diese Lebewesen, indem wir über ihre Leiden nachdenken. Menschen durchleben die Schmerzen der Geburt, der Krankheit, des Alterns und des Todes, der Armut, des Hungers und Durstes, sie treffen auf widrige Umstände und ihre Wünsche werden nicht erfüllt, sie werden von ihren Lieben getrennt und erleiden außerdem sehr viel weiteren Kummer. Tiere erfahren die gleichen Leiden, aber sehr viel intensiver. Zusätzlich leiden sie unter großer Unwissenheit, Ausbeutung durch die Menschen und leben in ständiger Angst, von anderen Tieren getötet zu werden. Hungrige Geister erfahren die Leiden von schrecklichem Hunger und großem Durst, und Höllenwesen erfahren unvorstellbare Leiden durch Hitze und Kälte. Selbst die Götter, die ihr Leben hauptsächlich damit verbringen, die Freuden Samsaras zu genießen, sind nicht frei von Leiden. Ihre Freuden, ihre Umwelt und ihre Körper sind verunreinigt und von der Natur von Leiden, und sie durchleben große Qualen zum Zeitpunkt des Todes. Weil auch sie unter der Kontrolle ihrer Verblendungen stehen, sind sie nicht frei von samsarischer Wiedergeburt und müssen unaufhörlich, von Leben zu Leben, Samsaras Leiden erfahren.

Während wir uns auf alle Lebewesen der sechs Bereiche konzentrieren und über ihre Leiden nachdenken, überlegen wir:

Diese Lebewesen sind meine Mütter und haben mir große Güte entgegengebracht. Sie ertrinken alle im Ozean von Samsara und erfahren unerträgliche Leiden, Leben für Leben. Wie wunderbar wäre es, wenn sie frei von Leiden wären! Mögen sie frei von Leiden sein! Ich selbst werde sie befreien.

Mit dieser mitfühlenden Motivation beten wir:

Möge das negative Karma und das Leiden aller Lebewesen in mir reifen und mögen somit alle Lebewesen von Leiden und ihren Ursachen befreit sein.

Mit diesem tiefempfundenen Gebet stellen wir uns vor, daß sich alles Leiden, die Angst, das negative Karma und die Verblendungen der Menschen, Götter, Halbgötter, Tiere, Hungrigen Geister und Höllenwesen in der Form von schwarzem Rauch sammeln und sich in unser Herz auflösen. Wir entwickeln die Überzeugung: «Mein Geist der Selbst-Wertschätzung hat aufgehört und alle Lebewesen haben die beständige Befreiung von Leiden erlangt.» Wir erzeugen Freude und meditieren eingerichtet über dieses Gefühl so lange wie möglich. Während wir uns an die fünf Hauptvorteile erinnern, die Leiden aller Lebewesen auf uns zu nehmen, wiederholen wir diese Meditation immer wieder, bis wir eine tiefe Erfahrung gewinnen.

Wir denken vielleicht, daß wir uns nur etwas vormachen und nicht wirklich alle Lebewesen von ihren Leiden befreit haben. Es hat aber keinen Sinn so zu denken. Es stimmt, daß wir anfangs nicht die Kraft haben, das Leiden anderer direkt auf uns zu nehmen; wenn wir jedoch immer wieder mit Überzeugung darüber meditieren, daß wir ihre Leiden auf uns genommen haben, werden wir allmählich die tatsächliche Kraft entwickeln, es zu tun. Dies ähnelt der tantrischen

Praxis, das Resultat in den Pfad zu bringen, wonach wir allmählich ein Buddha werden, indem wir uns deutlich vorstellen, daß wir schon ein Buddha sind. Tatsache ist, daß wir niemals in der Lage sein werden, Erleuchtung zu erlangen, wenn wir uns dies nicht einmal vorstellen können! In den Unterweisungen der Geistesschulung heißt es, daß die Praxis des Nehmens und Gebens der Praxis des Geheimen Mantras oder Tantras ähnlich ist.

Wie ist es möglich, daß etwas, was nur in unserer Vorstellung existiert, Wirklichkeit wird? Es ist eine bemerkenswerte Eigenschaft des Geistes, daß wir Objekte zuerst in unserer Vorstellung erschaffen und sie dann in unsere alltägliche Realität einbringen. Tatsächlich beginnt alles in der Vorstellung. Das Haus zum Beispiel, in dem wir leben, wurde zuerst einmal in der Vorstellung des Architekten erschaffen. Der Architekt brachte dann einen Entwurf zu Papier, der als Plan für das tatsächliche Gebäude diente. Wenn sich niemand unser Haus zuerst vorgestellt hätte, wäre es nie gebaut worden. In Wirklichkeit ist unser Geist der Schöpfer von allem, was wir erfahren. Alle äußeren Errungenschaften, wie Geld, Autos und Computer, wurden in Abhängigkeit von der Vorstellungskraft von irgend jemandem entwickelt; wenn sich niemand diese Dinge vorgestellt hätte, wären sie nie erfunden worden. Das gleiche gilt für alle inneren Schöpfungen und alle Dharma-Realisationen. Selbst Befreiung und Erleuchtung entwickeln sich in Abhängigkeit von der Vorstellungskraft. Deshalb ist die Vorstellungsgabe sowohl für weltliche als auch für spirituelle Erlangungen von größter Bedeutung.

Wenn wir uns etwas vorstellen, was theoretisch existieren könnte, und dann unseren Geist lange genug damit vertraut werden lassen, wird es unserem Geist schließlich direkt erscheinen, zuerst unserem geistigen Gewahrsein und später sogar unserem Sinnesgewahrsein. Solange das Objekt noch ein vorgestelltes Objekt ist, ist der Geist, der es festhält, nur ein Glaube. Ist das Objekt nützlich, so ist es ein korrekter Glaube, und ruft das Objekt Verblendungen hervor, ist es ein unkorrekter Glaube. Ein Glaube ist ein begrifflicher Geist, der sein Objekt mittels eines allgemeinen Bildes dieses Objektes festhält. Meditieren wir lange genug über einen korrekten Glauben, wird das allgemeine Bild immer transparenter werden, bis es völlig verschwunden ist und wir das Objekt direkt wahrnehmen. Das vorgestellte Objekt ist dann zu einem realen Objekt geworden. Indem wir über den nützlichen Glauben meditieren, daß wir alle fühlenden Wesen befreit und unseren Geist der Selbst-Wertschätzung zerstört haben, werden wir es schließlich tatsächlich vollbringen können. Unser korrekter Glaube wird sich dann in einen gültigen Erkenner, eine völlig verläßliche Geistesart, verwandelt haben.

In der zweiten Art der Schulung im Nehmen mittels Mitgefühl nehmen wir die besonderen Leiden von Einzelpersonen oder von einzelnen Gruppen von Leuten in den unendlichen Welten auf uns. Wir konzentrieren uns zum Beispiel auf alle Lebewesen in den endlosen Welten, die unter Krankheiten leiden, und entwickeln Mitgefühl und denken: «Wie wunderbar wäre es, wenn diese Lebewesen beständige Befreiung von ihren Leiden erfahren würden.» Wir beten: «Mögen sie frei von Leiden sein.» Und wir fassen den Entschluß: «Ich selbst werde sie befreien.» Wir stellen uns vor, daß sich alle ihre Leiden in der Form von schwarzem Rauch sammeln und sich in unserem Herzen auflösen. Wir entwickeln die feste Überzeugung, daß wir unsere Selbst-Wertschätzung zerstört haben und daß alle Lebewesen die beständige Befreiung vom Leiden der Krankheit erlangt haben. Wir erfahren Freude und meditieren so lange wie möglich über dieses Gefühl.

In gleicher Weise können wir uns auf alle Leute in den unendlichen Welten konzentrieren, die unter dem Alter, dem Tod oder Armut oder unter dem Verlust ihrer Angehörigen, ihrer Freunde oder ihrer Freiheit leiden. Mit der Motivation von Mitgefühl beten wir und führen die Meditation aus, ihre Leiden auf uns zu nehmen. Wir können unsere Konzentration auch auf irgendeine einzelne leidende Person richten, und mit dem Geist des Mitgefühls beten und meditieren wir darüber, ihre Leiden auf uns zu nehmen.

Immer wenn wir ein besonderes Problem haben, ob durch Krankheit, fehlende Mittel oder durch unsere Verblendungen, können wir an die zahllosen fühlenden Wesen denken, die unter ähnlichen Problemen leiden, und uns dann mit einer mitfühlenden Motivation vorstellen, ihre Leiden auf uns zu nehmen. Das wird uns helfen, mit unserem eigenen Problem fertigzuwerden, und indem es das negative Karma reinigt, welches das Problem in die Länge zieht, kann uns diese Meditation sogar von unserem Problem befreien. Leiden wir zum Beispiel unter starker Anhaftung, so können wir über all diejenigen nachdenken, die ebenfalls unter Anhaftung leiden. Wir entwickeln Mitgefühl für sie und stellen uns vor, daß wir ihre Anhaftung zusammen mit dem Leiden, das sie verursacht, auf uns nehmen. Das ist eine wirksame Methode, unsere eigene Anhaftung zu zerstören.

Nehmen, das durch Mitgefühl motiviert ist, ist ein äußerst reiner Geist, der frei von Selbst-Wertschätzung ist. Aus diesem Grund werden wir, wenn wir in unserer Todesstunde in der Lage sind, darüber zu meditieren, die Leiden anderer auf uns zu nehmen, auf jeden Fall eine höhere Wiedergeburt erfahren, sei es in einem Reinen Land oder als Mensch mit allen nötigen Voraussetzungen zur Weiterführung unserer spirituellen Praxis.

Zum Abschluß unserer Meditationssitzung über das Nehmen widmen wir unsere Verdienste der Befreiung aller fühlenden Wesen von ihren Leiden und Problemen sowie dem dauerhaften Frieden in dieser Welt.

GEBEN MITTELS LIEBE

Wir konzentrieren uns auf alle Lebewesen und denken:

Diese Mutterwesen suchen Leben für Leben nach Glück. Sie wollen alle glücklich sein. In Samsara jedoch gibt es nirgendwo echtes Glück. Ich werde ihnen gleich jetzt das erhabene Glück beständigen inneren Friedens geben.

Wir meditieren kurze Zeit über diese wünschende Liebe und stellen uns dann vor, daß sich unser Körper durch unseren reinen Geist der wünschenden Liebe und unsere große Ansammlung von Verdiensten in ein wunscherfüllendes Juwel verwandelt, das die Kraft hat, die Wünsche jedes einzelnen Lebewesens zu erfüllen. Unendlich viele Lichtstrahlen gehen von unserem Körper aus und durchdringen das ganze Universum, erreichen die Körper und den Geist aller Lebewesen und gewähren ihnen das erhabene Glück beständigen inneren Friedens. Wir sind überzeugt, daß alle Lebewesen diesen inneren Frieden erleben, freuen uns darüber und meditieren so lange wie möglich über dieses Gefühl.

Möchten wir ausführlicher über das Geben meditieren, können wir uns vorstellen, daß das Licht, das wir ausstrahlen, alle individuellen Bedürfnisse und Wünsche eines jeden Lebewesens erfüllt. Die Menschen erhalten gute Freunde, gemütliche Häuser, gute Arbeit, köstliches Essen, schöne Kleidung und alles, was sie sich sonst noch wünschen oder benötigen. Die Tiere erhalten Nahrung, sichere und warme

Unterkünfte und verlieren ihre Angst; die Hungrigen Geister bekommen Essen und Trinken, die Wesen in den heißen Höllen kühlende Brisen und die Wesen in den kalten Höllen warmen Sonnenschein. Die Götter erhalten nichtverunreinigtes Glück und ein bedeutungsvolles Leben. Durch den Genuß dieser Objekte des Begehrens sind alle Lebewesen vollkommen zufriedengestellt und entwickeln nichtverunreinigte Glückseligkeit. Mit der Überzeugung, daß wir allen Lebewesen nichtverunreinigtes Glück gegeben haben, entwickeln wir Freude und meditieren über dieses Gefühl.

Obwohl wir uns in erster Linie gedanklich im Geben schulen, können wir Nehmen und Geben auch praktisch anwenden, wann immer sich uns die Gelegenheit bietet. Auf unserer derzeitigen Stufe können wir die Leiden anderer nicht kraft unserer Konzentration auf uns nehmen, oft aber können wir ihnen von praktischem Nutzen sein. Wir können die Schmerzen von Kranken lindern, indem wir sie gut versorgen, und wir können anderen bei der Arbeit helfen oder auch Aufgaben übernehmen, die sie nicht mögen. Schwierigkeiten, die beim Helfen auftreten, anzunehmen ist auch eine Art des Gebens. Wir können auch materielle Hilfe, unsere Arbeitskraft, unsere Fertigkeiten, Dharma-Unterweisungen oder guten Rat geben. Treffen wir Menschen, die deprimiert sind und Aufheiterung benötigen, können wir ihnen unsere Zeit und Liebe schenken.

Auch Tieren können wir behilflich sein. Insekten vor dem Ertrinken zu retten oder Würmer vorsichtig von der Straße aufzuheben, sind Beispiele dafür, Furchtlosigkeit oder Schutz zu geben. Selbst einer Maus zu gestatten, in unserem Abfalleimer zu wühlen, ohne uns darüber zu ärgern, kann eine Form des Gebens sein. Tiere wollen genauso glücklich sein wie wir, und sie haben unsere Hilfe sogar noch nötiger als die Menschen. Die meisten Menschen haben genügend Kraft, sich selbst zu helfen, Tiere jedoch stecken so tief in ihrer Unwissenheit, daß sie keinerlei Freiheit besitzen, ihre Situation zu verbessern. Tiere wurden in einer niedrigeren Existenzform wiedergeboren als Menschen. Wir sollten jedoch niemals auf sie herabschauen. Buddhas und Bodhisattvas besitzen völligen Gleichmut und schätzen Tiere und Menschen gleichermaßen.

Am Ende unserer Meditation über das Geben widmen wir unsere Verdienste, so daß alle Lebewesen wahres Glück finden mögen. Wir können aber auch besondere Widmungen machen und beten, daß Kranke wieder gesund werden, Arme Reichtum erlangen, Arbeitslose gute Arbeit, Erfolglose den Erfolg und die Ängstlichen Geistesfrieden finden und so weiter. Durch die Kraft unserer reinen Motivation und durch die Kraft und die Segnungen des Buddhadharmas können unsere Widmungen mit Sicherheit helfen, ganz besonders, wenn wir eine starke karmische Verbindung mit den Menschen haben, für die wir beten. Unsere Verdienste anderen zu widmen ist an sich eine Form des Gebens. Wir können Geben auch geistig in unserem Alltag praktizieren. Immer wenn wir Menschen sehen oder von Menschen lesen, die arm, krank, ängstlich, erfolglos oder unglücklich sind, können wir unsere wünschende Liebe für sie verstärken und unsere Verdienste ihrem Glück und ihrer Befreiung von Leiden widmen.

NEHMEN UND GEBEN IN VERBINDUNG MIT DER ATMUNG

Sind wir einmal vertraut mit den Meditationen über das Nehmen und Geben, können wir beide kombinieren und sie in Verbindung mit unserer Atmung ausüben. Wir beginnen, indem wir über Mitgefühl und Liebe für alle Lebewesen meditieren und den festen Entschluß entwickeln, ihre Leiden auf uns zu nehmen und ihnen reines Glück zu schenken. Mit diesem Entschluß stellen wir uns vor, daß wir die Leiden, die Verblendungen und Nichttugenden aller Lebewesen in der Form von schwarzem Rauch durch unsere Nase einatmen, der sich dann in unser Herz auflöst und unsere Selbst-Wertschätzung vollkommen zerstört. Beim Ausatmen stellen wir uns vor, daß unser Atem in der Form von Weisheitslicht, dessen Natur reines, nichtverunreinigtes Glück ist, das ganze Universum durchdringt. Jedes einzelne Lebewesen erhält das, was es benötigt und begehrt, und insbesondere das erhabene Glück beständigen inneren Friedens. Wir führen diesen Atemzyklus Tag und Nacht aus. Mit jedem Atemzug nehmen wir die Leiden aller Lebewesen auf uns und geben ihnen reines Glück, bis wir eine tiefe Erfahrung in dieser Praxis gewinnen.

Wenn wir diese Meditation über das Nehmen und Geben in Verbindung mit der Atmung einmal beherrschen, ist sie sehr wirksam, da eine enge Beziehung zwischen dem Atem und dem Geist besteht. Der Atem steht in Verbindung mit den inneren Energiewinden, die durch die Kanäle unseres Körpers fließen und als Fahrzeuge oder Träger für verschiedene Arten von Gewahrsein dienen. Indem wir unseren Atem für tugendhafte Zwecke nutzen, reinigen wir unsere inneren Winde, und wenn reine Winde durch unsere Kanäle fließen, entstehen ganz natürlich reine Geistesarten.

Viele Menschen praktizieren Atemmeditation. Die bekannteste Form ist, sich auf das Gefühl zu konzentrieren, das bei der Ein- und Ausatmung durch die Nasenlöcher entsteht. Atemmeditation dient der vorübergehenden Beruhigung des Geistes und reduziert ablenkende Gedanken. Sie besitzt jedoch nicht die Kraft, eine tiefe und nachhaltige Wandlung unseres Geistes herbeizuführen. Wird sie aber mit der Praxis des Nehmens und Gebens verbunden, hat sie die Kraft, unseren Geist von seinem derzeitigen elenden und ichbezogenen Zustand in den glückseligen und altruistischen Geist eines Bodhisattvas zu verwandeln. Sie verbessert unsere Konzentration, stärkt unsere Liebe und unser Mitgefühl in hohem Maße und sammelt Unmengen von Verdiensten an. Auf diese Weise wird die einfache Handlung des Atmens zu einer kraftvollen spirituellen Praxis. Zuerst führen wir diese Praxis nur in der Meditation aus, mit ausreichender Übung jedoch können wir sie zu jeder Zeit anwenden. Durch tiefe Vertrautheit mit dieser Praxis wird sich unser Geist schließlich in das Mitgefühl eines Buddhas verwandeln.

Über Nehmen und Geben zu meditieren kann außerdem sehr wirksam bei der Heilung von Krankheiten sein. Indem wir die Krankheiten und die Leiden anderer mit einem Geist des Mitgefühls auf uns nehmen, können wir das negative Karma reinigen, das die Fortdauer unserer Krankheit verursacht. Wenn wir krank sind, sollten wir immer medizinischen Rat suchen, doch es kann Zeiten geben, in denen uns Ärzte nicht helfen können. In Tibet gibt es viele Geschichten über Leute, die sich eigenhändig von sonst unheilbaren Krankheiten befreien, indem sie aufrichtig über Nehmen und Geben meditierten. So gab es einen Meditierenden namens Kharak Gomchen, der sich eine Krankheit zuzog, die die Ärzte nicht zu heilen vermochten. Da er glaubte, daß er sterben würde, gab er seinen gesamten Besitz weg als Darbringung an Avalokiteshvara und zog sich auf einen Friedhof zurück. Dort wollte er den letzten wenigen Wochen seines Lebens Bedeutung verleihen, indem er über Nehmen und Geben meditierte. Durch seine Praxis des Nehmens und Gebens aber reinigte er das Karma, das seine Krankheit aufrechterhielt, und zu jedermanns großer Überraschung kam er vollkommen geheilt nach Hause zurück. Dieses Beispiel zeigt uns, wie stark die Wirkung der Praxis von Nehmen und Geben sein kann.

Reinigen wir unser negatives Karma, so ist es einfach, selbst schwerste Krankheiten zu heilen. Meine Mutter erzählte mir von einem Mönch, den sie getroffen hatte. Er hatte sich mit Lepra angesteckt, und in der Hoffnung, seine Krankheit zu reinigen, pilgerte er zum Kailash im westlichen Tibet. Die Tibeter glauben, daß dieser Berg Buddha Herukas Reines Land ist. Der Mönch war sehr arm, und deshalb half ihm meine Mutter auf seinem Weg, indem sie ihm Essen und Unterkunft gab; das war sehr gütig, da die meisten Leute aus Angst vor Ansteckung Leprakranke mieden. Er blieb ungefähr sechs Monate in der Nähe des Kailash, und als Reinigungspraxis machte er Verbeugungen und umkreiste den heiligen Berg. Später, als er in der Nähe eines Sees schlief, träumte er, daß zahlreiche Würmer aus seinem Körper heraus und ins Wasser krochen. Als er aufwachte, fühlte er sich äußerst wohl und entdeckte später, daß er vollkommen geheilt war. Auf seinem Heimweg besuchte er meine Mutter und erzählte ihr, was geschehen war.

Wir können darüber nachdenken, daß wir seit anfangsloser Zeit zahllose Leben und Körper besessen haben, die wir jedoch alle für bedeutungslose Tätigkeiten verschwendet haben. Jetzt haben wir die Gelegenheit, unserem gegenwärtigen Körper die größte Bedeutung zu geben, indem wir ihn dazu verwenden, den Pfad des Mitgefühls und der Weisheit zu beschreiten. Wie wundervoll wäre es für unsere Welt, wenn viele Praktizierende von heute den Praktizierenden der Geistesschulung der Vergangenheit nacheifern könnten und wirkliche Bodhisattvas würden!

Das edelste gute Herz

Das edelste gute Herz

Das edelste gute Herz bedeutet in diesem Zusammenhang Bodhichitta. «Bodhi» ist der Sanskrit-Begriff für «Erleuchtung» und «chitta» ist das Wort für «Geist»; «Bodhichitta» bedeutet somit wörtlich «Erleuchtungsgeist» und wird als ein Geist definiert, der durch Großes Mitgefühl für alle Lebewesen motiviert, spontan die Erleuchtung anstrebt. Bodhichitta entsteht aus Großem Mitgefühl, und dieses hängt von wertschätzender Liebe ab. Wertschätzende Liebe kann man mit einem Feld, Mitgefühl mit den Samen, Nehmen und Geben mit der besten Methode, die Samen zur Reife zu bringen, und Bodhichitta mit der Ernte vergleichen. Die wertschätzende Liebe, die durch die Praxis des Austauschens vom Selbst mit anderen erzeugt wird, ist tiefgründiger als die wertschätzende Liebe, die durch andere Methoden entwickelt wird, und deshalb sind auch das resultierende Mitgefühl und der resultierende Bodhichitta tiefgründiger. Ohne Großes Mitgefühl kann der spontane Wunsch, alle Lebewesen von Leiden zu befreien – Bodhichitta – nicht in unserem Geist entstehen. Besitzen wir aber Großes Mitgefühl, insbesondere das Große Mitgefühl, das durch das Austauschen vom Selbst mit anderen erzeugt wird, dann wird Bodhichitta ganz natürlich entstehen. Die Stärke unseres Bodhichittas hängt vollkommen von der Stärke unseres Großen Mitgefühls ab.

Unter allen Dharma-Realisationen ist Bodhichitta die erhabenste. Dieser zutiefst mitfühlende Geist ist die eigentliche Essenz der Schulung eines Bodhisattvas. Das gute Herz von Bodhichitta zu entwickeln ermöglicht es uns, unsere Tugenden zu vervollkommnen, alle unsere Probleme zu lösen, unsere Wünsche zu erfüllen und die Kraft zu entwickeln, anderen auf die bestmögliche und nützlichste Art und Weise zu helfen. Bodhichitta ist der beste Freund, den wir haben, und die höchste Tugend, die wir entwickeln können. Im allgemeinen bezeichnen wir jemanden, der nett zu seinen Freunden ist, sich um seine Eltern kümmert und freizügig für gute Zwecke spendet, als einen guten Menschen; aber wieviel lobenswerter ist eine Person, die ihr ganzes Leben der Linderung der Leiden eines jeden fühlenden Wesens gewidmet hat! Atisha hatte viele Lehrer. Guru Serlingpa aber verehrte er mehr als alle anderen. Sobald er Serlingpas Namen hörte, verbeugte er sich. Als Atishas Schüler ihn fragten, weshalb er Serlingpa mehr schätze als seine anderen Lehrer, antwortete er: «Es ist der Güte Guru Serlingpas zu verdanken, daß ich fähig war, das gute Herz von Bodhichitta zu entwickeln.» Durch die Kraft seines Bodhichittas war Atisha in der Lage, jedem, dem er begegnete, große Freude und großes Glück zu schenken, und was immer er tat diente dem Wohl anderer.

Wie löst Bodhichitta alle unsere Probleme und erfüllt alle unsere Wünsche? Wie schon erklärt, existieren Probleme nicht außerhalb des Geistes: Es ist unsere geistige Einstellung, die eine Situation entweder in ein Problem oder in eine

Chance verwandelt. Besitzen wir Bodhichitta, haben negative Geisteszustände wie Anhaftung, Wut und Eifersucht keine Macht über uns. Können wir keine gut bezahlte Arbeit, kein gemütliches Zuhause oder keine guten Freunde finden, sind wir nicht unglücklich. Statt dessen werden wir denken: «Mein größter Wunsch ist, Erleuchtung zu erlangen. Es macht mir nichts aus, wenn ich diese weltlichen Errungenschaften nicht bekommen kann, die ohnehin nur dazu dienen, mich an Samsara zu fesseln.» Mit einem derart reinen Geist wird es keinen Grund für Selbstmitleid oder für Schuldzuweisungen geben, und nichts wird unseren Fortschritt auf dem Weg zur Erleuchtung behindern. Zudem werden wir mit dem höchst altruistischen Geist von Bodhichitta eine Vielzahl von Verdiensten erzeugen, da alle unsere Handlungen dem Wohl anderer dienen. Mit dieser Ansammlung von Verdiensten werden sich unsere Wünsche mit Leichtigkeit erfüllen, und wir werden gewaltige Fähigkeiten entwickeln, anderen von Nutzen zu sein; alle unsere Dharma-Aktivitäten werden erfolgreich sein.

Wir müssen über die Vorteile von Bodhichitta nachdenken, bis wir stark inspiriert sind, diesen seltenen und kostbaren Geist zu entwickeln. Eine ausführliche Darlegung dieser Vorteile kann in *Sinnvoll zu betrachten* und *Freudvoller Weg* gefunden werden.

Zur Zeit haben wir eine außergewöhnliche Gelegenheit, Bodhichitta zu entwickeln. Wir wissen jedoch nicht, wie lange unser Glück anhalten wird, und verschwenden wir diese Möglichkeit, wird sie nicht wiederkommen. Wir würden wahrscheinlich tiefes Bedauern verspüren, wenn wir eine Chance ungenutzt gelassen hätten, viel Geld zu verdienen, eine gute Arbeit zu bekommen oder einen attraktiven Partner zu finden. In Wirklichkeit hätten wir jedoch nicht viel verloren. Diese Dinge zu finden ist nicht allzu schwierig, und selbst wenn wir sie gefunden haben, bringen sie uns kein echtes Glück. Die einmalige Gelegenheit aber, Bodhichitta zu entwickeln, ist unwiederbringlich. Menschen haben die beste Möglichkeit zur spirituellen Entwicklung und von allen Arten der Wiedergeburt, die wir hätten erfahren können, wurden wir als Menschen geboren. Heutzutage haben die meisten Leute kein Interesse an spiritueller Entwicklung und von denjenigen, die interessiert sind, ist nur eine kleine Zahl dem Buddhadharma begegnet. Denken wir sorgfältig darüber nach, so wird uns klar werden, welch außergewöhnliches Glück wir besitzen, daß wir über diese kostbare Möglichkeit verfügen, das erhabene Glück der Buddhaschaft erlangen zu können.

BODHICHITTA ENTWICKELN

Obwohl wir Höheres Großes Mitgefühl entwickelt haben – den spontanen Wunsch, die Leiden aller fühlenden Wesen auf uns zu nehmen – erkennen wir, daß wir trotz unseres starken Wunsches, alle Lebewesen zu beschützen, zur Zeit nicht die Kraft haben, dies zu tun. Ähnlich einem Ertrinkenden, der einen anderen Ertrinkenden nicht retten kann, wie groß sein Wunsch auch sein mag, sind wir erst in der Lage, andere zu erlösen, wenn wir uns selbst von unserem Leiden und unseren geistigen Einschränkungen befreit haben. Wenn wir uns fragen, wer die tatsächliche Kraft hat, alle fühlenden Wesen zu beschützen, werden wir erkennen, daß nur ein Buddha dazu fähig ist. Nur ein Buddha ist frei von allen Fehlern und Einschränkungen und besitzt sowohl die allwissende Weisheit als auch die Fähigkeit, jedem einzelnen fühlenden Wesen im Einklang mit seinen individuellen

Bedürfnissen und Veranlagungen zu helfen. Nur ein Buddha hat das Ufer der Erleuchtung erreicht und ist in der Lage, alle Mutterwesen aus dem grausamen Ozean Samsaras zu befreien. Wenn wir gründlich darüber nachdenken, wird Bodhichitta ganz natürlich in unserem Geist entstehen. Wir denken:

> *Ich möchte alle Lebewesen vor Leiden beschützen, aber in meinem gegenwärtigen, begrenzten Zustand habe ich nicht die Kraft dazu. Da nur ein Buddha diese Kraft besitzt, muß ich so schnell wie möglich ein Buddha werden.*

Wir meditieren immer wieder über diesen Entschluß, bis er spontan entsteht.

Möchten wir eine Tasse Tee, so ist unser eigentlicher Wunsch, unser Hauptwunsch, Tee zu trinken. Um aber diesem Wunsch nachzukommen, entwickeln wir selbstverständlich zunächst den sekundären Wunsch, eine Tasse zu finden. In ähnlicher Weise ist es der eigentliche oder der Hauptwunsch all derjenigen, die Großes Mitgefühl besitzen, alle Lebewesen vor Leiden zu beschützen, doch sie wissen, daß sie zuerst selbst Buddhaschaft erlangen müssen, um diesen Wunsch erfüllen zu können, und daher entwickeln sie ganz natürlich den sekundären Wunsch, Erleuchtung zu erlangen. So wie das Auftreiben einer Tasse das Mittel ist, um unseren Wunsch zu erfüllen, Tee zu trinken, so ist Erleuchtung zu erlangen das Mittel, um unser endgültiges Ziel zu erreichen, allen Lebewesen von Nutzen zu sein.

Zuerst wird unser Bodhichitta künstlicher oder erzeugter Bodhichitta sein, der nur entsteht, wenn wir besonderes Bemühen aufbringen, ihn zu entwickeln. Der beste Weg, ihn in einen spontanen Bodhichitta umzuwandeln, besteht darin, durch ständiges Üben tief vertraut mit ihm zu werden. Da wir die meiste Zeit außerhalb der Meditation verbringen, ist es unbedingt notwendig, jede Gelegenheit zu nutzen, unsere tugendhaften Geisteszustände in unserem Alltag zu verbessern. Wir müssen dafür sorgen, daß sich unsere Meditationssitzungen und Meditationspausen gegenseitig unterstützen. Während unserer Meditationssitzung erlangen wir möglicherweise einen friedvollen Geisteszustand und entwickeln viele tugendhafte Absichten. Wenn wir diese jedoch vergessen, sobald wir von der Meditation aufstehen, werden wir weder in der Lage sein, unsere alltäglichen Probleme wie Wut, Anhaftung und Unwissenheit zu meistern, noch Fortschritte in unserer spirituellen Praxis zu erzielen. Wir müssen lernen, unsere spirituelle Praxis in unsere täglichen Aktivitäten einzubinden, so daß wir Tag und Nacht die friedvollen Geisteszustände und reinen Absichten, die wir in der Meditation entwickelt haben, aufrechterhalten können.

Momentan scheint es vielleicht so, als ob unsere Meditationen und unser tägliches Leben in verschiedene Richtungen zielten. In der Meditation versuchen wir, tugendhafte Geistesarten zu erzeugen, aber da wir nicht aufhören können, über unsere anderen Aktivitäten nachzudenken, ist unsere Konzentration äußerst schlecht. Die tugendhaften Gefühle, die wir dennoch entwickeln, gehen dann schnell in der Hektik des täglichen Lebens unter, und wir kehren müde, angespannt und voller abschweifender Gedanken zu unserem Meditationskissen zurück. Doch wir können dieses Problem überwinden, indem wir unsere täglichen Aktivitäten und Erfahrungen durch das Entwickeln besonderer Denkweisen in den spirituellen Pfad umwandeln. Tätigkeiten wie kochen, arbeiten, reden und entspannen sind nicht grundlegend weltlich; sie sind es nur, wenn sie mit einem weltlichen Geist ausgeführt werden. Indem wir die gleichen Handlungen mit einer spirituellen Motivation ausüben, werden sie zu reinen spirituellen Übungen. Wenn wir uns zum Beispiel mit unseren Freunden unterhalten, so ist unsere Motivation in der Regel mit Selbst-Wertschätzung behaftet, und wir sagen, was auch immer uns in den Sinn kommt, ohne Rücksicht darauf, ob es nützlich ist oder nicht. Gespräche können wir jedoch auch mit der ausschließlichen Absicht führen, anderen zu nutzen und sie zu ermutigen, positive Geisteszustände zu entwickeln, während wir darauf achten, keine verletzenden Äußerungen zu machen. Anstatt zu überlegen, wie wir Leute beeindrucken können, sollten wir darüber nachdenken, wie wir ihnen helfen können, wobei wir im Gedächtnis behalten, daß sie in Samsara gefangen sind und es ihnen an reinem Glück fehlt. Auf diese Weise kann eine Unterhaltung mit Freunden zu einem Mittel werden, mit dem wir unsere Liebe, unser Mitgefühl und andere Realisationen verbessern. Wenn wir unsere täglichen Aktivitäten geschickt auf diese Weise verändern können, werden wir uns zu Beginn unserer Meditation nicht ausgelaugt und müde, sondern glücklich und inspiriert fühlen, und es wird einfach sein, reine Konzentration zu entwickeln.

Großes Mitgefühl zu entwickeln ist die hauptsächliche oder substantielle Ursache zur Erzeugung von Bodhichitta – es ist gleichsam der Samen von Bodhichitta. Um diesen Samen zum Wachsen zu bringen, benötigen wir aber zudem die beitragenden Bedingungen des Ansammelns von Verdiensten, der Reinigung von Negativität und des Empfangens von Segnungen der Buddhas und Bodhisattvas. Sammeln wir diese Ursachen und Bedingungen an, ist es nicht schwierig, Bodhichitta zu entwickeln. Um den Wunsch unseres mitfühlenden Bodhichitta-Geistes zu erfüllen, müssen wir uns aufrichtig in der Praxis des Gebens, der moralischen Disziplin, der

Geduld, des Bemühens, der Konzentration und der Weisheit schulen. Sind diese Formen der Praxis durch Bodhichitta motiviert, nennt man sie «die Sechs Vollkommenheiten». Ganz besonders müssen wir uns in der Schulung der Weisheit bemühen, die die endgültige Wahrheit, Leerheit, realisiert.

Endgültige Wahrheit

Endgültige Wahrheit

Endgültige Wahrheit oder Leerheit ist das Hauptobjekt des endgültigen Bodhichittas. Endgültiger Bodhichitta ist eine direkte Realisation der endgültigen Wahrheit, die von konventionellem Bodhichitta gehalten wird. Er ist eine Weisheit des meditativen Gleichgewichts, die vollkommen mit Leerheit vermischt ist. Er ist als «endgültiger Bodhichitta» bekannt, weil er eine Hauptursache für die Erleuchtung ist und sich auf die endgültige Wahrheit konzentriert. Konventioneller Bodhichitta ist der spontane Wunsch, Erleuchtung zum Wohl aller Lebewesen zu erlangen.

Der Hauptunterschied zwischen den beiden Bodhichittas besteht darin, daß das beobachtete Objekt des konventionellen Bodhichittas konventionelle Wahrheit ist, während das beobachtete Objekt des endgültigen Bodhichittas endgültige Wahrheit ist. Konventioneller Bodhichitta ist das Tor zum Bodhisattva-Pfad im allgemeinen, und alle Bodhisattvas besitzen ihn. Endgültiger Bodhichitta ist das Tor zu den höheren Bodhisattva-Pfaden und nur Höhere Bodhisattvas und Buddhas besitzen ihn. Ein höherer Pfad ist eine spirituelle

Realisation eines Höheren Wesens, einer Person, die bereits eine direkte Realisation der Leerheit erlangt hat.

Konventioneller Bodhichitta und endgültiger Bodhichitta gleichen den zwei Flügeln eines Vogels, denn so wie ein Vogel zwei Flügel benötigt, um fliegen zu können, brauchen wir beide Bodhichittas, um zum Zustand der vollen Erleuchtung getragen zu werden. Konventioneller Bodhichitta ist die Hauptmethode, das Potential unserer Buddha-Natur zur Reife zu bringen: Er dient der Ansammlung von Verdiensten und ist die Hauptursache für die Erlangung des Formkörpers eines Buddhas. Endgültiger Bodhichitta ist die direkte Methode, unsere Buddha-Natur von Unwissenheit und fehlerhaften Erscheinungen zu befreien, und ist die Hauptursache für die Erlangung des Wahrheitskörpers eines Buddhas, des sogenannten Dharmakayas.

Leerheit ist nicht «nichts», sondern die wahre Natur der Phänomene. Da dies ein sehr tiefgründiges Thema ist, ist es wichtig, die nun folgende Erklärung sorgfältig und mit einer positiven Einstellung zu lesen und tief über sie nachzudenken. Auf den ersten Blick scheinen die Erklärungen sehr technisch zu sein, aber bitte seien Sie geduldig und verschwenden Sie diese kostbare Gelegenheit nicht, ein derart bedeutungsvolles Thema verstehen zu lernen. Solange wir unsere Unwissenheit des Festhaltens am Selbst nicht aufgegeben haben, werden wir kein wahres Glück finden, denn das Festhalten am Selbst zerstört unseren inneren oder geistigen Frieden. Die einzige direkte Methode, mit der man diese Unwissenheit ausmerzen kann, ist die Realisation von Leerheit.

Endgültige Wahrheit, Leerheit und endgültige Natur der Phänomene sind dasselbe. Es sollte uns klar sein, daß alle unsere Probleme entstehen, weil wir die endgültige Wahrheit nicht realisieren. Der Grund, weshalb wir im Gefängnis Samsaras bleiben, ist der, daß wir aufgrund unserer Verblendungen weiterhin verunreinigte Handlungen ausführen. Alle unsere Verblendungen sind auf die Unwissenheit des Festhaltens am Selbst zurückzuführen. Die Unwissenheit des Festhaltens am Selbst ist der Ursprung unserer gesamten Negativität und unserer Probleme, und der einzige Weg, sie zu beseitigen, ist, Leerheit zu realisieren. Leerheit ist nicht einfach zu verstehen; es ist jedoch äußerst wichtig, daß wir uns darum bemühen. Letzten Endes werden unsere Anstrengungen durch die dauerhafte Beendigung von allen Leiden und die immerwährende Glückseligkeit der vollen Erleuchtung belohnt werden.

DER ZWECK DER MEDITATION ÜBER LEERHEIT

Der Zweck, Leerheit zu verstehen und über sie zu meditieren, ist, unseren Geist von falschen Vorstellungen und fehlerhaften Erscheinungen zu befreien, damit wir ein vollkommen reines oder erleuchtetes Wesen werden. In diesem Zusammenhang bezieht sich «falsche Vorstellung» auf den Geist der Unwissenheit des Festhaltens am Selbst, einen begrifflichen Geist, der Objekte als wahrhaft existierend festhält. «Fehlerhafte Erscheinung» bezieht sich auf die Erscheinung von wahrhaft existierenden Objekten. Falsche Vorstellungen sind Behinderungen zur Befreiung und fehlerhafte Erscheinungen sind Behinderungen zur Allwissenheit. Nur ein Buddha hat beide Behinderungen aufgegeben.

Es gibt zwei Arten des Festhaltens am Selbst: Festhalten am Selbst von Personen und Festhalten am Selbst von Phänomenen. Die erste Art hält an unserem eigenen Selbst oder Ich beziehungsweise dem Selbst oder Ich von anderen als wahrhaft existierend fest. Die zweite Art hält jedes andere Phänomen, das nicht unser eigenes oder das Selbst von anderen ist, als wahrhaft existierend fest. Geistesarten, die an unserem Körper, unserem Geist, an unserem Besitz und unserer Welt als wahrhaft existierend festhalten, sind alles Beispiele des Festhaltens am Selbst von Phänomenen.

Der Hauptzweck der Meditation über Leerheit besteht darin, beide Arten des Festhaltens am Selbst zu verringern und schließlich zu beseitigen. Das Festhalten am Selbst ist die Quelle aller unserer Probleme; das Ausmaß unseres Leidens ist direkt proportional zur Intensität unseres Festhaltens am Selbst. Ist zum Beispiel unser Festhalten am Selbst sehr stark ausgeprägt, dann fühlen wir einen intensiven geistigen Schmerz, wenn andere uns necken, selbst wenn es freundschaftlich gemeint ist. Wenn hingegen unser Festhalten am Selbst schwach ist, lachen wir einfach mit. Haben wir einmal unser Festhalten am Selbst zerstört, dann verschwinden alle unsere Probleme von allein.

Die Meditation über Leerheit ist sehr hilfreich, um Kummer und Sorgen zu überwinden. In den *Sutras der Vollkommenheit der Weisheit in achttausend Zeilen* sagt Buddha:

> O Shariputra, habe keine Angst, wenn du in ein Land reist, in dem es viele ansteckende Krankheiten gibt, sondern erinnere dich statt dessen an Leerheit und erkenne, daß es sowohl den Krankheiten als auch den kranken Menschen an inhärenter Existenz fehlt. Habe auch keine Angst, wenn du eine Gegend bereist, wo es Räuber und wilde Tiere gibt.

Wenn wir in der Meditationssitzung zu einem klaren Verständnis und einer festen Realisation gekommen sind, daß allen Phänomenen inhärente Existenz fehlt, wird dies unseren

Geist in der Meditationspause stark beeinflussen. Obwohl die Dinge in unserer Umgebung als inhärent existierend erscheinen, werden wir uns sofort an die eigene Erfahrung in der Meditation erinnern und erkennen, daß sie nicht auf diese Weise existieren. Wir werden einem Magier ähneln, der sofort erkennt, daß seine magischen Kreationen nur Illusionen sind.

Wir können selbst überprüfen, ob unsere Meditation über Leerheit erfolgreich ist, indem wir beobachten, ob unser Festhalten am Selbst schwächer wird oder nicht. Wenn unser Festhalten am Selbst nach monatelangem oder sogar jahrelangem Studieren, Nachdenken und Meditieren immer noch genauso stark ist wie zuvor, können wir davon ausgehen, daß unser Verständnis oder unsere Meditation fehlerhaft ist. Wir haben seit anfangsloser Zeit unter dem Festhalten am Selbst gelitten, und wir können nicht erwarten, es über Nacht zu beseitigen. Meditieren wir jedoch regelmäßig über Leerheit, sollten wir eine allmähliche Verringerung seiner Stärke bemerken. Sind wir durch das Nachdenken über Leerheit in der Lage, unsere Verblendungen zu bändigen, so daß wir beispielsweise Wut überwinden können, indem wir überlegen, daß das Objekt unserer Wut nicht aus sich selbst heraus existiert, oder daß wir die Intensität unserer Anhaftung verringern, indem wir erkennen, daß das Objekt unserer Anhaftung nicht inhärent begehrenswert ist, so ist dies ein Beweis dafür, daß unser Verständnis der Leerheit richtig ist.

In welchem Ausmaß wir fähig sind, unsere inneren Probleme zu lösen, indem wir über die wahre Natur aller Dinge meditieren, hängt von zwei Faktoren ab: der Genauigkeit unseres Verständnisses und unserer Vertrautheit mit diesem Wissen. Deshalb müssen wir als erstes Leerheit studieren, um ein intellektuelles Verständnis zu bekommen, und dann sollten wir immer wieder über dieses Verständnis meditieren, um unsere Vertrautheit zu vertiefen.

Ist unser Körper krank, versuchen wir sofort ein Heilmittel zu finden; aber zur Heilung der geistigen Krankheit unserer Verblendungen gibt es weder Krankenhäuser noch Medikamente. Eine Krankheit, wie zum Beispiel Krebs, halten wir für ein hartes Schicksal, doch in Wirklichkeit ist Krebs gar nicht so schlimm. Krebs ist eine vorübergehende Krankheit, die endet, wenn der gegenwärtige Körper zum Zeitpunkt des Todes zerfällt. Die innere Krankheit unserer Verblendungen ist viel ernster als jede körperliche Krankheit, denn die Leiden, die sie uns verursachen kann, sind ohne Ende. Aufgrund unserer Anhaftung erfahren wir ständig geistige Leiden, Leben für Leben. Anhaftung kann zu Konflikten, Mord und sogar Selbstmord führen, und sie zwingt uns in einer Weise zu handeln, die zu enormen Leiden in zukünftigen Leben führen kann. Auch Wut, Eifersucht und andere Verblendungen haben unaufhörlichen Schaden für uns zur Folge. Es kommt nicht darauf an, ob wir gesund oder krank, reich oder arm, erfolgreich oder erfolglos, beliebt oder unbeliebt sind, wir sind niemals frei von der Gefahr der Verblendungen. Wir lesen vielleicht in aller Ruhe ein Buch und auf einmal erinnern wir uns, ohne offensichtlichen Grund, an eine Beleidigung oder an ein Objekt der Anhaftung und werden unglücklich. Selten können wir auch nur eine Stunde geistigen Friedens genießen, ohne durch Verblendungen gestört zu werden.

Seit anfangsloser Zeit leiden wir unter der Krankheit der Verblendungen. Wir brachten sie aus unserem früheren Leben mit und werden in diesem Leben und in unseren zukünftigen Leben an ihr leiden. Ärzte können sie nicht heilen, und sie wird niemals von allein verschwinden. Die einzige Arznei, die ausreichend Kraft besitzt, unsere innere Krankheit zu heilen, ist das Heilmittel der Lehre Buddhas. Alle Unterweisungen Buddhas sind Wege, unsere innere Krankheit zu überwinden. Wenn wir zum Beispiel Buddhas Unterweisungen über Liebe und Geduld in die Praxis umsetzen, werden wir vorübergehend von der Krankheit der Wut befreit werden, und wenn wir seine Unterweisungen über Unbeständigkeit und die Nachteile Samsaras in die Praxis umsetzen, werden wir eine Linderung der Krankheit der Anhaftung erfahren. Der einzige Weg jedoch, wie wir jemals unsere geistigen Krankheiten vollkommen heilen können, ist, eine direkte Realisation von Leerheit zu erlangen.

Haben wir einmal Leerheit direkt realisiert, besitzen wir vollkommene Freiheit. Selbst unseren Tod können wir kontrollieren und unsere nächste Wiedergeburt wählen. Vielleicht schmieden wir jetzt gerade Pläne für unseren nächsten Urlaub oder unsere Pensionierung, doch wir können nicht einmal sicher sein, ob wir bei unserer nächsten Mahlzeit noch am Leben sind. Nach unserem Tod sind wir nicht sicher, wo wir wiedergeboren werden. Die Tatsache, daß wir heute Menschen sind, gibt uns noch lange keine Garantie dafür, daß wir in unserem nächsten Leben nicht als Tier wiedergeboren werden. Und selbst wenn wir als Mensch wiedergeboren werden, gibt es kein wirkliches Glück. Unsere Geburt wird von Blut und Schmerzensschreien begleitet, und wir wissen nicht, was mit uns geschieht. Unser Besitz, das Wissen und unsere Freunde, alles wofür wir in unserem früheren Leben so hart gearbeitet haben, ist verloren, und wir kommen mit leeren Händen, verwirrt und allein zur Welt. Wenn wir älter werden, müssen wir alle Leiden des menschlichen Lebens erdulden, wie Altern, Krankheit, Hunger, Durst, Streitigkeiten, und wir müssen uns von Umständen trennen, die uns lieb sind, müssen Umständen begegnen, die wir nicht mögen, und wir werden nicht finden, was wir uns wünschen. Dies geschieht nicht nur einmal in diesem Leben, sondern immer wieder, Leben für Leben. Wenn wir diese Leiden nur in einem Leben oder wenige Leben lang erfahren müßten, könnten wir es vielleicht noch akzeptieren; doch die Leiden werden sich ständig wiederholen, sie sind endlos. Wie können wir dies ertragen?

Wir sollten über diese Punkte nachdenken, bis wir einen festen Entschluß fassen:

Ich kann diesen sinnlosen Kreislauf der Leiden nicht einen Augenblick länger ertragen. Ich muß Samsara entfliehen. Ehe ich sterbe, muß ich eine tiefe Erfahrung von Leerheit erlangen.

Wir richten dann unsere Aufmerksamkeit auf andere Lebewesen und denken:

Es ist unerträglich genug, wenn ich selbst im Gefängnis von Samsara bleiben muß, aber andere Lebewesen befinden sich in genau der gleichen Situation. Außerdem leidet nur eine Person, wenn ich selbst leide, doch wenn andere leiden, leiden zahllose Lebewesen. Wie kann ich den Gedanken ertragen, daß zahllose Lebewesen endlose Leiden erfahren? Ich muß sie alle von Leiden befreien. Um alle Lebewesen von Leiden zu befreien, muß ich ein Buddha werden, und um ein Buddha zu werden, muß ich die endgültige Wahrheit, Leerheit, realisieren.

Wenn wir mit dieser Motivation über Leerheit meditieren, schulen wir uns in endgültigem Bodhichitta.

Wenn wir Leerheit studieren, ist es wichtig, es mit der richtigen Motivation zu tun. Es hat wenig Nutzen, Leerheit zu studieren, wenn wir es nur als eine intellektuelle Übung verstehen. Leerheit ist schwierig genug zu verstehen, gehen wir jedoch mit einer falschen Motivation vor, wird dies ihre Bedeutung nur noch unbegreiflicher machen. Studieren wir aber mit einer guten Motivation, mit Vertrauen in Buddhas Lehren und mit dem Verständnis, daß das Wissen über Leerheit alle unsere Probleme lösen kann und uns dazu befähigt, allen anderen Lebewesen zu helfen, auch die ihrigen zu lösen, werden wir Buddhas Weisheitssegnungen empfangen und Leerheit leichter verstehen. Selbst wenn wir nicht alle technischen Begründungen verstehen, werden wir dennoch ein Gefühl für Leerheit entwickeln und werden durch das Nachdenken und die Meditation über Leerheit fähig sein, unsere Verblendungen zu zähmen und unsere täglichen Probleme zu lösen. Allmählich wird unsere Weisheit zunehmen, bis sie sich in die Weisheit des Höheren Sehens und schließlich in eine direkte Realisation der Leerheit verwandelt.

Indem wir uns in den Übungen des Gleichstellens und Austauschens vom Selbst mit anderen schulen, werden wir die Fähigkeit erlangen, Selbst-Wertschätzung zu erkennen, sobald sie entsteht. Damit wird es viel leichter für uns sein, das inhärent existierende Ich, das wir Tag und Nacht schätzen, zu erkennen. Haben wir das Objekt der Verneinung auf diese Weise aus eigener Erfahrung klar identifiziert, wird es nicht so schwierig sein, der Argumentation zu folgen, die es widerlegt. Da außerdem unsere Verdienste durch unser zunehmend gutes Herz und unsere Hingabe anwachsen, wird unsere Meditation über Leerheit immer effektiver werden, und schließlich wird sie derart kraftvoll sein, daß unser Festhalten am Selbst zerstört wird. Es gibt keine bessere Methode, Geistesfrieden und Glück zu erfahren, als über Leerheit zu meditieren. Da unser Festhalten am Selbst uns an Samsara gebunden hält und der Ursprung unseres ganzen Leidens ist, stellt die Meditation über Leerheit die umfassende Lösung für alle unsere Probleme dar. Sie ist das Heilmittel, das alle geistigen und körperlichen Krankheiten heilt, und der Nektar, der das immerwährende Glück der Erleuchtung gewährt.

WAS IST LEERHEIT?

Leerheit ist die Art und Weise, wie die Dinge wirklich sind. Es ist die Art und Weise, wie die Dinge existieren, im Gegensatz zur Art und Weise, wie sie erscheinen. Wir halten es für selbstverständlich, daß die Dinge, die wir um uns herum sehen, wie Tische, Stühle und Häuser, wahrhaft existieren, weil wir glauben, daß sie genauso existieren wie sie erscheinen. Doch die Art und Weise, wie die Dinge unseren Sinnen erscheinen, ist trügerisch und vollkommen widersprüchlich zu der Art und Weise, wie sie tatsächlich existieren. Die Dinge scheinen aus sich selbst heraus zu existieren, unabhängig von unserem Geist. Dieses Buch beispielsweise, das unserem Geist erscheint, scheint seine eigene unabhängige, objektive Existenz zu besitzen. Es scheint «außerhalb» zu sein, während unser Geist «innerhalb» zu sein scheint. Wir haben das Gefühl, daß das Buch ohne unseren Geist existieren kann. Wir glauben nicht, daß unser Geist in irgendeiner Weise daran beteiligt ist, die Existenz des Buches hervorzubringen. Diese von unserem Geist unabhängige Art der Existenz wird «wahre Existenz», «inhärente Existenz», «aus sich selbst heraus existierend» und auch «Existenz von der Seite des Objektes» genannt.

Obwohl die Dinge unseren Sinnen direkt als wahrhaft oder inhärent existierend erscheinen, fehlt allen Phänomenen in Wirklichkeit wahre Existenz; sie sind leer von wahrer Existenz. Dieses Buch, unser Körper, unsere Freunde, wir selbst und das gesamte Universum sind in Wirklichkeit nur Erscheinungen des Geistes, ähnlich den Dingen, die man in einem Traum sieht. Wenn wir von einem Elefanten träumen, erscheint uns der Elefant deutlich in allen Einzelheiten: Wir können ihn sehen, hören, riechen und berühren. Wenn wir aber aufwachen, wird uns klar, daß er nur eine Erscheinung des Geistes war. Wir fragen uns nicht: «Wo ist der Elefant jetzt?», weil wir verstehen, daß er lediglich eine Projektion unseres Geistes war und keinerlei Existenz außerhalb unseres Geistes besaß. Als das Traumgewahrsein, das den Elefanten festhielt, endete, ging der Elefant nicht irgendwo hin. Er verschwand einfach, denn er war lediglich eine Erscheinung des Geistes und existierte nicht getrennt vom Geist. Buddha sagte, daß das gleiche für alle Phänomene gilt; sie sind bloße Erscheinungen des Geistes, völlig abhängig vom Geist, der sie wahrnimmt.

Die Welt, die wir erleben, wenn wir wach sind, und die Welt, die wir erfahren, wenn wir träumen, sind sich sehr ähnlich, denn beide sind bloße Erscheinungen des Geistes, die aus unserem Karma entstehen. Wenn wir behaupten, daß die Traumwelt unwahr ist, dann müssen wir auch sagen, daß die Welt des Wachzustandes unwahr ist; und wenn wir darauf bestehen, daß die Welt des Wachzustandes wahr ist, müssen wir auch einräumen, daß die Traumwelt wahr ist. Der einzige Unterschied ist, daß die Traumwelt eine Erscheinung unseres subtilen Traumgeistes ist, während die Welt des Wachzustandes eine Erscheinung unseres groben wachen Geistes ist. Die Traumwelt existiert nur so lange, wie das Traumgewahrsein existiert, dem sie erscheint, und die Welt des Wachzustandes dauert nur so lange an, wie das Gewahrsein des Wachzustandes anhält, dem sie erscheint. Wenn wir sterben, lösen sich unsere groben wachen Geisteszustände in unseren sehr subtilen Geist auf, und die Welt, die wir erlebt haben, verschwindet ganz einfach. Die Welt, wie sie von anderen wahrgenommen wird, besteht weiterhin, unsere persönliche Welt hingegen wird völlig und unwiederbringlich verschwinden, genauso wie die Welt in unserem Traum letzte Nacht.

Buddha sagte, daß alle Phänomene wie Illusionen sind. Es gibt viele verschiedene Arten von Illusionen, wie Luftspiegelungen, Regenbögen oder Halluzinationen, die durch Drogen hervorgerufen werden. In der Vergangenheit gab es Magier, die ihr Publikum derart beeinflussen konnten, daß es bestimmte Objekte, wie beispielsweise ein Stück Holz, als einen Tiger wahrnahm. Jene Zuschauer, die unter dem Bann des Zaubersspruches standen, sahen einen echten Tiger und bekamen Angst; die Zuschauer aber, die erst nach der Verzauberung dazukamen, sahen einfach nur ein Stück Holz. Allen Illusionen ist gemeinsam, daß die Art und Weise ihrer Erscheinung nicht mit der tatsächlichen Existenz übereinstimmt. Buddha verglich alle Phänomene mit Illusionen, denn durch die Kraft der Prägungen der Unwissenheit des Festhaltens am Selbst, die wir seit anfangsloser Zeit angesammelt haben, scheint alles, was dem Geist erscheint, von Natur aus wahrhaft existierend zu sein, und wir glauben instinktiv an diese Erscheinung. In Wirklichkeit jedoch ist alles vollkommen leer von wahrer Existenz. So wie eine Luftspiegelung, die wie Wasser aussieht, aber nicht wirklich Wasser ist, erscheinen uns die Dinge auf täuschende Weise. Weil wir ihre wahre Natur nicht erkennen, werden wir von Erscheinungen getäuscht und halten an Büchern und Tischen, Körpern und Welten als wahrhaft existierend fest. Als Folge dieses Festhaltens an Phänomenen entwickeln wir Selbst-Wertschätzung, Anhaftung, Haß, Eifersucht und andere Verblendungen; unser Geist wird gereizt und unausgeglichen und unser innerer

Friede wird zerstört. Wir gleichen Reisenden in der Wüste, die ihre Kräfte dadurch erschöpfen, daß sie Luftspiegelungen nachjagen, oder jemandem, der nachts eine Straße entlang läuft und die Schatten der Bäume für Verbrecher oder wilde Tiere hält, die darauf warten, ihn anzugreifen.

DIE LEERHEIT UNSERES KÖRPERS

Um zu verstehen, wie Phänomene leer von wahrer oder inhärenter Existenz sind, sollten wir unseren eigenen Körper betrachten. Haben wir einmal verstanden, wie unserem Körper wahre Existenz fehlt, können wir die gleiche Argumentation ohne Schwierigkeiten auf andere Objekte übertragen.

Im *Leitfaden für die Lebensweise eines Bodhisattvas* sagt Shantideva:

> Es gibt also keinen Körper, aber aus Unwissenheit
> Entsteht der Gedanke «Körper» durch die
>   Wahrnehmung von Händen und so weiter;
> Genauso wie sich der Gedanke «Mann» entwickelt
> Durch die Wahrnehmung eines Steinhaufens.

Einerseits kennen wir unseren Körper sehr gut. Wir wissen, ob er gesund oder krank, schön oder häßlich ist und so weiter. Niemals aber untersuchen wir ihn eingehender und fragen uns: «Was genau ist mein Körper? Wo ist mein Körper? Was ist seine wahre Natur?» Würden wir unseren Körper in dieser Weise untersuchen, wären wir nicht in der Lage, ihn zu finden: Anstatt unseren Körper zu finden, wäre das Ergebnis dieser Untersuchung, daß unser Körper verschwindet. Die Bedeutung des ersten Teils von Shantidevas Vers «Es gibt also keinen Körper» ist, daß kein Körper vorhanden ist, wenn wir nach unserem «wahren» Körper suchen. Unser

Körper existiert nur, wenn wir nicht nach einem wahren Körper, der über dessen bloße Erscheinung hinausgeht, suchen.

Es gibt zwei Wege, nach einem Objekt zu suchen. Ein Beispiel für die erste Methode, die wir als eine «konventionelle Suche» bezeichnen können, ist das Suchen nach unserem Auto auf einem Parkplatz. Das Ergebnis dieser Art der Suche ist, daß wir das Auto in der Hinsicht entdecken, daß wir den Gegenstand finden, den jeder als unser Auto bezeichnet. Nehmen wir einmal an, wir haben unser Auto auf dem Parkplatz ausfindig gemacht, sind nun aber nicht mit der bloßen Erscheinung des Autos zufrieden, sondern wollen genau feststellen, was das Auto wirklich ist. Wir könnten dann eine Suche durchführen, die wir als «endgültige Suche» nach dem Auto bezeichnen können, wobei wir innerhalb des Objektes nach etwas suchen, was das Objekt selbst ist. Wir fragen uns deshalb: «Sind irgendwelche Einzelteile des Autos das Auto? Sind die Räder das Auto? Ist der Motor das Auto? Ist das Fahrgestell das Auto?» und so weiter. Wenn wir eine endgültige Suche nach unserem Auto durchführen, geben wir uns nicht damit zufrieden, auf die Motorhaube, die Räder und so weiter zu zeigen und dann «Auto» zu sagen; wir wollen wissen, was das Auto wirklich ist. Anstatt nur das Wort «Auto» zu benutzen, wie es gewöhnliche Leute tun, wollen wir wissen, worauf sich das Wort wirklich bezieht. Wir möchten das Auto geistig von allem, was nicht das Auto ist, trennen, damit wir sagen können: «Das ist es, was das Auto wirklich ist, das ist das wahrhaft existierende Auto.»

Um Shantidevas Behauptung zu verstehen, daß es in Wirklichkeit keinen Körper gibt, müssen wir eine endgültige Suche nach unserem Körper durchführen. Sind wir gewöhnliche Wesen, so scheinen alle Objekte, einschließlich unseres Körpers, inhärent zu existieren. Wie oben erwähnt, scheinen Objekte unabhängig von unserem Geist und unabhängig von anderen Phänomenen zu sein. Das Universum scheint aus eigenständigen Objekten zu bestehen, die von ihrer Seite aus existieren. Diese Objekte scheinen aus sich heraus als Sterne, Planeten, Berge, Menschen usw. zu existieren und darauf zu «warten», von bewußten Wesen erfahren zu werden. Normalerweise kommen wir nicht auf die Idee, daß wir in irgendeiner Weise an der Existenz dieser Phänomene beteiligt sind. Wir haben beispielsweise das Gefühl, daß unser Körper eigenständig existiert und daß er nicht von unserem eigenen oder dem Geist irgend eines anderen abhängt, um ins Leben gerufen zu werden. Wenn unser Körper jedoch tatsächlich so existieren würde, wie wir instinktiv an ihm festhalten – als ein äußeres Objekt und nicht als eine Projektion des Geistes – müßten wir auf unseren Körper zeigen können, ohne auf irgendein Phänomen zu deuten, das nicht unser Körper ist. Wir sollten imstande sein, ihn unter seinen Teilen oder außerhalb dieser Teile zu finden. Da es keine dritte Möglichkeit gibt, müssen wir, wenn unser Körper weder unter seinen Teilen noch außerhalb davon gefunden werden kann, zur Schlußfolgerung kommen, daß er nicht als objektive Wesenheit existiert.

Es ist unschwer zu verstehen, daß die einzelnen Teile unseres Körpers nicht unser Körper sind – es ist absurd zu sagen, daß unser Rücken, unsere Beine oder unser Kopf unser Körper sind. Wenn einer der Teile, beispielsweise unser Rücken, unser Körper wäre, dann wären die anderen Teile gleichermaßen unser Körper, und es würde folgen, daß wir viele Körper besitzen würden. Außerdem können unser Rücken, unsere Beine und so weiter nicht unser Körper sein, da sie Teile unseres Körpers sind. Der Körper ist der Besitzer der

Teile, und der Rücken, die Beine und so weiter sind der Besitz; Besitzer und Besitz können nicht identisch sein.

Manche Leute, selbst Anhänger einiger buddhistischer Philosophieschulen, glauben, daß, obwohl keiner der Einzelteile des Körpers der Körper ist, die Ansammlung aller Teile insgesamt den Körper bildet. Diesen Schulen zufolge ist es möglich, unseren Körper zu finden, wenn wir analytisch nach ihm suchen, weil die Ansammlung aller Körperteile unser Körper sein soll. Die Anhänger der höchsten buddhistischen Philosophieschule, der Madhyamika-Prasangika-Schule, widerlegen jedoch diese Behauptung mit vielen logischen Argumenten. Die Kraft dieser Beweisführung ist uns vielleicht nicht auf den ersten Blick klar, überdenken wir sie aber sorgfältig, mit einem ruhigen und positiven Geist, werden wir ihre Gültigkeit schätzen lernen.

Wenn keiner der einzelnen Teile unseres Körpers unser Körper ist, wie kann dann die Ansammlung aller Teile unser Körper sein? Eine Gruppe von Hunden beispielsweise kann kein Mensch sein, da keiner der einzelnen Hunde ein Mensch ist. Da jedes einzelne Mitglied ein «Nichtmensch» ist, wie soll sich diese Ansammlung von Nichtmenschen auf magische Weise in einen Menschen verwandeln können? Da auch die Ansammlung der Teile unseres Körpers eine Ansammlung von Dingen ist, die nicht unser Körper sind, kann die Ansammlung nicht unser Körper sein. So wie eine Gruppe von Hunden einfach nur Hunde sind, genauso stellt die Ansammlung aller Körperteile einfach nur Teile unseres Körpers dar. Sie verwandelt sich nicht auf magische Weise in den Besitzer der Teile, in unseren Körper.

Möglicherweise fällt es uns schwer, diesen Punkt zu verstehen. Doch wenn wir lange darüber nachdenken, mit einem ruhigen und positiven Geist, und mit erfahrenen Praktizierenden darüber diskutieren, wird es uns mit der Zeit klarer werden. Wir können auch authentische Bücher zu diesem Thema wie *Herz der Weisheit* lesen.

Es gibt noch einen anderen Weg zu erkennen, daß die Ansammlung der Teile unseres Körpers nicht unser Körper ist. Wenn wir auf die Ansammlung der Teile unseres Körpers zeigen und sagen können, daß diese an sich unser Körper ist, dann muß die Ansammlung der Teile unseres Körpers unabhängig von allen Phänomenen existieren, die nicht unser Körper sind. Daraus würde folgen, daß die Ansammlung der Teile unseres Körpers unabhängig von den Teilen selbst existiert. Das ist zweifellos absurd. Wenn es wahr wäre, könnten wir alle Teile unseres Körpers entfernen, und die Ansammlung der Teile würde zurückbleiben. Deshalb können wir den Schluß ziehen, daß die Ansammlung der Teile unseres Körpers nicht unser Körper ist.

Da der Körper nicht innerhalb seiner Teile gefunden werden kann, weder als Einzelteil noch als Ansammlung, bleibt nur noch die Möglichkeit, daß er getrennt von seinen Bestandteilen existiert. Ist dies der Fall, sollte es möglich sein, alle Teile unseres Körpers geistig oder durch physische Handhabung zu entfernen, und der Körper bliebe zurück. Wenn wir jedoch Arme und Beine, unseren Kopf und unseren Rumpf und alle anderen Teile unseres Körpers entfernen, bleibt kein Körper zurück. Das beweist, daß es keinen Körper gibt, der unabhängig von seinen Einzelteilen existiert. Wann immer wir auf unseren Körper zeigen, deuten wir nur auf einen Teil unseres Körpers.

Wir haben nun überall gesucht und waren nicht in der Lage, unseren Körper ausfindig zu machen, weder unter seinen Teilen noch anderswo. Wir können nichts entdecken, was dem lebhaft erscheinenden Körper entspricht, an den wir uns normalerweise klammern. Wir sind gezwungen mit Shantideva übereinzustimmen, wenn er sagt, daß es keinen Körper zu finden gibt, wenn wir nach ihm suchen. Dies beweist eindeutig, daß unser Körper nicht aus sich selbst heraus, unabhängig vom Geist existiert. Es ist fast so, als ob unser Körper nicht existieren würde. Tatsächlich können wir nur in dem Sinne davon sprechen, daß unser Körper existiert, als wir mit dem bloßen Namen «Körper» zufrieden sind und nicht erwarten, einen echten Körper hinter dem Namen «Körper» zu finden. Versuchen wir einen echten Körper zu entdecken oder auf einen zu zeigen, auf den sich der Name «Körper» bezieht, werden wir überhaupt nichts finden. Anstatt auf einen wahrhaft existierenden Körper zu stoßen, werden wir die Nichtexistenz oder Leerheit eines solchen Körpers wahrnehmen. Wir werden erkennen, daß der Körper, den wir normalerweise wahrnehmen, an den wir uns klammern und den wir schätzen, überhaupt nicht existiert. Diese Nichtexistenz des Körpers, an den wir uns normalerweise klammern, ist die wahre oder endgültige Natur unseres Körpers.

Der Begriff «wahre Natur» ist sehr bedeutungsvoll. Da wir mit der bloßen Erscheinung unseres Körpers und dem Namen «Körper» nicht zufrieden waren, untersuchten wir unseren Körper, um seine wahre Natur zu entdecken. Das Ergebnis dieser Untersuchung war ein definitives Nichtauffinden unseres Körpers. Wo wir einen wahrhaft existierenden Körper zu finden hofften, entdeckten wir die völlige Nichtexistenz dieses wahrhaft existierenden Körpers. Diese Nichtexistenz oder Leerheit ist die wahre Natur unseres Körpers. Abgesehen von der bloßen Abwesenheit eines wahrhaft existierenden Körpers gibt es keine andere wahre Natur unseres Körpers. Jede andere Eigenschaft unseres Körpers ist bloß

Teil seiner trügerischen Natur. Wenn dies der Fall ist, weshalb richten wir uns die ganze Zeit auf die trügerische Natur unseres Körpers? Gegenwärtig ignorieren wir die wahre Natur unseres Körpers und anderer Phänomene und konzentrieren uns ausschließlich auf ihre trügerische Natur. Sich ständig mit trügerischen Objekten zu beschäftigen hat aber zur Folge, daß unser Geist unruhig wird und wir in Samsara verharren. Möchten wir reinen Frieden finden, müssen wir unseren Geist mit der Wahrheit vertraut machen. Anstatt unsere Energie zu verschwenden, indem wir uns auf bedeutungslose, trügerische Objekte konzentrieren, sollten wir uns auf die wahre Natur aller Dinge konzentrieren.

Obwohl es unmöglich ist, unseren Körper zu entdecken, wenn wir analytisch nach ihm suchen, erscheint er uns ohne Analyse doch sehr klar. Weshalb ist das so? Shantideva sagt, daß wir aufgrund von Unwissenheit einen wahrhaft existierenden Körper in unseren Händen und anderen Teilen unseres Körpers sehen würden. Es ist Unwissenheit, nicht Weisheit, die uns einen wahrhaft existierenden Körper in seinen Teilen sehen läßt. In Wirklichkeit gibt es keinen wahrhaft existierenden Körper innerhalb seiner Teile. So wie wir in der Abenddämmerung einen Steinhaufen für einen Mann halten können, obwohl es keinen Mann in den Steinen gibt, genauso sieht unsere Unwissenheit einen wahrhaft existierenden Körper in der Ansammlung von Armen, Beinen und so weiter, obwohl dort kein Körper vorhanden ist. Der wahrhaft existierende Körper, den wir in der Ansammlung der Arme und Beine sehen, ist lediglich eine Halluzination unseres unwissenden Geistes. Da wir ihn aber nicht als solche erkennen, klammern wir uns fest an ihn, schätzen ihn und erschöpfen unsere Kräfte beim Versuch, ihn vor allen Unannehmlichkeiten zu schützen.

Damit wir unseren Geist mit der wahren Natur des Körpers vertraut machen können, verwenden wir die obige Argumentation, um nach unserem Körper zu suchen, und nachdem wir ihn wirklich überall gesucht und nicht gefunden haben, konzentrieren wir uns auf die raumähnliche Leerheit, die die bloße Abwesenheit des wahrhaft existierenden Körpers ist. Diese raumähnliche Leerheit ist die wahre Natur unseres Körpers. Obwohl sie leerem Raum ähnelt, ist sie eine bedeutungsvolle Leerheit. Ihre Bedeutung ist die völlige Nichtexistenz des wahrhaft existierenden Körpers, an dem wir so stark festhalten und den wir unser ganzes Leben lang geschätzt haben.

Wenn wir mit der Erfahrung der raumähnlichen, endgültigen Natur des Körpers vertraut sind, wird sich das Festhalten an unserem Körper vermindern. Als Folge davon werden wir viel weniger Leiden, Angst und Frustration in Verbindung mit unserem Körper erfahren. Unsere körperliche Anspannung wird abnehmen, und unsere Gesundheit wird sich verbessern, und selbst wenn wir erkranken, werden unsere körperlichen Beschwerden unseren Geist nicht stören. Menschen, die eine direkte Erfahrung der Leerheit besitzen, fühlen keinerlei Schmerzen, selbst wenn man sie schlägt oder auf sie geschossen wird. Da sie wissen, daß die tatsächliche Natur ihres Körpers dem Raum gleicht, ist es für sie, wenn sie geschlagen oder angeschossen werden, als ob Raum geschlagen oder beschossen würde. Ferner besitzen gute und schlechte äußere Bedingungen keine Kraft mehr, ihren Geist zu stören, weil sie erkennen, daß sie der Illusion eines Magiers gleichen und keine Existenz getrennt vom Geist besitzen. Statt von sich verändernden Bedingungen hin- und hergerissen zu werden wie eine Marionette an einer Schnur, bleibt ihr Geist frei und ruhig im Wissen um die Gleichheit und Unveränderlichkeit der endgültigen Natur aller Dinge. So erfährt eine Person, die die wahre Natur aller Phänomene direkt erkennt, Tag und Nacht und Leben für Leben Frieden.

Wir müssen zwischen dem konventionell existierenden Körper, der tatsächlich existiert, und dem inhärent existierenden Körper, der nicht existiert, unterscheiden. Wir müssen aber darauf achten, uns nicht von den Worten in die Irre führen zu lassen und zu glauben, daß hinter dem konventionell existierenden Körper mehr steckt als eine bloße Erscheinung unseres Geistes. Vielleicht ist es weniger verwirrend zu sagen, daß es für einen Geist, der die Wahrheit oder Leerheit direkt sieht, keinen Körper gibt. Ein Körper existiert nur für einen Geist, dem ein Körper erscheint.

Shantideva rät uns, konventionelle Wahrheiten, wie zum Beispiel unseren Körper, Besitz, sowie Orte und Freunde, nicht zu untersuchen, es sei denn wir möchten Leerheit verstehen. Statt dessen sollten wir mit ihren bloßen Namen zufrieden sein, so wie es weltliche Leute sind. Wenn eine weltliche Person den Namen und den Zweck eines Objektes kennt, begnügt sie sich damit, das Objekt zu kennen, und führt keine weiteren Untersuchungen durch. Wir müssen das gleiche tun, es sei denn, wir möchten über Leerheit meditieren. Wir sollten aber bedenken, daß wir bei einer näheren Untersuchung der Objekte nichts finden, denn sie würden einfach verschwinden – so wie eine Luftspiegelung verschwindet, wenn wir nach ihr suchen.

Die gleiche Argumentation, die wir benutzt haben, um das Fehlen der wahren Existenz unseres Körpers zu beweisen, kann auf alle anderen Phänomene übertragen werden. Dieses Buch beispielsweise scheint aus sich selbst heraus zu existieren, irgendwo in seinen Teilen; untersuchen wir das Buch jedoch genauer, entdecken wir, daß weder die einzelnen

Seiten noch die Ansammlung der Seiten das Buch ausmachen, und doch gibt es ohne Seiten kein Buch. Statt ein wahrhaft existierendes Buch zu finden, bleibt nur eine Leerheit zurück, die Nichtexistenz des Buches, an dessen Existenz wir zuvor noch geglaubt haben. Aufgrund unserer Unwissenheit scheint das Buch unabhängig von unserem Geist zu existieren, so als ob unser Geist drinnen und das Buch draußen wäre; wenn wir das Buch jedoch analysieren, entdecken wir, daß diese Erscheinung vollkommen unwahr ist. Es gibt kein Buch außerhalb unseres Geistes. Es gibt kein Buch «da draußen», innerhalb der Seiten. Das Buch existiert einzig und allein als bloße Erscheinung, als bloße Projektion des Geistes.

Alle Phänomene existieren durch Konvention; nichts ist inhärent existierend. Das gilt für den Geist, für Buddha und sogar für die Leerheit selbst. Alles wird durch den Geist bloß zugeschrieben. Alle Phänomene haben Teile: Physische Phänomene habe physische Teile, und nichtphysische Phänomene besitzen verschiedene Teile oder Eigenschaften, die gedanklich unterschieden werden können. Benutzen wir die gleiche Argumentation wie oben, so können wir erkennen, daß jedes Phänomen weder eins mit seinen Teilen noch die Ansammlung seiner Teile, noch getrennt von seinen Teilen ist. So können wir die Leerheit aller Phänomene realisieren.

Es ist besonders hilfreich, über die Leerheit von Objekten zu meditieren, die in uns starke Verblendungen wie Anhaftung oder Wut hervorrufen. Wenn wir richtig analysieren, werden wir erkennen, daß das Objekt, das wir begehren oder auch ablehnen, nicht aus sich selbst heraus existiert. Seine Schönheit oder Häßlichkeit und sogar seine Existenz werden durch den Geist zugeschrieben. Wenn wir solche Überlegungen anstellen, werden wir herausfinden, daß es keinen Grund für Anhaftung oder Wut gibt.

DIE LEERHEIT UNSERES GEISTES

Nachdem Geshe Chekhawa in der *Geistesschulung in sieben Punkten* aufzeigt, wie eine analytische Meditation über die Leerheit der inhärenten Existenz von äußeren Phänomenen, zum Beispiel unserem Körper, ausgeführt wird, sagt er, daß wir anschließend unseren eigenen Geist analysieren sollten, um zu verstehen, wie ihm inhärente Existenz fehlt.

Unser Geist ist keine unabhängige Wesenheit, sondern ein sich ständig änderndes Kontinuum, das von vielen Faktoren abhängt: seinen vergangenen Momenten, seinen Objekten und den inneren Energiewinden, von denen unsere Geistesarten getragen werden. Wie alles andere auch, wird unser Geist einer Ansammlung von vielen Faktoren zugeschrieben, und somit fehlt ihm inhärente Existenz. Ein primärer Geist beispielsweise hat fünf Teile oder geistige Faktoren: Gefühl, Unterscheidung, Absicht, Kontakt und Aufmerksamkeit. Weder die einzelnen geistigen Faktoren noch die Ansammlung dieser geistigen Faktoren sind der primäre Geist, weil sie geistige Faktoren und somit Teile des primären Geistes sind. Es gibt jedoch keinen primären Geist, der von diesen geistigen Faktoren getrennt existiert. Ein primärer Geist wird den geistigen Faktoren bloß zugeschrieben, die die Basis der Zuschreibung darstellen, und somit existiert er nicht aus sich selbst heraus.

Nachdem wir die Natur unseres primären Geistes identifiziert haben, die ein formloses Kontinuum ist, das Objekte wahrnimmt, suchen wir innerhalb seiner Teile – Gefühl, Unterscheidung, Absicht, Kontakt und Aufmerksamkeit – nach unserem Geist, bis wir schließlich seine Unauffindbarkeit realisieren. Diese Unauffindbarkeit ist seine endgültige Natur oder Leerheit. Dann denken wir:

Alles, was meinem Geist erscheint, ist von der Natur meines Geistes. Mein Geist ist von der Natur der Leerheit.

Auf diese Art und Weise haben wir das Gefühl, daß sich alles in Leerheit auflöst. Wir nehmen ausschließlich die Leerheit unseres Geistes wahr und meditieren über diese Leerheit. Diese Methode, über die Leerheit unseres Geistes zu meditieren, ist tiefgründiger als die Meditation über die Leerheit unseres Körpers. Allmählich wird unsere Erfahrung der Leerheit immer klarer werden, bis wir schließlich eine reine Weisheit erlangen, die die Leerheit unseres Geistes direkt realisiert.

DIE LEERHEIT UNSERES ICHS

Das Objekt, an das wir uns am stärksten klammern, ist unser Selbst oder Ich. Aufgrund der Prägungen der Unwissenheit des Festhaltens am Selbst, die wir seit anfangsloser Zeit angesammelt haben, erscheint unser Ich als inhärent existierend, und unser Geist des Festhaltens am Selbst hält in dieser Weise automatisch an ihm fest. Obwohl wir ständig an einem inhärent existierenden Ich festhalten, selbst im Schlaf, ist nicht leicht zu erkennen, wie es unserem Geist erscheint. Um es klar zu identifizieren, müssen wir damit beginnen, ihm zu erlauben, sich stark zu manifestieren, indem wir über Situationen nachdenken, in denen wir ein übertriebenes Ich-Gefühl haben, sei es, weil wir uns schämen, oder sei es, weil wir Angst haben, verlegen oder entrüstet sind. Wir erinnern uns an eine solche Situation oder stellen sie uns vor und versuchen dann, ohne Kommentar oder Analyse, ein klares geistiges Bild vom Ich zu gewinnen, wie es uns normalerweise in solchen Momenten erscheint. Auf dieser Stufe müssen wir geduldig bleiben, da es viele Sitzungen dauern kann, bis wir ein klares Bild erhalten. Schließlich werden wir sehen, daß das Ich vollkommen fest und real zu sein scheint, als ob es aus sich selbst heraus existieren würde, unabhängig von Körper oder Geist. Dieses lebhaft erscheinende Ich ist das inhärent existierende Ich, das wir so überaus schätzen. Es ist das Ich, das wir verteidigen, wenn wir kritisiert werden, und auf das wir so stolz sind, wenn wir gelobt werden.

Haben wir einmal eine Vorstellung, wie das Ich unter diesen extremen Umständen erscheint, sollten wir versuchen zu erkennen, wie es normalerweise, in weniger extrem Situationen erscheint. Wir können zum Beispiel das Ich beobachten, das gegenwärtig dieses Buch liest, und so versuchen zu entdecken, wie es unserem Geist erscheint. Schließlich werden wir sehen, daß das Ich, obwohl es in diesem Fall kein übertriebenes Ich-Gefühl gibt, dennoch als inhärent existierend erscheint, so als ob es aus sich selbst heraus existieren würde, unabhängig von Körper oder Geist. Haben wir einmal ein Bild des inhärent existierenden Ichs, richten wir uns für eine Weile mit einsgerichteter Konzentration darauf. In der Meditation gehen wir dann zur nächsten Stufe über, indem wir über logische Begründungen nachdenken, um zu beweisen, daß das inhärent existierende Ich, an das wir uns klammern, in Wirklichkeit gar nicht existiert.

Wenn das Ich so existiert, wie es erscheint, dann muß es auf eine der vier folgenden Arten existieren: als Körper, als Geist, als Ansammlung von Körper und Geist oder als etwas, das von Körper und Geist getrennt ist. Es gibt keine andere Möglichkeit. Wir denken sorgfältig darüber nach, bis wir zur Überzeugung gelangen, daß es sich so verhält. Dann fahren wir fort und untersuchen jede der vier Möglichkeiten:

1. Ist das Ich der Körper, so ergibt es keinen Sinn von «meinem Körper» zu sprechen, da der Besitzer und der Besitz identisch sind.

   Ist das Ich der Körper, so gibt es keine Wiedergeburt, weil das Ich mit dem Tod des Körpers zu existieren aufhört.

   Sind das Ich und der Körper identisch, dann folgt aus der Tatsache, daß wir fähig sind, Vertrauen zu entwickeln, zu träumen oder mathematische Rätsel zu lösen, daß unser Fleisch, unser Blut und unsere Knochen dies auch tun können.

   Da keine dieser Folgerungen stimmt, ist das Ich nicht der Körper.

2. Ist das Ich der Geist, so ist es unlogisch von «meinem Geist» zu sprechen, weil der Besitzer und der Besitz identisch sind. Richten wir aber unsere Aufmerksamkeit auf unseren Geist, sagen wir normalerweise «mein Geist». Dies weist eindeutig darauf hin, daß das Ich nicht der Geist ist.

   Ist das Ich der Geist, folgt aus der Tatsache, daß jede Person viele verschiedene Arten von Geist hat, wie zum Beispiel die sechs Bewußtseinsarten oder begriffliche und nichtbegriffliche Geistesarten, daß jede Person genauso viele Ichs besitzt. Da dies eine absurde Behauptung ist, folgt, daß das Ich nicht der Geist sein kann.

3. Da der Körper nicht das Ich ist und der Geist nicht das Ich ist, kann die Ansammlung von Körper und Geist auch nicht das Ich sein. Die Ansammlung von Körper und Geist ist eine Ansammlung von Dingen, die nicht das Ich sind. Wie kann da die Ansammlung das Ich

sein? In einer Kuhherde beispielsweise ist keines der Tiere ein Schaf, deshalb ist die Herde selbst auch kein Schaf. Genau gleich verhält es sich mit der Ansammlung von Körper und Geist: Weder der Körper noch der Geist ist das Ich, deshalb kann die Ansammlung nicht das Ich sein.

4. Ist das Ich weder der Körper noch der Geist, noch die Ansammlung von Körper und Geist, bleibt einzig die Möglichkeit, daß das Ich etwas ist, was von Körper und Geist getrennt ist. Ist dies der Fall, so müssen wir das Ich wahrnehmen können, ohne daß Körper und Geist erscheinen. Wenn wir uns aber vorstellen würden, daß unser Körper und unser Geist vollständig verschwinden, dann würde nichts übrig bleiben, was wir als Ich bezeichnen könnten. Daraus folgt, daß das Ich nicht von Körper und Geist getrennt ist.

Wir sollten uns vorstellen, daß sich unser Körper allmählich in Luft auflöst. Darauf löst sich unser Geist auf, unsere Gedanken treiben im Wind auseinander und unsere Gefühle, Wünsche und unser Bewußtsein lösen sich in nichts auf. Bleibt etwas, was das Ich ist? Da ist nichts. Es ist offensichtlich, daß das Ich nicht etwas ist, was von Körper und Geist getrennt ist.

Wir haben nun alle vier Möglichkeiten untersucht, und es ist uns nicht gelungen, das Ich zu finden. Da wir bereits entschieden haben, daß es keine fünfte Möglichkeit gibt, müssen wir daraus schließen, daß das wahrhaft oder inhärent existierende Ich, das uns normalerweise so lebhaft erscheint, gar nicht existiert. Dort, wo früher ein inhärent existierendes Ich erschien, erscheint nun eine Abwesenheit dieses Ichs.

Diese Abwesenheit eines inhärent existierenden Ichs ist Leerheit, die endgültige Wahrheit.

Wir denken auf diese Weise nach, bis unserem Geist ein allgemeines oder geistiges Bild der Abwesenheit eines inhärent existierenden Ichs erscheint. Dieses Bild ist unser Objekt der verweilenden Meditation. Indem wir uns so lange wie möglich eingerichtet auf dieses Bild konzentrieren, versuchen wir, vollständig vertraut damit zu werden.

Da wir an einem inhärent existierenden Ich seit anfangsloser Zeit festgehalten und es mehr als alles andere geliebt haben, kann die Erfahrung, in der Meditation kein Ich zu finden, zuerst ziemlich schockierend sein. Einige Menschen bekommen Angst und glauben, daß sie gar nicht mehr existieren. Andere wiederum empfinden große Freude, so als ob die Quelle aller ihrer Probleme verschwinden würde. Beide Reaktionen gelten als gute Zeichen und weisen auf eine richtige Meditation hin. Nach einer Weile werden diese anfänglichen Reaktionen schwächer, und unser Geist wird zu einem ausgewogenen Zustand kommen. Dann werden wir fähig sein, auf ruhige, kontrollierte Art und Weise über Leerheit zu meditieren.

Wir sollten unserem Geist erlauben, sich so lange wie möglich in die raumähnliche Leerheit zu versenken. Wichtig ist, daran zu denken, daß unser Meditationsobjekt, die Leerheit, die Abwesenheit eines inhärent existierenden Ichs und nicht ein bloßes Nichts ist. Hin und wieder sollten wir unsere Meditation mit Wachsamkeit überprüfen. Wenn unser Geist zu einem anderen Objekt abgeschweift ist oder wir die Bedeutung der Leerheit verloren haben und uns auf das bloße Nichts konzentrieren, sollten wir zur Kontemplation zurückkehren, bis in unserem Geist wieder eine klare Vorstellung der Leerheit entsteht.

Wir fragen uns vielleicht: «Wenn es kein wahrhaft existierendes Ich gibt, wer meditiert dann? Wer steht nach der Meditation auf? Wer spricht zu den anderen? Wer antwortet, wenn mein Name gerufen wird?» Obwohl es nichts innerhalb von Körper und Geist oder getrennt von Körper und Geist gibt, was das Ich ist, heißt das nicht, daß das Ich überhaupt nicht existiert. Obwohl das Ich nicht in einer der vier oben genannten Formen existiert, existiert es doch konventionell. Das Ich ist bloß eine Bezeichnung, die vom begrifflichen Geist der Ansammlung von Körper und Geist zugeschrieben wird. Solange wir mit der bloßen Bezeichnung «Ich» zufrieden sind, gibt es keine Probleme. Wir können denken: «Ich existiere, ich gehe in die Stadt usw.» Das Problem entsteht erst, wenn wir nach einem Ich außerhalb der bloßen begrifflichen Zuschreibung «Ich» suchen. Der am Selbst festhaltende Geist klammert sich an ein Ich, das endgültig existiert, unabhängig von begrifflicher Zuschreibung, als ob es hinter dem Etikett ein wirklich existierendes Ich gäbe. Würde ein solches Ich existieren, müßten wir es finden können, aber wir haben gesehen, daß das Ich in einer Untersuchung nicht gefunden werden kann. Die Schlußfolgerung, die sich aus unserer Suche ergab, war ein eindeutiges Nichtauffinden des Ichs. Diese Unauffindbarkeit des Ichs ist die Leerheit des Ichs, die endgültige Natur des Ichs. Das Ich, das als bloße Zuschreibung existiert, ist die konventionelle Natur des Ichs.

Wenn wir zu Beginn Leerheit realisieren, tun wir es begrifflich, mittels eines allgemeinen Bildes. Indem wir immer wieder über Leerheit meditieren, wird das allgemeine Bild allmählich transparenter, bis es sich vollkommen auflöst und wir Leerheit direkt erkennen. Diese direkte Realisation der Leerheit wird unser erstes vollkommen nichtfehlerhaftes Gewahrsein oder unsere erste «unbefleckte» Geistesart sein.

Bis wir Leerheit direkt realisieren, sind alle unsere Geistesarten fehlerhafte Gewahrseinsarten, weil ihre Objekte aufgrund der Unwissenheit des Festhaltens am Selbst oder des An-wahr-Festhaltens als inhärent existierend erscheinen.

Die meisten Leute tendieren zum Extrem der Existenz und denken, wenn etwas existiert, dann muß es inhärent existieren, und übertreiben somit die Art und Weise, wie die Dinge existieren, d. h. sie geben sich nicht mit dem bloßen Namen zufrieden. Andere tendieren vielleicht zum Extrem der Nichtexistenz und meinen, wenn Phänomene nicht inhärent existierten, dann gäbe es sie überhaupt nicht, und übertreiben somit das Fehlen ihrer inhärenten Existenz. Wir müssen erkennen, daß Phänomene, obwohl ihnen jegliche Spur einer Existenz von ihrer Seite aus fehlt, dennoch konventionell als bloße Erscheinungen eines gültigen Geistes existieren.

Begriffliche Geistesarten, die am Ich oder anderen Phänomenen als wahrhaft existierend festhalten, sind falsche Gewahrseinsarten und sollten daher aufgeben werden. Ich sage aber nicht, daß alle begrifflichen Gedanken falsche Gewahrseinsarten sind und deshalb aufgegeben werden sollten. Es gibt viele korrekte begriffliche Geistesarten, die in unserem Alltagsleben nützlich sind, wie zum Beispiel der begriffliche Geist, der sich daran erinnert, was wir gestern getan haben, oder der begriffliche Geist, der versteht, wie man eine Tasse Tee zubereitet. Auch auf dem spirituellen Pfad gibt es viele begriffliche Geistesarten, die erzeugt werden müssen. Konventioneller Bodhichitta im Geisteskontinuum eines Bodhisattvas beispielsweise ist ein begrifflicher Geist, weil er sein Objekt, große Erleuchtung, mittels eines allgemeinen Bildes festhält. Außerdem müssen wir Leerheit mittels eines anschließenden Erkenners, der ein begrifflicher Geist ist, realisieren, ehe wir Leerheit mit einem nichtbegrifflichen

Geist direkt realisieren können. Durch Kontemplation der Gründe, die inhärente Existenz widerlegen, erscheint unserem Geist ein allgemeines Bild des Fehlens oder der Leerheit von inhärenter Existenz. Das ist die einzige Möglichkeit, wie die Leerheit von inhärenter Existenz zu Anfang unserem Geist erscheinen kann. Wir meditieren dann über dieses Bild mit immer stärkerer Konzentration, bis wir schließlich Leerheit direkt wahrnehmen.

Es gibt einige Menschen, die behaupten, daß man beim Meditieren über Leerheit den Geist einfach von allen begrifflichen Gedanken frei machen sollte. Sie argumentieren, daß weiße Wolken die Sonne gleich stark verdunkeln würden wie schwarze Wolken, und genauso würden positive begriffliche Gedanken unseren Geist gleich stark verdunkeln wie negative begriffliche Gedanken. Diese Sicht ist vollkommen falsch, denn wenn wir uns nicht um ein begriffliches Verständnis der Leerheit bemühen, sondern statt dessen alle begrifflichen Gedanken zu unterdrücken versuchen, wird unserem Geist die tatsächliche Leerheit niemals erscheinen. Wir erlangen unter Umständen eine lebhafte Erfahrung einer raumähnlichen Leere, doch dies ist nur das Fehlen begrifflicher Gedanken – es ist nicht Leerheit, die wahre Natur der Phänomene. Meditation über diese Leere kann unseren Geist vorübergehend ruhig werden lassen, sie wird aber weder unsere Verblendungen zerstören, noch uns von Samsara befreien.

Wenn alle notwendigen atmosphärischen Ursachen und Bedingungen zusammentreffen, erscheinen Wolken. Sind diese nicht vorhanden, können sich keine Wolken bilden. Wolkenbildung ist vollständig von Ursachen und Bedingungen abhängig. Ohne sie können sich keine Wolken bilden. Gleiches gilt für Berge, Planeten, Körper, den Geist und alle anderen erzeugten Phänomene. Da ihre Existenz von Faktoren außerhalb ihrer selbst abhängig ist, sind sie leer von inhärenter oder unabhängiger Existenz und sind bloße Zuschreibungen des Geistes.

Die Unterweisungen über Karma können uns helfen, dies zu verstehen. Woher kommen alle unsere guten und schlechten Erfahrungen? Dem Buddhismus zufolge sind sie das Ergebnis des positiven und negativen Karmas, das wir in der Vergangenheit erzeugt haben. Als Folge von positivem Karma treten attraktive und angenehme Menschen in unser Leben, erfreuliche Lebensbedingungen entstehen, und wir leben in einer schönen Umwelt; aufgrund von negativem Karma hingegen treten unangenehme Leute und Dinge in Erscheinung. Diese Welt ist die Auswirkung des kollektiven Karmas, das von den Wesen, die sie bewohnen, erzeugt wurde. Da Karma seinen Ursprung im Geist hat – insbesondere in unseren geistigen Absichten – können wir erkennen, daß alle Welten aus dem Geist entstehen. Dies gleicht der Art und Weise, wie Erscheinungen in einem Traum entstehen. Alles, was wir beim Träumen wahrnehmen, ist das Ergebnis des Heranreifens karmischer Potentiale in unserem Geist und besitzt keine Existenz außerhalb unseres Geistes. Ist unser Geist ruhig und rein, reifen positive Prägungen heran und angenehme Traumerscheinungen entstehen; ist unser Geist jedoch erregt und unrein, reifen negative Prägungen heran, und unangenehme, alptraumhafte Erscheinungen sind die Folge. In ähnlicher Weise sind alle Erscheinungen unserer Welt des Wachzustandes nur auf das Heranreifen von positiven, negativen oder neutralen Prägungen in unserem Geist zurückzuführen.

Haben wir einmal verstanden, wie die Dinge aus ihren inneren und äußeren Ursachen und Bedingungen entstehen und keine unabhängige Existenz haben, dann wird uns der bloße Anblick oder das Nachdenken über die Erzeugung von Phänomenen an deren Leerheit erinnern. Anstatt unseren Eindruck von Stabilität und Objektivität der Dinge zu untermauern, werden wir beginnen, die Dinge als Manifestation ihrer Leerheit zu betrachten, die ebenso wenig konkrete Existenz besitzen wie ein Regenbogen, der aus einem leeren Himmel erscheint.

So wie die Erzeugung von Dingen von Ursachen und Bedingungen abhängig ist, so ist es auch der Zerfall von Dingen. Deshalb kann weder Erzeugung noch Zerfall wahrhaft existierend sein. Wenn zum Beispiel unser neues Auto zerstört würde, wären wir unglücklich, da wir sowohl am Auto als auch am Zerfall des Autos als inhärent existierend festhalten; erkennen wir aber, daß unser Auto eine bloße Erscheinung unseres Geistes ist – so wie ein Auto in einem Traum – würde uns seine Zerstörung nichts ausmachen. Das gleiche gilt für alle Objekte unserer Anhaftung; wenn wir einsehen, daß es den Objekten und ihren Beendigungen an wahrer Existenz fehlt, gibt es keinen Grund, uns aufzuregen, wenn wir von ihnen getrennt werden.

Alle funktionierenden Dinge – unsere Umwelt, unsere Vergnügen, unser Körper, unser Geist und unser Ich – ändern sich von einem Moment zum andern. Sie sind unbeständig in der Hinsicht, daß sie nicht einen zweiten Moment lang andauern können. Das Buch, das Sie im Augenblick lesen, ist nicht dasselbe Buch, das Sie eben noch gelesen haben, und es konnte nur entstehen, weil das Buch von eben aufgehört hat zu existieren. Wenn wir subtile Unbeständigkeit verstehen, daß nämlich unser Körper, unser Geist, unser Selbst und so weiter nicht über den Augenblick hinaus bestehen bleiben, ist es unschwer zu verstehen, daß sie leer von inhärenter Existenz sind.

Obwohl wir möglicherweise damit einverstanden sind, daß unbeständige Phänomene leer von inhärenter Existenz sind, meinen wir vielleicht, daß beständige Phänomene, weil sie unveränderlich sind und nicht aus Ursachen und Bedingungen entstehen, inhärent existieren müssen. Aber sogar beständige Phänomene wie Leerheit und nichterzeugter Raum (die bloße Abwesenheit von physischer Behinderung) sind in abhängiger Beziehung stehende Phänomene, da sie von ihren Teilen, ihrer Basis der Zuschreibung und dem Geist, der sie zuschreibt, abhängen. Somit sind sie nicht inhärent existierend. Obwohl Leerheit endgültige Wirklichkeit ist, ist sie nicht unabhängig oder inhärent existierend, denn selbst sie hängt von ihren Teilen, ihren Basen und den Geistesarten ab, die sie zuschreiben. So wie eine Goldmünze nicht unabhängig von ihrem Gold existieren kann, genauso existiert auch die Leerheit unseres Körpers nicht getrennt von unserem Körper, weil sie lediglich das Fehlen der inhärenten Existenz unseres Körpers ist.

Wenn wir an irgendeinen Ort hingehen, entwickeln wir den Gedanken «Ich gehe» und halten an einer inhärent existierenden Handlung des Gehens fest. Wenn uns jemand besuchen kommt, denken wir in ähnlicher Weise «Er kommt», und wir halten an einer inhärent existierenden Handlung des Kommens fest. Beide Vorstellungen sind Festhalten am Selbst und falsche Gewahrseinsarten. Geht jemand weg, dann haben wir das Gefühl, daß eine wahrhaft existierende Person wahrhaftig weggegangen ist, und wenn sie zurückkommt, haben wir das Gefühl, daß eine wahrhaft existierende Person wahrhaftig zurückgekehrt ist. Das Kommen und Gehen von Menschen gleicht jedoch dem Erscheinen und Verschwinden eines Regenbogens am Himmel. Wenn die Ursachen und Bedingungen für die Erscheinung eines Regenbogens zusammenkommen, taucht ein Regenbogen auf, und wenn sich die Ursachen und Bedingungen für das weitere Erscheinen des Regenbogens auflösen, verschwindet er; doch der Regenbogen kommt von nirgendwo her und geht auch nirgendwo hin.

Wenn wir ein Objekt, beispielsweise unser Ich, beobachten, sind wir überzeugt, daß es sich um eine einzelne, unteilbare Wesenheit handelt und daß seine Einzahl inhärent existierend ist. In Wirklichkeit jedoch besteht unser Ich aus vielen Einzelteilen: Teilen, die schauen, hören, laufen und denken, oder auch Teilen, die eine Lehrerin, eine Mutter, eine Tochter und eine Ehefrau sind. Unser Ich wird der Ansammlung dieser Teile zugeschrieben. Wie jedes andere Einzelphänomen auch ist es eine Einzahl. Diese Einzahl jedoch ist lediglich zugeschrieben, genauso wie es eine Armee ist, die bloß auf eine Ansammlung von Soldaten zugeschrieben ist, oder ein Wald, der auf eine Ansammlung von Bäumen zugeschrieben ist.

Wenn wir mehr als ein Objekt sehen, betrachten wir die Vielzahl dieser Objekte als inhärent existierend. So wie die Einzahl bloß zugeschrieben ist, so ist auch die Mehrzahl nur eine Zuschreibung des Geistes und existiert nicht seitens des Objektes. Statt zum Beispiel eine Ansammlung von Soldaten oder Bäumen aus der Sicht der einzelnen Soldaten oder Bäume zu betrachten, können wir sie als Armee oder Wald betrachten, als einzelne Ansammlung oder Ganzes also, so daß wir dann eine Einzahl statt eine Mehrzahl vor uns haben.

Zusammenfassend können wir sagen, daß eine Einzahl nicht aus sich selbst heraus existiert, denn sie wird einfach nur auf eine Mehrzahl, ihre Einzelteile, zugeschrieben. In gleicher Weise existiert eine Mehrzahl nicht aus sich selbst heraus, weil sie auf eine Einzahl, die Ansammlung ihrer Teile, zugeschrieben wird. Einzahl und Mehrzahl sind somit bloße Zuschreibungen eines begrifflichen Geistes, und es fehlt ihnen an wahrer Existenz. Wenn wir dies klar erkennen, besteht keine Veranlassung, Anhaftung und Wut für Objekte zu entwickeln, weder für eine Einzahl noch eine Mehrzahl. Wir neigen dazu, die Fehler und die Qualitäten von wenigen auf viele zu projizieren, und entwickeln daraufhin Haß oder Anhaftung auf der Grundlage zum Beispiel von Rassenzugehörigkeit, Religion oder Nationalität. Über die Leerheit von Einzahl und Mehrzahl nachzudenken kann hilfreich sein, Haß oder Anhaftung dieser Art zu vermindern.

Obwohl Erzeugung, Zerfall und so weiter tatsächlich existieren, existieren sie nicht inhärent oder wahrhaft, und die begrifflichen Geistesarten, die an ihnen als wahrhaft existierend festhalten, sind Beispiele der Unwissenheit des Festhaltens am Selbst. Diese Vorstellungen halten an den acht Extremen fest: wahrhaft existierende Erzeugung, wahrhaft existierender Zerfall, wahrhaft existierende Unbeständigkeit, wahrhaft existierende Beständigkeit, wahrhaft existierendes Gehen, wahrhaft existierendes Kommen, wahrhaft existierende Einzahl und wahrhaft existierende Mehrzahl. Obwohl diese Extreme nicht existieren, halten wir aufgrund unserer Unwissenheit immer an ihnen fest. Alle Verblendungen wurzeln in den Vorstellungen dieser acht Extreme, und weil Verblendungen verunreinigte Handlungen verursachen, die uns in Samsara gefangenhalten, sind diese Vorstellungen die Wurzel Samsaras.

Die acht Extreme sind tiefgründig und bedürfen ausführlicher Erläuterungen und ausgedehnter Studien. Buddha beschreibt sie im Detail in den *Sutras der Vollkommenheit der*

Weisheit. In *Grundlegende Weisheit*, einem Kommentar zu den *Sutras der Vollkommenheit der Weisheit*, führt Nagarjuna viele tiefgründige und kraftvolle Begründungen an, um zu beweisen, daß die acht Extreme nicht existieren, indem er aufzeigt, wie alle Phänomene leer von inhärenter Existenz sind. Durch die Analyse konventioneller Wahrheiten begründet er ihre endgültige Natur und zeigt, weshalb es nötig ist, sowohl die konventionelle als auch die endgültige Natur eines Objektes zu kennen, um das Objekt in vollem Umfang zu verstehen.

KONVENTIONELLE UND ENDGÜLTIGE WAHRHEITEN

Alles, was existiert, ist entweder eine konventionelle Wahrheit oder eine endgültige Wahrheit, und da sich endgültige Wahrheit ausschließlich auf Leerheit bezieht, ist alles außer Leerheit eine konventionelle Wahrheit. Die Dinge, die wir direkt sehen, wie Häuser, Autos und Tische, sind alles konventionelle Wahrheiten.

Alle konventionellen Wahrheiten sind unwahre Objekte, da ihre Art zu erscheinen und ihre Art zu existieren nicht übereinstimmt. Wenn jemand freundlich und gütig erscheint, doch seine wirkliche Absicht ist, unser Vertrauen zu gewinnen, um uns dann zu bestehlen, würden wir sagen, daß er unwahr oder trügerisch ist, denn es besteht eine Diskrepanz zwischen der Art und Weise, wie er erscheint, und seiner wirklichen Natur. In ähnlicher Weise sind Objekte, wie Formen und Töne, unwahr oder trügerisch, weil sie inhärent zu existieren scheinen, in Wirklichkeit jedoch bar jeder inhärenten Existenz sind. Weil ihre Art zu erscheinen nicht mit der Art, wie sie existieren, übereinstimmt, sind konventionelle Wahrheiten als «trügerische Phänomene» bekannt. Eine Tasse scheint zum Beispiel unabhängig von ihren Teilen, ihren

Ursachen und dem Geist, der sie festhält, zu existieren, doch in Wirklichkeit ist sie völlig von diesen Dingen abhängig. Da die Art und Weise, wie die Tasse unserem Geist erscheint, und die Art und Weise, wie die Tasse existiert, nicht übereinstimmen, ist die Tasse ein unwahres Objekt.

Obwohl konventionelle Wahrheiten unwahre Objekte sind, existieren sie in Wirklichkeit aber trotzdem, weil ein Geist, der eine konventionelle Wahrheit direkt wahrnimmt, ein gültiger Geist, ein vollkommen verläßlicher Geist ist. Ein Augenbewußtsein zum Beispiel, das eine Tasse auf dem Tisch direkt wahrnimmt, ist ein gültiger Erkenner, weil er uns nicht täuschen wird: Wenn wir nach der Tasse greifen, um sie anzuheben, werden wir sie dort finden, wo unser Augenbewußtsein sie sieht. Hier unterscheidet sich ein Augenbewußtsein, das eine Tasse auf dem Tisch wahrnimmt, von dem Augenbewußtsein, das eine vom Spiegel reflektierte Tasse mit einer echten verwechselt, oder dem Augenbewußtsein, das eine Luftspiegelung für Wasser hält. Obwohl eine Tasse ein unwahres Objekt ist, ist das Augenbewußtsein, das die Tasse direkt wahrnimmt, aus praktischen Gründen ein gültiger, verläßlicher Geist. Obwohl es ein gültiger Geist ist, ist er insofern fehlerhaft, als die Tasse diesem Geist als wahrhaft existierend erscheint. Es ist ein gültiger und nichttäuschender Geist in bezug auf die konventionellen Eigenschaften der Tasse – ihre Position, Größe, Farbe und so weiter – aber fehlerhaft, was ihre endgültige Natur betrifft.

Zusammenfassend können wir sagen, daß konventionelle Objekte unwahr sind, weil sie aus sich selbst heraus zu existieren scheinen, obwohl sie in Wirklichkeit bloße Erscheinungen des Geistes sind, ähnlich den Dingen, die im Traum erlebt werden. Traumobjekte haben aber im Rahmen des Traumes eine relative Gültigkeit, und dies unterscheidet sie von den Dingen, die überhaupt nicht existieren. Angenommen wir stehlen in einem Traum einen Diamanten und jemand fragt uns anschließend, ob wir den Diebstahl begangen haben. Obwohl der Traum lediglich eine Schöpfung unseres Geistes ist, sprechen wir die Wahrheit, wenn wir mit «Ja» antworten, lügen jedoch, wenn wir «Nein» entgegnen. Obwohl das gesamte Universum in Wirklichkeit nur eine Erscheinung des Geistes ist, können wir, was die Erfahrungen gewöhnlicher Wesen angeht, ebenso zwischen relativen Wahrheiten und relativen Unwahrheiten unterscheiden.

Konventionelle Wahrheiten können in grobe konventionelle Wahrheiten und subtile konventionelle Wahrheiten eingeteilt werden. Am Beispiel Auto wird uns klar werden, daß alle Phänomene diese beiden Ebenen von konventioneller Wahrheit besitzen. Das Auto selbst und das Auto, das von seinen Ursachen abhängt, sowie das Auto, das von seinen Einzelteilen abhängt, sind grobe konventionelle Wahrheiten des Autos. Sie werden «grob» genannt, weil sie relativ einfach zu verstehen sind. Das Auto, das von seiner Basis der Zuschreibung abhängt, ist ziemlich subtil und nicht einfach zu verstehen, stellt aber trotzdem eine grobe konventionelle Wahrheit dar. Die Basis der Zuschreibung des Autos sind die Teile des Autos. Um das Auto mit dem Geist festhalten zu können, müssen unserem Geist die Teile des Autos erscheinen; ohne dieses Erscheinen der Teile ist es unmöglich, den Gedanken «Auto» zu entwickeln. Deshalb sind die Teile die Basis der Zuschreibung des Autos. Wir sagen: «Ich sehe ein Auto», doch genau genommen sehen wir immer nur die Teile des Autos. Wenn wir jedoch den Gedanken «Auto» entwickeln, indem wir dessen Teile wahrnehmen, sehen wir das Auto. Es gibt kein Auto, das etwas anderes ist als seine Teile, und es gibt keinen Körper, der etwas anderes ist als seine

Teile, und so weiter. Das Auto, das als eine bloße gedankliche Zuschreibung existiert, ist die subtile konventionelle Wahrheit des Autos. Wir haben dies verstanden, wenn wir erkennen, daß das Auto nicht mehr als eine bloße Zuschreibung eines gültigen Geistes ist. Wir können subtile konventionelle Wahrheiten erst verstehen, wenn wir Leerheit verstanden haben. Wenn wir die subtile konventionelle Wahrheit durch und durch verstehen, haben wir sowohl die konventionelle als auch die endgültige Wahrheit realisiert.

Genau genommen sind Wahrheit, endgültige Wahrheit und Leerheit Synonyme, da konventionelle Wahrheiten nicht wirkliche Wahrheiten sind, sondern unwahre Objekte. Sie sind nur für den Geist derjenigen wahr, die Leerheit nicht realisiert haben. Nur Leerheit ist wahr, weil nur Leerheit in der Art und Weise existiert, wie sie erscheint. Wenn der Geist irgendeines fühlenden Wesens direkt konventionelle Wahrheiten wahrnimmt, wie zum Beispiel Formen, scheinen sie aus sich selbst heraus zu existieren. Wenn jedoch der Geist eines Höheren Wesens Leerheit direkt wahrnimmt, erscheint nichts anderes als Leerheit; dieser Geist ist vollkommen vermischt mit der bloßen Abwesenheit wahrer Existenz. Die Art, in der Leerheit dem Geist eines nichtbegrifflichen Direktwahrnehmers erscheint, stimmt genau mit der Art überein, wie Leerheit existiert.

Es sollte beachtet werden, daß Leerheit nicht inhärent existiert, obwohl sie eine endgültige Wahrheit ist. Leerheit ist keine getrennte Wirklichkeit, die hinter konventionellen Erscheinungen existiert, sondern die tatsächliche Natur dieser Erscheinungen. Wir können nicht isoliert über Leerheit sprechen, denn Leerheit ist grundsätzlich das bloße Fehlen der inhärenten Existenz *von* etwas. Die Leerheit unseres Körpers zum Beispiel ist das Fehlen der inhärenten Existenz unseres Körpers und ohne unseren Körper als Basis kann diese Leerheit nicht existieren. Da Leerheit zwangsläufig von einer Basis abhängt, fehlt ihr inhärente Existenz.

Im *Leitfaden für die Lebensweise eines Bodhisattvas* definiert Shantideva endgültige Wahrheit als ein Phänomen, das für den nichtverunreinigten Geist eines Höheren Wesens wahr ist. Ein nichtverunreinigter Geist ist ein Geist, der Leerheit direkt realisiert. Dieser Geist ist das einzige nichtfehlerhafte Gewahrsein; und ausschließlich Höhere Wesen verfügen darüber. Da ein nichtverunreinigter Geist völlig nichtfehlerhaft ist, entspricht alles, was von einem solchen Geist direkt als wahr wahrgenommen wird, notwendigerweise einer endgültigen Wahrheit. Im Gegensatz dazu ist alles, was vom Geist eines gewöhnlichen Wesens direkt als wahr wahrgenommen wird, zwangsläufig keine endgültige Wahrheit, da alle Geistesarten gewöhnlicher Wesen fehlerhaft sind und fehlerhafte Geistesarten niemals direkt die Wahrheit wahrnehmen können.

Aufgrund der Prägungen von begrifflichen Gedanken, die die acht Extreme festhalten, erscheint alles, was dem Geist gewöhnlicher Wesen erscheint, als inhärent existierend. Nur die Weisheit des meditativen Gleichgewichts, die Leerheit direkt realisiert, ist nicht durch die Prägungen oder Flecken dieser begrifflichen Gedanken verunreinigt. Das ist die einzige Weisheit, die keine fehlerhafte Erscheinung besitzt.

Wenn ein Höherer Bodhisattva über Leerheit meditiert, vermischt sich sein Geist vollkommen mit Leerheit, ohne die Erscheinung von inhärenter Existenz. Er entwickelt eine vollkommen reine, nichtverunreinigte Weisheit, die endgültiger Bodhichitta ist. Sobald er sich jedoch aus dem meditativen Gleichgewicht erhebt, erscheinen seinem Geist aufgrund der

Prägungen des An-wahr-Festhaltens konventionelle Phänomene wieder als inhärent existierend. Seine nichtverunreinigte Weisheit ist dann vorübergehend nicht manifest. Nur ein Buddha kann nichtverunreinigte Weisheit manifestieren, während er gleichzeitig konventionelle Wahrheiten direkt wahrnimmt. Es ist eine außergewöhnliche Eigenschaft eines Buddhas, daß sein Geist in einem einzigen Augenblick sowohl konventionelle als auch endgültige Wahrheiten direkt und gleichzeitig realisiert. Endgültiger Bodhichitta hat viele Ebenen. Der endgültige Bodhichitta zum Beispiel, der durch die tantrische Praxis erlangt wird, ist tiefgründiger als derjenige, der allein durch die Sutra-Praxis entwickelt wird. Der höchste endgültige Bodhichitta ist der Bodhichitta eines Buddhas.

Wenn wir durch gültige Begründungen die Leerheit des ersten Extrems, des Extrems der Erzeugung, realisieren, wird es uns leichtfallen, die Leerheit der verbleibenden sieben Extreme zu realisieren. Haben wir einmal die Leerheit der acht Extreme realisiert, haben wir die Leerheit aller Phänomene realisiert. Wenn wir diese Realisation gewonnen haben, fahren wir fort über die Leerheit erzeugter Phänomene und so weiter nachzudenken und zu meditieren, und während sich unsere Meditationen allmählich vertiefen, werden wir das Gefühl haben, daß sich alle Phänomene in Leerheit auflösen. Dann werden wir in der Lage sein, eine einsgerichtete Konzentration über die Leerheit aller Phänomene aufrechtzuerhalten.

Um über die Leerheit erzeugter Phänomene zu meditieren, können wir denken:

Es gibt ein Ich oder Selbst, das immer und immer wieder in Samsara wiedergeboren wird. Dieses Ich ist ein erzeugtes

Phänomen, weil seine Existenz von Ursachen und Bedingungen abhängt, wie zum Beispiel seinem vorherigen Kontinuum und unserem Karma, und deshalb fehlt ihm wahre Existenz. Wenn wir innerhalb oder außerhalb unseres Körpers und Geistes nach unserem Ich suchen, können wir es nicht finden; und anstelle eines wahrhaft existierenden Ichs erscheint unserem Geist eine raumähnliche Leerheit.

Wir haben das Gefühl, daß unser Geist in diese raumähnliche Leerheit eintritt und dort eingerichtet verweilt. Auf diese Weise versuchen wir die Erscheinung der Leerheit von inhärenter Existenz des Ichs kontinuierlich aufrechtzuerhalten. Was unserem Geist erscheint, ist nur eine raumähnliche Leerheit. Wir verstehen jedoch, daß diese Leerheit die Nichtexistenz des wahrhaft existierenden Ichs ist. Wir müssen sowohl die Erscheinung der Leerheit als auch das besondere Verständnis der Bedeutung dieser Leerheit aufrechterhalten. Diese Meditation wird «raumähnliches meditatives Gleichgewicht über Leerheit» genannt.

So wie ein Adler durch die endlose Weite des Himmels segelt, ohne auf Hindernisse zu stoßen, und nur wenig Anstrengung benötigt, um seinen Flug aufrechtzuerhalten, genauso können erfahrene Meditierende, die sich auf Leerheit konzentrieren, lange Zeit mit geringem Bemühen über Leerheit meditieren. Ihr Geist schwebt durch die raumähnliche Leerheit, ohne von anderen Phänomenen abgelenkt zu werden. Wenn wir über Leerheit meditieren, sollten wir versuchen, diesen Meditierenden nachzueifern. Haben wir unser Meditationsobjekt, das bloße Fehlen des inhärent existierenden Ichs gefunden, sollten wir von weiterer Analyse absehen und einfach unseren Geist in der Erfahrung dieser Leerheit ruhen lassen. Von Zeit zu Zeit sollten wir sicherheitshalber überprüfen, daß wir weder die klare Erscheinung von Leerheit noch die Erkenntnis ihrer Bedeutung verloren haben; wir sollten aber nicht zu eindringlich prüfen, da dies unsere Konzentration stören wird. Unsere Meditation sollte nicht dem Flug eines kleinen Vogels gleichen, der ständig flattert und seine Richtung ändert, sondern dem Flug eines Adlers, der sanft durch den Himmel gleitet und nur gelegentlich seine Flügel bewegt. Wenn wir auf diese Weise meditieren, werden wir fühlen, wie sich unser Geist in Leerheit auflöst und eins mit ihr wird.

Wenn uns dies gelingt, dann werden wir während unserer Meditation frei sein vom manifesten Festhalten am Selbst. Verwenden wir aber andererseits unsere ganze Zeit darauf, unsere Meditation zu überprüfen und zu analysieren, und erlauben wir unserem Geist nie im Raum der Leerheit zu verweilen, werden wir diese Erfahrung niemals erwerben und unsere Meditation wird uns nicht helfen, unser Festhalten am Selbst zu verringern.

Im allgemeinen müssen wir unser Verständnis von Leerheit durch ausführliche Studien vertiefen, indem wir sie aus unterschiedlichen Perspektiven beleuchten und zahlreiche, unterschiedliche Argumentationen berücksichtigen. Es ist ferner wichtig, durch kontinuierliche Kontemplation mit einer vollständigen Meditation über Leerheit ganz und gar vertraut zu werden und genau zu verstehen, wie die Argumentation anzuwenden ist, damit sie zu einer Erfahrung von Leerheit führt. Dann können wir uns eingerichtet auf Leerheit konzentrieren und versuchen, unseren Geist mit ihr zu vermischen, so wie sich Wasser mit Wasser vermischt.

DIE VEREINIGUNG DER ZWEI WAHRHEITEN

Die Vereinigung der zwei Wahrheiten bedeutet, daß konventionelle Wahrheiten wie unser Körper und endgültige

Wahrheiten wie die Leerheit unseres Körpers von gleicher Natur sind. Der Grund, warum wir diese Vereinigung verstehen und über sie meditieren sollten, besteht darin, dualistische Erscheinungen zu verhindern, d. h. zu verhindern, daß dem Geist, der über Leerheit meditiert, inhärente Existenz erscheint, um somit unseren Geist in die Lage zu versetzen, sich in Leerheit aufzulösen. Gelingt uns dies, wird unsere Meditation über Leerheit sehr erfolgreich unsere Verblendungen beseitigen können. Wenn wir den inhärent existierenden Körper korrekt identifizieren und negieren sowie über die bloße Abwesenheit eines solchen Körpers mit starker Konzentration meditieren, werden wir das Gefühl haben, daß sich unser normaler Körper in Leerheit auflöst. Wir werden verstehen, daß die wirkliche Natur unseres Körpers Leerheit ist und daß unser Körper lediglich eine Manifestation von Leerheit ist.

Leerheit gleicht dem Himmel und unser Körper gleicht dem Blau des Himmels. So wie Blau eine Manifestation des Himmels selbst ist und nicht von ihm getrennt werden kann, genauso ist unser «blauähnlicher» Körper einfach eine Manifestation des Himmels seiner Leerheit und kann nicht von ihm getrennt werden. Verstehen wir dies, während wir uns auf die Leerheit unseres Körpers konzentrieren, so haben wir das Gefühl, daß sich unser Körper in seine endgültige Natur auflöst. Auf diese Weise können wir die konventionelle Erscheinung des Körpers in unseren Meditationen mit Leichtigkeit überwinden und unser Geist vermischt sich mit Leerheit.

Im *Herz-Sutra* sagt Avalokiteshvara: «Form ist nichts anderes als Leerheit.» Das bedeutet, daß konventionelle Phänomene wie unser Körper nicht getrennt von ihrer Leerheit existieren. Wenn wir mit diesem Verständnis über die

Leerheit unseres Körpers meditieren, wissen wir, daß die Leerheit, die unserem Geist erscheint, die eigentliche Natur unseres Körpers ist und daß es außer dieser Leerheit keinen Körper gibt. Diese Art der Meditation wird unseren Geist des Festhaltens am Selbst enorm schwächen. Wenn wir wirklich davon überzeugt wären, daß unser Körper und seine Leerheit von gleicher Natur sind, würde sich unser Festhalten am Selbst mit Sicherheit abschwächen.

Obwohl wir Leerheiten in bezug auf ihre Basis der Zuschreibung einteilen können und von der Leerheit des Körpers, von der Leerheit des Ichs und so weiter sprechen, haben in Wahrheit alle Leerheiten die gleiche Natur. Wenn wir zehn Flaschen betrachten, können wir zwischen zehn verschiedenen «Räumen» innerhalb der Flaschen unterscheiden, in Wirklichkeit jedoch haben diese «Räume» die gleiche Natur. Zerbrechen wir die Flaschen, so sind die «Räume» nicht voneinander zu unterscheiden. Obwohl wir von der Leerheit des Körpers, des Geistes, des Ichs und so weiter sprechen können, haben sie in Wirklichkeit dieselbe Natur und sind ununterscheidbar. Sie können einzig durch ihre konventionelle Basis unterschieden werden.

Zwei Hauptvorteile ergeben sich aus dem Verständnis, daß alle Leerheiten von gleicher Natur sind: in der Meditationssitzung wird sich unser Geist leichter mit Leerheit vermischen und in der Meditationspause werden wir dazu fähig sein, alle Erscheinungen gleichermaßen als Manifestationen ihrer Leerheit zu sehen.

Solange wir das Gefühl haben, daß eine Kluft zwischen unserem Geist und Leerheit besteht, daß unser Geist «hier» und Leerheit «dort» ist, wird sich unser Geist nicht mit Leerheit vermischen. Das Wissen darum, daß alle Leerheiten von gleicher Natur sind, hilft uns, diese Kluft zu überwinden. Im alltäglichen Leben begegnen wir vielen unterschiedlichen Objekten – guten, schlechten, attraktiven, häßlichen –, und unsere Gefühle für sie unterscheiden sich. Weil wir das Gefühl haben, daß die Unterschiede von seiten der Objekte existieren, ist unser Geist unausgeglichen, und wir entwickeln Anhaftung für attraktive Objekte, Abneigung gegen unschöne Objekte und Gleichgültigkeit gegenüber neutralen Objekten. Es ist sehr schwierig, einen derart unausgeglichenen Geist mit Leerheit zu vermischen. Um dies zu erreichen, müssen wir erkennen, daß die Phänomene im Kern leer sind, obwohl sie in vielen verschiedenen Aspekten erscheinen. Die Unterschiede, die wir sehen, sind nur Erscheinungen eines fehlerhaften Geistes. Aus der Sicht der endgültigen Wahrheit sind alle Phänomene gleich in ihrer Leerheit. Für einen qualifizierten Meditierenden, der eingerichtet in Leerheit versunken ist, besteht kein Unterschied zwischen Erzeugung und Beendigung, Unbeständigkeit und Beständigkeit, Gehen und Kommen, Einzahl und Mehrzahl: Alles ist gleich in Leerheit, und alle Probleme der Anhaftung, der Wut und der Unwissenheit des Festhaltens am Selbst sind gelöst. In dieser Erfahrung wird alles sehr friedvoll und angenehm, ausgeglichen und harmonisch, heiter und wunderbar. Es gibt keine Hitze, keine Kälte, kein Höher, kein Tiefer, kein Hier, kein Dort, kein Selbst, kein anderer, kein Samsara – alles ist gleich im Frieden der Leerheit. Diese Realisation nennt man «den Yoga des Gleichstellens von Samsara und Nirvana». Er wird ausführlich sowohl in den Sutras als auch in den Tantras erklärt.

Da alle Leerheiten von gleicher Natur sind, hat die endgültige Natur des Geistes, der über Leerheit meditiert, dieselbe Natur wie die endgültige Natur seines Objektes. Wenn wir anfangs über Leerheit meditieren, scheinen unser Geist und Leerheit zwei getrennte Phänomene zu sein. Wenn wir aber verstehen, daß alle Leerheiten dieselbe Natur haben, werden wir wissen, daß dieses Gefühl der Trennung einfach nur die Erfahrung eines fehlerhaften Geistes ist. In Wirklichkeit sind unser Geist und Leerheit letzten Endes «von einem Geschmack». Berücksichtigen wir dieses Wissen in unseren Meditationen, wird es uns helfen, die Erscheinung der konventionellen Natur unseres Geistes zu verhindern, und unserem Geist erlauben, sich in Leerheit aufzulösen.

Wenn wir unseren Geist mit Leerheit vermischt haben, werden wir nach der Meditation alle Phänomene gleichermaßen als Manifestationen ihrer Leerheit erfahren. Anstatt zu glauben, daß die attraktiven, häßlichen und neutralen Objekte, die wir sehen, inhärent verschieden sind, werden wir einsehen, daß sie im Grunde dieselbe Natur besitzen. So wie die sanftesten und die gewaltigsten Wellen in einem Ozean gleichermaßen Wasser sind, so sind sowohl attraktive wie auch abstoßende Formen gleichermaßen Manifestationen der Leerheit. Wenn wir dies realisieren, wird unser Geist ausgeglichen und friedvoll werden. Wir werden alle konventionellen Erscheinungen als das magische Schauspiel des Geistes erkennen, und wir werden nicht verbissen an ihren scheinbaren Unterschieden festhalten.

Als Milarepa einmal einer Frau Unterricht über Leerheit erteilte, verglich er Leerheit mit dem Himmel und konventionelle Wahrheiten mit den Wolken und bat sie, über den Himmel zu meditieren. Sie folgte seinen Anweisungen mit großem Erfolg, hatte jedoch ein Problem: Wenn sie über den Himmel der Leerheit meditierte, verschwand alles, und sie konnte nicht verstehen, wie Phänomene konventionell existieren können. Sie sagte zu Milarepa: «Es fällt mir leicht, über den Himmel zu meditieren, aber schwer, die Wolken zu begründen. Bitte lehre mich, wie man über die Wolken meditiert.» Milarepa antwortete: «Wenn deine Meditation über den Himmel erfolgreich ist, werden die Wolken kein Problem darstellen. Wolken erscheinen einfach am Himmel. Sie entstehen aus dem Himmel und lösen sich wieder im Himmel auf. Sobald sich deine Erfahrungen mit dem Himmel verbessert haben, wirst du die Wolken wie von selbst verstehen.»

Auf tibetisch ist die Bezeichnung sowohl für Himmel wie für Raum «namkha», obwohl sich Raum von Himmel unterscheidet. Es gibt zwei Arten von Raum, erzeugter Raum und nichterzeugter Raum. Erzeugter Raum ist der sichtbare Raum, den wir innerhalb eines Zimmers oder am Himmel sehen können. Dieser Raum kann nachts dunkel und tagsüber hell werden, und da er auf diese Weise Veränderungen unterworfen ist, ist er ein unbeständiges Phänomen. Die charakteristische Eigenschaft erzeugten Raumes ist es, keine Objekte zu behindern. Wenn es «Raum» in einem Zimmer hat, können wir Objekte ohne Behinderung dort hinstellen. Ebenso können Vögel durch den leeren Raum des Himmels fliegen, weil Behinderungen fehlen; hingegen können sie nicht durch einen Berg hindurch fliegen! Deshalb ist es einleuchtend, daß erzeugtem Raum behindernder Kontakt fehlt oder daß er leer davon ist. Dieses bloße Fehlen oder diese Leerheit von behinderndem Kontakt ist nichterzeugter Raum.

Da nichterzeugter Raum die bloße Abwesenheit von behinderndem Kontakt ist, ist er keinen Veränderungen von Moment zu Moment unterworfen und somit ein beständiges Phänomen. Während erzeugter Raum sichtbar und ganz einfach zu verstehen ist, ist nichterzeugter Raum eine bloße Abwesenheit von behinderndem Kontakt und um einiges subtiler. Sobald wir jedoch nichterzeugten Raum verstanden haben, werden wir es einfacher finden, Leerheit zu verstehen.

Der einzige Unterschied zwischen Leerheit und nichterzeugtem Raum besteht im Objekt der Verneinung. Das Objekt der Verneinung von nichterzeugtem Raum ist behindernder Kontakt, während das Objekt der Verneinung von Leerheit inhärente Existenz ist. Da nichterzeugter Raum die beste Analogie ist, um Leerheit zu verstehen, wird er in den Sutras und in vielen Schriften verwendet. Nichterzeugter Raum ist ein nichtbestätigendes negatives Phänomen, das von einem Geist realisiert wird, der einfach nur sein verneintes Objekt beseitigt, ohne ein weiteres positives Phänomen zu realisieren. Erzeugter Raum ist ein bestätigendes oder positives Phänomen, ein Phänomen, das realisiert wird, ohne daß der Geist ein verneintes Objekt ausdrücklich beseitigt. Weitere Einzelheiten über diese zwei Arten von Phänomenen können in *Ozean von Nektar* gefunden werden.

DIE PRAXIS DER LEERHEIT WÄHREND DER MEDITATIONSPAUSE

Bei unseren täglichen Handlungen sollten wir alle Erscheinungen als illusorisch betrachten. Obwohl uns Dinge als inhärent existierend erscheinen, sollten wir uns daran erinnern, daß diese Erscheinungen trügerisch sind und daß den Dingen in Wirklichkeit wahre Existenz fehlt. Wenn ein Magier einen imaginären Tiger erzeugt, erscheint seinem Geist sehr deutlich ein Tiger, er weiß aber, daß es nur eine Illusion ist. Tatsächlich erinnert ihn die Erscheinung des Tigers daran, daß kein Tiger da ist. In ähnlicher Weise und vorausgesetzt wir sind mit Leerheit gut vertraut, wird allein die Tatsache, daß Dinge uns als wahrhaft existierend erscheinen, uns daran erinnern, daß sie nicht wahrhaft existierend sind. Wir sollten deshalb erkennen, daß alles, was uns in unserem täglichen Leben begegnet, einer Illusion gleicht und daß allem wahre Existenz fehlt. Auf diese Weise wird unsere Weisheit Tag für Tag anwachsen und unsere Unwissenheit des Festhaltens am Selbst und andere Verblendungen werden ganz natürlich abnehmen.

Zwischen den Meditationssitzungen sollten wir wie ein Schauspieler sein. Wenn ein Schauspieler die Rolle eines Königs übernimmt, spricht, kleidet und benimmt er sich wie ein König, doch er weiß die ganze Zeit über, daß er nicht wirklich ein König ist. In gleicher Weise sollten wir in der konventionellen Welt leben und handeln, uns aber immer bewußt sein, daß wir selbst, unsere Umwelt und unsere Mitmenschen nicht die wahrhaft existierenden Wesenheiten sind, die sie zu sein scheinen. Sie sind lediglich Projektionen unseres Geistes und ihre wirkliche Natur ist einfach nur Leerheit.

Mit dieser Art zu denken werden wir in der konventionellen Welt leben können, ohne uns an sie zu klammern. Wir werden sie nicht zu ernst nehmen und auch die Flexibilität des Geistes besitzen, in jeder Situation konstruktiv zu reagieren. Da wir wissen, daß alles, was sich unserem Geist zeigt, bloße Erscheinungen sind, werden wir nicht an attraktiven Objekten festhalten und Anhaftung entwickeln, sobald sie erscheinen; und wenn unschöne Objekte auftauchen, werden wir uns nicht an sie klammern und Ablehnung oder Wut entwickeln.

In der *Geistesschulung in sieben Punkten* sagt Geshe Chekhawa: «Denke, daß alle Phänomene wie Träume sind.» Manche Dinge, die wir in unseren Träumen erleben, sind schön und manche häßlich, aber es sind alles bloße Erscheinungen unseres träumenden Geistes. Sie existieren nicht aus sich selbst heraus und sind leer von inhärenter Existenz. Gleiches gilt für die Objekte, die wir wahrnehmen, wenn wir wach sind; auch sie sind nur Erscheinungen des Geistes, frei von inhärenter Existenz.

Allen Phänomenen fehlt inhärente Existenz. Wenn wir einen Regenbogen betrachten, scheint er sich an einem bestimmten Ort im Raum zu befinden, und wir meinen, daß wir bei eingehender Suche die Stelle ausfindig machen könnten, an der das Ende des Regenbogens den Erdboden berührt. Wir wissen jedoch, daß es selbst bei intensiver Suche nie möglich sein wird, das Ende des Regenbogens zu finden, denn sobald wir an den Ort kommen, wo unserer Meinung nach der Regenbogen den Boden berührt hat, wird er verschwunden sein. Wenn wir nicht nach dem Regenbogen suchen, ist er klar sichtbar, suchen wir aber nach ihm, ist er nicht da. Alle Phänomene sind so. Wenn wir sie nicht analysieren, erscheinen sie klar, suchen wir jedoch analytisch nach ihnen und versuchen sie von allem anderen zu isolieren, sind sie nicht vorhanden.

Wenn etwas tatsächlich inhärent existieren würde und wir es erforschen würden, indem wir es von allen anderen Phänomenen trennten, müßten wir in der Lage sein, es zu finden. Doch alle Phänomene sind wie der Regenbogen. Suchen wir nach ihnen, können wir sie niemals finden. Anfangs mag diese Vorstellung sehr beunruhigend und schwierig für uns zu akzeptieren sein; aber dies ist nur natürlich. Mit größerer Vertrautheit werden wir diese Begründung annehmen können, und schließlich werden wir erkennen, daß sie wahr ist.

Es ist wichtig zu verstehen, daß Leerheit nicht «nichts» bedeutet. Obwohl Dinge nicht aus sich selbst heraus existieren, unabhängig vom Geist, existieren sie dennoch hinsichtlich der Tatsache, daß sie von einem gültigen Geist verstanden werden. Die Welt, die wir im Wachzustand erleben, ähnelt der Welt, die wir im Traumzustand erfahren. Wir können nicht behaupten, daß Traumerlebnisse nicht existieren. Wenn wir jedoch glauben, daß sie mehr als bloße Erscheinungen des Geistes sind und «dort draußen» existieren, dann machen wir einen Fehler, wie wir bald nach unserem Erwachen bemerken werden.

Wie bereits erwähnt, gibt es keine bessere Methode, Geistesfrieden und Glück zu erfahren, als Leerheit zu verstehen und darüber zu meditieren. Da unser Festhalten am Selbst uns im Gefängnis Samsaras gefesselt hält und der Ursprung unseres ganzen Leidens ist, stellt die Meditation über Leerheit die umfassende Lösung für alle unsere Probleme dar. Sie ist das Heilmittel, das alle geistigen und körperlichen Krankheiten heilt, und der Nektar, der das immerwährende Glück des Nirvanas und der Erleuchtung gewährt.

Widmung

Mögen aufgrund der Tugenden, die ich durch das Schreiben dieses Buches angesammelt habe, alle glücklich und frei von Leiden sein. Mögen alle Lebewesen die Gelegenheit finden, die Anweisungen zu praktizieren, die in *Verwandle dein Leben* enthalten sind, und mögen sie den höchsten inneren Frieden der Erleuchtung erlangen.

ANHANG I

Gebete für die Meditation

KURZE VORBEREITENDE GEBETE
FÜR DIE MEDITATION

Gebete für die Meditation

Gebete für die Meditation

Zuflucht nehmen

Bis wir Erleuchtung erlangen, nehmen ich und alle
　fühlenden Wesen
Zuflucht zu Buddha, Dharma und Sangha.

　　　　　　　　　　　(3x, 7x, 100x oder mehr)

Bodhichitta erzeugen

Möge ich aufgrund der Tugenden, die ich durch
　Geben und andere Vollkommenheiten ansammle,
Ein Buddha werden zum Wohle aller.　　　(3x)

Die Vier Unermeßlichen erzeugen

Mögen alle glücklich sein.
Mögen alle frei von Leiden sein.
Möge niemand je von Glück getrennt sein.
Mögen alle Gleichmut besitzen, frei von Haß und
　Anhaftung.

Das Feld für die Ansammlung von Verdiensten visualisieren

Im Raume vor mir befindet sich der lebendige
Buddha Shakyamuni, umgeben von allen Buddhas und
Bodhisattvas gleich dem Vollmond inmitten von Sternen.

Das siebengliedrige Gebet

Mit Körper, Rede und Geist verbeuge ich mich in Demut.
Und bringe Gaben dar, sowohl vorhandene wie
    vorgestellte.
Ich bekenne meine falschen Taten, begangen seit
    anfangsloser Zeit,
Und erfreue mich an den Tugenden aller.
Bitte bleibt, bis Samsara endet,
Und dreht das Rad des Dharmas für uns.
Ich widme alle Tugenden der großen Erleuchtung.

Die Mandala-Darbringung

Den Boden mit Duftwasser besprengt und mit Blumen
    geschmückt,
Den Großen Berg, vier Länder, Sonne und Mond,
Als Buddha-Land betrachtet bringe ich sie dar,
Mögen sich alle Wesen an solch Reinen Ländern erfreuen.

Ohne Gefühl von Verlust bringe ich die Objekte dar,
Die in mir Anhaftung, Haß und Verwirrung erzeugen,
Meine Freunde, Feinde und Fremde, unsere Körper und
    Vergnügen.
Bitte nehmt dies an und segnet mich, damit ich sofort von
    den drei Giften befreit werde.

IDAM GURU RATNA MANDALAKAM NIRYATAYAMI

Das Gebet der Stufen des Pfades

Der Pfad beginnt mit tiefem Vertrauen
Zum gütigen Lehrer, Quelle alles Guten.
O segne mich, damit ich dies verstehe,
Um ihm mit großer Hingabe zu folgen.

O segne mich, daß ich verstehen möge
Die Seltenheit und Bedeutsamkeit dieses
Menschlichen Lebens mit allen Freiheiten
Und dann Tag und Nacht seinen Sinn erfasse.

Schnell wird mein Körper vergehen und sterben
So wie eine Luftblase im Wasser.
Nach dem Tod reifen die Folgen des Karmas,
So wie der Schatten dem Körper folgt.

Segne mich, daß ich durch diese Gewißheit
Und diese Erinnerung sehr achtsam bin,
Stets schädliche Handlungen vermeide
Und eine Fülle von Tugend ansammle.

Die Vergnügen Samsaras sind täuschend,
Geben keine Zufriedenheit, nur Qualen.
Bitte segne mich, damit ich aufrichtig
Die Glückseligkeit vollkommener Befreiung erstrebe.

O segne mich, daß aus diesem reinen Gedanken
Achtsamkeit und größte Vorsicht entstehen,
So daß die Wurzel der Lehre, die Pratimoksha,
Als meine essentielle Praxis bewahrt sei.

Gleich mir ertrinken all meine gütigen Mütter
Im weiten Ozean Samsaras.
Segne mich, daß ich mich in Bodhichitta schule,
Damit ich sie bald erlösen kann.

Ohne drei Arten moralischer Disziplin
Kann ich jedoch kein Buddha werden.
O segne mich darum bitte mit der Kraft,
Den Bodhisattva-Gelübden zu folgen.

Durch das Überwinden meiner Ablenkungen
Und die Analyse vollkommener Bedeutungen,
Segne mich, die Vereinigung schnell zu erlangen
Von Höherem Sehen und Ruhigem Verweilen.

Wenn ich durch allgemeine Wege
Zu einem reinen Gefäß werde,
Segne mich, in das höchste Fahrzeug Vajrayana,
Die essentielle Praxis des Glücks, einzutreten.

Die Grundlage der zwei Erlangungen sind
Heilige Gelübde und Verpflichtungen.
Segne mich, daß ich dies klar verstehe
Und sie noch höher schätze als mein Leben.

Durch beständige Praxis in vier Sitzungen,
Wie von den heiligen Lehrern erklärt,
Segne mich, daß ich beide Stufen vollende,
Welche die Essenz der Tantras sind.

Mögen alle, die mich auf dem Pfad führen,
Und meine Gefährten lange leben.
Segne mich, damit ich alle Hindernisse,
Innere und äußere, überwinden kann.

Möge ich stets vollkommene Lehrer finden
Und mich am heiligen Dharma erfreuen,
Alle Ebenen und Pfade schnell vollenden
Und den Zustand Vajradharas erlangen.

Segnungen und Reinigung

Aus den Herzen aller heiligen Wesen fließen Licht- und Nektarströme herab, gewähren Segnungen und reinigen.

An dieser Stelle beginnen wir mit der eigentlichen Kontemplation und Meditation. Im Anschluß an die Meditation widmen wir unsere Verdienste, während wir folgende Gebete rezitieren:

Widmungsgebete

Mögen durch die Tugenden,
Die ich durch die Praxis der Stufen des Pfades
   angesammelt habe,
Alle Lebewesen die Gelegenheit finden,
Auf gleiche Weise zu üben.

Mögen alle Wesen das Glück
Von Menschen und Göttern erfahren
Und schnell Erleuchtung erlangen,
Damit Samsara schließlich endet.

Diese Gebete wurden von Geshe Kelsang Gyatso Rinpoche aus traditionellen Quellen zusammengestellt.

ANHANG II

Was ist Meditation?

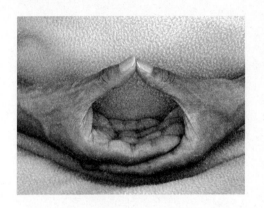

Was ist Meditation?

Was ist Meditation?

Meditation ist ein Geist, der sich auf ein tugendhaftes Objekt konzentriert, und eine geistige Handlung, die die Hauptursache für geistigen Frieden ist. Jedesmal wenn wir meditieren, führen wir eine Handlung aus, die die Ursache dafür ist, daß wir in der Zukunft inneren Frieden erfahren. In der Regel erfahren wir unser ganzes Leben lang Verblendungen, Tag und Nacht. Sie sind das Gegenteil von geistigem Frieden. Manchmal aber erfahren wir ganz natürlich inneren Frieden, weil wir uns in früheren Leben auf tugendhafte Objekte konzentrierten. Ein tugendhaftes Objekt ist ein Objekt, das bewirkt, daß wir einen friedvollen Geist erzeugen, wenn wir uns darauf konzentrieren. Wenn wir uns auf ein Objekt konzentrieren, das die Ursache dafür ist, daß wir einen unruhigen Geist entwickeln, wie zum Beispiel Wut oder Anhaftung, ist es ein Zeichen, daß das Objekt für uns nichttugendhaft ist. Es gibt auch viele neutrale Objekte, die weder tugendhaft noch nichttugendhaft sind.

Es gibt zwei Arten von Meditation: analytische Meditation und verweilende Meditation. Die analytische Meditation umfaßt das Nachdenken über die Bedeutung einer spirituellen Anweisung, die wir gehört oder gelesen haben. Tiefes Nachdenken über solche Anweisungen führt uns schließlich zu einer klaren Schlußfolgerung oder verursacht das Entstehen eines besonderen tugendhaften Geisteszustandes. Dies ist das Objekt der verweilenden Meditation. Wir konzentrieren uns dann so lange wie möglich eingerichtet auf diese Schlußfolgerung oder diesen tugendhaften Geisteszustand, um eine tiefe Vertrautheit damit zu gewinnen. Diese eingerichtete Konzentration wird verweilende Meditation genannt. Oft wird die Bezeichnung «Meditation» für die verweilende Meditation verwendet, während die analytische Meditation als «Kontemplation» bezeichnet wird. Die verweilende Meditation hängt von der analytischen Meditation ab, und die analytische Meditation hängt vom Hören oder Lesen spiritueller Anweisungen ab.

DER NUTZEN DER MEDITATION

Der Zweck der Meditation besteht darin, unseren Geist ruhig und friedvoll werden zu lassen. Wenn unser Geist friedvoll ist, werden wir, wie bereits erwähnt, frei von Sorgen und geistigem Unbehagen sein und erleben somit wahres Glück. Wenn unser Geist jedoch nicht friedvoll ist, werden wir es sehr schwierig finden, glücklich zu sein, selbst wenn wir in den allerbesten Verhältnissen leben. Schulen wir uns in Meditation, wird unser Geist Schritt für Schritt friedvoller, und wir erfahren immer reinere Formen von Glück. Schließlich werden wir die Fähigkeit erlangen, ständig glücklich zu sein, sogar unter den schwierigsten Umständen.

Gewöhnlich fällt es uns schwer, unseren Geist zu kontrollieren. Es scheint, als ob unser Geist wie ein Ballon im

Wind ist, der von den äußeren Umständen hin- und hergeweht wird. Wenn die Dinge gut laufen, ist unser Geist glücklich, laufen sie aber schlecht, wird er augenblicklich unglücklich. Wenn wir beispielsweise das bekommen, was wir wollen, etwa neuen Besitz, eine neue Position oder einen neuen Partner, sind wir über alle Maßen aufgeregt und klammern uns fest an sie. Aber da wir nicht alles haben können, was wir wollen, und da wir unvermeidlich von den Freunden, Positionen und Besitztümern, die wir gegenwärtig genießen, getrennt werden, dient diese geistige Klebrigkeit oder Anhaftung nichts anderem, als uns Schmerzen zu bereiten. Wenn wir andererseits nicht bekommen, was wir wollen, oder verlieren, was wir mögen, werden wir niedergeschlagen oder verärgert. Wenn wir zum Beispiel gezwungen sind, mit einem Kollegen zusammenzuarbeiten, den wir nicht mögen, werden wir wahrscheinlich ungehalten und sind verärgert, mit dem Ergebnis, daß wir nicht in der Lage sind, effizient mit ihm zusammenzuarbeiten; unsere Arbeitszeit wird dadurch aufreibend und frustrierend.

Solche Stimmungsschwankungen entstehen, weil wir zu stark in die äußere Situation involviert sind. Wir sind wie ein Kind, das eine Sandburg baut und freudig erregt ist, wenn sie fertig ist, aber aufgebracht ist, wenn die hereinkommende Flut sie zerstört. Durch Schulung in Meditation erschaffen wir einen inneren Raum und eine Klarheit, die uns befähigen unseren Geist zu kontrollieren, ungeachtet der äußeren Umstände. Mit der Zeit entwickeln wir ein geistiges Gleichgewicht, einen ausgeglichenen Geist, der die ganze Zeit glücklich ist, anstelle eines unausgeglichenen Geistes, der zwischen den Extremen von freudiger Erregtheit und Niedergeschlagenheit hin- und herschwankt.

Wenn wir uns systematisch in Meditation schulen, werden wir am Ende fähig sein, die Verblendungen, die unsere Probleme und Leiden verursachen, aus unserem Geist auszumerzen. Auf diese Weise werden wir schließlich einen beständigen inneren Frieden erfahren. Dann werden wir Tag und Nacht, Leben für Leben nur Frieden und Glück erfahren.

Zu Beginn sollten wir uns daran erinnern, daß selbst wenn unsere Meditation scheinbar nicht gut verläuft, wir das geistige Karma erschaffen, inneren Frieden in der Zukunft zu erfahren, ganz einfach dadurch, daß wir uns in der Schulung der Meditation bemühen. Das Glück dieses und zukünftiger Leben hängt von der Erfahrung von innerem Frieden ab, der wiederum von der geistigen Handlung der Meditation abhängt. Da innerer Frieden die Quelle allen Glücks ist, können wir erkennen, wie wichtig Meditation ist.

WIE WIR MIT DER MEDITATION BEGINNEN

Die erste Stufe der Meditation besteht darin, Ablenkungen zu stoppen und unseren Geist klarer und luzider werden zu lassen. Dies kann mit einer einfachen Atemmeditation erreicht werden. Wir wählen einen ruhigen Ort zum Meditieren und setzen uns bequem hin. Wir können in der traditionellen Haltung mit verschränkten Beinen oder in irgendeiner bequemen Stellung sitzen. Wenn wir wollen, können wir auch auf einem Stuhl sitzen. Das Wichtigste ist, unseren Rücken gerade zu halten, um zu verhindern, daß unser Geist träge oder schläfrig wird.

Wir sitzen mit fast geschlossenen Augen und richten unsere Aufmerksamkeit auf unseren Atem. Wir atmen ruhig, wenn möglich durch die Nase, ohne zu versuchen, unseren

Atem zu kontrollieren, und wir versuchen, uns des Gefühls bewußt zu werden, das der Atem hervorruft, wenn er durch die Nase ein- und ausströmt. Dieses Gefühl ist unser Meditationsobjekt. Wir sollten versuchen, uns voll darauf zu konzentrieren und nichts anderes mehr wahrzunehmen.

Zuerst wird unser Geist sehr beschäftigt sein, und es könnte sogar der Eindruck entstehen, daß die Meditation den Geist unruhiger macht; aber in Wirklichkeit wird uns nur bewußter, wie beschäftigt unser Geist eigentlich ist. Die Versuchung wird stark sein, den verschiedenen Gedanken zu folgen, sobald sie auftauchen; dem sollten wir aber widerstehen und eingerichtet auf dem Gefühl des Atems konzentriert bleiben. Entdecken wir, daß unser Geist abwandert und unseren Gedanken folgt, kehren wir sofort zum Atem zurück. Dies wiederholen wir so oft, wie es notwendig ist, bis der Geist auf dem Atem verweilt.

Üben wir geduldig auf diese Weise, werden unsere ablenkenden Gedanken allmählich abnehmen, und wir werden ein Gefühl von innerem Frieden und Entspannung empfinden. Unser Geist wird luzid und weit, und wir fühlen uns erfrischt. Wenn die See stürmisch ist, werden Ablagerungen hochgewirbelt, und das Wasser wird trüb. Lassen die Winde aber nach, setzt sich der Schlamm nach und nach ab, und das Wasser wird wieder klar. Auf ähnliche Weise wird unser Geist ungewöhnlich luzid und klar, sobald die sonst unaufhörliche Flut unserer ablenkenden Gedanken durch Konzentration auf den Atem beruhigt wird. In diesem Geisteszustand der Ruhe sollten wir eine gewisse Zeit verweilen.

Obwohl die Atemmeditation nur eine Vorstufe der Meditation ist, kann sie sehr kraftvoll sein. Wir erkennen durch diese Praxis, daß es völlig unabhängig von äußeren Bedingungen möglich ist, inneren Frieden und Zufriedenheit allein durch

Geisteskontrolle zu erfahren. Wenn die Unruhe der ablenkenden Gedanken abnimmt und unser Geist zur Ruhe kommt, steigen tiefes Glück und Zufriedenheit ganz natürlich aus unserem Inneren hoch. Dieser Zustand der Zufriedenheit und des Wohlgefühls hilft uns, mit der Geschäftigkeit und den Schwierigkeiten des Alltags fertig zu werden. Ein Großteil unseres Stresses und unserer Spannungen stammen aus unserem Geist, und viele unserer täglichen Probleme, einschließlich unserer schlechten Gesundheit, werden durch diese Spannungen verursacht oder verstärkt. Bereits durch eine tägliche Atemmeditation von nur zehn oder fünfzehn Minuten können wir diesen Streß vermindern. Wir werden ein ruhiges, weites Gefühl in unserem Geist erleben, und viele unserer üblichen Probleme werden wegfallen. Wir werden leichter mit schwierigen Situationen fertig. Wir werden anderen Menschen gegenüber ganz natürlich warmherzig und wohlwollend, und unsere Beziehungen zu ihnen werden sich schrittweise verbessern.

Wir sollten uns in dieser vorbereitenden Meditation schulen, bis wir unsere groben Ablenkungen vermindert haben, und dann können wir uns in den eigentlichen Meditationen schulen, die in *Verwandle dein Leben* erklärt sind. Wenn wir diese Meditationen ausführen, beruhigen wir zuerst den Geist mit der eben geschilderten Atemmeditation und fahren dann fort mit den Stufen der analytischen und verweilenden Meditation, gemäß den spezifischen Anweisungen für jede Meditation.

ANHANG III

Wie wir das Problem unserer Wut lösen

Wie wir das Problem unserer Wut lösen

Wie wir das Problem unserer Wut lösen

Wut ist eine der meist verbreiteten und destruktivsten Verblendungen, und sie sucht unseren Geist fast jeden Tag heim. Um das Problem der Wut zu lösen, müssen wir zuerst die Wut in unserem Geist erkennen, uns eingestehen, daß sie uns selbst und anderen schadet, und die Vorteile des Geduldigseins angesichts von Schwierigkeiten schätzen. Dann müssen wir im Alltag praktische Methoden anwenden, um unsere Wut zu verringern und sie schließlich daran zu hindern, überhaupt zu entstehen.

Was ist Wut? Wut ist ein verblendeter Geist, der sich auf ein belebtes oder unbelebtes Objekt konzentriert, es für unattraktiv hält, seine schlechten Eigenschaften übertreibt und ihm schaden will. Wenn wir zum Beispiel auf unseren Partner wütend sind, dann erscheint er uns in diesem Moment als unattraktiv oder unangenehm. Dann übertreiben wir seine schlechten Eigenschaften, indem wir uns nur auf die Aspekte konzentrieren, die uns irritieren, und ignorieren alle guten Eigenschaften und seine Güte, bis wir ein geistiges Bild einer an sich fehlerhaften Person aufgebaut haben. Dann wollen wir ihm in irgendeiner Weise schaden, wahrscheinlich durch Kritik oder Beleidigung. Weil Wut auf einer Übertreibung beruht, ist sie ein unrealistischer Geist. Die an sich fehlerhafte Person oder Sache, auf die sie sich konzentriert, existiert in Wirklichkeit gar nicht. Außerdem ist Wut, wie wir noch sehen werden, ein äußerst destruktiver Geist, der keinem nützlichen Zweck dient. Wenn wir die Natur und die Nachteile der Wut verstanden haben, müssen wir unseren Geist zu jeder Zeit sorgfältig beobachten, damit wir Wut erkennen, wann immer sie zu entstehen beginnt.

DIE FEHLER DER WUT

Es gibt nichts Destruktiveres als Wut. Sie zerstört unseren Frieden und unser Glück in diesem Leben und treibt uns dazu, negative Handlungen auszuführen, die zu unsäglichem Leiden in zukünftigen Leben führen. Sie blockiert unseren spirituellen Fortschritt und hindert uns daran, irgendein spirituelles Ziel, das wir uns gesetzt haben, zu erreichen, von der bloßen Verbesserung unseres Geistes bis hin zur vollen Erleuchtung. Das Gegenmittel gegen Wut ist geduldiges Annehmen, und wenn wir ernsthaft daran interessiert sind, auf dem spirituellen Pfad fortzuschreiten, dann gibt es keine wichtigere Praxis als diese.

Die folgende Erklärung, wie wir unsere Wut durch die Praxis der Geduld überwinden, basiert auf dem *Leitfaden für die Lebensweise eines Bodhisattvas*, dem berühmten Gedicht des großen buddhistischen Meisters Shantideva. Obwohl es vor über tausend Jahren verfaßt wurde, ist es eine der klarsten und kraftvollsten Erklärungen des Themas, die je geschrieben wurde, und ist heute genauso relevant wie damals.

Im *Leitfaden für die Lebensweise eines Bodhisattvas* sagt Shantideva, daß alle Verdienste oder das positive Potential, das wir in unserem Geist über Tausende von Äonen durch tugendhafte Handlungen erschaffen haben, in einem Moment der Wut auf ein heiliges Wesen, wie zum Beispiel einen Bodhisattva, zerstört werden kann. Wie im Kapitel über das edelste gute Herz erklärt wurde, ist ein Bodhisattva jemand, der Bodhichitta besitzt, den spontanen Wunsch, Erleuchtung zum Wohl aller Lebewesen zu erlangen. Weil Bodhichitta eine innere Qualität ist, ist es schwer zu sagen, wer ein Bodhisattva ist und wer nicht. Es kann leicht sein, daß ein berühmter Spiritueller Lehrer kein Bodhisattva ist, während jemand, der einfach und unauffällig unter bedürftigen Leuten lebt, in Wirklichkeit ein solch hoch realisiertes Wesen ist. Wenn, wie Shantideva sagt, ein Moment der Wut gegenüber jemandem, der Bodhichitta entwickelt hat, Äonen von Tugend zerstören kann, dann ist es ratsam, niemandem gegenüber Wut zu entwickeln.

Wut kann gegenüber vielen verschiedenen Objekten entstehen, und wenn sie gegenüber jemandem mit hohen spirituellen Realisationen entsteht, kann sie die Verdienste, die wir während Tausenden von Leben angesammelt haben, zerstören. Ähnlich ist es, wenn in uns starke Wut auf Personen entsteht, die uns große Güte entgegengebracht haben, sei es materiell oder spirituell: die Zerstörung unserer Verdienste wird unermeßlich sein. Auch Wut, die auf jemanden gerichtet ist, der uns gleich ist, kann das tugendhafte Potential zerstören, das während vieler früherer Leben angesammelt wurde.

Nehmen wir an, wir haben an einem Tag eine gewaltige Menge an Verdiensten erschaffen, indem wir den Drei Juwelen – Buddha, Dharma und Sangha – reichliche Gaben dargebracht haben oder vielen Menschen geholfen haben. Wenn wir daran denken, unsere Verdienste der Erlangung der Erleuchtung und dem Wohl aller Lebewesen zu widmen, dann sind diese Verdienste sicher und können durch Wut nicht mehr zerstört werden. Wenn jedoch diese Verdienste nicht richtig gewidmet wurden und wir am nächsten Tag auf jemanden sehr wütend werden, dann wird die Tugend, die durch die Praxis des vorhergehenden Tages angesammelt wurde, kraftlos werden. Selbst wenn wir nur leicht wütend werden, kann dies das Heranreifen von tugendhaftem Karma verhindern. Somit fügt uns die Verblendung der Wut ernsthaft Schaden zu. Ein alkoholisches Getränk besitzt das Potential, uns zu berauschen, aber wenn es gekocht wird, verliert es dieses Potential. Genauso erschafft die Praxis von Tugend das Potential in unserem Geist, daß wir Glück erfahren, aber Wut kann dieses Potential vollständig zerstören.

Die Zerstörung von Verdiensten ist einer der unsichtbaren Fehler von Wut und daher etwas, das wir nur auf der Grundlage von Vertrauen akzeptieren können. Es gibt aber auch viele sichtbare Fehler dieser Verblendung. Die Notwendigkeit, Geduld zu entwickeln, wird dann klarer werden, wenn wir diese offensichtlicheren Mängel betrachten.

Wut ist ein von Natur aus schmerzhafter Geisteszustand. Jedesmal wenn wir wütend werden, verschwindet unser innerer Frieden augenblicklich, und selbst unser Körper verspannt sich und fühlt sich unwohl. Wir sind so aufgeregt, daß es nahezu unmöglich ist einzuschlafen, und wenn wir dann doch einschlafen, ist der Schlaf unruhig und wenig erholsam. Wenn wir wütend sind, können wir uns nicht vergnügen und selbst das Essen, das wir zu uns nehmen, erscheint ungenießbar. Wut verwandelt selbst einen normalerweise attraktiven Menschen in einen häßlichen, rotgesichtigen Dämon. Wir werden immer übellauniger, und ganz gleich, wie sehr wir es auch versuchen, wir können unsere Emotionen nicht kontrollieren.

Eine der schädlichsten Auswirkungen von Wut besteht darin, daß sie uns unseren Verstand und unsere Vernunft raubt. Um an denjenigen Vergeltung zu üben, die uns vermeintlich verletzt haben, setzen wir uns selbst großer persönlicher Gefahr aus, bloß um kleinlich Rache zu fordern. Um Ungerechtigkeiten oder Beleidigungen heimzuzahlen, riskieren wir unsere Stelle, unsere Beziehungen und selbst das Wohlbefinden unserer Familie und unserer Kinder. Wenn wir wütend sind, verlieren wir jegliche Wahlfreiheit und werden von unserer unkontrollierten Wut mal hier- und mal dorthin getrieben. Manchmal ist diese blinde Wut sogar gegen geliebte Menschen und Wohltäter gerichtet. Wenn wir in einem Zustand von Wut die unermeßliche Güte vergessen, die wir von unseren Freunden, unserer Familie und unseren spirituellen Lehrern empfangen haben, schlagen wir sie vielleicht und töten möglicherweise sogar diejenigen, die wir am liebsten haben. Es ist kein Wunder, daß ein Mensch, der ständig von Wut beherrscht wird, bald von allen gemieden wird, die ihn kennen. Das unglückliche Opfer des eigenen Zorns bringt alle zur Verzweiflung, die diesen Menschen früher geliebt haben. Schließlich wird er von allen verlassen werden.

Wut ist besonders in Beziehungen sehr schädlich. Wenn wir eng mit jemandem zusammenleben, dann prallen unsere Persönlichkeiten, Prioritäten, Interessen und Vorgehensweisen oftmals aufeinander. Da wir sehr viel Zeit miteinander verbringen und die Fehler des anderen so gut kennen, sind wir schnell kritisch und gereizt und geben unserem Partner die Schuld dafür, daß unser Leben unangenehm ist. Wenn wir uns nicht ständig bemühen, dieser Wut entgegenzuwirken, sobald sie entsteht, wird unsere Beziehung darunter leiden. Zwei Menschen mögen echte Liebe füreinander empfinden, doch wenn sie immer wieder wütend aufeinander werden, dann werden die Zeiten, in denen sie glücklich miteinander sind, weniger werden und immer weiter auseinander liegen. Schließlich werden sie an den Punkt kommen, wo der nächste Streit anfängt, bevor der alte aufhört. Wie eine Blume, die von Unkraut erstickt wird, kann Liebe unter solchen Umständen nicht überleben.

In einer engen Beziehung gibt es tagtäglich immer wieder Möglichkeiten, wütend zu werden. Um das Entstehen schlechter Gefühle zu verhindern, müssen wir daher der Wut entgegenwirken, sobald sie in unserem Geist aufzutauchen beginnt. Wir räumen das Geschirr nach jeder Mahlzeit weg und warten nicht bis zum Ende des Monats, denn wir wollen weder in einem schmutzigen Haus wohnen, noch mit einer riesigen unangenehmen Aufgabe konfrontiert werden. Auf die gleiche Weise sollten wir uns bemühen, die Unordnung in unserem Geist aufzuräumen, sobald sie erscheint, denn wenn wir es ihr erlauben sich auszubreiten, wird es immer schwieriger werden, damit zurechtzukommen, und sie wird unsere Beziehung gefährden. Wir sollten daran denken, daß jede Gelegenheit, die wir haben, wütend zu werden, auch eine Gelegenheit ist, Geduld zu üben. Eine Beziehung, in der es viele Reibungsflächen und Interessenkonflikte gibt, stellt zudem eine unübertroffene Chance dar, unsere Selbst-Wertschätzung und unser Festhalten am Selbst, die wahren Quellen unserer gesamten Probleme, abzubauen. Indem wir die Anweisungen über Geduld, die in diesem Kapitel erklärt werden, praktizieren, können wir unsere Beziehungen in Chancen für spirituelles Wachstum verwandeln.

Durch unsere Wut und unseren Haß verwandeln wir Menschen in Feinde. Normalerweise nehmen wir an, daß Wut entsteht, wenn wir einen unangenehmen Menschen treffen, doch in Wirklichkeit ist es die Wut, die bereits in uns ist, die den Menschen, den wir treffen, in einen imaginären Feind verwandelt. Jemand, der von Wut kontrolliert wird, lebt, von lauter selbsterschaffenen Feinden umgeben, in einer paranoiden Weltvorstellung. Der falsche Glaube, daß ihn alle hassen, kann so überwältigend werden, daß er, als Opfer seiner eigenen Verblendungen, sogar verrückt wird.

In Gruppen kommt es oft vor, daß eine Person immer die anderen für das beschuldigt, was schiefgeht. Doch ist es im allgemeinen gerade diejenige Person, die sich beklagt, die für jegliche entstehende Disharmonie verantwortlich ist. Von einer alten Frau, die immer mit allen stritt und zankte, wird eine Geschichte erzählt: Sie war so unausstehlich, daß sie schließlich aus ihrem Dorf verjagt wurde. Als sie in ein anderes Dorf kam, fragten sie die dortigen Bewohner: «Warum hast du dein Zuhause verlassen?» Sie antwortete: «Oh, alle Leute in meinem Dorf waren so bösartig. Ich ging dort weg, um ihnen zu entfliehen.» Die Leute fanden es eigenartig, daß ein ganzes Dorf so schlecht sein sollte, und kamen zum Schluß, daß die alte Frau wohl selbst im Unrecht war. Sie fürchteten, daß sie ihnen nichts als Ärger bescheren würde, und deshalb warfen auch sie die alte Frau aus ihrem Dorf hinaus.

Es ist sehr wichtig, den wahren Grund für jedes Unglück zu erkennen, das wir erfahren. Wenn wir für unsere Schwierigkeiten stets andere verantwortlich machen, ist das ein sicheres Zeichen dafür, daß wir noch viele Probleme und Fehler in unserem Geist tragen. Wenn wir innerlich wirklich friedvoll wären und unseren Geist unter Kontrolle hätten, könnten schwierige Menschen oder Umstände diesen Frieden nicht stören, und daher würden wir nicht den Drang verspüren, irgend jemandem die Schuld zu geben oder ihn als unseren Feind zu betrachten. Für jemanden, der seinen Geist unterworfen und auch die letzte Spur von Wut beseitigt hat, sind alle Wesen Freunde. Ein Bodhisattva beispielsweise, dessen Motivation einzig auf das Wohl anderer gerichtet ist, hat keine Feinde. Nur sehr wenige Leute wollen jemanden verletzen, der ein Freund der ganzen Welt ist. Und selbst wenn jemand den Bodhisattva verletzt oder beleidigt, wird dieser ihn nicht als Feind ansehen. Mit einem Geist, der in Geduld verweilt, wird er ruhig und ohne Aufregung bleiben, und seine Liebe und sein Respekt für den Angreifer werden unangetastet bleiben. So stark ist ein gut kontrollierter Geist. Wenn wir also wirklich alle unsere Feinde loswerden wollen, müssen wir einfach nur unsere eigene Wut ausrotten.

Wir sollten nicht meinen, daß dieses Ziel unmöglich zu erreichen ist. Wir können sehen, daß sich viele Leute vollkommen von körperlichen Krankheiten heilen konnten, indem sie die geeigneten Methoden anwandten. Wir können zum Beispiel über die Erfahrungen von Kharak Gomchen und des leprakranken Mönches nachdenken, die im Kapitel über *Nehmen und Geben* beschrieben wurden. Genauso ist es sicherlich möglich, die innere Krankheit der Wut auszumerzen, und viele spirituell Praktizierende der Vergangenheit haben es erfolgreich getan. Es gibt Methoden, die uns von dieser lähmenden Verblendung erlösen können. Sie haben ihre Wirksamkeit bewiesen, wann immer Menschen sie aufrichtig in die Praxis umgesetzt haben, und es gibt keinen Grund, warum sie für uns nicht genauso funktionieren sollten. Stellen Sie sich vor, wie die Welt aussehen würde, wenn jeder seine Wut besiegt hätte! Die Gefahr eines Krieges wäre gebannt, Armeen wären überflüssig und Soldaten müßten sich nach einer anderen Arbeit umschauen. Maschinengewehre, Panzer und Atombomben – Dinge, die nur für einen wütenden Geist nützlich sind – könnten vernichtet werden, da alle Konflikte, von Kriegen zwischen Nationen bis zu Auseinandersetzungen zwischen Einzelpersonen, beendet wären. Und selbst wenn es etwas zu hoch gesteckt ist, auf diesen universellen Frieden und allumfassende Harmonie zu hoffen, so können wir uns doch die Freiheit und den Frieden des Geistes vorstellen, den jeder einzelne von uns genießen würde, wenn wir es schafften, uns vollkommen von diesem verzerrten und destruktiven Geist der Wut zu befreien!

Wenn wir die vielen Fehler der Wut verstanden haben, sollten wir unseren Geist zu jeder Zeit scharf beobachten. Sobald wir bemerken, daß unser Geist unruhig wird, zum Beispiel wenn wir über die Fehler von jemandem nachdenken und ihn für das unangenehme Gefühl in unserem Geist verantwortlich machen, sollten wir uns sofort die Fehler der Wut in Erinnerung rufen. Wir erinnern uns daran, daß wütend zu werden keine Lösung ist und nur noch weiteres Leiden erzeugt, sowohl für uns selbst als auch für andere, und bemühen uns dann unseren Geist in eine konstruktivere Richtung zu lenken.

Wenn wir einen negativen Gedankengang erkennen können, ehe er zu voll entfachter Wut wird, ist er nicht schwierig unter Kontrolle zu bringen. Wenn das gelingt, besteht keine Gefahr, daß wir die Wut in uns «hineinfressen» und sie in Groll verwandeln. Wut unter Kontrolle zu bringen und Wut zu unterdrücken sind zwei ganz verschiedene Dinge. Unterdrückt wird sie, wenn Wut sich vollständig in unserem Geist entwickelt hat, wir uns aber ihre Gegenwart nicht eingestehen. Wir machen dann uns selbst und anderen etwas vor, nämlich daß wir nicht wütend sind. Wir haben den Ausbruch der Wut gegen außen unter Kontrolle, aber nicht die Wut selbst. Das ist sehr gefährlich, denn die Wut gärt weiter unter der Oberfläche unseres Geistes und nimmt an Stärke zu, bis sie eines Tages unweigerlich explodiert.

Wenn wir andererseits unsere Wut unter Kontrolle haben, sehen wir ganz genau, was in unserem Geist abläuft. Wir gestehen uns ehrlich die Regungen von Wut in unserem Geist als das ein, was sie sind, erkennen, daß es nur zu Leiden führen wird, wenn wir es ihnen erlauben zu wachsen, und fällen dann den freien und bewußten Entscheid, auf eine konstruktivere Weise zu reagieren. Wenn wir geschickt sind, dann hat Wut keine Chance, wirklich zu entstehen, und dann muß nichts unterdrückt werden. Wenn wir einmal gelernt haben, unsere Wut auf diese Weise unter Kontrolle zu bringen und zu überwinden, werden wir jederzeit Glück finden, sowohl in diesem wie auch in unseren zukünftigen Leben. Wer also wirklich glücklich sein will, der sollte sich bemühen und seinen Geist vom Gift der Wut befreien.

Um es zusammenzufassen: Solange unser Geist von Wut erfüllt ist, werden wir weder in diesem noch in zukünftigen Leben Glück erfahren. Wut ist unser eigentlicher Feind, und solange wir sie nicht aus unserem Geist verbannt haben, wird sie uns weiterhin unvorstellbares Leiden verursachen. Statt andere Leute oder die Umstände zu beschuldigen und sie als unsere Feinde zu betrachten, sollten wir erkennen, daß die Wut in unserem Geist die wahre Quelle unseres Leidens ist. Dann sollten wir jede Gelegenheit wahrnehmen, unseren Geist von ihrem destruktiven Einfluß zu befreien, indem wir ihn mit kontinuierlicher Achtsamkeit und Wachsamkeit überwachen.

WARUM WIR WÜTEND WERDEN

Damit wir unsere Wut vermindern und schließlich ganz beseitigen können, müssen wir das Problem von zwei Seiten angehen. Erstens müssen wir die vielen Fehler der Wut klar anerkennen, wie es bereits erklärt wurde, d. h. wir müssen diese giftige Verblendung und nicht irgendeine äußere Kraft als unseren wahren Feind identifizieren. Diese Erkenntnis weckt das dringende Bedürfnis in uns, uns so schnell wie möglich von Wut zu befreien. Wenn wir entdecken würden, daß wir unabsichtlich Gift geschluckt haben, würden wir ganz natürlich den dringenden Wunsch verspüren, es loszuwerden, weil wir wissen, welchen Schaden es anrichten kann. Doch das innere Gift der Wut schadet uns weit mehr als jedes körperliche Gift, denn ihr Giftstoff erreicht sogar unsere zukünftigen Leben. Um wie vieles größer sollte also unser Wunsch sein, Wut zu beseitigen!

Zweitens müssen wir ein tiefes Verständnis davon gewinnen, warum wir wütend werden, und dann daran arbeiten, den Ursachen, die wir aufgedeckt haben, entgegenzuwirken und sie zu beseitigen. Die Grundursache der Wut ist wie bei allen anderen Verblendungen die angeborene Unwissenheit des Festhaltens am Selbst: die fehlerhafte Sichtweise, die an uns selbst und an allen anderen Phänomenen als inhärent existierend festhält. Haben wir einmal die Wurzel dieser Unwissenheit durchtrennt, wird es in unserem Geist keine Grundlage mehr für Unglück, Unzufriedenheit oder irgendeine andere Verblendung geben. Das Festhalten am Selbst ist eine tief verwurzelte geistige Gewohnheit. Um es vollkommen auszumerzen, müssen wir eine direkte Realisation von Leerheit entwickeln, und das gelingt uns nicht über Nacht. Es gibt jedoch weitere, direktere Ursachen für das Entstehen von Wut. Da an diesen sofort gearbeitet werden kann, lohnt es sich, uns zu Beginn unserer Praxis auf diese zu konzentrieren.

Wut ist eine Antwort auf das Gefühl, unglücklich zu sein, das wiederum dann entsteht, wenn wir unerfreulichen Umständen begegnen. Wenn wir an der Erfüllung unserer Wünsche gehindert werden oder gezwungen sind, mit einer Situation umzugehen, die wir nicht mögen – kurz gesagt, wann immer wir mit etwas fertigwerden müssen, das wir lieber vermeiden möchten – fühlt sich unser unkontrollierter Geist als Reaktion darauf sofort unglücklich. Diese unangenehmen Gefühle verwandeln sich sehr leicht in Wut, und wir werden noch unruhiger als zuvor.

Es ist eine sehr nützliche Übung, die Umstände zu untersuchen, unter denen wir wütend werden. Wir werden wahrscheinlich herausfinden, daß Wut in den meisten Fällen dann entsteht, wenn unsere Wünsche nicht erfüllt werden und wir nicht bekommen, was wir wollen. Beispielsweise wird ein Mann, der sich sehr wünscht, bei seiner Geliebten zu sein, sehr aufgebracht gegenüber allem und jedem reagieren, der ihn daran hindert. Wenn die Geliebte es dann auch noch ablehnt, ihn zu sehen oder ihn wegen eines anderen verläßt, kann seine Unzufriedenheit schnell zu Raserei werden. Es ist absolut notwendig, neue Wege im Umgang mit Frustration und Enttäuschung kennenzulernen. Da es unvernünftig ist zu erwarten, daß alle unsere Wünsche erfüllt werden, müssen wir ein realistischeres und ausgewogeneres Vorgehen entwickeln.

Der andere wichtige Grund, warum wir unglücklich und wütend werden, ist der, daß wir in einer Situation stecken, die wir weder wünschen noch mögen. Jeden Tag begegnen wir Hunderten von Situationen, die wir nicht mögen: wir stoßen unseren Zeh, haben eine Meinungsverschiedenheit mit unserem Partner oder entdecken vielleicht sogar, daß unser Haus niedergebrannt ist oder daß wir Krebs haben. Unsere normale Reaktion auf diese Umstände ist, daß wir unglücklich und wütend werden. Doch wir können machen, was wir wollen, wir können nicht vermeiden, daß unangenehme Dinge geschehen. Wir können nicht versprechen, daß uns für den Rest des Tages nichts Schlechtes passieren wird; wir können nicht versprechen, daß wir am Ende des Tages noch am Leben sind. In Samsara haben wir keine Kontrolle darüber, was mit uns geschieht.

Da es unmöglich ist, daß alle unsere Wünsche erfüllt werden oder das ungewollte Dinge nicht geschehen, müssen wir einen anderen Weg finden, mit unerfüllten Wünschen und ungewollten Situationen umzugehen. Wir müssen lernen, sie geduldig anzunehmen.

Geduld ist ein Geist, der vollkommen und glücklich annehmen kann, was immer auch geschieht. Geduld beinhaltet viel mehr, als bloß die Zähne zusammenzubeißen und sich mit den Dingen abzufinden. Geduldig zu sein bedeutet, von ganzem Herzen willkommen zu heißen, was immer geschieht, und den Gedanken aufzugeben, daß die Dinge anders sein sollten, als sie es sind. Man kann immer geduldig sein. Es gibt keine Situation, die so schlimm ist, daß sie nicht geduldig, mit einem offenen, entgegenkommenden und friedvollen Herzen angenommen werden kann.

Wenn Geduld in unserem Geist ist, ist es unmöglich, daß sich unglückliche Gedanken festsetzen können. Es gibt viele Beispiele von Menschen, die selbst unter den extremsten Umständen Geduld übten, wie zum Beispiel unter der Folter oder in den letzen Stadien von Krebs. Obwohl ihr Körper unwiederbringlich zerstört war, blieb ihr Geist tief im Innern friedvoll. Indem wir lernen, die kleinen Schwierigkeiten und Entbehrungen anzunehmen, die jeden Tag unseres Lebens entstehen, werden wir unsere Fähigkeit des geduldigen Annehmens allmählich verbessern können, und wir werden die

Freiheit und die Freude kennenlernen, die wahre Geduld bringt.

Wenn wir die Geduld des freiwilligen Annehmens von Leiden praktizieren, können wir einen friedvollen Geist bewahren, selbst wenn wir Leiden und Schmerzen erfahren. Wenn wir diesen friedvollen und positiven Geisteszustand durch die Kraft der Achtsamkeit aufrechterhalten, werden unglückliche Geisteszustände nicht entstehen können. Wenn wir es uns andererseits erlauben, uns mit unglücklichen Gedanken aufzuhalten, können wir es auf keinen Fall vermeiden, daß Wut entsteht. Aus diesem Grund sagt Geshe Chekhawa: «Vertraue immer einzig auf einen glücklichen Geist.»

Wie bereits erwähnt, ist der Hauptgrund, warum wir unglücklich werden, der, daß unsere Wünsche nicht erfüllt werden oder wir mit unangenehmen Situationen umgehen müssen. Doch wie Shantideva im *Leitfaden für die Lebensweise eines Bodhisattvas* sagt:

> Was für einen Sinn hat es,
> Über etwas unglücklich zu sein, das behoben werden kann?
> Und wenn etwas nicht behoben werden kann,
> Dann gibt es immer noch keinen Grund, unglücklich zu sein.

Wenn man eine unangenehme, schwierige Situation beheben kann, was für einen Sinn hat es, unglücklich zu sein? Andererseits, wenn es absolut unmöglich ist, eine Situation zu ändern oder unsere Wünsche zu erfüllen, dann gibt es auch keinen Grund, unglücklich zu werden, denn wie sollte dies helfen? Diese Argumentation ist sehr nützlich, denn wir können sie in jeder Situation anwenden.

Geduldiges Annehmen bedeutet nicht unbedingt, daß wir keine praktischen Schritte unternehmen, um die Lage zu verbessern. Wenn es möglich ist, die Situation zu ändern, dann sollten wir es selbstverständlich tun, aber dazu müssen wir nicht unglücklich oder ungeduldig werden. Wenn wir zum Beispiel Kopfschmerzen haben, so besteht kein Widerspruch zwischen dem Üben von Geduld und dem Einnehmen einer Tablette, aber bis die Tablette wirkt, müssen wir jedes Unbehagen mit einem ruhigen und geduldigen Geist annehmen. Wenn wir unglücklich werden und uns gegen den Schmerz wehren, statt ihn anzunehmen, dann werden wir bloß angespannt und in der Folge wird es länger dauern, bis wir die Kopfschmerzen loswerden. Solange wir in Samsara sind, können wir unangenehme, schwierige Situationen und ein gewisses Maß an körperlichem Unbehagen nicht vermeiden. Wenn wir aber unseren Geist darin schulen, frustrierende Umstände in einer realistischeren Weise zu betrachten, werden wir uns von sehr viel unnötigem geistigen Leid befreien können.

Es gibt unzählige Umstände, unter denen es leicht ist, einen unglücklichen Geist zu entwickeln. Wenn wir selbst, unsere Familie oder unsere Freunde schlecht behandelt oder beschuldigt werden, oder irgendein Unglück erfahren, ist unsere normale Reaktion, daß wir unglücklich werden. Wir werden außerdem unglücklich, wenn unsere Beziehungen schwierig sind, wenn wir finanzielle oder gesundheitliche Probleme haben, wenn wir verlieren, was uns lieb ist, wenn wir einsam sind oder keine Zeit für uns allein finden können, wenn wir keine Arbeit oder zuviel Arbeit haben, wenn unsere Träume und Wünsche nicht in Erfüllung gehen, oder wenn unsere Träume und Wünsche erfüllt werden, aber ein Gefühl der Leere und Unzufriedenheit zurückbleibt, wenn wir scheitern oder uns der Erfolg mehr Streß beschert, als wir ertragen können, oder wenn Leute, die wir nicht mögen, erfolgreich sind – die Liste ist endlos. Unsere Traurigkeit kann sich unter all diesen Umständen sehr leicht zu einem Gefühl entwickeln, daß das Leben oder die anderen Leute unfair zu uns sind; und das deprimiert uns dann noch mehr.

Statt blindlings aus emotionaler Gewohnheit heraus zu reagieren, sollten wir untersuchen, ob es hilfreich oder realistisch ist, unter solchen Umständen unglücklich zu werden. Wir müssen nicht unglücklich werden, bloß weil die Dinge sich nicht nach unseren Wünschen entwickeln. Unter schwierigen Umständen haben wir uns bis jetzt genau so verhalten. Doch wenn wir einmal erkannt haben, daß dies keine Lösung ist, haben wir die Freiheit, auf realistischere und konstruktivere Art und Weise zu reagieren.

Geduldiges Annehmen hat in den Augen vieler Leute den Anschein einer schwachen und passiven Antwort auf Probleme, zu deren Lösung wir weder die Kraft noch den Mut haben. Tatsächlich aber ist Geduldigsein weit entfernt von jeder Passivität. Es zeugt weder von Stärke noch von Mut, wenn wir auf Schwierigkeiten oder Beleidigungen mit Wut reagieren – alles, was wir tun, ist von unseren Verblendungen überwältigt zu werden. Wenn wir uns andererseits unseren Verblendungen stellen und es ablehnen, in die ausgefahrenen Schienen der Intoleranz und Ablehnung zu geraten, nehmen wir eine starke und aktive Haltung ein.

In Wirklichkeit sind die meisten unserer emotionalen Probleme nichts anderes als die Unfähigkeit, die Dinge so zu akzeptieren, wie sie sind. In diesem Fall ist geduldiges Annehmen, und nicht der Versuch, die äußeren Umstände zu ändern, die Lösung. Viele unserer Beziehungsprobleme entstehen beispielsweise deshalb, weil wir unseren Partner oder unsere Partnerin nicht so akzeptieren, wie er oder sie ist. In diesem Fall besteht die Lösung nicht darin, unseren Partner zu verändern, damit er so wird, wie wir ihn haben wollen, sondern ihn voll und ganz zu akzeptieren, wie er ist. Es gibt viele Ebenen des Annehmens. Vielleicht bemühen wir uns bereits, die Eigenheiten unseres Partners zu tolerieren, halten mit unserer Kritik zurück und gehen meistens auf seine Wünsche ein. Haben wir es aber tief in unserem Herzen aufgegeben, ihn zu beurteilen? Sind wir vollständig frei von Groll und Vorwürfen? Ist da nicht immer noch ein leiser Gedanke, daß er anders sein sollte, als er es ist? Wirkliche Geduld bedeutet, alle diese Gedanken loszulassen.

Wenn wir andere Menschen vollständig akzeptieren, so wie sie sind, ohne sie im geringsten zu beurteilen oder ohne den leisesten Vorbehalt – so wie alle erleuchteten Wesen uns annehmen – dann gibt es keine Grundlage für Probleme in unseren Beziehungen zu anderen Menschen. Die Probleme existieren nicht außerhalb unseres Geistes. Wenn wir also andere Menschen nicht mehr als Problem ansehen, dann werden sie aufhören ein Problem zu sein. Die Person, die ein Problem für einen nichtannehmenden Geist ist, existiert nicht im ruhigen, klaren Raum des geduldigen Annehmens.

Geduldiges Annehmen hilft nicht nur uns selbst, sondern hilft auch denjenigen, mit denen wir geduldig sind. Angenommen zu werden fühlt sich ganz anders an, als beurteilt zu werden. Wenn jemand das Gefühl hat, daß er beurteilt wird, dann fühlt er sich eingeengt und geht in die Defensive. Wenn er sich hingegen angenommen fühlt, kann er sich entspannen, und das führt dazu, daß seine guten Eigenschaften zum Vorschein kommen. Geduld löst in jedem Fall unsere eigenen inneren Probleme, aber sie löst auch oft die Probleme zwischen den Menschen.

Im nachfolgenden Abschnitt sind Gedanken enthalten, die wir benutzen können, um unseren Geist mit geduldigem Annehmen vertraut zu machen.

WIE WIR LERNEN, LEIDEN ANZUNEHMEN

Es gibt drei Arten von Umständen, unter denen wir lernen müssen, geduldig zu sein: (1) Wenn wir Leiden, Schwierigkeiten oder Enttäuschungen erfahren, (2) wenn wir Dharma praktizieren und (3) wenn uns andere verletzen oder kritisieren. Dem entsprechend gibt es drei Arten von Geduld: (1) Die Geduld, freiwillig Leiden zu ertragen, (2) die Geduld, entschieden über Dharma nachzudenken und (3) die Geduld, keine Vergeltung zu üben. Diese drei Arten der Geduld sind nicht leicht zu erlangen und mögen auf den ersten Blick ein wenig seltsam erscheinen. Wenn wir sie aber klar verstehen und aufrichtig und geschickt in die Praxis umsetzen, werden sie unseren Geist von einer seiner quälendsten Verblendungen befreien und uns große Freude und Frieden schenken. Es lohnt sich daher, bei diesen Übungen beharrlich zu sein, auch wenn sie uns zu Beginn ungewöhnlich oder sogar unnatürlich vorkommen mögen.

Um die erste Geduld zu praktizieren, d. h. jedes Leiden, das wir nicht verhindern können, bereitwillig anzunehmen, sollten wir uns daran erinnern, daß nur wenige Umstände zu Glück führen, ganz gleich wo wir uns in Samsara befinden, während die Ursachen von Elend außerordentlich zahlreich sind. Das ist die Natur Samsaras: die Leiden sind unendlich, während die Freuden begrenzt sind. Zudem ist alles Leiden, das wir erfahren, das Ergebnis von Handlungen, die wir selbst in der Vergangenheit ausgeführt haben. Wer, wenn nicht wir, sollte dieses Leiden erfahren? Wir sollten daher lernen, das Unvermeidliche zu ertragen, anstatt dagegen anzukämpfen.

Wenn wir lernen, unvermeidbares Leiden anzunehmen, werden keine Gedanken, unglücklich zu sein, mehr entstehen und uns stören. Es gibt viele schwierige und unangenehme Umstände, die wir nicht vermeiden können, doch mit Sicherheit können wir das Gefühl des Unglücklichseins und die Wut, die diese Umstände normalerweise in uns hervorrufen, vermeiden. Es sind diese gewohnheitsmäßigen Reaktionen auf Schwierigkeiten, die unseren täglichen Geistesfrieden und unsere spirituelle Praxis stören, und nicht die Schwierigkeiten an sich.

Wenn wir lernen, schwierige Umstände geduldig anzunehmen, dann verschwindet das eigentliche Problem. Nehmen wir zum Beispiel an, unser Körper leide unter einer schmerzhaften Krankheit. Wenn wir eine Methode haben, den Schmerz anzunehmen – indem wir dies zum Beispiel als eine Reinigung unseres negativen Karmas betrachten – wird unser Geist friedvoll bleiben, selbst wenn der Körper schmerzt. Da körperlicher Schmerz zudem eng verbunden ist mit der Spannung und dem Streß in unserem Geist, entdecken wir vielleicht, daß der körperliche Schmerz tatsächlich abnimmt, wenn unser Geist sich entspannt, und unser Körper sich selbst heilen kann. Versäumen wir es aber, mit der Unannehmlichkeit realistisch umzugehen, verfluchen wir unsere Krankheit oder lassen es zu, daß wir deprimiert werden, wird sich wahrscheinlich nicht nur unser körperlicher Schmerz vergrößern, sondern wir werden zusätzlich auch noch geistige Qualen erleiden müssen.

Wir sehen also, daß die Dinge nur noch schlimmer werden, wenn wir auf Schwierigkeiten mit Ablehnung und Wut reagieren. Weil Wut unsere Verdienste oder unser positives

Potential in unserem Geist zerstört, ist es schwierig für uns, unsere Wünsche zu erfüllen; und weil sie die Ursache dafür ist, daß wir negative Handlungen ausführen, sät sie den Samen für noch größeres Leiden in der Zukunft. Kurz gesagt, Wut zerstört unseren gegenwärtigen Frieden sowie unser gegenwärtiges Glück, raubt uns unser zukünftiges Glück und stellt sicher, daß wir Leben für Leben leiden.

Das geduldige Annehmen von Leiden hat vielerlei Nutzen. Nicht nur können wir einen friedlichen und ruhigen Geist angesichts schwieriger Umstände bewahren, sondern wir können auch eine klare und nüchterne Sicht der Natur unserer samsarischen Situation gewinnen. Die einfache Erkenntnis, daß unsere Gefangenschaft in Samsara, d. h. in einem Zustand von Unwissenheit und Verwirrung geboren zu sein, zu leben und zu sterben, an jeder Erfahrung von Schmerz oder Unbehagen schuld ist, vermittelt eine gewisse geistige Stabilität.

Unser eigentliches Problem sind nicht die körperlichen Krankheiten, schwierigen Beziehungen oder finanziellen Entbehrungen, die wir unter Umständen gerade erleben, sondern es ist unsere Gefangenschaft in Samsara. Diese Erkenntnis ist die Basis für die Entwicklung von Entsagung, dem spontanen Wunsch, vollkommen frei zu sein von jeder Spur von Unzufriedenheit, und dies wiederum ist die Grundlage aller höheren spirituellen Realisationen, die zum grenzenlosen Glück der Befreiung und Erleuchtung führen. Diese Erkenntnis aber kann nur einem klaren und offenen Geist des geduldigen Annehmens zum Bewußtsein kommen. Solange wir gegen die Schwierigkeiten des Lebens ankämpfen und denken, daß die Dinge anders sein sollten, als sie es sind, und die Umstände oder andere Leute für unser Unglück verantwortlich machen, werden wir nie die Klarheit oder Weite des

Geistes besitzen, die es uns erlaubt zu sehen, was uns wirklich gefangen hält. Geduld gibt uns die Möglichkeit, die geistigen Gewohnheitsmuster, die uns in Samsara eingesperrt halten, klar zu erkennen, und verleiht uns damit die Fähigkeit, sie aufzulösen. Geduld ist daher die Grundlage der immerwährenden Freiheit und Glückseligkeit der Befreiung.

In der Regel ist unser Bedürfnis, unangenehmen Gefühlen zu entkommen, so ausgeprägt, daß wir uns nicht die Zeit nehmen zu entdecken, woher diese Gefühle eigentlich stammen. Nehmen wir einmal an, daß jemand, dem wir geholfen haben, sich undankbar zeigt, oder daß unser Partner unsere Zuneigung nicht erwidert oder daß ein Kollege oder unser Vorgesetzter ständig versucht, uns herabzusetzen oder unser Selbstvertrauen zu untergraben. Diese Dinge sind schmerzhaft, und unsere instinktive Reaktion besteht darin, daß wir versuchen, diesen schmerzhaften Gefühlen in unserem Geist zu entkommen, indem wir in die Defensive gehen, die andere Person beschuldigen, Vergeltung üben oder einfach unser Herz verschließen. Unglücklicherweise nehmen wir uns mit dieser schnellen Reaktion nicht die Zeit zu beobachten, was tatsächlich in unserem Geist abläuft. In Wirklichkeit sind die schmerzhaften Gefühle, die in solchen Situation entstehen, nicht unerträglich. Es sind bloß Gefühle, ein paar Minuten schlechten Wetters in unserem Geist. Sie haben nicht die Macht, uns längerfristig Schaden zuzufügen. Wir brauchen sie nicht so ernst zu nehmen. Unter den zahllosen Lebewesen sind wir doch bloß eine einzige Person, und einige Momente unangenehmer Gefühle, die im Geist einer einzelnen Person auftauchen, sind keine gewaltige Katastrophe.

So wie am Himmel Platz für ein Gewitter ist, so gibt es im weiten Raum unseres Geistes Platz für einige schmerzhafte Gefühle; und so wie das Gewitter den Himmel nicht zerstören kann, so können unangenehme Gefühle unseren Geist nicht zerstören. Wenn schmerzhafte Gefühle in unserem Geist auftauchen, brauchen wir nicht in Panik zu geraten. Wir können die Gefühle geduldig annehmen, sie erfahren, und ihre Natur und ihre Herkunft untersuchen. Wenn wir so verfahren, werden wir entdecken, daß schmerzhafte Gefühle nicht von außen zu uns kommen, sondern daß sie in unserem Geist entstehen. Umstände oder andere Leute haben nicht die Macht, uns schlecht fühlen zu lassen. Das Äußerste, was sie tun können, ist ein Potential für ein schmerzhaftes Gefühl auszulösen, das bereits in unserem Geist vorhanden ist. Diese Potentiale oder karmischen Prägungen sind Rückstände der negativen Handlungen, die wir in der Vergangenheit begangen haben. Diese Handlungen haben wir begangen, weil unser Geist unter der Kontrolle von Verblendungen stand, die alle aus der Unwissenheit des Festhaltens am Selbst herrühren. Indem wir die schmerzhaften Gefühle annehmen, ohne uns an sie zu klammern, werden die negativen karmischen Potentiale, aus denen sie entstanden sind, gereinigt, und wir werden dieses Karma nie wieder erfahren müssen.

Außerdem können schmerzhafte Gefühle nur wegen unseres gegenwärtigen Festhaltens am Selbst in unserem Geist entstehen und dort bleiben. Untersuchen wir unseren Geist sorgfältig, wenn wir schmerzhafte Emotionen erfahren, werden wir entdecken, daß diese Gefühle unweigerlich mit Festhalten am Selbst vermischt sind. Insbesondere ist es unser Festhalten an einem inhärent existierenden Ich und Mein, welches uns leiden läßt. Die Gefühle von Schmerz sind untrennbar verbunden mit dem Festhalten am Ich und an Mein. Wir haben das starke Gefühl: «*Ich* bin verletzt» oder «*Meine* Gefühle sind verletzt». Die Intensität unseres Leidens ist direkt proportional zur Intensität unseres Festhaltens am Selbst. Wir können das Festhalten am Selbst nicht augenblicklich stoppen, aber wenn wir uns vom Problem distanzieren, gerade genug um einen Blick zu erhaschen, wie das Festhalten am Selbst das Problem erschafft, werden wir die Stärke unseres Festhaltens am Selbst abschwächen.

Es ist ein gewaltiger Unterschied zwischen dem Gedanken «Ich fühle mich schlecht» und dem Gedanken «Unangenehme Gefühle entstehen in meinem Geist». Wenn wir uns mit unseren Gefühlen identifizieren, machen wir sie größer und fester, als sie es sind, und damit wird es viel schwieriger, die unangenehmen Gefühle wieder loszulassen. Wenn wir andererseits lernen, unsere Gefühle mit größerem Abstand zu betrachten und sie ganz einfach als Wellen auf dem Ozeans unseres Geistes zu sehen, werden sie weniger beängstigend sein, und es ist viel leichter, konstruktiv mit ihnen umzugehen.

Wir sollten uns nicht durch die Schwierigkeiten entmutigen lassen, die mit der Praxis von Geduld verbunden sind. Im früheren Indien gab es Asketen, die gewaltige Schmerzen und Selbstkasteiung bloß als Sport und zur Versöhnung bestimmter Gottheiten ertrugen. Auch heutzutage gibt es viele Athleten, Tänzer, Fotomodelle, Soldaten usw., die bei der Ausübung ihres Berufes außergewöhnliche körperliche Strapazen auf sich nehmen. Es fällt nicht schwer, viele andere Menschen zu finden, die freiwillig große Leiden auf sich nehmen, nur um etwas Geld zu verdienen oder ihren Ruf zu verbessern. Wenn diese Menschen schon für begrenzte Ziele derart gewaltige Schwierigkeiten auf sich nehmen können, warum können wir dann nicht die Schwierigkeiten und Unannehmlichkeiten akzeptieren, die mit unserem Streben nach dem endgültigen Glück der Erleuchtung und dem Wohl aller Lebewesen verbunden sind? Ein Ziel dieser Art ist es sicherlich wert, einige Unannehmlichkeiten zu ertragen. Warum lassen wir uns durch die kleinen Schwierigkeiten des menschlichen Lebens so schnell entmutigen?

Indem wir unseren Geist mit der Geduld des freiwilligen Annehmens von Leiden vertraut machen, werden unsere Probleme und Schwierigkeiten schließlich verschwinden. Alles hängt von Vertrautheit ab. Sind wir erst einmal mit etwas vertraut, können wir es ohne Schwierigkeiten erreichen. Wenn wir nicht lernen, die vergleichsweise kleinen Schmerzen, die wir im täglichen Leben erfahren, anzunehmen, dann werden wir in der Zukunft mit weit größerem Leiden konfrontiert werden. Wenn wir andererseits lernen, mit relativ geringem Leiden geduldig zu sein, wie z. B. Kritik, Unbeliebtheit und Verleumdung, werden wir allmählich lernen, mit größerem Leiden und Schmerzen fertigzuwerden. Schließlich werden wir mit einem ruhigen und glücklichen Geist alles Leiden des menschlichen Lebens annehmen können, wie Hitze, Kälte, Hunger, Durst, Krankheit, Gefangenschaft, körperlichen Mißbrauch und sogar den Tod. Auf diese Weise können wir ohne Angst leben, denn wir wissen, daß uns nichts widerfahren kann, das wir nicht annehmen und in den spirituellen Pfad umwandeln können.

Shantideva benutzt eine Analogie, um zu zeigen, wie wir die Stärke unseres geduldigen Annehmens steigern können. Wenn ein kriegserfahrener Soldat im Kampf verwundet wird und sein eigenes Blut sieht, läßt ihn der Anblick trotzig aufbrüllen, und sein Mut und seine Stärke wachsen an. Andererseits wird ein ungeübter Kämpfer allein schon durch den Anblick des Blutes eines anderen entmutigt. Er kann so schwach werden, daß er sogar in Ohnmacht fällt! In diesem Beispiel sehen beide Männer menschliches Blut. Warum wird der eine Soldat ermutigt und der andere entmutigt? Der Unterschied liegt in der Kraft der Vertrautheit. Je mehr wir mit dem geduldigen Annehmen von Leiden vertraut sind, desto größer wird die Kraft unserer Geduld werden. Jedesmal wenn wir Leiden erfahren, sollten wir uns deshalb an die Unterweisungen über Geduld erinnern und so dieses Leiden daran hindern, uns zu schaden.

Wenn eine weise Person, die die Erleuchtung erlangen möchte, Schwierigkeiten oder widrigen Umständen begegnet, erträgt sie diese, ohne ihren friedvollen Geist dadurch stören zu lassen. Wir sollten erkennen, daß unsere tödlichsten Feinde Wut und die anderen Verblendungen sind. Da diese Verblendungen tief verwurzelte geistige Gewohnheiten sind, ist die Arbeit an deren Überwindung nicht immer einfach. Jeder, der das Rauchen oder irgendeine andere Sucht aufgegeben hat, weiß, wie schwer es sein kann, gegen diese schädlichen Gewohnheiten anzugehen. Ein paar schmerzhafte Erfahrungen sind deshalb unvermeidlich im Verlauf unserer spirituellen Praxis. Wenn wir uns aber an die grenzenlosen Vorteile erinnern, die uns die Überwindung unserer Negativität einbringt, werden sie nicht schwer zu ertragen sein. Schließlich sinkt alles Leiden, das mit der Überwindung unserer Negativität verbunden ist, zur Bedeutungslosigkeit herab, wenn wir es mit dem Leiden vergleichen, das mit der Nichtbewältigung unserer Negativität verbunden ist!

Jemand, der alles Leiden ertragen und den Feind der Wut sowie die anderen Verblendungen überwinden kann, ist es wahrhaft wert, ein «Held» oder eine «Heldin» genannt zu werden. Normalerweise geben wir diesen Titel jemandem, der im Kampf ein anderes Lebewesen tötet. Doch ein solcher Mensch ist nicht wirklich ein Held, weil der Feind, den er getötet hat, im Laufe der Zeit sowieso eines natürlichen Todes gestorben wäre. Was er also getan hat, unterscheidet sich nicht stark vom Töten einer Leiche. Die inneren Feinde aber, die Verblendungen, werden niemals eines natürlichen Todes sterben. Wenn wir uns nicht anstrengen, unseren Geist von diesen hartnäckigen Gegnern zu befreien, werden sie uns weiterhin im Gefängnis Samsaras gefangenhalten, so wie sie es seit anfangsloser Zeit getan haben.

Leiden hat viele gute Qualitäten, wenn man spirituelle Realisationen entwickeln möchte. Für einen spirituell Praktizierenden muß es daher keine negative Erfahrung sein. Wenn wir über unser eigenes Leiden nachdenken, können wir viele nützliche Einsichten und positive Qualitäten entwickeln. Das Erkennen unserer Verletzlichkeit vertreibt unsere Arroganz und unseren verblendeten Stolz. Das Verständnis, daß unser gegenwärtiges Leiden lediglich ein Symptom unseres Daseins in Samsara ist, ermöglicht es uns, Entsagung zu entwickeln. Außerdem können wir unseren eigenen Schmerz dazu verwenden, den Schmerz aller Lebewesen zu verstehen. Haben wir gelernt, unser eigenes Leiden geduldig anzunehmen und denken wir dann über das Leiden aller anderen Lebewesen nach, die in Samsara gefangen sind, wird ganz natürlich Mitgefühl entstehen.

Entsagung und Mitgefühl sind zwei der wichtigsten spirituellen Realisationen, und es ist unser eigenes Leiden, das es uns ermöglicht, diese Realisationen zu erlangen. Diejenigen, die nicht lernen, mutig der Wahrheit des Leidens ins Gesicht zu sehen und ihre Probleme geduldig anzunehmen, werden sich nicht nur hilflos und unglücklich fühlen, sondern berauben sich auch der Möglichkeit, irgendwelche authentischen spirituellen Realisationen zu gewinnen.

DIE GEDULD, ENTSCHIEDEN ÜBER DHARMA NACHZUDENKEN

Wann immer wir mit einem geduldigen und freudigen Geist Dharma praktizieren, praktizieren wir die Geduld, entschieden über Dharma nachzudenken. Diese Form von Geduld ist notwendig, denn wenn unser Geist bei der Ausübung einer spirituellen Praxis ungeduldig oder unglücklich ist, wird dies unseren spirituellen Fortschritt stören und uns daran hindern, unsere Weisheit zu verbessern. Selbst wenn wir einige Aspekte unserer Praxis schwierig finden, sollten wir trotzdem mit einem glücklichen Geist praktizieren.

Im *Leitfaden für die Lebensweise eines Bodhisattvas* erklärt Shantideva diese Form der Geduld aus einem etwas anderen Blickwinkel. Gemäß jener Erklärung praktizieren wir die Geduld, entschieden über Dharma nachzudenken, immer dann, wenn wir unser Verständnis der tiefgründigen Dharma-Unterweisungen, wie dasjenige über Leerheit oder abhängige Beziehung, anwenden, um unsere Erfahrung der Geduld zu vertiefen.

Diese Form der Geduld ist wichtig, denn Leerheit realisierende Weisheit ist die einzige direkte Methode zur Ausmerzung unserer Verblendungen und unseres Leidens. Wenn wir unsere Erfahrung von geistigem und körperlichem Leiden als Gelegenheit benutzen, um unser Verständnis der Leerheit zu verbessern, wird nicht nur unser Schmerz um einiges erträglicher werden, sondern auch unsere Erfahrung der Leerheit wird sich beträchtlich vertiefen. Wenn wir leiden, zeigt sich in der Regel unser Festhalten am Selbst weit stärker als normal. Dadurch wird es einfacher, unser Festhalten am Selbst zu identifizieren, und dies verhilft unserer Meditation über Leerheit zu einem außergewöhnlich starken Eindruck auf unseren

Geist. Zudem zwingt uns unser Schmerz dazu, die eigentlichen Ursachen und die Natur des Schmerzes genauer zu untersuchen, und zieht uns damit immer tiefer in die Wahrheit der Leerheit hinein.

Wenn jemand unter einer Krankheit wie Krebs leidet, dann erfährt er große körperliche Schmerzen. Was verursacht diesen Schmerz? Die Krankheit. Wenn uns jemand mit einem Stock auf den Kopf schlägt, dann entsteht auch Schmerz. Wer verursacht diesen Schmerz? Der Schläger mit dem Stock. Wenn wir in beiden Fällen Schmerzen erfahren, warum sind wir eher geneigt, auf die Person wütend zu werden, die uns mit dem Stock schlägt, als auf die Krankheit?

Die naheliegende Antwort ist, daß es nicht angemessen ist, Wut auf die Krankheit zu erzeugen, denn sie hat es sich nicht ausgesucht, uns Leiden zu verursachen. Eine Krankheit entsteht, wenn alle Ursachen und Bedingungen für ihre Entstehung zusammentreffen. Sie kann keine freie Entscheidung treffen, uns zu schaden. Darum ist Wut ganz offensichtlich keine angemessene Antwort. Doch wenn wir nicht auf die Krankheit wütend werden, sollten wir auch nicht auf die Person wütend werden, die uns verletzt. Warum? Weil auch sie keine freie und unabhängige Entscheidung treffen kann – sie handelt einzig und allein unter der Macht ihrer Verblendungen. Wenn wir also unbedingt wütend werden wollen, dann sollten wir unsere Wut auf diese Verblendungen richten.

So wie wir es uns nicht aussuchen, unter einer Krankheit zu leiden, so wählt es sich die Person, die uns schlägt, nicht aus, unter der inneren Krankheit der Wut zu leiden. Wir meinen vielleicht, daß ein Unterschied zwischen unserer Krankheit und der wütenden Person besteht, denn unsere Krankheit hat nicht die Absicht, uns zu schaden, unser Feind hingegen sehr wohl. Was wir aber erkennen müssen, ist, daß die Person, die uns verletzen möchte, dies ohne Freiheit tut. Sie ist vollständig unter der Kontrolle der Wut. Sie trifft nicht die Entscheidung: «Jetzt werde ich wütend.» Die Wut entsteht ganz einfach und überwältigt ihren Geist, ohne daß die Person ihrerseits eine Wahl hat.

Alle Unzulänglichkeiten, Verblendungen und Nichttugenden entstehen aus der Kraft der Bedingungen. Sie bestimmen nicht über sich selbst. Die angesammelten Bedingungen, die Leiden verursachen, denken nicht daran, Leiden zu erschaffen, und auch das resultierende Leiden denkt nicht: «Ich wurde durch die angesammelten Bedingungen erschaffen.» Deshalb sind die wütende Person, die Wut selbst und das Leiden, das daraus entsteht, vollständig frei von unabhängiger Existenz. Sie existieren ausschließlich in Abhängigkeit von ihren Ursachen und Bedingungen.

Alle Dinge, unsere Geisteszustände eingeschlossen, sind eine abhängige Entstehung. Sie besitzen keine unabhängige oder eigenständig existierende Natur. Es hat daher keinen Sinn, mit Wut auf Menschen oder Situationen zu reagieren, die nicht wählen können, ob sie uns schaden wollen oder nicht. Wenn wir unseren Geist darin schulen, die abhängige Natur aller Phänomene zu erkennen, werden wir die Ursachen eines großen Teils unserer Wut beseitigen können.

Unsere normale Sicht ist, daß es einen inhärent existierenden Angreifer gibt, der ein inhärent existierendes Opfer verletzt. Das ist eine völlige Verkennung der Sachlage. In Wirklichkeit sind der Angreifer und das Opfer wechselseitig voneinander abhängig und absolut frei von inhärenter oder unabhängiger Existenz. Wenn wir versuchen im Geist den Angreifer von allem anderen zu isolieren, um jemanden auszumachen, den wir beschuldigen können, wird uns dies nicht gelingen, denn der Angreifer existiert nicht unabhängig von allen anderen Elementen der Situation. Der Angreifer ist abhängig von seinen Verblendungen und dem Karma des Opfers, das den Angreifer nötigte, in diesem Moment auf diese Weise zu handeln. Zudem ist er abhängig von den Umständen der Situation, seinem persönlichen und familiären Hintergrund, der Gesellschaft, in der er lebt, seinen früheren Leben und davon, daß er in einem samsarischen Körper und Geist gefangen ist. Wenn wir auf diese Weise nach dem Angreifer suchen, verschwindet er in einem Netz von Beziehungen, Ursachen und Bedingungen – es kann keine inhärent existierende Person gefunden werden, die wir beschuldigen können.

Genauso sind die Verblendungen, die die Motivation zum Angriff waren, der Angriff selbst, das Opfer und die Leiden des Opfers absolut unauffindbar. Wenn wir angegriffen werden, sind wir fest davon überzeugt, daß wir ein Opfer sind. Wenn wir aber analytisch nach diesem Opfer suchen und es von allem anderen zu isolieren versuchen, werden wir nichts finden. Es ist nichts da, was wir als Opfer festhalten könnten. Wo wir ein inhärent existierendes Opfer zu finden hofften, entdecken wir eine Leerheit, die die absolute Nichtexistenz eines derartigen Opfers ist. Das Opfer ist bloß ein Etikett, ein Begriff in der konventionellen Beschreibung des Geschehens, das in Beziehung zu allen anderen Begriffen existiert, aber sich nicht auf etwas Reales oder Auffindbares bezieht. Wenn wir die Sachlage auf diese Weise analysieren, entdecken wir, daß es niemanden zu beschuldigen und niemanden zu bedauern gibt. Alles verschwindet in einer gleichförmigen, undifferenzierten Leerheit, die die wahre Natur aller Dinge ist.

Sehr hilfreich ist es auch, die wahre Natur unseres Schmerzes zu untersuchen. Was genau ist Schmerz? Wo befindet er sich? Woraus besteht er? Woher kommt er? Wohin geht er? In welcher Beziehung steht er zu uns, der Person, die den Schmerz erleidet, oder zum Geist, der diese Fragen stellt? Schmerz erscheint uns ganz natürlich als etwas Festes und unbestreitbar Reales – etwas inhärent Existierendes –, aber wenn wir analytisch danach suchen, d. h. im Geist versuchen den Schmerz von allem zu isolieren, was nicht Schmerz ist, können wir ihn nicht finden. Schmerz hat keine unabhängige, konkrete Existenz. Dieses Fehlen von inhärenter Existenz oder Leerheit ist die wahre Natur von Schmerz. In der Leerheit gibt es keinen Schmerz. Schmerz ist bloß eine Erscheinung des Geistes, der nur für einen Geist existiert, der seine wahre Natur nicht sieht. So wie eine Luftspiegelung in der Wüste verschwindet, wenn wir nach ihr suchen, so hört Schmerz zu existieren auf, wenn wir seine wahre Natur entdecken.

Alle Auswirkungen entstehen aus Ursachen, und auch diese Ursachen entstehen aus früheren Ursachen. Da alle Ursachen und Auswirkungen in Abhängigkeit von anderen Ursachen und Bedingungen entstehen, fehlt es ihnen vollständig an irgendeiner unabhängigen oder inhärenten Existenz. Obwohl alle Dinge von sich aus zu existieren scheinen, sind sie in Wirklichkeit wie Illusionen. Wenn wir uns daran erinnern können, die Dinge in diesem Licht zu betrachten, wenn Schwierigkeiten auftauchen, werden unsere Wut und in der Tat alle unsere Verblendungen verschwinden. Sich an solche Gedanken zu erinnern, wenn wir auf Umstände treffen, die Wut provozieren können, ist Teil des Praktizierens der Geduld, entschieden über Dharma nachzudenken.

Man könnte sich fragen, wer es denn sein soll, der sich von Wut zurückhalten sollte, wenn alles wie eine Illusion ist? Jede Zurückhaltung dieser Art wäre in einer Welt der Illusionen unangebracht. Hier liegt ein Mißverständnis vor. Auch wenn die Dinge insofern wie Illusionen sind, als es ihnen an eigener Existenz fehlt, so wird trotzdem Leiden erfahren. Die Überwindung dieses Leidens hängt von dem Bemühen ab, Verblendungen wie unsere Wut zu bändigen. Obwohl es den Dingen an unabhängiger Existenz fehlt – oder vielmehr *weil* es ihnen an unabhängiger Existenz fehlt –, funktionieren Ursache und Wirkung und bringen leidvolle Resultate aus nichttugendhaften Handlungen und vorteilhafte Resultate aus tugendhaften Handlungen. Deshalb ist es nie angebracht, sich der Wut hinzugeben, weil dies nur die Samen für zukünftiges Leiden sät.

Wenn wir im Begriff sind, wütend zu werden, sollten wir die Sachlage analysieren. Wir können uns fragen: «Wer ist es, der wütend wird? Wer ist es, der welche Wut bändigt?» Auf diese Weise werden wir entdecken, daß in Wirklichkeit niemand da ist, der wütend wird, und es keine Wut zu bändigen gibt. In der Folge wird unsere Wut verschwinden. Letztendlich gibt es keine Wut, kein Objekt von Wut und auch niemanden, der wütend wird. Konventionell aber gibt es Wut und sie erschafft Leiden, und deshalb muß sie zurückgehalten werden.

Wann immer uns jemand schadet, sollten wir, um es zusammenzufassen, denken: «Es liegt nur an seinen Verblendungen, daß er mir schadet. Er hat keine Handlungsfreiheit.» Wenn es uns auf diese Weise gelingt zu erkennen, daß alle Dinge aus Ursachen und Bedingungen entstehen, können wir Wut am Entstehen hindern, und ganz gleich, was geschieht, wir bleiben in einer glücklichen geistigen Verfassung.

Wenn alles, was entsteht, aufgrund der eigenen unabhängigen freien Wahl entstehen würde, dann müßte kein Lebewesen jemals Leiden erfahren, weil sich niemand aussuchen würde zu leiden und alle es vorziehen würden, für immer glücklich zu sein. Ganz offensichtlich muß es eine andere Erklärung dafür geben, daß wir leiden. Wir leiden nicht, weil wir es uns aussuchen zu leiden, sondern weil unser Geist vom Festhalten am Selbst kontrolliert wird. Seit anfangsloser Zeit wird unser Geist vom Festhalten am Selbst beherrscht. Dieses hält uns davon ab, die Dinge so zu sehen, wie sie wirklich sind, und bringt uns dazu, die verschiedensten Arten von ungeschickten und unangemessenen Handlungen auszuführen. Aus diesem Grund leiden die fühlenden Wesen und lassen andere leiden, und nicht etwa weil sie frei entscheiden, es zu tun. Wenn dies zu einem tiefen Verständnis wird, werden wir niemals wütend auf ein fühlendes Wesen sein. Statt Wut wird ganz natürlich Mitgefühl in unserem Herzen entstehen.

WIE WIR LERNEN, KEINE VERGELTUNG ZU ÜBEN

Wir haben bereits die vielen sichtbaren und unsichtbaren Fehler der Wut besprochen, aber wie können wir von Vergeltung absehen, wenn uns jemand Schaden zufügt? Die beste Art, unseren instinktiven Wunsch nach Vergeltung zu überwinden, besteht darin, das geduldige Annehmen mit Mitgefühl zu verbinden. Wenn uns jemand schadet, sollten wir nicht nur denken: «Er verletzt mich, bloß weil er verblendet ist», sondern auch: «Er verletzt auch sich selbst.» Wenn wir unseren Geist darin schulen, die Dinge auf diese Weise zu betrachten, wird ein spontanes Mitgefühl entstehen, und jedes Verlangen nach Wut und Vergeltung wird verschwinden.

Die Methoden, mit denen sich Menschen selbst schaden, sind zahlreich und sehr unterschiedlich. Auf ihrer Suche nach einem Partner, Reichtum oder gesellschaftlicher Stellung werden manche Menschen so besessen, daß sie nichts mehr essen und sich fast zu Tode hungern. Von Gier oder Wut kontrolliert, ermorden sie sogar ihre eigenen Eltern und zerstören dabei für sich selbst jede Hoffnung auf ein glückliches Leben. Wenn wir uns umsehen oder die Zeitung lesen, sehen wir unzählige Beispiele, wie sich die Menschen durch ihre Verblendungen unsägliches Leiden zufügen. Verblendungen zeigen kein Erbarmen und nützen niemandem, am wenigsten den Menschen, die unter ihre Kontrolle geraten. Wenn wir an den sofortigen und zukünftigen Schaden denken, den ihre Verblendungen den Menschen zufügen, können wir besser verstehen, warum sie auch uns wiederholt verletzen. Wenn wir gründlich darüber nachdenken, werden wir nicht nur den Wunsch nach Vergeltung überwinden, sondern auch Mitgefühl für diejenigen erzeugen können, die uns verletzen.

Unter dem Einfluß von Wut ist ein Mensch, der sich selbst normalerweise mehr schätzt als alles andere auf der Welt, sogar fähig, Selbstmord zu begehen. Wenn die Kraft der Verblendung ihn zu solch extremen Taten treiben kann, dann können wir sicherlich verstehen, daß sie ihn dazu bringen kann, anderen Schmerzen zuzufügen. Wut kann einen Menschen derart vollständig seiner Handlungsfreiheit berauben, daß es unvernünftig ist, irgend jemandem gegenüber Feindseligkeit zu zeigen, der unter ihrem Einfluß steht. Wenn wir kein Mitgefühl für einen solch unglücklichen Menschen erzeugen können, sollten wir zumindest versuchen, nicht auf ihn wütend zu werden.

Die Fähigkeit, vollkommen gelassen zu bleiben in Situationen, in denen wir provoziert werden, und echtes Mitgefühl für diejenigen zu empfinden, die uns absichtlich verletzen wollen, ist ein Zeichen von hohen spirituellen Realisationen und das Ergebnis von sehr viel geistiger Vorbereitung. Wir können nicht erwarten, daß wir sofort solche Fähigkeiten erlangen können. Wenn wir aber jede Gelegenheit wahrnehmen, die sich im täglichen Leben bietet, um unseren Geist in den folgenden Methoden zur Kontrolle unserer Wut zu schulen, dann wird sich unsere Geduld allmählich verbessern. Ab und zu wird natürlich unsere alte Gewohnheit, wütend zu werden, die Oberhand gewinnen, doch dadurch sollten wir uns nicht entmutigen lassen. Wenn wir nicht aufgeben, werden wir nach und nach mit Sicherheit die Kontrolle über unsere Wut gewinnen. Schließlich werden wir den Punkt erreichen, wo wir uns nicht mehr länger bemühen müssen, nicht wütend zu werden – Wut wird einfach keine natürliche Antwort mehr sein auf Schwierigkeiten oder Provokation.

Das erste, was wir tun müssen, ist uns zu jeder Zeit daran zu erinnern, daß Wut der Hauptfeind von allen ist. Wut ist niemandes Freund. Unsere Wut hilft uns in keinem Fall, und die Wut einer anderen Person hilft ihr niemals. Das einzige, was Wut bewerkstelligt, ist, unsere eigenen und die Tugenden anderer zu zerstören und nichts als Unglück zu bringen. Wenn wir aus Wut handeln, ist eine der Auswirkungen, daß wir in der Zukunft einen häßlichen Körper haben werden, sei es, daß wir als Mensch oder in irgendeiner anderer Form wiedergeboren werden. Es gibt gewisse Menschen und Tiere, die bei anderen instinktiv Furcht und Abscheu hervorrufen. Die Wiedergeburt in einer abstoßenden Gestalt sowie die Ablehnung durch andere und ein Temperament, das schnell zu Zorn neigt, sind alles karmische Resultate, die ein wütender Geist erfährt. Andererseits sind ein attraktiver Körper und eine erfreuliche Erscheinung die karmischen Resultate der Praxis von Geduld.

Wenn wir Wut als unseren Hauptfeind erkannt haben, sollten wir den festen Entschluß fassen, es ihr nicht zu erlauben zu entstehen. Indem wir uns im Alltag an diesen Entschluß erinnern, sollten wir uns selbst daran hindern, wütend zu werden. Das ist leichter gesagt, als getan, aber wenn wir jetzt einen festen Entschluß fassen, für den Rest des Tages oder zumindest bis zur nächsten Mahlzeit nicht wütend zu werden, haben wir gute Erfolgsaussichten. Wenn wir einen Tag lang Erfolg haben, können wir auch zwei Tage, drei Tage und dann eine Woche lang erfolgreich sein und so weiter für den Rest unseres Lebens. Unsere gesamte Wut aufzugeben ist ein großes Stück Arbeit. Wenn wir aber einen Schritt nach dem anderen machen, ist es gar nicht so schwierig, und allmählich werden die Neigungen in unserem Geist, mit Wut zu reagieren, schwächer und schwächer werden.

Wenn uns jemand Schaden zufügt, sollten wir untersuchen, ob es die essentielle Natur unseres Widersachers ist zu schaden oder ob es nur ein vorübergehender Fehler ist. Wenn es wahr wäre, daß das Schädlichsein die eigentliche Natur dieser Person wäre, dann gäbe es wirklich keinen Grund, wütend auf sie zu werden. Wir beschuldigen nicht das Feuer, wenn wir uns verbrennen, denn wir wissen, daß es die Natur des Feuers ist zu brennen. Das gleiche gilt für diese Person. Wenn es die eigentliche Natur dieser Person ist zu schaden, dann kann sie nichts dagegen tun und es hat keinen Zweck, wütend auf sie zu werden.

Wenn andererseits das Schädlichsein unseres Widersachers nur ein vorübergehender Fehler ist, der als Antwort auf sich verändernde Umstände und Bedingungen entsteht, dann haben wir ebenfalls keinen Grund, auf ihn wütend zu werden. Wenn zuviel Regen vom Himmel fällt, dann sind wir nicht wütend auf den Himmel, weil wir erkennen, daß der Regen nicht Teil seiner essentiellen Natur ist. Der Regen fällt nur als Resultat von wechselnden und vorübergehenden

Umständen, z. B. der Temperatur, der Feuchtigkeit und dem Luftdruck. Wenn also die Schädlichkeit unseres Widersachers kein Teil seiner essentiellen Natur ist, wer trägt dann die Schuld, daß er uns schadet? Schuld daran ist seine Verblendung.

Stellen wir uns vor, ein wütender Mann nimmt einen Stock und schlägt uns damit. Sicher ist es richtig, wütend auf den Mann zu werden – denn hat er uns schließlich nicht geschlagen? Nehmen wir nun an, ein Freund versucht uns zurückzuhalten und sagt: «Sei nicht wütend auf den Mann; sei wütend auf den Stock! Der Stock ist die direkte Ursache deines Schmerzes.» Dieses Argument würde uns wohl kaum überzeugen. Ziemlich sicher würden wir antworten: «Der Stock hat mich nicht von selbst geschlagen. Ohne den Mann, der ihn geschwungen hat, hätte er nicht die Kraft gehabt, mich zu verletzen. Es ist der Mann, auf den ich wütend sein sollte!»

Wenn dies der Gedankengang ist, der uns davon abhält, auf den Stock wütend zu werden, dann sollten wir ihn ebenfalls auf den Mann anwenden. Der Mann wurde durch die Macht seiner Wut in genau der gleichen Weise manipuliert, wie der Stock durch den Mann manipuliert wurde. Er hatte nahezu keine Kontrolle über seinen Geist und war in der Gewalt seiner Verblendungen. Falls durch die Verletzung überhaupt Wut in uns hervorgerufen wird, dann sollten wir unseren Zorn gegen die wirkliche Ursache unseres Schmerzes, die Verblendung der Wut, richten. Zorn, der auf die Verblendungen einer Person gerichtet ist, ist keine eigentliche Wut, sondern eine kraftvolle Form des Mitgefühls. Wichtig ist aber, daß wir klar zwischen der Person und ihren Verblendungen unterscheiden und die Person als Opfer ihrer Verblendungen erkennen. Es ist unser Wunsch, die Person vor ihrem inneren Feind der Wut zu schützen, und jedes verfügbare

Mittel ist uns recht, sei es sanft oder kraftvoll, um sie von ihrer Verblendung zu befreien.

Es ist wichtig zu verstehen, daß wir uns in der Praxis der Geduld, keine Vergeltung zu üben, mit unserer eigenen inneren geistigen Reaktion auf die Erfahrungen von Schmerz und Unbehagen befassen. Es ist keine Rede davon, daß wir uns passiv schlagen oder verletzen lassen sollten, nur um Geduld zu praktizieren. Wenn es eine Möglichkeit gibt, jemanden daran zu hindern, uns und auch sich selbst zu verletzen, dann sollten wir sie natürlich ergreifen. Hier stellt sich jedoch die Frage: «Was mach' ich mit meinem Geist, wenn ich bereits verletzt worden bin?» Die ganze Praxis der Geduld und tatsächlich die gesamten Unterweisungen Buddhas zielen darauf ab, einen Schutz für den Geist zu errichten. Letztendlich ist es unser Geist, der bestimmt, ob wir glücklich oder unglücklich sind.

Eine andere kraftvolle Methode, Wut und den Wunsch nach Vergeltung zu überwinden, ist, alle unerwünschten Situationen als eine Spiegelung unserer eigenen Fehler und Unzulänglichkeiten zu sehen. Wenn wir von jemandem beschimpft werden, können wir uns an die Unterweisungen über Karma erinnern und denken: «Unter dieser Beleidigung würde ich jetzt nicht leiden, wenn ich nicht selbst in der Vergangenheit jemanden auf ganz ähnliche Weise beschimpft hätte.» Die gleichen Überlegungen können wir bei Krankheiten, Verletzungen oder anderen Problemen anstellen. Unsere Fähigkeit, diese Denkweise wirksam einzusetzen, hängt von unserer Vertrautheit mit den Lehren über das Gesetz des Karmas ab. Wenn unsere Überzeugung in dieses Gesetz stabil ist und wir erkennen, daß wir stets die Früchte unserer eigenen Handlungen ernten, also Gutes für Gutes und Schlechtes für Schlechtes erhalten, werden wir auch unter den ungünstigsten

Umständen innerlich ruhig und friedlich bleiben können. Wir können den Schaden, der uns widerfährt, mit einer gewissen Erleichterung ansehen und unseren Schmerz als die Rückzahlung einer lange ausstehenden Schuld betrachten. Dies ist sicherlich besser, als ärgerlich und aufgeregt zu werden, wodurch nur zukünftige Schulden von noch mehr Schmerz und Qual angehäuft werden.

Jedesmal wenn uns jemand körperlichen Schaden zufügt, sollten wir uns, wie Shantideva vorschlägt, daran erinnern, daß es zwei unmittelbare Ursachen für das Leiden gibt, das wir erfahren: die Waffe, die gegen uns eingesetzt wird, und unser eigener Körper. Nur wenn diese zwei Faktoren zusammentreffen, entsteht Leiden. Auf welches Objekt sollten wir also unsere Wut richten? Wenn wir sie gegen unseren Angreifer richten oder gegen die Waffe, die er benutzt, warum richten wir sie dann nicht genauso gegen unseren eigenen Körper? Wenn wir andererseits niemals Wut gegen unseren eigenen Körper erzeugen, warum sollten wir sie gegen unseren Angreifer oder seine Waffe richten?

Damit dieses Argument einen Sinn ergibt, müssen wir verstehen, warum wir einen Körper haben, der so leicht zu verletzen ist und dazu neigt, sich unwohl zu fühlen oder Schmerzen zu erfahren. Unser menschlicher Körper wird als «verunreinigter Körper» beschrieben, weil er das Ergebnis von verunreinigten Ursachen ist. Da es uns an Weisheit mangelte und wir durch die Unwissenheit des Festhaltens am Selbst und Verlangen getrieben waren, haben wir in früheren Leben das Karma erschaffen, den verunreinigten menschlichen Körper anzunehmen, den wir jetzt besitzen. Es liegt in der Natur eines verunreinigten Körpers, Leiden entstehen zu lassen, so wie es in der Natur eines alten Autos liegt, kaputt zu gehen. Haben wir einen verunreinigten Körper angenommen, ist körperliches Leiden unvermeidbar. Wenn wir körperliches Leiden in der Zukunft vermeiden wollen, müssen wir das Karma für die Erlangung eines reinen, nichtverunreinigten Körpers erschaffen. So wie ein verunreinigter Körper aus unreinem Karma entsteht, das aus der Unwissenheit des Festhaltens am Selbst erschaffen wird, so entsteht ein nichtverunreinigter Körper aus dem reinen Karma, das mittels einer direkten Realisation von Selbstlosigkeit erschaffen wird. Bis wir einen nichtverunreinigten Körper erlangen, müssen wir akzeptieren, daß körperliches Leiden unvermeidbar ist. Anstatt die vorübergehenden Bedingungen, wie z.B Dornen oder Waffen, für unseren Schmerz verantwortlich zu machen, sollten wir erkennen, daß die Grundlage aller unserer körperlichen Schmerzen und unseres körperlichen Unbehagens unser verunreinigter Körper ist, den wir als Ergebnis unserer eigenen früheren Handlungen angenommen haben.

Wir alle wünschen uns Glück und von Leiden frei zu sein, aber da wir von unseren Verblendungen der Anhaftung, der Wut usw. kontrolliert werden, macht es uns nichts aus, die Ursachen zu erschaffen, die zu Leiden führen. Jeder Schaden, den wir erhalten, ist das Ergebnis von verblendeten Handlungen, die wir selbst erschaffen haben, und deshalb ist es absolut unangebracht, andere für dieses Leiden zu beschuldigen. Was für einen Grund haben wir also, wütend zu werden?

Alle Leiden Samsaras, sogar das Leiden der tiefsten Hölle, werden durch unsere eigenen Handlungen erschaffen. Die Qualen der Hölle sind nicht eine Strafe, die uns von außen durch einen Gott oder einen Dämon auferlegt wurde, sondern sie sind die Schöpfung des schwer gestörten Geistes derjenigen, die diese Qualen erleiden. Die Leiden, die wir jetzt gerade erfahren, sind genausowenig von außen gekommen, sondern sind das Ergebnis unseres eigenen negativen Karmas. Selbst wenn uns jemand attackiert, ist es unser Karma, das ihn dazu treibt, auf diese Weise zu handeln. Die andere Person ist bloß das Werkzeug unseres Karmas, und wenn sie uns den Schaden nicht zugefügt hätte, dann würde er uns mit Sicherheit in irgendeiner anderen Form erreichen. Wir können anderen Leuten nicht die Schuld für unser Leiden geben. Das einzige, was wir beschuldigen können, sind unsere Verblendungen und negativen Handlungen. Wenn wir uns wünschen, die Erfahrung unerträglicher Leiden zu vermeiden, dann ist das Aufgeben aller Fehler und Verblendungen jetzt, in diesem Leben, der einzig richtige Weg. Wenn wir auf diese Art und Weise Kontrolle über unseren Geist erlangen, haben wir nichts mehr in Samsara zu fürchten.

Wir sollten vorsichtig sein und diese Unterweisungen, daß den Verblendungen die Schuld zu geben ist, nicht mißverstehen. Unsere Verblendungen und negativen Handlungen sind verantwortlich für alles, was in unserem Leben schiefläuft, aber das heißt nicht, daß *wir* die Schuld tragen. Wir sind das Opfer unserer Verblendungen, und es ist unfair, das Opfer für die Fehler des Angreifers verantwortlich zu machen. Werden wir z. B. bestohlen, dann ist dies das karmische Resultat einer Handlung des Stehlens, die wir in einem früheren Leben ausgeführt haben, und es ist daher der Fehler unserer Verblendungen und verblendeten Handlungen, aber es ist keinesfalls der Fehler der Person, die wir jetzt sind. Es ist nicht einmal die Schuld der Person, die wir damals waren, denn diese Person handelte einzig und allein unter der Kontrolle ihrer Verblendungen. Es hat keinen Sinn, uns die Schuld an den Problemen und Leiden zu geben, die wir jetzt erfahren. Doch obwohl es nicht unser Fehler ist, daß wir Leiden erfahren, sind wir dennoch dafür verantwortlich, die unangenehmen

Konsequenzen unserer früheren negativen Handlungen anzunehmen und konstruktiv mit ihnen umzugehen.

Eine andere Methode, die uns hilft unseren Wunsch nach Vergeltung zu überwinden, besteht darin, genau zu untersuchen, wer tatsächlich leidet und wer einen Nutzen daraus zieht, wenn uns jemand anders verletzt. Wenn jemand auf uns wütend wird und uns Schaden zufügt, dann dienen wir als Objekt, das diese Wut hervorruft. Wenn wir nicht anwesend wären, würde die Wut des anderen nicht entstehen. Warum wird er wütend auf uns? Es ist sehr selten, daß Leute aus heiterem Himmel auf uns wütend werden. Es ist fast immer eine kränkende oder beleidigende Handlung unsererseits, die den unmittelbaren Anstoß für ihre Wut gibt. Selbst wenn wir nichts machen, auf einer tieferen Ebene ist es das Reifen unseres früheren negativen Karmas, das die Situation kreiert, in der es die natürliche Reaktion der Leute ist, auf uns wütend zu werden und uns Schaden zuzufügen. Der Schaden, den wir erleiden, ist also das Reifen unserer eigenen vergangenen Handlungen und nicht der Fehler der anderen Person. Deshalb sollten wir ihn geduldig annehmen. Wenn wir uns auf diese Weise verhalten, werden wir nicht nur jetzt ruhig bleiben, sondern auch von diesem speziellen negativen Karma frei werden. Die andere Person hat uns in Wirklichkeit geholfen, unser negatives Karma zu reinigen und das unglaublich positive Karma des geduldigen Annehmens zu erschaffen. Wenn wir es auf diese Weise betrachten, kann die Person, die uns verletzt, als eine Quelle unseres Glücks angesehen werden. Wenn wir aus unserer engen Betrachtungsweise ausbrechen und einen genauen Blick auf das werfen, was tatsächlich geschieht, werden wir verstehen, daß verletzende Handlungen in Wirklichkeit eine Quelle großen Nutzens für uns sein können.

Was aber wird unser Angreifer dadurch gewinnen, daß er Wut erzeugt und uns Schaden zufügt? Weil wir das Objekt für seine Wut waren, wird er in diesem Leben unglücklich sein und die Samen für eine zukünftige niedere Wiedergeburt setzen. In Wirklichkeit haben deshalb wir ihm geschadet, und er hat uns genützt! Wenn dem so ist, warum sollten wir wütend auf ihn werden? Weil er uns geschadet hat, erlaubte er uns, Geduld zu praktizieren. Damit half er uns, unsere vergangene Negativität zu reinigen und viele Verdienste zu erschaffen. Was haben wir andererseits für ihn getan? Dadurch, daß wir als Objekt seiner Wut dienten, haben wir es zugelassen, daß er viel Nichttugend erzeugte, die ihn hin zu den niederen Bereichen treibt. Auf einen solch unglücklichen, fehlgeleiteten Wohltäter ärgerlich zu werden, kann nur das Benehmen eines verwirrten Geistes sein!

Wenn unser wahres Ziel im Leben der immerwährende Frieden und das anhaltende Glück der Befreiung und vollen Erleuchtung ist, dann hat materieller Reichtum wenig Bedeutung. Nur der innere Reichtum der Tugend ist wichtig. Der Feind, der uns erlaubt, Geduld zu praktizieren und dadurch einen unerschöpflichen Reichtum an Tugend anzusammeln, ist ein Schatz von unermeßlichem Wert. Wie könnten wir ohne ihn den tugendhaften Geist der Geduld entwickeln? Jedesmal, wenn uns jemand verletzt, beleidigt, kritisiert usw., entsteht für uns die Möglichkeit, gewaltigen inneren Reichtum zu erschaffen. Die Person, die uns Schaden zufügt, sollte deshalb als das gesehen werden, was sie wirklich ist: ein Verbündeter und Wohltäter, der alle unsere Wünsche erfüllt. Die Geschichte von Atisha und seinem Assistenten, die im Kapitel *Wie man wertschätzende Liebe vertieft* erklärt wurde, illustriert dies sehr schön.

Die Praxis der Nichtvergeltung widerspricht unseren tief verwurzelten Verhaltensmustern. Deshalb ist es nicht verwunderlich, daß unser Geist viele Einwände gegen diese Art der Praxis entwickelt. Shantideva nimmt einige dieser Einwände voraus und antwortet wie folgt auf sie:

Werde ich nicht trotzdem in den niederen Bereichen wiedergeboren werden, auch wenn ich Geduld praktiziere, wenn mir jemand schadet, weil ich als Objekt seiner Wut gedient habe?

Die Antwort darauf ist: nein. Wenn wir daran denken, daß ein Feind uns nützt, und wenn wir als Erwiderung auf den Schaden, den er uns zufügt, Geduld praktizieren, dann werden wir keine Nichttugend ansammeln. Deshalb werden wir, da wir keine nichttugendhafte Ursache geschaffen haben, auch keine leidvollen Ergebnisse erfahren.

Dann wird auch die Person, die mich verletzt, keine leidvollen Auswirkungen ihrer Handlung erfahren. Sie hat schließlich die nützlichen Umstände für meine Praxis der Geduld geschaffen.

Auch das ist nicht wahr. Karmische Resultate werden nur von der Person erfahren, die die Handlung ausführt. Für die Person, die uns schadet, gibt es keine Möglichkeit, die Früchte unserer tugendhaften Praxis der Geduld zu erhalten. Da ihre Handlungen nicht tugendhaft waren, wie soll sie gute Ergebnisse daraus gewinnen?

Dann ist es vielleicht am besten, Vergeltung zu üben, wenn mich jemand verletzt. Sicherlich wird das nützlich für die Person sein, weil ich dann ihr Objekt der Geduld bin.

Es gibt verschiedene Gründe, warum dies eine falsche Betrachtungsweise ist. Erstens hindern wir, wenn wir auf Schaden mit Vergeltung reagieren, unseren spirituellen Fortschritt, schwächen unseren Bodhichitta und lassen unsere Praxis der Geduld degenerieren. Zweitens gibt es überhaupt keine Gewißheit, daß unser Widersacher Geduld übt, wenn wir den erhaltenen Schaden vergelten. Es ist viel wahrscheinlicher, daß er mit noch mehr Wut reagieren wird, da er bereits in wütender geistiger Verfassung ist. Außerdem wird es unsere eigene spirituelle Praxis nicht vor dem Degenerieren bewahren, selbst wenn er Geduld üben würde.

Wenn jemand meinen Körper verletzt, gibt es einen guten Grund, wütend zu werden und Vergeltung zu üben. Mein Körper schmerzt, und weil mein Geist an diesem Körper sehr stark als Besitz festhält, ist es richtig, wenn mein Geist aufgeregt wird und Vergeltung wünscht.

Diese Argumentation ist unlogisch. Wenn sie wahr wäre, warum werden wir dann wütend, wenn jemand in verletzender Weise zu uns spricht? Diese unangenehmen, leeren Worte haben von sich aus nicht die Kraft, unseren Körper oder unseren Geist zu verletzen. Warum also wollen wir Vergeltung?

Ich sollte Vergeltung üben, weil andere Menschen mich nicht mögen werden, wenn sie diese verletzenden und verleumderischen Worte hören.

Selbst wenn sie es tun würden, hätte die Ablehnung, die andere Menschen uns gegenüber fühlen, absolut keine Macht, uns in diesem oder zukünftigen Leben zu schaden. Also gibt es keinen Grund zur Aufregung.

Wenn andere Menschen mich nicht mögen und ich einen schlechten Ruf bekomme, wird mich dies daran hindern, eine gute Position und Reichtum zu erwerben. Um dies zu verhindern, muß ich den mir zugefügten Schaden vergelten.

Wenn wir für empfangenen Schaden Vergeltung üben und die Praxis der Geduld aufgeben, werden wir noch größere Hindernisse für den Erwerb einer hohen Position und

Reichtum erschaffen. Die Praxis von Geduld behindert niemals solche Erlangungen, vielmehr hilft sie uns, diese zu erreichen. Wenn wir Schaden nicht vergelten, werden wir entweder in diesem oder in zukünftigen Leben ganz natürlich einen guten Ruf, angesehene Positionen und Reichtum erlangen.

Zudem hat es absolut keinen Sinn, bei unserem Streben nach materiellem Gewinn Wut zu entwickeln. Denn ganz gleich, wieviel wir auch erwerben, es wird alles zurückbleiben, wenn wir sterben. Das einzige, was fortbesteht und mit uns in die Zukunft reist, sind die Prägungen der Wut, die wir in unser Bewußtsein gesetzt haben. Es ist sehr viel besser, heute zu sterben, als ein langes Leben voller negativer Handlungen zu haben.

Ganz gleich wie lange wir auch leben, es ist sicher, daß wir alle eines Tages sterben werden. Wenn jemand träumt, hundert Jahre Glück zu erleben, und jemand anders träumt, einen kurzen Augenblick lang Glück zu erfahren, dann wird die Erfahrung im Moment des Erwachens in beiden Fällen gleich sein: Von beiden ist nichts übriggeblieben! Ganz ähnlich verhält es sich mit einem langen und angenehmen oder einem kurzen und schwierigen Leben. Wenn wir sterben, ist unsere Situation die gleiche: Das einzige, was uns hilft, ist die Kraft unserer tugendhaften Handlungen. Wir können ein langes und erfülltes Leben und den Reichtum und die Vergnügungen genießen, die diese Welt zu bieten hat, aber wenn der Tod kommt, wird es sein, als ob wir von einem Dieb beraubt worden wären. Wir werden mit leeren Händen und nackt in die Zukunft gehen.

Ist es nicht wichtig, materiellen Reichtum zu erwerben, damit ich einen Lebensunterhalt habe und dadurch die Möglichkeit besitze, meine Verunreinigungen zu reinigen und Verdienste anzusammeln?

Wie bereits festgestellt, hat es keinen Sinn, lange zu leben, wenn wir in unserem Streben nach materiellem Reichtum Nichttugend begehen und es dadurch zulassen, daß unsere guten Qualitäten degenerieren.

Vielleicht sollte ich keine Vergeltung üben, wenn eine Person mich daran hindert, materiellen Reichtum zu gewinnen, aber wenn sie mich in schlechten Ruf bringt, sollte ich Vergeltung üben. Sonst werden diejenigen, die Vertrauen in mich haben, dieses verlieren.

Wenn wir Vergeltung üben, falls wir selbst beleidigt werden, warum rächen wir uns dann nicht, wenn jemand anders die Zielscheibe einer Beleidigung ist? Führt das nicht genauso dazu, daß andere Menschen das Vertrauen in ihn verlieren? Es ist doch Unsinn, geduldig zu sein, wenn jemand anderes beschimpft wird, und ungeduldig zu sein, wenn wir selbst das Ziel von Beschimpfungen sind. Alle Beleidigungen entstehen aus fehlerhafter Vorstellung, und deshalb gibt es keinen Grund, sie mit Wut zu beantworten. Sind wir außerdem wirklich der Meinung, daß das Vertrauen der Menschen in uns steigt, wenn sie uns Vergeltung üben sehen?

Vielleicht kann ich Geduld praktizieren, wenn ich allein das Objekt des Schadens bin, aber wenn jemand die Drei Kostbaren Juwelen beleidigt, sollte ich als Buddhist sicherlich Vergeltung üben. Daran kann bestimmt nichts falsch sein.

Weil die Buddhas vollkommen jenseits allen Schadens sind, ist es unangemessen, Wut gegen irgend jemanden zu erzeugen, selbst wenn er die Drei Juwelen beleidigt, heilige Bildnisse zerstört oder den Dharma auf andere Weise verunglimpft. Es ist klar, daß jeder, der solche sinnlosen Handlungen begeht, vollständig unter der Gewalt seiner Verblendungen stehen muß. Ein derart schwaches Wesen sollte jedoch nicht Zielscheibe unserer Wut sein, sondern vielmehr das Objekt unseres Mitgefühls.

Auch wenn diejenigen verletzt werden, die uns nahestehen – unser Spiritueller Meister, unsere Familie und unsere Freunde –, sollten wir von Rache und Wut absehen. Wir sollten erkennen, daß alle diese Verletzungen die gereifte Frucht vergangener Taten sind. Natürlich sollten wir versuchen, andere daran zu hindern, Schaden anzurichten, wenn es in unserer Macht steht, aber wir sollten es aus Liebe und Mitgefühl und nicht aus Wut tun. Geduld zu praktizieren heißt nicht, daß wir andere Nichttugendhaftes tun lassen sollten, ohne einzuschreiten. Es bedeutet nur, daß wir unseren eigenen Geist gegen die Verblendung der Wut bewachen sollen.

Der Schmerz und Schaden, den wir erfahren, hat zwei Quellen: Belebte und unbelebte Objekte. Warum aber wird unsere Wut ganz besonders gegenüber belebten Objekten hervorgerufen? Wenn wir mit der einen Art von Schaden geduldig sind, können wir es sicherlich lernen, auch mit der anderen geduldig zu sein. Außerdem, wenn eine Person aus Unwissenheit einer anderen Person Schaden zufügt und die letztere aus Unwissenheit wütend auf die erste Person wird, welche dieser beiden Personen hat dann einen Fehler begangen, und welche Person ist ohne Fehler? Ob man jemanden aus Wut schlägt oder ob man aus Wut Vergeltung übt, beide Handlungen entstehen aus der Verwirrung der Unwissenheit. Es ist deshalb unlogisch, sowohl auf die eine als auch auf die andere Handlung mit Wut zu reagieren.

Alle unsere Erfahrungen hängen von Ursachen und Bedingungen ab. Sowohl unser Widersacher als auch wir selbst haben das Karma geschaffen, in eben dieser Weise zusammenzuwirken, wie wir es getan haben. Es handelt sich nicht um den Fall, wo der schuldige Täter das unschuldige Opfer verletzt, denn sowohl der Täter als auch das Opfer sind im gleichen unglücklichen karmischen Szenario gefangen. Deshalb haben wir niemals irgendeinen Grund, unseren Feinden übel gesinnt zu sein. Wenn wir die Wahrheit dieser Tatsache einmal erkannt haben, sollten wir nur noch für das Glück aller Lebewesen arbeiten und den Wunsch entwickeln, daß alle lernen, in Harmonie und gegenseitiger Liebe miteinander zu leben.

Vielfach ist die Anhaftung an geliebte Personen die Ursache für das Entstehen unserer Wut, denn oft üben wir um ihretwillen Vergeltung. Wenn ein Haus brennt, dann kann das trockene Gras rund ums Haus leicht das Feuer zu anderen Häusern tragen, und dieses wird die betroffenen Häuser mit allem Hab und Gut niederbrennen. Ganz ähnlich ist es, wenn diejenigen, an denen wir hängen, verletzt werden. Das trockene Gras unserer Anhaftung trägt ihren Schaden zu uns, entzündet das Feuer der Wut in uns und dieses vernichtet unseren Reichtum an Verdiensten. Um dies zu verhindern, sollten wir keine Objekte der Anhaftung erschaffen.

In Samsara führt jedes Zusammentreffen zu einer Trennung, und alles, was zusammenkommt, wird schließlich wieder auseinandergerissen. Ob wir für unsere Familie und unsere Freunde Anhaftung empfinden oder nicht, wir werden irgendwann von ihnen getrennt werden, sei es vor dem Tod oder durch den Tod. Da Trennung ein unvermeidlicher Bestandteil einer menschlichen Wiedergeburt in Samsara ist, sollten wir darauf vorbereitet sein, sie zu akzeptieren. Im *Leitfaden für die Lebensweise eines Bodhisattvas* führt Shantideva das Beispiel eines Gefangenen an, der vor seiner Hinrichtung steht und durch den Einspruch anderer begnadigt wird. Statt hingerichtet zu werden wird ihm zur Bestrafung eine Hand abgeschlagen. Auch wenn der Gefangene den Verlust einer Hand zu erleiden hat, wird er sich sicherlich glücklich schätzen, daß sein Leben verschont wurde. Eine Person, die die Leiden des menschlichen Bereiches erfährt – wozu auch das Getrenntwerden von Objekten der Anhaftung gehört –, kann sich auf ganz ähnliche Weise glücklich schätzen, daß sie vor dem weitaus größeren Elend der niederen Bereiche bewahrt wurde.

Objekte der Anhaftung aufzugeben bedeutet, daß wir die Verblendung der Anhaftung aufgeben sollten, die wir in bezug auf unsere Familie und Freunde haben. Es bedeutet nicht, daß wir die Beziehung zu den Menschen, die wir lieben, aufgeben oder ihnen nicht helfen sollten, wenn sie in Not sind. Es ist im allgemeinen wichtig, die Beziehungen zu unserem nahen Kreis von Menschen aufrechtzuerhalten und zu verbessern, aber es hat keinen Sinn, ihretwegen wütend zu werden. Wenn wir für jemanden Anhaftung empfinden, dann brauchen wir ihn, damit er uns glücklich macht. Wenn er jedoch Schmerzen hat oder sich in Schwierigkeiten befindet, kann er die Funktion, uns das gewünschte Glück zu geben, nicht erfüllen. Deshalb werden wir wütend, wenn ihm Schaden zugefügt wird. Reine Liebe, die nicht mit Anhaftung vermischt ist, führt hingegen nicht zu Wut. Wenn jemand, den wir lieben, für den wir aber keine Anhaftung empfinden, verletzt wird, entsteht ein starker Wunsch in unserem Herzen, ihn zu beschützen und ihm zu helfen. Wir sind aber nicht wütend auf den Angreifer. Wir ergreifen jede praktisch durchführbare Maßnahme, um unseren Freund zu verteidigen, aber wir haben nicht den geringsten Wunsch, den Angreifer leiden zu lassen. Was wir deshalb tun müssen, ist, unsere Anhaftung, jedoch niemals unsere Liebe aufzugeben für die Menschen, die uns nahestehen.

Selbst wenn ich lernen kann, das Leiden der Trennung zu ertragen, kann ich den Schmerz der Beschimpfung und Verleumdung nicht aushalten.

Wenn wir dieses relativ leichte Leiden nicht ertragen können, wie wollen wir jemals fähig sein, die unerträglichen Leiden der niederen Bereiche auszuhalten? Und wenn wir die Leiden der niederen Bereiche nicht ertragen können, warum werden wir dann immer wieder wütend und schaffen damit die Ursachen für diese Art von unglücklicher Wiedergeburt? In der Vergangenheit erfuhren wir große Leiden in diesen Bereichen, weil uns das Gesetz von Karma nicht klar und unser Geist durch die Gifte der Wut und Anhaftung verschmutzt war. Keine dieser leidvollen Erfahrungen brachte uns aber irgendwelchen Nutzen. Jetzt aber haben wir dieses kostbare Menschenleben erhalten und haben die einmalige Gelegenheit, unserem Leiden einen Sinn zu geben und es in den spirituellen Pfad umzuwandeln. Indem wir das vergleichsweise unbedeutende Leiden, das wir im Menschenbereich erfahren, annehmen und es verwenden, um unsere Entsagung, unser Mitgefühl und andere spirituelle Realisationen zu verstärken, können wir schnell das erhabene Glück der vollen Erleuchtung erlangen und allen Lebewesen von Nutzen sein. Wenn wir dies erkennen, sollten wir freiwillig alle Strapazen, denen wir begegnen, mit einem freudigen und friedlichen Geist ertragen.

Wut ist oft mit Neid verbunden, und wir sollten versuchen, beide Verblendungen zu überwinden. Wenn ein Rivale Erfolg hat oder gelobt wird, ist es sehr leicht, neidisch zu werden. Warum aber sollte das Glück von jemand anderem uns unglücklich machen? Wenn wir für einen Augenblick unsere egozentrische Sichtweise ablegen und uns in die Lage der anderen Person versetzen, werden wir uns freuen und ihr Glück teilen können, anstatt den Schmerz des Neides zu fühlen.

Wenn ein neidischer Mensch Zeichen von Erfolg und Glück an anderen Menschen wahrnimmt, sticht ihn der Neid in sein Herz. Jemand aber, der es gelernt hat, sich über das Glück anderer zu freuen, erfährt nur Freude. Der Anblick des schönen Hauses oder des attraktiven Partners von jemand anderem macht ihn glücklich. Die Tatsache, daß sie nicht ihm gehören, ist irrelevant. Wenn ein Arbeitskollege gelobt oder befördert wird, oder wenn er jemanden trifft, der intelligenter, attraktiver oder erfolgreicher ist als er, dann nimmt er ganz einfach Anteil am Glück des anderen Menschen, anstatt sofort an seine eigenen Unzulänglichkeiten erinnert zu werden.

Sich am Glück oder den guten Qualitäten anderer Menschen zu erfreuen ist einer der reinsten tugendhaften Geisteszustände, denn er ist nicht durch Selbst-Wertschätzung verunreinigt. Wenn wir Geben praktizieren, dann ist es zum Beispiel möglich, daß wir eine Gegenleistung erwarten – Dankbarkeit, geliebt oder für einen großzügigen Menschen gehalten zu werden. Doch wenn wir uns über das Glück von anderen freuen, erwarten wir nichts zurück.

Wenn wir uns am Glück anderer erfreuen, erschaffen wir die Ursache, in der Zukunft ähnliches Glück zu genießen, und wenn wir uns an den guten Qualitäten anderer erfreuen, erschaffen wir die Ursache, ähnliche Qualitäten zu entwikkeln. Es heißt, daß diejenigen, die sich an den guten Qualitäten von spirituell Praktizierenden und realisierten Wesen erfreuen, im nächsten Leben reine spirituell Praktizierende werden. Sich erfreuen ist der einfachste Weg, unsere Verdienste zu vergrößern, es erfüllt die Buddhas mit großer Freude, und es ist die beste Methode, einen Freundeskreis zu gewinnen.

Wenn es uns mißfällt, andere glücklich zu sehen, dann würde daraus folgen, daß wir den Menschen, die für uns arbeiten, nichts bezahlen sollten, da sie dadurch glücklich werden. Wir wissen aber genau, daß die Angestellten die Arbeit verweigern würden, wenn wir keinen Lohn bezahlen, und damit würde sich auch unsere eigenes gegenwärtiges und zukünftiges Glück vermindern. Das Sicherfreuen am Lob, das andere erhalten, ist vergleichbar mit dem Zahlen eines fairen Lohnes, denn es ist sowohl für die anderen erfreulich als auch in unserem eigenen, besten Interesse.

Wenn uns jemand lobt und über unsere guten Eigenschaften spricht, macht uns das glücklich. Weil sich auch alle anderen über solches Lob freuen, sollten wir glücklich sein, wenn es geschieht. Es liegt einzig und allein an unserem sinnlosen Neid, daß das Gefühl der Freude ausbleibt, wenn andere gelobt werden. Das Gefühl von Neid ist besonders absurd bei denjenigen, die Bodhichitta erzeugt und die Bodhisattva-Gelübde abgelegt haben. Wenn wir den Wunsch haben, allen fühlenden Wesen von Nutzen zu sein, warum sollten wir uns unglücklich fühlen, wenn andere durch eigene Bemühungen ein klein wenig Glück erfahren? Wenn wir versprochen haben, alle fühlenden Wesen zum Zustand der Buddhaschaft zu führen, einem Zustand, in dem sie Verehrung und Lob von zahllosen Lebewesen bekommen, warum beneiden wir sie dann um die kurzfristigen Vergnügen, die sie jetzt finden? Deswegen auf sie wütend zu werden ist lächerlich!

Eltern sind verantwortlich für das Wohl ihrer Kinder. Wenn die Kinder aber schließlich für sich selbst sorgen können und ihre eigenen Wege gehen, freuen sich die Eltern. Sie freuen sich an dem, was ihre Kinder erreicht haben, und spüren keinen Neid. Das gleiche sollte für uns gelten. Wenn wir uns wünschen, alle Lebewesen zu glücklichen Zuständen der Existenz, zu Befreiung und Erleuchtung zu führen, gibt es keinen Grund, neidisch und wütend zu werden, wenn sie ein wenig Freude für sich selbst gefunden haben. Wenn wir aber aus diesem Anlaß ärgerlich werden, wie wollen wir behaupten, die Lebensweise eines Bodhisattvas zu praktizieren? Solange unser Geist von Neid erfüllt ist, werden wir niemals fähig sein, das kostbare Herz des Bodhichittas zu entwickeln. Wenn Neid, Haß und die anderen Verblendungen entstehen, degeneriert unser Bodhichitta automatisch. Wenn wir aufrichtig daran interessiert sind, einem Pfad zu folgen, der zur Erleuchtung führt, sollten wir alles tun, was in unserer Macht steht, um diese Verblendungen schnell und vollständig zu besiegen.

Neid ist eine der sinn- und zwecklosesten Verblendungen, die es gibt. Nichts wird gewonnen, wenn man neidisch auf das Glück, den guten Job, den guten Ruf oder den Erfolg von anderen ist. Angenommen, jemand gibt einem Rivalen etwas Geld. Der Neid und das Unglück, das wir deshalb empfinden, wird nichts an der Situation ändern. Ob man unserem Rivalen Geld gibt oder nicht, es besteht keine Möglichkeit für uns, das Geld selbst zu bekommen. Warum also sind wir neidisch? Außerdem sind das Erzeugen von Neid einerseits und der Wunsch nach Reichtum und Besitz andererseits einander widersprechende Geisteszustände. Warum? Der Hauptgrund für das Erlangen von Reichtum, Besitz und anderen erfreulichen Objekten ist unsere eigene Ansammlung von Tugend. Diese Tugend wird durch das Praktizieren von Geben, Sicherfreuen, die Wertschätzung und den Respekt für andere und ähnliches erschaffen. Wenn hingegen aufgrund unserer egoistischen Sicht der Welt starker Neid in unserem Geist entsteht, werden die Potentiale dieser tugendhaften Handlungen beschädigt und so werden unsere Chancen auf zukünftiges Glück vermindert oder zerstört. Wenn wir daher wirklich an der Erlangung von Glück, Reichtum und dergleichen in der Zukunft interessiert sind, sollten wir unseren Geist gut bewachen, und statt es zuzulassen, daß Neid auf andere entsteht, sollten wir uns freuen.

Es gibt außerdem auch keinen Grund, sich zu freuen, wenn unser Feind leidet, denn wie könnten negative Gedanken dieser Art unseren Feind verletzen und uns selbst von Nutzen sein? Auch wenn wir denken würden: «Wie wundervoll wäre es, wenn mein Rivale leiden würde», könnte ihn dies niemals verletzen. Und selbst wenn er verletzt würde, wie sollte uns dies jemals Glück bringen?

Aber wenn mein Feind leidet, werde ich befriedigt sein.
Gedanken wie diese werden uns niemals Glück bringen. Im Gegenteil, nichts kann uns größeren Schaden zufügen, als wenn wir uns in solch gemeines und kleinliches Gehabe verstricken, das nichts anderes bewirkt, als uns in die drei niederen Bereiche hinabzureißen.

Wenn ich keine Vergeltung übe, wenn andere mich verletzen, was werden dann die Leute von mir denken? Werden mein guter Ruf, Ruhm und Lob nicht abnehmen?
Obwohl einer der hauptsächlichen Gründe für Vergeltung die Verteidigung unseres Rufe ist, können wir in Wirklichkeit unseren Ruf viel effektiver schützen und verbessern, wenn wir Geduld praktizieren. Wenn die Leute sehen, daß wir die Charakterstärke und -stabilität besitzen, Kritik, Verleumdung und Beleidigung anzunehmen, ohne unsere Haltung und unseren Humor zu verlieren, dann wird ihr Respekt für uns steigen. Nimmt unser Respekt zu, wenn ein

Filmstar oder ein Politiker wegen einer belanglosen Kritik eine Verleumdungsklage anstrengt? Wahrscheinlich hätten wir größeren Respekt für die Betroffenen, wenn sie sich weniger ernst nehmen und etwas Kritik vertragen könnten, ohne ihre Würde und ihren Geistesfrieden zu verlieren. Geduld ist eine Stärke, keine Schwäche, und wenn wir es durch das Praktizieren von Geduld aufgeben, auf Schaden und Kritik mit Vergeltung zu reagieren, werden die Menschen langsam verstehen, daß unsere wahre Natur etwas ganz Besonderes ist.

Lob und ein guter Ruf sind es nicht wert, daß wir wütend und aufgeregt werden. Es ist wahr, daß ein guter Ruf, Reichtum und eine angesehene gesellschaftliche Position in der Gesellschaft im allgemeinen recht nützlich sind. Wie jede angenehme Erfahrung sind sie das Ergebnis unserer eigenen geschickten und tugendhaften Handlungen der Vergangenheit. Sie werden allerdings nicht mehr nützlich, sondern statt dessen die Ursache für weiteres Leiden sein, wenn uns unsere Anhaftung an diese glücklichen Bedingungen dazu bringt, wütend zu werden, sobald diese bedroht sind. Wir sollten verstehen, daß es nicht die äußeren Umstände an sich sind, die uns glücklich machen, sondern die Art und Weise, wie unser Geist sich auf sie bezieht. Jeder, der auch nur andeutungsweise eine Vorstellung davon hat, wie weit der Geist entwickelt werden kann, wird niemals mit geringfügigen Erlangungen zufrieden sein. Deshalb sollten wir unsere Anhaftung an diese Dinge aufgeben, und da wir diese kostbare menschliche Form erlangt haben, die Essenz des Dharmas praktizieren und die Verblendungen aus unserem Geist entfernen. Wie können wir es zulassen, daß das unbedeutende Vergnügen, das uns ein paar Worte des Lobes bereiten kann, das Erreichen der grenzenlosen Glückseligkeit der Erleuchtung stört?

Für das Erlangen von Ruhm und gutem Ruf opfern manche Menschen viel Geld und sogar ihr Leben. Aber was für einen Nutzen hat es, für ein paar trockene leere Worte alles zu opfern, was uns kostbar ist? Wem nützt es, wenn wir auf der Suche nach Ruhm und Ehre sterben? Buddha bezeichnete diejenigen, die begeistert sind, wenn man sie lobt, und die unglücklich und wütend werden, wenn man sie kritisiert, als «die Kindischen». Kinder am Strand lieben es, Sandburgen zu bauen. Wenn die Wellen diese Sandhaufen schließlich fortspülen, weinen sie voller Bestürzung: «Meine Burg ist weg!» Ähnlich ist es, wenn wir es unserem Geist erlauben, von den wechselnden Wogen des Lobes und der Kritik hin- und hergeworfen zu werden. Dann sind wir genauso dumm wie diese Kinder.

Obwohl es keinen Sinn hat, sich aufzuregen oder wütend zu werden, wenn wir kritisiert oder verleumdet werden, so gibt es Zeiten, in denen es nötig ist, unseren Ruf zu verteidigen, indem wir die Wahrheit aufzeigen. Nehmen wir an, einem Politiker, der den aufrichtigen Wunsch hat, den Menschen zu dienen, werden fälschlicherweise Fehler und Vergehen vorgeworfen. Wenn er keine Schritte unternimmt, um sich zu verteidigen, dann riskiert er, daß er seine Position und damit auch die Möglichkeit verliert, vielen Menschen zu helfen. Mit diesem Verständnis ist es nicht falsch, wenn er ohne Wut oder den Wunsch nach Vergeltung der Öffentlichkeit erklärt, daß die Anschuldigungen vollständig aus der Luft gegriffen sind.

Warum macht es uns so glücklich, wenn ein paar Worte des Lobes unsere Ohren erreichen? Schließlich hat der Klang an sich keinen Geist und nicht die Absicht, uns zu loben.

Ich sollte mich freuen, weil der Mensch, der mich lobt, seine Freude daran hat.
Aber dieses Vergnügen ist ganz und gar in seinem eigenen Geist und bringt uns weder jetzt noch in der Zukunft irgendwelchen Nutzen.

Aber es ist richtig, sich über die Vergnügen anderer zu freuen. Wurde nicht eben gesagt, daß wir uns freuen sollten, wenn andere glücklich sind?
Das ist völlig richtig, und wir sollten unseren Geist mit dieser Haltung vertraut machen, bis wir uns sogar über das Glück eines Rivalen freuen können. Es ist sinnlos, wenn wir den falsch unterscheidenden Geist haben, der glücklich ist, wenn unsere Freunde gelobt werden, aber neidisch, wenn es unsere Feinde sind. Das Lob auszukosten, das wir selbst erhalten, ist außerdem wie das Benehmen eines kleinen Kindes.

Auch wenn im allgemeinen ein guter Ruf, hohe Position und Reichtum als nützlich erachtet werden, können sie in Wirklichkeit unsere Erlangung der Erleuchtung behindern. Sie können unseren ungezähmten Geist vom spirituellen Pfad ablenken. Unser Nachdenken über guten Ruf und dergleichen kann unsere Entsagung leicht zum Schwinden bringen, und Stolz, Konkurrenzdenken und Neid können entstehen. Solche Ablenkungen lassen unsere eigene Tugend abnehmen und unterbrechen unsere Fähigkeit, anderen zu helfen. Aufgrund unserer Anhaftung an einen guten Ruf und ähnliches werden wir in die niederen Bereiche hinabsteigen und im Sumpf Samsaras gefangen bleiben.

Jemand, der versucht, den Dharma in reiner Form zu praktizieren, ist ohne diese Hindernisse und Ablenkungen besser dran. Wer hilft uns, die Anhaftung an solche Ablenkungen zu durchbrechen? Es ist die Person, die uns schadet. Sie hindert uns daran, einen guten Ruf und andere weltliche Erlangungen zu erwerben und hilft uns, unseren Wunsch nach Befreiung und Erleuchtung zu verwirklichen. Sie ist unsere beste Lehrerin, denn sie zeigt uns, wie Geduld praktiziert wird. Sie hilft uns, unsere Anhaftung an einen guten Ruf und Ruhm abzutrennen und das Seil zu durchschneiden, das uns an Samsara fesselt. Sie hindert uns daran, die Ursachen zu schaffen, in diesem Sumpf des Leidens wiedergeboren zu werden, und hilft uns statt dessen, die Ursachen für das Erlangen der vollen Erleuchtung zu erzeugen. Indem wir sie als unseren Spirituellen Meister ansehen, der uns auf so viele Arten nützt, sollten wir jede Wut aufgeben, die wir für diesen besten unserer Freunde empfinden mögen.

Warum sollte ich diejenigen, die mir Schaden zufügen, als meine besten Freunde betrachten? Wenn mich jemand verletzt, unterbricht er meine Dharma-Praxis, hindert meine Ansammlung von Verdiensten, meine Praxis des Gebens und die anderen Tugenden. Diese Person ist in diesen Momenten ganz offensichtlich nicht mein Freund.

Auch das ist falsch. Die Möglichkeit, Geduld zu praktizieren, die eines der wichtigsten Elemente des spirituellen Pfades darstellt, entsteht durch die Güte einer Person wie dieser. Indem diese schwierige Person uns eine Möglichkeit zum Praktizieren von Geduld gibt, hilft sie uns, eine gewaltige Menge an Verdiensten zu erschaffen. Aber wenn wir Vergeltung üben, wird diese Möglichkeit verloren sein. Wenn niemand unsere Geduld herausfordert, werden wir sie nie verbessern können; und ohne unsere Geduld zu perfektionieren, können wir niemals Erleuchtung erlangen. Es ist deshalb falsch zu denken, daß ein schwieriger Mensch unsere Dharma-Praxis unterbrechen kann. Schließlich ist ein bedürftiger Mensch kein Hindernis für jemanden, der Geben praktizieren möchte, und ein Abt ist kein Hindernis für jemanden, der eine Ordination wünscht. Nicht nur, daß sie keine Hindernisse sind, sie sind eine absolute Notwendigkeit.

Wir unterschätzen den Wert der Geduld. Es kann vorkommen, daß Menschen unsere Meditationssitzungen oder Dharma-Studien manchmal stören, aber sie können uns niemals die Möglichkeit nehmen, uns in der inneren Tugend der Geduld zu schulen. Es ist vielmehr dieses geistige Training, das die Essenz der Dharma-Praxis ist, und weniger die äußeren tugendhaften Aktivitäten. Wenn wir den Wert der Geduld verstehen, werden wir uns nie über die Gelegenheit ärgern, sie zu praktizieren. Selbst wenn wir unser ganzes Leben lang niemals die Gelegenheit hätten, uns hinzusetzen und zu meditieren, aber wirklich gelernt hätten, jeden Augenblick des Tages geduldiges Annehmen zu praktizieren, würden wir gewaltige Fortschritte auf dem Weg zur Erleuchtung machen. Wenn wir andererseits unser ganzes Leben mit dem Studium und der Meditation verbringen würden, aber niemals Geduld praktizieren würden, würde unsere spirituelle Praxis oberflächlich und unecht bleiben.

Im allgemeinen ist Geduld eine stärkere Tugend als Geben, weil das Objekt von Geduld schwieriger zu finden ist als das Objekt von Geben. Es gibt viele arme Menschen, denen wir etwas geben können, aber wie viele Menschen wollen uns wirklich verletzen und geben uns dadurch die Gelegenheit, Geduld zu praktizieren. Wir sollten bedenken, wie selten es ist, ein derartiges Objekt für unsere Geduld zu finden, und unseren Feind als einen Schatz erkennen, aus dem unerschöpflicher innerer Reichtum gewonnen werden kann. Er ist ein echter Lehrer auf unserem Weg zur unübertrefflichen Glückseligkeit der Erleuchtung. Statt den Menschen, der unsere Geduld herausfordert, als ein Hindernis für unsere spirituelle Praxis anzusehen, sollten wir immer an seine Güte denken und uns darüber freuen, einen solchen Menschen gefunden zu haben. Er ist es, der unsere Praxis der Geduld ermöglicht, und jede Tugend oder positive Energie, die aus dieser Gelegenheit entsteht, sollte als erstes ihm gewidmet sein.

Aber ich habe keinen Grund, meinen Feind zu respektieren, denn er hat nicht die Absicht, mich Geduld praktizieren zu lassen.
Wenn ein derartiger Einwand gültig wäre, dann hätten wir auch keinen Grund, den heiligen Dharma zu respektieren, denn auch er hat nicht die Absicht, uns zu helfen.

Das ist überhaupt nicht das gleiche. Mein Feind hegt schädliche Gedanken gegen mich, während der heilige Dharma dies nicht tut.
Aber genau weil unser Feind schädliche Gedanken uns gegenüber hat, haben wir die Möglichkeit, Geduld zu praktizieren. Wenn unser Feind versuchen würde, uns ausschließlich gut zu behandeln, so wie ein Arzt, der seinem Patienten nur helfen möchte, dann würden wir niemals die Gelegenheit finden, unseren Geist in Nichtvergeltung zu schulen. Auch wenn unser Feind daher nicht die Absicht hat, uns bei unserer Praxis zu helfen, ist er es doch wert, genau wie der heilige Dharma, ein Objekt unserer Verehrung zu sein.

Buddha Shakyamuni erklärte, daß es zwei Felder für das Heranziehen einer tugendhaften Ernte gibt: das Feld der erleuchteten Wesen und das Feld der fühlenden Wesen. Wenn wir Vertrauen in die erleuchteten Wesen erzeugen und danach streben, den fühlenden Wesen von Nutzen zu sein, dann werden sowohl unsere eigenen wie auch die Ziele anderer erreicht werden. Die zwei Felder ähneln sich insofern, als sie beide Nutzen hervorbringen und beide bestellt werden müssen, wenn wir Erleuchtung erlangen wollen.

Wenn dem so ist und die zwei Verdienstfelder gleich wertvoll sind, warum machen wir dann Darbringungen und Verbeugungen vor den Buddhas, nicht aber vor den fühlenden Wesen?
Es geht hier nicht darum, ob die Qualitäten der erleuchteten und der gewöhnlichen Wesen gleich sind. Ganz offensichtlich sind sie es nicht. Sie ähneln sich aber insofern, als sie beide Ursachen für unsere Erleuchtung sind. Somit sind beide gleichermaßen unseres Respektes würdig.

Wenn wir anderen materielle Dinge, Liebe, Schutz oder spirituelle Unterweisungen geben, nennen wird es im allgemeinen «die Praxis des Gebens». Wenn wir aber den erleuchteten Wesen etwas geben, dann nennen wir es «Gaben darbringen». Ein Bodhisattva aber betrachtet alle fühlenden Wesen als unendlich kostbar und ist dankbar für die Hilfe, die er durch sie erhält. Ganz selbstverständlich betrachtet er seine Handlungen des Gebens als Darbringungen an sie. Der Bodhisattva erkennt, daß sie ihm ermöglichen, die Früchte der spirituellen Praxis reifen zu lassen, indem sie ihm als Objekte seiner tugendhaften Handlungen dienen. Somit sind sie zusammen mit den Drei Juwelen sein Verdienstfeld.

Buddha hat erklärt, daß durch das Respektieren einer Person, die den Geist der unbegrenzten Liebe entwickelt hat, unermeßliche Verdienste erworben werden können. Da einer solchen Person das Wohl unzähliger Wesen am Herzen liegt, ist jeder Dienst, den wir ihr erweisen, indirekt ein Dienst an allen diesen Wesen. Wenn wir einer Mutter mit vielen Kindern helfen, dann helfen wir indirekt allen ihren Kindern.

Auf die gleiche Weise hilft ein Dienst, den wir einem solch großherzigen Wesen erweisen, indirekt allen Lebewesen. Da der Geist grenzenloser Liebe nur in Abhängigkeit von seinem Objekt, unzähligen Lebewesen, erzeugt werden kann, entstehen in Wirklichkeit alle Verdienste, die wir durch die Verehrung von jemandem erschaffen, der die Realisation von allumfassender Liebe besitzt, aufgrund der Güte aller Lebewesen.

In ähnlicher Weise sind die Verdienste unendlich, die durch Vertrauen und Respekt für die Buddhas erschaffen werden, denn die guten Qualitäten der erleuchteten Wesen sind unvorstellbar weitreichend und tiefgründig. Da respektvolles Verhalten sowohl den Buddhas wie auch den fühlenden Wesen gegenüber grenzenlose Verdienste erschafft und zur Erlangung der vollen Erleuchtung führt, sind Buddhas und fühlende Wesen aus dieser Sicht betrachtet gleich. Da die fühlenden Wesen andererseits aber nicht unendlich gute Qualitäten besitzen, sind sie in dieser Hinsicht nicht den Buddhas gleich.

Die Qualitäten eines Buddhas sind so umfangreich, daß jedes Wesen, das auch nur einen Bruchteil davon mit ihnen gemeinsam hat, größter Verehrung wert ist. Fühlende Wesen teilen im allgemeinen nicht die tiefgründigen Qualitäten eines Buddhas, aber in ihrer Rolle als unser Verdienstfeld sind sie des größten Respektes und der Verehrung würdig. Weil Lebewesen sowohl für unser alltägliches Glück als auch für die Erlangung der Erleuchtung absolut notwendig sind, ist es sicherlich angebracht, sie so zu verehren, wie wir einen Buddha verehren würden.

Durch die Güte der mitfühlenden Buddhas, die den spirituellen Pfad aufzeigen, haben zahllose fühlende Wesen die Möglichkeit, ihre Unterweisungen zu studieren und die

Erleuchtung zu erlangen. Wie können wir diese unendliche Güte erwidern? Einem Buddha liegt allein das Wohl aller fühlenden Wesen am Herzen. Der vollendete Weg, dies zurückzuzahlen, ist, ebenfalls Liebe und Mitgefühl für alle fühlenden Wesen zu erzeugen. Als Buddha Shakyamuni in seinen früheren Leben dem Bodhisattva-Pfad folgte, gab er sein Leben oft für das Wohl der fühlenden Wesen hin. Wie können wir diejenigen verletzen, für die Buddha sein Leben opferte? Selbst wenn sie uns Schaden zufügen, sollten wir von Vergeltung absehen und ihnen statt dessen soviel Respekt, Liebe und Hilfe schenken, wie wir können. Wenn wir dies erlernen, werden alle Buddhas hoch erfreut sein.

Es ist sinnlos, sich auf Buddha zu verlassen und trotzdem weiterhin fühlenden Wesen zu schaden. Das wäre, wie wenn wir gütig zu einer Mutter wären, aber ihre Kinder schlagen würden. Genauso wie wir eine Mutter verletzen, wenn wir ihren Kindern Schaden zufügen, mißfallen wir auch den Buddhas, wenn wir schlechte Absichten gegenüber fühlenden Wesen haben. Den Buddhas Gaben darzubringen, während wir fühlende Wesen verletzen, ist das gleiche, wie einer Mutter Blumen zu schenken, nachdem wir ihre Kinder gequält haben.

Im *Leitfaden für die Lebensweise eines Bodhisattvas* faßt Shantideva die Entschlüsse, die wir aus den obigen Überlegungen ziehen sollten, im folgenden innigen Gebet zusammen:

Da ich den fühlenden Wesen Schaden zugefügt
Und somit das Mißfallen der mitfühlenden Buddhas
  erregt habe, Bekenne ich heute alle diese
  Nichttugenden –
Bitte, O Mitfühlende, vergebt mir, daß ich euch so
  beleidigt habe.

Um die Tathagatas zu entzücken, will ich von jetzt an
  meine Wut mit Sicherheit unterwerfen,
Und werde wie ein Diener der ganzen Welt werden.
Selbst wenn mich viele Leute treten oder auf meinem
  Kopf herumtrampeln,
Werde ich die Beschützer der Welt erfreuen, indem ich
  keine Vergeltung übe, selbst wenn es mein Leben
  kostet!

Eine der kraftvollsten Methoden für das Entwickeln und Bewahren von Bodhichitta ist die Meditation, die als «Austauschen vom Selbst mit anderen» bekannt ist. Diese Methode wird im 2. Teil dieses Buches in allen Einzelheiten erklärt. Es gibt keinen Zweifel, daß die Tathagatas, die mitfühlenden Buddhas, dieses Austauschen vollendet haben. Da sie jede Selbst-Wertschätzung aufgegeben haben, schätzen sie fühlende Wesen mehr als sich selbst. Weil alle fühlenden Wesen das Objekt von Buddhas Wertschätzung sind, sind sie kostbar. Wenn die Buddhas in ihrer vollkommenen Weisheit erkannt haben, daß alle Lebewesen ihre uneingeschränkte Liebe und ihren Respekt verdienen, dann verdienen sie auch unseren Respekt.

Alle, die die Geduld der Nichtvergeltung praktizieren, wenn ihnen Schaden zugefügt wird, und die alle fühlenden Wesen respektieren, als ob sie erleuchtete Wesen wären, erfreuen alle Buddhas und vertreiben das Elend des Universums, indem sie die volle Erleuchtung erlangen. Aus diesem Grund sollten wir immer Geduld üben.

Was ist damit gemeint, daß man den fühlenden Wesen den gleichen Respekt entgegenbringen sollte wie einem Buddha? Es wäre sicherlich nicht angebracht, vor jeder Person, der wir begegnen, volle Verbeugungen zu machen. Wir können sie jedoch im Geist mit Respekt behandeln und daran denken, daß sie das Objekt der Liebe Buddhas und die Ursache dafür ist, daß wir Erleuchtung erlangen, und wir können versuchen, sie zu lieben und ihre Wünsche zu erfüllen. Wie im Kapitel *Andere schätzen lernen* erklärt wird, waren außerdem alle fühlenden Wesen viele Male unsere Mutter, und haben uns unermeßliche Güte gezeigt. Deshalb verdienen alle unsere Dankbarkeit, Liebe und Geduld.

Wenn wir an die Güte aller fühlenden Wesen denken und versuchen, ihnen eine Freude zu bereiten, so oft wir können, werden wir selbst in diesem Leben Glück finden. Andere Menschen werden uns respektieren, unser Ruhm wird sich weit verbreiten, und wir werden großen Reichtum und Besitz erwerben. Schließlich werden wir als Folge unserer tugendhaften Handlungen die höchste Glückseligkeit der Buddhaschaft erlangen. Selbst wenn wir nicht in diesem Leben Buddhaschaft erlangen, werden wir aus der Praxis von Geduld einen Nutzen ziehen, wo immer wir auch in Samsara wiedergeboren werden. Wir werden einen schönen Körper haben und von ergebenen Freunden und Schülern umringt sein. Wir werden außerdem eine gute Gesundheit und ein langes Leben besitzen.

Abschließend sollten wir, wann immer wir Schwierigkeiten, Störungen oder Krankheiten erfahren, über die Fehler nachdenken, diese nicht anzunehmen, und den Nutzen bedenken, mit unserem Leiden geduldig zu sein. Dann sollten wir das geeignete Gegenmittel anwenden, indem wir über die Geduld, freiwillig Leiden zu ertragen, meditieren. Um unsere Geduld zu verbessern und schließlich zu vervollkommnen, sollten wir über Buddhas Unterweisungen über Leerheit und die wechselseitige Abhängigkeit aller Phänomene meditieren, und auf diese Weise die Geduld, entschieden über Dharma nachzudenken, praktizieren. Wann immer uns jemand Schaden zufügt, sollten wir an die zahlreichen Fehler der Wut und des Erregens von Mißfallen der fühlenden Wesen denken und diese überwinden, indem wir uns auf die Geduld verlassen, keine Vergeltung zu üben.

Indem wir diese drei Arten von Geduld aufrichtig ausüben, geben wir unserer kostbaren menschlichen Wiedergeburt den größtmöglichen Sinn und verschwenden keine weitere Zeit damit, uns an Samsara, das Rad des Leidens und der Unzufriedenheit, zu binden. In dieser degenerierten Zeit, in der die Ursachen für Leiden sehr zahlreich sind und kaum ein Tag vergeht, ohne daß wir körperliche oder geistige Probleme erfahren, ist die Praxis von Geduld von größter Wichtigkeit. Indem wir geduldig alle Schwierigkeiten und schlechte Behandlung annehmen, werden wir unsere Selbst-Wertschätzung und unser Festhalten am Selbst schnell abschwächen, und damit dem großen Herzen von Mitgefühl und Bodhichitta erlauben zu wachsen. Mitten in dieser zunehmend problematischen Welt werden alle Qualitäten der Erleuchtung in unserem Geist erwachen, und wir werden in der Lage sein, anderen wirklich zu helfen.

ANHANG IV

Die Kadampa-Lebensweise

DIE ESSENTIELLE PRAXIS
DES KADAM-LAMRIMS

Die Kadampa-Lebensweise

Einleitung

Die essentielle Praxis des Kadam-Lamrims, die als *Die Kadampa-Lebensweise* bekannt ist, enthält zwei Texte: *Der Rat aus dem Herzen Atishas* und *Die drei Hauptaspekte des Pfades* von Je Tsongkhapa. *Der Rat aus dem Herzen Atishas* faßt die Lebensweise der frühen Kadampa-Geshes zusammen, deren Beispiel von Reinheit und Aufrichtigkeit wir alle nacheifern sollten. *Die drei Hauptaspekte des Pfades* ist eine Anleitung von großer Tiefe für die Meditation über die Stufen des Pfades, den Lamrim, die Je Tsongkhapa auf der Basis von Anweisungen verfaßt hat, die er direkt vom Weisheits-Buddha Manjushri erhielt.

Wenn wir unser Bestes versuchen, den Rat Atishas in die Praxis umzusetzen und gemäß den Anweisungen Je Tsongkhapas über Lamrim zu meditieren, werden wir einen reinen und glücklichen Geist entwickeln und allmählich zum endgültigen Frieden der vollen Erleuchtung fortschreiten. Wie der Bodhisattva Shantideva sagt:

> Indem wir uns auf diese bootsähnliche menschliche
>   Form verlassen,

Können wir den großen Ozean des Leidens überqueren.
Da solch ein Gefäß nur schwer wieder gefunden
werden kann,
Ist jetzt nicht die Zeit zu schlafen, du Dummkopf!

Auf diese Weise zu praktizieren ist die wahre Essenz der Kadampa-Lebensweise.

Der Rat aus dem Herzen Atishas

Als der Ehrwürdige Atisha nach Tibet kam, ging er zuerst nach Ngari, wo er zwei Jahre blieb und den Schülern Jang Chub Ös viele Unterweisungen erteilte. Nachdem zwei Jahre vergangen waren, beschloß er, nach Indien zurückzukehren, und Jang Chub Ö bat ihn um eine letzte Unterweisung vor seiner Abreise. Atisha antwortete, daß er ihnen bereits jeden Ratschlag, den sie benötigten, gegeben habe, aber Jang Chub Ö ließ nicht locker, und so nahm Atisha die Bitte an und gab den folgenden Rat.

Wie wunderbar!

Freunde, da ihr bereits großes Wissen und ein klares Verständnis besitzt, während ich unwichtig bin und wenig Weisheit besitze, ist es nicht angemessen, daß ihr mich um Rat fragt. Weil ihr lieben Freunde, die ich von ganzem Herzen schätze, mich aber gebeten habt, werde ich euch diesen essentiellen Rat aus meinem minderwertigen und kindischen Geist geben.

Freunde, bis ihr Erleuchtung erlangt, ist der Spirituelle Lehrer unentbehrlich, verlaßt euch deshalb auf den heiligen Spirituellen Meister.

Bis ihr die endgültige Wahrheit realisiert, ist Zuhören unentbehrlich, hört deshalb den Unterweisungen des Spirituellen Meisters zu.

Da ihr nicht allein durch Verstehen des Dharmas ein Buddha werden könnt, praktiziert ernsthaft, mit Verständnis.

Meidet Orte, die euren Geist stören, und bleibt stets dort, wo sich eure Tugenden vermehren.

Bis ihr stabile Realisationen erlangt, sind weltliche Vergnügungen schädlich, haltet euch deshalb an einem Ort auf, wo es keine derartigen Ablenkungen gibt.

Meidet Freunde, die dazu führen, daß eure Verblendungen zunehmen, und verlaßt euch auf diejenigen, die eure Tugend vergrößern. Das solltet ihr euch zu Herzen nehmen.

Da weltliche Tätigkeiten niemals ein Ende haben, schränkt eure Tätigkeiten ein.

Widmet Tag und Nacht eure Tugenden und beobachtet ständig euren Geist.

Da ihr Ratschläge erhalten habt, praktiziert stets so, wie es euer Spiritueller Meister sagt, wann immer ihr nicht meditiert.

Wenn ihr mit großer Hingabe praktiziert, werden sich sofort Resultate einstellen, ohne daß ihr lange warten müßt.

Wenn ihr von ganzem Herzen in Übereinstimmung mit dem Dharma praktiziert, werden sowohl Nahrung als auch materielle Mittel ganz natürlich zur Hand sein.

Freunde, die Dinge, die ihr begehrt, bringen genausowenig Befriedigung wie das Trinken von Salzwasser, praktiziert deshalb Zufriedenheit.

Vermeidet alle hochmütigen, eingebildeten, stolzen und arroganten Geisteszustände, und bleibt friedvoll und fügsam.

Vermeidet Tätigkeiten, die als lobenswert gelten, die aber tatsächlich Hindernisse für den Dharma sind.

Profit und Respekt sind die Schlingen der Maras, wischt sie deshalb beiseite wie die Steine auf dem Weg.

Lobende Worte und Ruhm sind nur dazu da, uns zu verführen, putzt sie deshalb weg, so wie ihr euch die Nase putzen würdet.

Da das Glück, das Vergnügen und die Freunde, die ihr in diesem Leben gewinnt, nur einen Augenblick lang anhalten, laßt all das hinter euch.

Da die zukünftigen Leben sehr lange dauern, sammelt Reichtümer an, um für die Zukunft vorzusorgen.

Wenn ihr geht, werdet ihr alles zurücklassen müssen, haftet deshalb an nicht dem Geringsten.

Erzeugt Mitgefühl für niedere Wesen, und vermeidet es vor allem, sie zu verachten oder zu demütigen.

Empfindet keinen Haß gegen Feinde und keine Anhaftung für Freunde.

Seid nicht neidisch auf die guten Qualitäten anderer, sondern macht sie aus Bewunderung zu euren eigenen.

Sucht nicht bei anderen nach Fehlern, sondern sucht nach euren eigenen Fehlern, und reinigt sie wie schlechtes Blut.

Denkt nicht über eure eigenen guten Qualitäten nach, sondern denkt über die guten Qualitäten der anderen nach, und respektiert alle, wie es ein Diener tun würde.

Betrachtet alle Lebewesen als euren Vater oder eure Mutter, und liebt sie, als ob ihr ihr Kind wärt.

Zeigt immer ein lächelndes Gesicht, und bewahrt jederzeit einen liebenden Geist, und sprecht wahrheitsgemäß, ohne Bosheit.

Wenn ihr zu viel von Dingen mit geringer Bedeutung redet, werdet ihr Fehler begehen, sprecht deshalb mit Mäßigung, nur wenn es nötig ist.

Wenn ihr viele bedeutungslose Tätigkeiten ausführt, werden eure tugendhaften Tätigkeiten degenerieren, beendet deshalb Tätigkeiten, die nicht spirituell sind.

Es ist absolut sinnlos, sich bei Tätigkeiten zu bemühen, die keine Essenz haben.

Wenn die Dinge, die ihr euch wünscht, nicht geschehen, so aufgrund von Karma, das vor langer Zeit erschaffen wurde, bewahrt deshalb einen glücklichen und entspannten Geist.

Nehmt euch in acht: Ein heiliges Wesen zu verletzen ist schlimmer als zu sterben, seid deshalb ehrlich und offen.

Da alles Glück und alles Leiden dieses Lebens aus früheren Handlungen entsteht, gebt nicht anderen die Schuld.

Alles Glück kommt von den Segnungen eures Spirituellen Meisters, erwidert deshalb jederzeit seine Güte.

Da ihr den Geist anderer nicht zähmen könnt, solange ihr nicht euren eigenen gezähmt habt, beginnt mit der Zähmung eures eigenen Geistes.

Da ihr mit Sicherheit ohne den Reichtum, den ihr angesammelt habt, gehen müßt, sammelt nicht um des Reichtums willen Negativität an.

Ablenkende Vergnügen haben keine Essenz, praktiziert deshalb aufrichtig das Geben.

Haltet immer reine moralische Disziplin ein, denn sie führt zu Schönheit in diesem Leben und zu Glück in der Zukunft.

Da der Haß in diesen unreinen Zeiten grassiert, legt die Rüstung der Geduld an, frei von Wut.

Ihr bleibt durch die Kraft der Faulheit in Samsara, entfacht deshalb das Feuer des Bemühens der Anwendung.

Da es eine Verschwendung dieses menschlichen Lebens ist, wenn wir uns den Ablenkungen hingeben, ist jetzt die Zeit, Konzentration zu praktizieren.

Wenn man unter dem Einfluß falscher Sichtweisen steht, realisiert man die endgültige Natur der Dinge nicht, untersucht deshalb korrekte Bedeutungen.

Freunde, in diesem samsarischen Sumpf gibt es kein Glück, begebt euch deshalb auf den festen Boden der Befreiung.

Meditiert gemäß dem Rat eures Spirituellen Meisters und trocknet den Fluß des samsarischen Leidens aus.

Denkt gut darüber nach, denn es sind nicht bloß Worte aus dem Mund, sondern aufrichtige Ratschläge aus dem Herzen.

Wenn ihr auf diese Weise praktiziert, werdet ihr mich erfreuen, und ihr werdet euch selbst und anderen Glück schenken.

Ich, der ich unwissend bin, bitte euch, euch diesen Rat zu Herzen zu nehmen.

Das ist der Rat, den das heilige Wesen, der Ehrwürdige Atisha, dem Ehrwürdigen Jang Chub Ö gab.

Die drei Hauptaspekte des Pfades

Ehrerbietung an den ehrwürdigen Spirituellen Meister

Ich werde, so gut ich es kann,
Die essentielle Bedeutung der Lehre aller Eroberer erklären,
Den Pfad, der von den heiligen Bodhisattvas gelobt wird,
Und das Tor für die von Glück Begünstigten, die Befreiung suchen.

Ihr, die ihr nicht an den Freuden Samsaras haftet,
Jedoch danach strebt, eurer Freiheit und Ausstattung Bedeutung zu verleihen,
O von Glück Begünstigte, die ihr euch anstrengt auf dem Pfad, der den Eroberern gefällt,
Bitte hört mit einem klaren Geist zu.

Ohne reine Entsagung gibt es keine Möglichkeit,
Die Anhaftung an die Vergnügen Samsaras zu besänftigen;
Und da die Lebewesen eng gefesselt sind durch das Verlangen nach Samsara,
Beginnt mit dem Streben nach Entsagung.

Freiheit und Ausstattung sind schwer zu finden, und es gilt
keine Zeit zu verlieren.
Indem ihr euren Geist damit vertraut macht, überwindet
Anhaftung an dieses Leben;
Und indem ihr wiederholt über Handlungen und
Wirkungen
Und über die Leiden Samsaras nachdenkt, überwindet
Anhaftung an zukünftige Leben.

Wenn durch diese Kontemplation das Verlangen nach den
Vergnügen Samsaras
Nicht mehr aufkommt, nicht einmal für einen Augenblick,
Und Tag und Nacht ein Geist entsteht, der sich nach
Befreiung sehnt,
Dann wurde Entsagung erzeugt.

Wenn diese Entsagung jedoch nicht aufrechterhalten wird
Durch vollkommen reinen Bodhichitta,
Wird sie keine Ursache für das vollendete Glück der
unübertroffenen Erleuchtung sein;
Deshalb erzeugen die Weisen einen erhabenen Bodhichitta.

Von der Strömung der vier mächtigen Flüsse mitgerissen,
Eng gefesselt durch die Ketten des Karmas, so schwer
loszulassen,
Gefangen im eisernen Netz des Festhaltens am Selbst,
Vollkommen umgeben von der pechschwarzen Dunkelheit
der Unwissenheit,

Wiedergeburt um Wiedergeburt erfahrend im grenzenlosen
Samsara
Und unaufhörlich gequält von den drei Leiden –
Indem ihr über den Zustand eurer Mütter in Umständen
wie diesen nachdenkt,
Erzeugt den erhabenen Geist [des Bodhichittas].

Aber, selbst wenn ihr mit Entsagung und Bodhichitta
vertraut seid,
Werdet ihr die Wurzel Samsaras nicht durchschneiden
können,
Wenn ihr nicht die Weisheit besitzt, die realisiert, wie die
Dinge sind.
Strebt deshalb nach den Mitteln, die abhängige Beziehung
zu erkennen.

Wer das vorgestellte Objekt des Festhaltens am Selbst
verneint,
Die Unfehlbarkeit von Handlung und Wirkung
Aller Phänomene in Samsara und Nirvana jedoch sieht,
Hat den Pfad betreten, der den Buddhas gefällt.

In abhängiger Beziehung stehende Erscheinung ist
unfehlbar,
Und Leerheit läßt sich nicht beschreiben;
Solange die Bedeutung dieser beiden getrennt zu sein
scheint,
Habt ihr die Absicht Buddhas noch nicht realisiert.

Wenn sie als eines entstehen, nicht abwechselnd, sondern
gleichzeitig,
Durch bloßes Sehen von unfehlbarer abhängiger Beziehung,
Bildet sich das sichere Wissen, das jedes Festhalten an
Objekten zerstört.
Zu dieser Zeit ist die Analyse der Sicht vollendet.

Wenn sich ferner das Extrem der Existenz durch
Erscheinung auflöst,
Und sich das Extrem der Nichtexistenz durch Leerheit
auflöst

Und ihr wißt, wie Leerheit als Ursache und Wirkung
   wahrgenommen wird,
Werdet ihr nicht von extremen Sichtweisen
   gefangengenommen.

Wenn ihr auf diese Weise die wesentlichen Punkte
Der drei Hauptaspekte des Pfades korrekt realisiert habt,
Meine Lieben, zieht euch in die Einsamkeit zurück, erzeugt
   starkes Bemühen
Und verwirklicht schnell das letzte Ziel.

Beide Texte wurden unter der mitfühlenden Leitung des
Ehrwürdigen Geshe Kelsang Gyatso Rinpoche übersetzt.

Glossar

Absicht Ein geistiger Faktor, der die Funktion hat, seinen primären Geist zum Objekt zu bewegen. Seine Funktion ist es, den Geist mit tugendhaften, nichttugendhaften und neutralen Objekten zu beschäftigen. Alle körperlichen und verbalen Handlungen werden durch den geistigen Faktor Absicht eingeleitet. Siehe *Den Geist verstehen*.

Achtsamkeit Ein geistiger Faktor, dessen Funktion es ist, das Objekt, das der primäre Geist realisiert, nicht zu vergessen. Siehe *Den Geist verstehen*.

Allgemeines Bild Das erscheinende Objekt eines begrifflichen Geistes. Ein allgemeines oder geistiges Bild gleicht einer Widerspiegelung dieses Objektes. Ein begrifflicher Geist versteht sein Objekt durch die Erscheinung eines allgemeinen Bildes dieses Objektes, nicht indem er es direkt sieht. Siehe *Den Geist verstehen*.

Anfangslose Zeit Gemäß der buddhistischen Weltsicht gibt es keinen Anfang des Geistes und somit keinen Anfang der Zeit. Deshalb haben alle fühlenden Wesen zahllose frühere Wiedergeburten erlebt.

Anhaftung Ein verblendeter geistiger Faktor, der ein verunreinigtes Objekt beobachtet, es als Ursache von Glück ansieht und es haben will. Siehe *Den Geist verstehen*.

Anschließender Erkenner Ein vollkommen verläßlicher Erkenner, dessen Objekt in direkter Abhängigkeit von einer schlüssigen Begründung realisiert wird. Siehe *Den Geist verstehen*.

Asanga Ein großer indischer buddhistischer Yogi und Gelehrter des fünften Jahrhunderts, Autor des *Handbuchs des Abhidharma*.

Atisha (982 – 1054 n. Chr.) Ein berühmter indischer buddhistischer Gelehrter und Meditationsmeister. In der Blütezeit des indischen Mahayana-Buddhismus war er Abt des großen buddhistischen Klosters Vikramashila. Später wurde er nach Tibet eingeladen, und das führte zum Wiederaufbau des Buddhismus in Tibet. Er ist der Autor des ersten Textes über die Stufen des Pfades: *Eine Lampe für den Pfad*. Seine Tradition wurde später als die Kadampa-Tradition bekannt. Siehe *Freudvoller Weg*.

Aufmerksamkeit Ein geistiger Faktor, der die Funktion hat, den Geist auf ein bestimmtes Merkmal eines Objektes zu richten. Siehe *Den Geist verstehen*.

Basis der Zuschreibung Alle Phänomene werden auf ihre Teile zugeschrieben. Deshalb ist jeder einzelne Teil oder die gesamte Ansammlung der Teile eines Phänomens seine Basis der Zuschreibung. Ein Phänomen wird vom Geist zugeschrieben in Abhängigkeit der Basis der Zuschreibung, die diesem Geist erscheint. Siehe *Herz der Weisheit*.

Begierdebereich Der Bereich der Höllenwesen, Hungrigen Geister, Tiere, Menschen, Halbgötter und Götter, die die fünf Objekte der Begierde genießen.

Begrifflicher Gedanke / Geist Ein Gedanke, der sein Objekt durch ein allgemeines Bild festhält. Siehe *Den Geist verstehen*.

Behinderungen zur Allwissenheit Die Prägungen der Verblendungen, die eine gleichzeitige und direkte Realisation aller Phänomene verhindern. Nur Buddhas haben diese Behinderungen überwunden.

GLOSSAR

Behinderungen zur Befreiung Behinderungen, die die Erlangung der Befreiung verhindern. Alle Verblendungen, wie Unwissenheit, Anhaftung und Wut, sowie ihre Samen sind Behinderungen zur Befreiung. Sie werden auch «Verblendungsbehinderungen» genannt.

Beobachtetes Objekt Jedes Objekt, auf das der Geist gerichtet ist.

Chekhawa, Geshe (1102 – 1176 n. Chr.) Ein großer Kadampa-Bodhisattva, der den Text *Geistesschulung in sieben Punkten* verfaßte, ein Kommentar zu Geshe Langri Tangpas *Acht Verse der Geistesschulung*. Er verbreitete das Studium und die Praxis der Geistesschulung in ganz Tibet. Siehe *Allumfassendes Mitgefühl*.

Degenerierte Zeiten Ein Zeitabschnitt, in dem die spirituelle Aktivität degeneriert.

Dharma Buddhas Lehre und die inneren Realisationen, die durch ihre Praxis erlangt werden. Dharma bedeutet Schutz. Indem wir Buddhas Lehre praktizieren, schützen wir uns selbst vor Leiden und Problemen. Siehe *Freudvoller Weg*.

Direktwahrnehmer Ein Erkenner, der sein manifestes Objekt festhält. Siehe *Den Geist verstehen*.

Elemente, vier Erde, Wasser, Feuer und Wind. Wir können sagen, daß die Materie aus einer Kombination dieser Elemente zusammengesetzt ist. Es gibt vier innere Elemente (diejenigen, die mit dem Kontinuum einer Person verbunden sind) und vier äußere Elemente (diejenigen, die nicht mit dem Kontinuum einer Person verbunden sind). Diese vier Elemente sind nicht die Erde eines Feldes oder das Wasser eines Flusses usw. Vielmehr sind die Elemente Erde, Wasser, Feuer und Wind im weitesten Sinne die Eigenschaften von Festigkeit, flüssigem Zustand, Hitze und Bewegung.

Emanation / Ausstrahlung Belebte oder unbelebte Form, die ein Buddha oder ein hoher Bodhisattva manifestiert, um anderen zu helfen.

Erzeugungsstufe Eine Realisation eines kreativen Yogas, die als Ergebnis der reinen Konzentration in der Praxis «die drei Körper in den Pfad bringen» vor der Erlangung der eigentlichen Vollendungsstufe erreicht wird. In dieser Praxis erzeugt man sich selbst im Geist als tantrische Gottheit und die Umgebung als Mandala dieser Gottheit. Die Meditation über die Erzeugungsstufe wird «kreativer Yoga» genannt, weil ihr Objekt durch korrekte Vorstellung erschaffen oder erzeugt wird. Siehe *Tantrische Ebenen und Pfade*.

Feindzerstörer «Arhat» auf Sanskrit. Ein Praktizierender, der alle Verblendungen und ihre Samen durch die Schulung auf den spirituellen Pfaden aufgegeben hat. Er wird niemals wieder in Samsara geboren werden. Das Wort «Feind» bezieht sich in diesem Zusammenhang auf die Verblendungen.

Formbereich Der Bereich der Götter, die Form besitzen.

Formkörper Der Freudenkörper und der Ausstrahlungskörper eines Buddhas. Siehe *Körper eines Buddhas*.

Formloser Bereich Der Bereich der Götter, die keine Form besitzen.

Fühlendes Wesen Siehe *Lebewesen*.

Funktionierende Sache Synonym für unbeständiges Phänomen. Siehe auch *Unbeständigkeit*.

Gefühl Ein geistiger Faktor, der die Funktion hat, angenehme, unangenehme oder neutrale Objekte zu erfahren. Siehe *Den Geist verstehen*.

Geheimes Mantra Synonym für Tantra. Die Unterweisungen des Geheimen Mantras unterscheiden sich insofern von den Sutra-Unterweisungen, als sie Methoden der Geistesschulung enthalten, die das zukünftige Resultat, die Buddhaschaft, in den gegenwärtigen Pfad einbringen. Geheimes Mantra ist der erhabene Pfad zur vollen Erleuchtung. Der Begriff «Mantra» deutet darauf hin, daß es sich um die besondere Anweisung Buddhas handelt, wie wir unseren Geist vor gewöhnlichen Erscheinungen und Vorstellungen schützen können. Praktizierende des Geheimen Mantras überwinden gewöhnliche Erscheinungen und Vorstellungen dadurch, daß sie ihren Körper, ihre Umgebung, ihre Vergnügen und Taten als die eines Buddhas visualisieren. «Geheim» bringt zum Ausdruck, daß die Praxis im Privaten und nur von denjenigen praktiziert werden kann, die eine tantrische Ermächtigung empfangen haben. Siehe *Tantrische Ebenen und Pfade*.

Geistesschulung Lojong auf Tibetisch. Eine besondere Überlieferung von Unterweisungen, die von Buddha Shakyamuni stammt und durch Manjushri und Shantideva an Atisha und die Kadampa-Geshes weitergegeben wurde. Sie betont die Erzeugung von Bodhichitta durch die Praxis des Gleichstellens und Austauschens vom Selbst mit anderen, verbunden mit Nehmen und Geben.

Geistesschulung in sieben Punkten Ein Kommentar zu *Acht Verse der Geistesschulung* von Geshe Chekhawa. Ein vollständiger Kommentar ist in *Allumfassendes Mitgefühl* zu finden.

Geistiger Faktor Ein Erkenner, der hauptsächlich ein bestimmtes Merkmal eines Objektes festhält. Es gibt 51 besondere geistige Faktoren. Jeder Moment von Geist besteht aus einem primären Geist und verschiedenen geistigen Faktoren. Siehe *Den Geist verstehen*.

Gelübde Versprechen, bestimmte Handlungen zu unterlassen. Die drei Gruppen von Gelübden sind die Pratimoksha-Gelübde der individuellen Befreiung, die Bodhisattva-Gelübde und die Gelübde des Geheimen Mantras. Siehe *Das Bodhisattva-Gelübde* und *Tantrische Ebenen und Pfade*.

Geshe Ein Titel, der vollendeten buddhistischen Gelehrten von den Kadampa-Klöstern verliehen wird. Eine Abkürzung, die aus dem tibetischen «Ge wai she nyen» hergeleitet wird, was «tugendhafter Freund» bedeutet.

Gewöhnliche Wesen Alle, die Leerheit nicht direkt realisiert haben.

Gottheit Yidam auf Sanskrit. Ein tantrisches erleuchtetes Wesen.

Gültiger Erkenner Ein Erkenner, der in bezug auf sein Objekt des Befassens nichttäuschend ist. Es gibt zwei Arten: anschließende gültige Erkenner und direkte gültige Erkenner. Siehe *Herz der Weisheit* und *Den Geist verstehen*.

Guru Siehe *Spiritueller Meister*.

Herr des Todes Obwohl der Mara des unkontrollierten Todes kein fühlendes Wesen ist, wird er als Herr des Todes oder Yama personifiziert. Der Herr des Todes wird auf dem Diagramm des Lebensrades gezeigt, wie er das Rad mit Klauen und Zähnen umklammert.

Heruka Eine Hauptgottheit des Mutter-Tantras, die die Verkörperung der untrennbaren Glückseligkeit und Leerheit ist. Siehe *Essenz des Vajrayana*.

Herz-Sutra Eines von mehreren *Sutras der Vollkommenheit der Weisheit*, die Buddha lehrte. Es ist zwar viel kürzer als die anderen *Sutras der Vollkommenheit der Weisheit*, enthält aber explizit oder implizit ihre gesamte Bedeutung. Ein vollständiger Kommentar ist in *Herz der Weisheit* enthalten.

Hinayana Sanskritwort für «Kleines Fahrzeug». Das Ziel der Hinayana-Praxis ist es, nur sich selbst durch vollständiges Aufgeben der Verblendungen von Leiden zu befreien. Siehe *Freudvoller Weg*.

Höheres Sehen Eine besondere Weisheit, die ihr Objekt klar sieht und bewahrt wird durch Ruhiges Verweilen und die besondere Geschmeidigkeit, die durch Untersuchung hervorgerufen wird. Siehe *Freudvoller Weg*.

Höheres Wesen «Arya» auf Sanskrit. Ein Wesen, das eine direkte Realisation der Leerheit erlangt hat. Es gibt Höhere Wesen des Hinayana und des Mahayana.

Innere Winde Besondere innere Winde, die mit dem Geist in Beziehung stehen und durch die Kanäle unseres Körpers fließen. Unser Körper und Geist können ohne diese Winde nicht funktionieren. Siehe *Klares Licht der Glückseligkeit*.

Je Tsongkhapa (1357 – 1419 n. Chr.) Eine Ausstrahlung des Weisheits-Buddha Manjushri. Sein Erscheinen als Mönch und Halter der reinen Sichtweise und Taten im Tibet des vierzehnten Jahrhunderts wurde schon von Buddha prophezeit. Er verbreitete einen sehr reinen Buddhadharma in ganz Tibet und zeigte, wie man die Praxis von Sutra und Tantra miteinander kombiniert und wie man den reinen Dharma in degenerierten Zeiten praktiziert. Seine Tradition wurde später als «Ganden-» oder «Gelug-Tradition» bekannt. Siehe *Herzjuwel* und *Große Schatzkammer der Verdienste*.

Kadampa Ein tibetisches Wort, wobei «Ka» Wort bedeutet und sich auf alle Unterweisungen Buddhas bezieht; «dam» bezieht sich auf die besonderen Lamrim-Unterweisungen von Atisha, die als die «Stufen des Pfades» bekannt sind, und «pa» bezeichnet einen Anhänger des Kadampa-Buddhismus, der alle Unterweisungen Buddhas, die er kennt, in seine Lamrim-Praxis einbezieht.

Kadampa-Geshe Siehe *Geshe*.

Kadampa-Buddhismus Eine Schule der buddhistischen Mahayana-Tradition, die vom großen indischen Meister des Buddhismus Atisha (982 – 1054 n. Chr.) gegründet wurde.

Kadampa-Tradition Die reine Tradition des Buddhismus, die von Atisha gegründet wurde. Die Anhänger dieser Tradition heißen bis zur Zeit Je Tsongkhapas «Alte Kadampas». Nach Je Tsongkhapa werden sie «Neue Kadampas» genannt.

Kanäle Subtile innere Passagen, durch die von inneren Winden bewegte subtile Tropfen fließen. Siehe *Das Klare Licht der Glückseligkeit*.

Kanalrad «Chakra» auf Sanskrit. Ein Brennpunkt, von dem Nebenkanäle des Zentralkanals ausgehen. Die Meditation über diese Punkte kann dazu führen, daß die Winde in den Zentralkanal eintreten. Siehe *Das Klare Licht der Glückseligkeit*.

Klares Licht Ein manifester sehr subtiler Geist, der eine Erscheinung wie von klarem, leerem Raum wahrnimmt. Siehe *Das Klare Licht der Glückseligkeit*.

Kontakt Ein geistiger Faktor, der die Funktion hat, sein Objekt als angenehm, unangenehm oder neutral wahrzunehmen. Siehe *Den Geist verstehen*.

Konzentration Ein geistiger Faktor, der seinen primären Geist eingerichtet auf seinem Objekt ruhen läßt. Siehe *Freudvoller Weg*.

Körper eines Buddhas Ein Buddha hat vier Körper: den Weisheits-Wahrheitskörper, den Naturkörper, den Freudenkörper und den Ausstrahlungskörper. Der erste ist der allwissende Geist eines Buddhas, der zweite ist die Leerheit oder endgültige Natur seines Geistes, der dritte ist sein subtiler Formkörper, und der vierte, von dem jeder Buddha eine unermeßliche Anzahl manifestiert, ist ein grober Formkörper, der für gewöhnliche Wesen sichtbar ist. Der Weisheits-Wahrheitskörper und der Naturkörper sind beide im Wahrheitskörper enthalten, und der Freudenkörper sowie der Ausstrahlungskörper sind im Formkörper enthalten.

Lama Siehe *Spiritueller Meister*.

Lamrim Ein tibetischer Ausdruck, der wörtlich «die Stufen des Pfades» bedeutet. Eine besondere Zusammenstellung aller Unterweisungen Buddhas, die leicht zu verstehen und zu praktizieren ist. Sie enthüllt alle Stufen des Pfades zur Erleuchtung. Siehe *Freudvoller Weg* und *Das Meditationshandbuch*.

Langri Tangpa, Geshe (1054 – 1123 n. Chr.) Ein großer Kadampa-Bodhisattva, der für seine Realisation des Austauschens vom Selbst mit anderen berühmt war. Er verfaßte die *Acht Verse der Geistesschulung*. Siehe *Acht Schritte zum Glück*.

Lebewesen Synonym für fühlendes Wesen (tib. «sem chän»). Jedes Wesen, das einen von Verblendungen oder deren Prägungen verunreinigten Geist besitzt. «Fühlendes Wesen» und «Lebewesen» sind Begriffe, um Wesen, deren Geist von den zwei Behinderungen verunreinigt ist, von den Buddhas zu unterscheiden, deren Geist völlig frei von diesen Behinderungen ist.

Leitfaden für die Lebensweise eines Bodhisattvas Ein klassischer Text des Mahayana-Buddhismus, der vom großen indischen buddhistischen Yogi und Gelehrten Shantideva verfaßt wurde und alle Übungen eines Bodhisattvas erläutert, von der anfänglichen Erzeugung von Bodhichitta bis zur Vollendung der Praxis der Sechs Vollkommenheiten. Ein vollständiger Kommentar ist in *Sinnvoll zu betrachten* enthalten.

Lojong Siehe *Geistesschulung*.

Madhyamika Die höhere der zwei Schulen der Mahayana-Lehrsätze. Die Madhyamika-Sicht wurde von Buddha in den *Sutras der Vollkommenheit der Weisheit* während der zweiten Drehung des Dharma-Rades gelehrt. Später wurde diese Sicht von Nagarjuna und seinen Anhängern weiter erläutert. Diese Schule ist unterteilt in die Madhyamika-Svatantrika und die Madhyamika-Prasangika, wobei die letztere Buddhas endgültige Sicht ist. Siehe *Sinnvoll zu betrachten* und *Ozean von Nektar*.

Mahamudra Ein Sanskrit-Begriff, der wörtlich «Großes Siegel» bedeutet. Gemäß Sutra bezieht es sich auf die tiefgründige Sicht der Leerheit. Da Leerheit die Natur aller Phänomene ist, wird sie ein «Siegel» genannt, und da uns eine direkte Realisation der Leerheit befähigt, das große Ziel zu erreichen – die vollständige Befreiung von den Leiden Samsaras – wird sie auch «groß» genannt. Gemäß dem Geheimen Mantra ist das Große Siegel die Vereinigung von spontaner Großer Glückseligkeit und Leerheit. Siehe *Große Schatzkammer der Verdienste* und *Das Klare Licht der Glückseligkeit*.

Mahayana Sanskritwort für «Großes Fahrzeug», den spirituellen Pfad zur großen Erleuchtung. Das Mahayana-Ziel ist es, Buddhaschaft zum Wohl aller fühlenden Wesen zu erlangen, indem alle Verblendungen und deren Prägungen vollständig aufgegeben werden. Siehe *Freudvoller Weg*.

Maitreya Die Verkörperung der liebenden Güte aller Buddhas. Zur Zeit Buddha Shakyamunis manifestierte er sich als Bodhisattva-

Schüler. In der Zukunft wird er sich als fünfter universaler Buddha manifestieren.

Mala Ein Rosenkranz zum Zählen von Gebeten oder Mantras bei der Rezitation.

Manjushri Die Verkörperung der Weisheit aller Buddhas. Siehe *Große Schatzkammer der Verdienste* und *Herzjuwel*.

Mantra Sanskrit-Begriff, der wörtlich «Geistesschutz» bedeutet. Mantra beschützt den Geist vor gewöhnlichen Erscheinungen und Vorstellungen. Siehe *Tantrische Ebenen und Pfade*.

Mara / Dämon Mara bedeutet «Dämon» auf Sanskrit und bezieht sich auf alles, was die Erlangung der Befreiung oder Erleuchtung behindert. Es gibt vier Hauptarten von Dämonen: den Dämon der Verblendungen, den Dämon der verunreinigten Anhäufungen, den Dämon des unkontrollierten Todes und die Devaputra-Dämonen. Nur die letzten dieser Aufzählung sind wirkliche fühlende Wesen. Siehe *Herz der Weisheit*.

Milarepa (1040 – 1123 n. Chr.) Ein großer tibetischer buddhistischer Meditationsmeister und Schüler von Marpa. Berühmt sind seine wunderschönen Lieder der Realisation.

Nagarjuna Ein großer indischer buddhistischer Gelehrter und Meditationsmeister, der das Mahayana im ersten Jahrhundert n. Chr. durch seine Unterweisungen über die *Sutras der Vollkommenheit der Weisheit* wiederbelebte. Siehe *Ozean von Nektar*.

Objekt der Verneinung Ein Objekt, das ausdrücklich verneint wird durch einen Geist, der ein negatives Phänomen realisiert. Auch als «verneintes Objekt» bekannt.

Primärer Geist Ein Erkenner, der hauptsächlich die bloße Wesenheit eines Objektes festhält. Gleichbedeutend mit Bewußtsein. Es gibt sechs Arten von primärem Geist: Augenbewußtsein, Ohrenbewußtsein, Nasenbewußtsein, Zungenbewußtsein, Körperbewußtsein und geistiges Bewußtsein. Jeder Moment des Geistes besteht aus einem primären Geist und verschiedenen geistigen Faktoren.

Ein primärer Geist und seine begleitenden geistigen Faktoren sind dieselbe Wesenheit, haben aber verschiedene Funktionen. Siehe *Den Geist verstehen*.

Realisation Eine stabile und nichtfehlerhafte Erfahrung eines tugendhaften Objektes, die uns unmittelbar vor Leiden schützt. Auch als Verwirklichung bekannt.

Reines Land Eine reine Umgebung, in der es keine Wahren Leiden gibt. Es gibt viele Reine Länder. Tushita zum Beispiel ist das Reine Land von Buddha Maitreya, Sukhavati das Reine Land von Buddha Amitabha und Dakiniland oder Keajra das Reine Land von Buddha Vajrayogini und Buddha Heruka. Siehe *Sinnvoll leben – freudvoll sterben*.

Reinigung Im allgemeinen jede Praxis, die zur Erlangung eines reinen Körpers, einer reinen Rede oder eines reinen Geistes führt. Genauer ist es eine Praxis, um negatives Karma zu reinigen. Siehe *Freudvoller Weg* und *Das Bodhisattva-Gelübde*.

Sechs Vollkommenheiten Die Vollkommenheit des Gebens, der moralischen Disziplin, der Geduld, des Bemühens, der geistigen Stabilisierung und der Weisheit. Sie werden Vollkommenheiten genannt, weil sie durch Bodhichitta motiviert sind. Siehe *Freudvoller Weg*.

Segnung «Jin gyi lab pa» auf Tibetisch. Die Umwandlung unseres Geistes von einem negativen zu einem positiven, von einem unglücklichen zu einem glücklichen Zustand oder von Schwäche zu Stärke durch die Inspiration von heiligen Wesen, wie unserem Spirituellen Meister, den Buddhas und Bodhisattvas.

Sehr subtiler Geist Es gibt verschiedene Ebenen des Geistes: grobe, subtile und sehr subtile. Subtile Geistesarten manifestieren sich, wenn die inneren Winde sich innerhalb des Zentralkanals sammeln und auflösen. Siehe *Das Klare Licht der Glückseligkeit*.

Shantideva (687 – 763 n.Chr.) Großer indischer buddhistischer Gelehrter und Meditationsmeister. Er verfaßte den *Leitfaden für die Lebensweise eines Bodhisattvas*. Siehe *Sinnvoll zu betrachten*.

Shariputra Einer von Buddha Shakyamunis bedeutendsten Schülern.

Spiritueller Meister «Guru» auf Sanskrit, «Lama» auf Tibetisch. Ein Lehrer, der uns entlang des spirituellen Pfades führt. Siehe *Freudvoller Weg*.

Stufen des Pfades Siehe *Lamrim*.

Subtile Unbeständigkeit Siehe *Unbeständigkeit*.

Sutra Die Lehren Buddhas, die alle praktizieren können. Es braucht dazu keine Ermächtigung. Sie beinhalten Buddhas Unterweisungen der Drei Drehungen des Dharma-Rades.

Sutras der Vollkommenheit der Weisheit Die Sutras der zweiten Drehung des Dharma-Rades, in denen Buddha seine abschließende Sicht der endgültigen Natur aller Phänomene enthüllte – die Leerheit von inhärenter Existenz. Siehe *Herz der Weisheit*.

Tantra Siehe *Geheimes Mantra*.

Tathagata Sanskritwort mit der Bedeutung «ein Wesen, das weiter gegangen ist». Ein anderes Wort für Buddha.

Überlieferungslinie Eine Reihe von Unterweisungen, die von Lehrer zu Schüler weitergegeben worden ist, wobei jeder Guru eigene Erfahrungen der Unterweisungen gewonnen hat, bevor er sie weitergab.

Unbeständigkeit Phänomene sind entweder beständig oder unbeständig. «Unbeständig» bedeutet «momentan». Daher ist ein unbeständiges Phänomen ein Phänomen, das innerhalb eines Momentes erzeugt wird und sich wieder auflöst. Synonyme für unbeständiges Phänomen sind «funktionierende Sache» und «Produkt». Es gibt zwei Arten von Unbeständigkeit: grobe und subtile. Grobe Unbeständigkeit ist jede Unbeständigkeit, die mit einem gewöhnlichen Sinnesgewahrsein erkannt werden kann, zum Beispiel das Altern und der Tod eines fühlenden Wesens. Subtile Unbeständigkeit ist die momentane Auflösung einer funktionierenden Sache.

GLOSSAR

Unterscheidung Ein geistiger Faktor, der die Funktion hat, das außergewöhnliche Zeichen eines Objektes festzuhalten. Siehe *Den Geist verstehen*.

Ursprungsgeist Der sehr subtile Geist, der sich in der Mitte des Herzkanalrades befindet. Er ist als Ursprungsgeist bekannt, weil alle anderen Geistesarten aus ihm entstehen und sich wieder in ihn auflösen.

Vajrayogini Eine weibliche Gottheit des Höchsten Yoga-Tantras, die die Verkörperung der untrennbaren Glückseligkeit und Leerheit ist. Sie ist von der gleichen Natur wie Heruka. Siehe *Führer ins Dakiniland*.

Verbeugung Eine körperliche, sprachliche oder geistige Respektsbezeugung. Siehe *Freudvoller Weg* und *Das Bodhisattva-Gelübde*.

Verdienst Das Glück, das durch tugendhafte Handlungen geschaffen wird. Es ist die potentielle Kraft, unsere guten Qualitäten zu vermehren und Glück zu erzeugen.

Verdienstfeld Im allgemeinen die Drei Juwelen. Genauso wie äußere Samen in einem Feld aus Erde wachsen, so wachsen die inneren Samen, die durch tugendhafte Handlungen geschaffen wurden, in Abhängigkeit des Buddha-Juwels, des Dharma-Juwels und des Sangha-Juwels.

Verpflichtungen Versprechen und Zusicherungen, die gegeben werden, wenn man gewisse spirituelle Übungen ausführt.

Vinaya-Sutras Sutras, in denen Buddha in erster Linie die Praxis der moralischen Disziplin und insbesondere die moralische Disziplin der Pratimoksha erklärt.

Wachsamkeit Ein geistiger Faktor, der eine Art von Weisheit ist, die die Aktivität unseres Körpers, unserer Rede und unseres Geistes untersucht und weiß, ob sich Fehler entwickeln oder nicht. Siehe *Den Geist verstehen*.

Wahres Leiden Ein verunreinigtes Objekt, das durch Verblendungen und Karma geschaffen wurde. Siehe *Freudvoller Weg*.

Wahrheitskörper Der Natur- und der Weisheits-Wahrheitskörper eines Buddhas. Siehe *Körper eines Buddhas*.

Weisheit Ein tugendhafter, intelligenter Geist, der seinen primären Geist dazu führt, sein Objekt gründlich zu realisieren. Eine Weisheit ist ein spiritueller Pfad, der dazu dient, unseren Geist von Verblendungen oder ihren Prägungen zu befreien. Ein Beispiel von Weisheit ist die korrekte Sicht der Leerheit.

Weltliche Belange, die acht Die Objekte der acht weltlichen Belange sind: Glück und Leiden, Reichtum und Armut, Lob und Kritik und guter Ruf und schlechter Ruf. Sie werden «weltliche Belange» genannt, weil weltliche Leute ständig um sie besorgt sind und sich die einen wünschen und versuchen, die anderen zu vermeiden. Siehe *Allumfassendes Mitgefühl* und *Freudvoller Weg*.

Yogi / Yogini Das Sanskritwort «Yogi» bezeichnet im allgemeinen jemanden, der die Vereinigung von Ruhigem Verweilen und Höherem Sehen erlangt hat.

Zuflucht Eigentlicher Schutz. Zufluchtnehmen zu Buddha, Dharma und Sangha bedeutet, Vertrauen in diese Drei Juwelen zu haben und sich auf sie zu verlassen, um Schutz vor allen Ängsten und Leiden zu erhalten. Siehe *Freudvoller Weg*.

Zufriedenheit Mit seinen inneren und äußeren Umständen zufrieden zu sein. Durch eine tugendhafte Absicht motiviert.

Bibliographie

Geshe Kelsang ist ein sehr angesehener Meditationsmeister und Gelehrter der buddhistischen Mahayana-Tradition, die von Je Tsongkhapa gegründet wurde. Seit er im Jahre 1977 in den Westen kam, hat er unermüdlich daran gearbeitet, den reinen Buddhadharma auf der ganzen Welt zu verbreiten. Während dieser Zeit hat er ausführliche Unterweisungen über die wichtigsten Schriften des Mahayana gegeben. Diese Unterweisungen sind zum größten Teil bereits in Englisch und anderen Sprachen veröffentlicht worden und bilden eine umfassende Darstellung der wichtigsten Übungen aus Sutra und Tantra des Mahayana-Buddhismus. In deutscher Sprache sind bereits erschienen:

Bücher

Acht Schritte zum Glück Der buddhistische Weg der liebenden Güte. (Tharpa Verlag, 2001)
Allumfassendes Mitgefühl Ein Kommentar zur *Geistesschulung in sieben Punkten* des Bodhisattvas Chekhawa. (Tharpa Verlag, 1994)
Einführung in den Buddhismus Eine Erklärung der buddhistischen Lebensweise. (Tharpa Verlag, 2. Auflage 2001)

Freudvoller Weg Der buddhistische Pfad zur Erleuchtung.
(Tharpa Verlag, 1998)
Den Geist verstehen (Lorig) Eine Erklärung der Natur und der Funktionen des Geistes. (Tharpa Verlag, 1997)
Herz der Weisheit Die essentiellen Weisheitslehren Buddhas.
(Tharpa Verlag, 1997)
Herzjuwel Die essentiellen Übungen des Kadampa-Buddhismus.
(Tharpa Verlag, 1996)
Das Meditationshandbuch Ein praktischer Führer zur buddhistischen Meditation. (Tharpa Verlag, 1995)
Sinnvoll zu betrachten Die Lebensweise eines Bodhisattvas. (Tharpa Verlag, 2000)
Verwandle dein Leben Eine glückselige Reise. (Tharpa Verlag, 2002)

Sadhanas

Geshe Kelsang beaufsichtigt auch die Übersetzung einer Reihe wichtiger Sadhanas. Die folgenden sind bereits veröffentlicht:

Avalokiteshvara-Sadhana Gebete und Bitten an den Buddha des Mitgefühls.
Befreiung von Leid Gebete und Bitten an die einundzwanzig Taras.
Dakini-Yoga Der Guru-Yoga in sechs Sitzungen in Verbindung mit der Selbsterzeugung als Vajrayogini.
Darbringung an den Spirituellen Meister (Lama Chöpa) Eine besondere Guru-Yoga-Praxis der Tradition Je Tsongkhapas.
Essenz des Glücks Gebete der sechs vorbereitenden Übungen für die Meditation über die Stufen des Pfades zur Erleuchtung.
Essenz des Vajrayana Das Sadhana des Heruka-Körper-Mandalas nach dem System von Mahasiddha Ghantapa.
Fest der Großen Glückseligkeit Vajrayogini-Selbsteinweihungs-Sadhana.
Gebete für die Meditation Kurze vorbereitende Gebete für die Meditation.
Große Befreiung der Mutter Vorbereitende Gebete für die Mahamudra-Meditation in Verbindung mit der Vajrayogini-Praxis.
Große Mitfühlende Mutter Das Sadhana von Arya Tara.

Die Große Mutter Eine Methode, Behinderungen und Hindernisse durch die Rezitation des *Sutra der Essenz der Weisheit (Herz-Sutra)* zu überwinden.

Herzjuwel Der Guru-Yoga von Je Tsongkhapa in Verbindung mit dem zusammengefaßten Sadhana seines Dharma-Beschützers.

Die Kadampa-Lebensweise Essentielle Übungen des Kadampa-Buddhismus.

Klangvolle Trommel siegreich in allen Richtungen Das ausführliche Erfüllungs- und Wiederherstellungsritual des Dharma-Beschützers, des großen Königs Dorje Shugdän, in Verbindung mit Mahakala, Kalarupa, Kalindewi und anderen Dharma-Beschützern.

Meditation und Rezitation des Vajrasattva.

Medizin-Guru-Sadhana Eine Methode, an die Versammlung der sieben Medizin-Gurus Bitten zu richten.

Ein reines Leben Die Praxis der acht Mahayana-Grundsätze.

Schatzkammer der Weisheit Das Sadhana des Ehrwürdigen Manjushri.

Der schnelle Pfad zur Großen Glückseligkeit Vajrayogini-Selbsterzeugungs-Sadhana.

Tropfen des essentiellen Nektars Eine besondere Fasten- und Reinigungspraxis in Verbindung mit dem Elfgesichtigen Avalokiteshvara.

Tiefempfundene Gebete Trauerfeier für Beerdigungen und Kremationen.

Vajra-Held-Yoga Eine kurze essentielle Praxis der Selbsterzeugung des Heruka-Körper-Mandalas und Zusammengefaßter Yoga der sechs Sitzungen.

Versammlung von Glück Die Tsog-Darbringung an das Heruka-Körper-Mandala.

Wunscherfüllendes Juwel Der Guru-Yoga von Je Tsongkhapa in Verbindung mit dem Sadhana seines Dharma-Beschützers.

Der Yoga von Buddha Amitayus Eine besondere Methode, Lebenszeit, Weisheit und Verdienste zu vergrößern.

Die Zeremonien der Mahayana-Zuflucht und der Bodhisattva-Gelübde.

Zusammenfassung von Essenz des Vajrayana Zusammenfassung des Sadhanas für die Selbsterzeugung des Heruka-Körper-Mandalas.

Alle unsere Artikel oder einen Katalog können Sie
bestellen unter:

Tharpa Verlag AG, Dennlerstrasse 38
CH-8047 Zürich, Tel. (0041)-(0)1-401 02 20
E-Mail: info@tharpa.net

Tharpa Verlag AG, Schmiljanstr. 22
D-12161 Berlin, Tel. (0049)-(0)30-859 65 573
E-Mail: info@tharpa.de

Tharpa Verlag AG, St. Ulrichsplatz 4
A-1070 Wien, Tel. (0043)-(0)1-914 46 13
E-Mail: info@tharpa.net

www.tharpa.net

Die Studienprogramme des Kadampa-Buddhismus

Der Kadampa-Buddhismus ist eine Schule des Mahayana-Buddhismus. Er wurde vom großen indischen buddhistischen Meister Atisha (982 – 1054 n. Chr.) ins Leben gerufen. Seine Anhänger heißen Kadampas: «Ka» bedeutet Wort und bezieht sich auf die Unterweisungen Buddhas. «Dam» bezieht sich auf die besonderen Lamrim-Unterweisungen, die als die Stufen des Pfades zur Erleuchtung bekannt sind. Kadampa-Buddhisten integrieren das Wissen aller Unterweisungen Buddhas in ihre Lamrim-Praxis, und indem sie dieses Wissen in ihrem Alltag anwenden, benutzen sie alle Unterweisungen Buddhas als praktische Methoden, um die täglichen Handlungen in den Pfad zur Erleuchtung umzuwandeln. Die großen Kadampa-Lehrer sind nicht nur als große Gelehrte, sondern auch als spirituell Praktizierende von außerordentlicher Reinheit und Aufrichtigkeit bekannt.

Die Überlieferungslinien dieser Lehren – die mündliche Überlieferung sowie die Segnungen – wurden jeweils von Lehrer an Schüler weitergeben und fanden in weiten Teilen Asiens Verbreitung und heutzutage fassen sie auch in vielen Ländern der westlichen Welt Fuß. Die Lehre Buddhas – der Dharma – wird mit einem Rad verglichen, das sich von einem Land zum anderen bewegt in Übereinstimmung mit den sich verändernden Bedingungen und den karmischen Neigungen der Menschen. Die äußere Präsentationsform des Buddhismus mag sich je nach Kultur und Gesellschaft ändern, die Authentizität aber wird durch die Weiterführung der ungebrochenen Überlieferungslinie von realisierten Praktizierenden sichergestellt.

Der angesehene buddhistische Meister, der Ehrwürdige Geshe Kelsang Gyatso, hat den Kadampa-Buddhismus im Jahre 1977 im Westen eingeführt. Seit dieser Zeit arbeitet er unermüdlich daran, den Kadampa-Buddhismus auf der ganzen Welt zu verbreiten, indem er ausführliche Unterweisungen gibt, tiefgründige Texte zum Kadampa-Buddhismus verfaßt und Dharma-Zentren gründet (bis jetzt über 350 weltweit). Jedes Zentrum bietet Studienprogramme zur buddhistischen Psychologie und Philosophie und Anweisungen zur Meditation sowie Retreats (Meditationen in Zurückgezogenheit) für Praktizierende aller Stufen an. Der Schwerpunkt liegt in der Integration der Lehre Buddhas in den Alltag, damit wir unsere Probleme lösen und immerwährenden Frieden und Glück in der Welt verbreiten können.

Der Kadampa-Buddhismus der NKT (Neue Kadampa-Tradition) ist eine vollständig unabhängige buddhistische Tradition und hat keine politische Zugehörigkeit. Er ist ein Zusammenschluß von Zentren und Praktizierenden, die ihre Inspiration und Führung von den Vorbildern und Unterweisungen der alten Meister des Kadampa-Buddhismus herleiten, wie es von Geshe Kelsang gelehrt wird.

Es gibt drei Gründe, die dafür sprechen, daß wir die Lehre Buddhas studieren und praktizieren müssen: um unsere Weisheit zu entwickeln, um unser Mitgefühl zu fördern und um einen friedvollen Geisteszustand zu bewahren. Wenn wir nicht danach streben, unsere Weisheit zu entwickeln, wird uns die endgültige Wahrheit – die wahre Natur der Wirklichkeit – immer verschlossen bleiben. Obwohl wir uns Glück wünschen, bringt uns unsere Unwissenheit dazu, nichttugendhafte Handlungen auszuführen, die die Hauptursache für alle unsere Leiden sind. Wenn wir unser Mitgefühl nicht fördern, zerstört unsere eigensüchtige Motivation die Harmonie und guten Beziehungen zu anderen Lebewesen. Wir finden keinen Frieden und haben keine Chance, reines Glück zu entdecken. Ohne inneren Frieden ist äußerer Frieden nicht möglich. Wenn wir keinen friedvollen Geisteszustand bewahren, sind wir nicht glücklich, selbst unter den besten Bedingungen. Wenn andererseits unser Geist friedvoll ist, sind wir glücklich, auch wenn die äußeren Bedingungen unangenehm sind. Deshalb ist die Entwicklung dieser Qualitäten von größter Wichtigkeit für unser tägliches Glück.

Geshe Kelsang Gyatso oder Geshe-la, wie er liebevoll von seinen Schülern genannt wird, hat drei besondere spirituelle Programme für das systematische Studium und die Praxis des Kadampa-Buddhismus zusammengestellt. Diese Programme sind besonders gut für den modernen Lebensstil geeignet. Es sind: das Allgemeine Programm (AP), das Grundlagenprogramm (GP) und das Lehrerausbildungsprogramm (LAP).

ALLGEMEINES PROGRAMM

Das Allgemeine Programm vermittelt eine grundlegende Einführung in die buddhistische Sichtweise, Meditation und Praxis. Es ist besonders für Anfänger geeignet, umfaßt aber auch fortgeschrittene Unterweisungen und Übungen aus Sutra und Tantra.

GRUNDLAGENPROGRAMM

Das Grundlagenprogramm bietet die Möglichkeit, unser Verständnis und unsere Erfahrung des Buddhismus durch das systematische Studium von fünf Texten zu vertiefen:

1. *Freudvoller Weg*, ein Kommentar zu Atishas Lamrim-Text die *Stufen des Pfades zur Erleuchtung*.
2. *Allumfassendes Mitgefühl*, ein Kommentar zu Bodhisattva Chekhawas *Geistesschulung in sieben Punkten*.
3. *Herz der Weisheit*, ein Kommentar zum *Herz-Sutra*.
4. *Sinnvoll zu betrachten*, ein Kommentar zu Shantidevas *Leitfaden für die Lebensweise eines Bodhisattvas*.

5. *Den Geist verstehen*, eine ausführliche Erklärung des Geistes, die auf den Werken der buddhistischen Gelehrten Dharmakirti und Dignaga basiert.

Das Studium und die Praxis dieser Texte bringt uns viele Vorteile:

(1) *Freudvoller Weg* – Wir erlangen die Fähigkeit, alle Unterweisungen Buddhas, sowohl Sutra als auch Tantra, in die Praxis umzusetzen. Wir können leicht Fortschritte erzielen und die Stufen des Pfades zum höchsten Glück der Erleuchtung vollenden. Von einem praktischen Standpunkt aus betrachtet, ist Lamrim der Hauptteil der Lehre Buddhas, ähnlich einem Stamm, und die anderen Unterweisungen gleichen Zweigen.

(2) *Allumfassendes Mitgefühl* – Wir erlangen die Fähigkeit, alle Unterweisungen Buddhas in unser Leben zu integrieren und alle unsere Probleme zu lösen.

(3) *Herz der Weisheit* – Wir erlangen eine Realisation der endgültigen Natur der Wirklichkeit. Durch diese Realisation können wir die Unwissenheit des Festhaltens am Selbst beseitigen, die die Wurzel unseres gesamten Leidens ist.

(4) *Sinnvoll zu betrachten* – Wir verwandeln unsere täglichen Aktivitäten in die Lebensweise eines Bodhisattvas. Damit wird jeder Moment unseres Lebens bedeutungsvoll.

(5) *Den Geist verstehen* – Wir verstehen die Beziehung zwischen unserem Geist und den äußeren Objekten. Wenn wir verstehen, daß die Objekte von unserem subjektiven Geist abhängen, können wir die Art und Weise, wie uns Objekte erscheinen, verändern, indem wir unseren Geist verändern. Allmählich erlangen wir die Fähigkeit, unseren Geist zu kontrollieren und auf diese Weise alle unsere Probleme zu lösen.

LEHRERAUSBILDUNGSPROGRAMM

Das Lehrerausbildungsprogramm ist für diejenigen bestimmt, die sich zu authentischen Dharma-Lehrern ausbilden lassen wollen. In

Ergänzung zum Studium von zwölf Texten aus Sutra und Tantra – die oben erwähnten Texte sind darin enthalten – werden an die Schülerinnen und Schüler gewisse Anforderungen bezüglich Verhalten und Lebensweise gestellt, und zudem müssen sie eine bestimmte Anzahl von Meditations-Retreats absolvieren.

Alle Zentren des Kadampa-Buddhismus sind der Öffentlichkeit zugänglich. Jedes Jahr finden mehrere Festivals statt, darunter zwei in England, wo sich Menschen aus der ganzen Welt treffen, um besondere Unterweisungen und Ermächtigungen zu empfangen und einen spirituellen Urlaub zu verbringen. Besuchen Sie uns – Sie sind jederzeit willkommen!

Weitere Informationen unter:

Im deutschsprachigen Raum

Tharpa Verlag, Dennlerstrasse 38,
8047 Zürich, Schweiz, Tel. (0041)-(0)1-401 02 20
E-Mail: info@tharpa.net

Tharpa Verlag AG, Schmiljanstr. 22, D-12161 Berlin,
Deutschland, Tel. (0049)-(0)30-859 65 573
E-Mail: info@tharpa.de

Tharpa Verlag AG, St. Ulrichsplatz 4, A-1070 Wien,
Österreich, Tel. (0043)-(0)1-914 46 13
E-Mail: info@tharpa.net

International

James Belither, NKT Office, Conishead Priory, Ulverston,
Cumbria, LA12 9QQ, Großbritannien,
Tel./Fax (0044)-(0)1229-588533, E-Mail: kadampa@dircon.co.uk

www.buddhismus.net

Index

Der Buchstabe «G» verweist auf einen Eintrag im Glossar

A

abhängige Beziehung 310, 381, 402-03
Ablenkungen 59, 412-13
 vertreiben 101, 170, 261, 348-50
abschließende Handlung 64-65
Absicht (siehe auch Motivation) 188, 299, 308, G
Abstammung 187, G
acht Extreme 307-13, 317
Achtsamkeit 46, 102, 185, 364, G
allgemeines Bild 256, 304, G
 von Leerheit 305, 307
Allumfassendes Mitgefühl 227
allwissende Weisheit 21, 110, 226
Altern 38, 73-76, 98
Analogie von schmutzigem Wasser 10, 140

andere schätzen (siehe auch wertschätzende Liebe) 111-15, 202
 Hindernis für 150, 174
 Vorteile 115, 123-29, 139, 178, 192
anderen nutzen 12, 176, 186, 188
anfangslose Zeit 60, 113, 135, 166, G
Anhaftung 7-8, 164, 204, 269, 282, G
 an Besitz usw. 78-79, 347
 an Freunde 79, 124, 170, 200, 208, 347
 an Ruf/Ruhm 170, 409-10
 aufgeben 97-99, 146, 180, 257, 281, 327
 Objekt von 281, 298, 309, 323, 404
 und Liebe 99, 134, 171, 208, 221, 404

Ursache von 168, 312
anschließender Erkenner 306, G
Armut 54, 60, 172, 228, 230
Asanga 159, 209-10, 212, G
Atemmeditation 260-62, 348-50
Atisha 90, 187, 237, 268, G
Atishas Assistent 145, 146, 397
Aufmerksamkeit 299, G
äußere Umstände 11, 84, 347
   abhängig vom Geist 170,
      212, 296, 376
   und Glück 5, 19, 208, 349-50,
      410
äußeres Objekt 9, 291
außerkörperliche Erfahrung 26
Ausstrahlungen/Emanationen
   158-59, 210, 212, G
Austauschen vom Selbst mit
   anderen 118, 163-195, 285,
   419
   eigentliche Praxis 192-95
   Wie ist es möglich? 189-92
Auto 6, 114, 290, 309, 315-16
Avalokiteshvara 29, 262, 321

B

Bardo (siehe Zwischenzustand)
Bardo-Wesen 116
Basis der Zuschreibung 315, G
   für das Ich 149, 191, 194, 311
   für den Geist 299
Befreiung (siehe auch Nirvana)
   20, 48, 61, 220, 247, 255
   suchen (siehe auch Ent-
      sagung) 35, 69, 223, 248

Begehren/Wünsche 81-85, 95,
   164, 170, 204, 366
Begierdebereich 59, G
begrifflicher Gedanke 140, 149,
   256, 306-07, G
Behinderungen zur Allwissenheit 279, G
Behinderungen zur Befreiung
   279, G
Bemühen 48, 91, 100-03, 178,
   186, 230
Ben Gungyal 141-42, 178
Berg-Analogie 191
Bescheidenheit 155-60
Besitz 78, 84, 109-10, 157, 283,
   347
   Ursache von 408, 420
beständiges Phänomen, Extrem
   310
Bewußtseinsübertragung 25
Beziehungen 136, 219, 225,
   359-60, 404
   verbessern 95, 124, 371
bloße Erscheinung 298, 327
   und Leerheit 306, 324
   wie ein Traum 9, 27, 211,
      287-88, 309, 314-15, 329
bloße Zuschreibung (siehe
   Zuschreibung)
bloßer Name 294, 297, 306
Bodhi-Baum 221
Bodhichitta (siehe auch endgültiger Bodhichitta) 227,
   252, 267-74, 357, 407, 421
   aus Austauschen vom Selbst
      mit anderen 143, 187, 267-68

Bedingungen für 273
erzeugen 270-74
Hindernis für 174, 398, 408
konventioneller 277-78, 306
künstlicher/spontaner 271
Ursachen von 134, 144, 245, 273
Vorteile von 268-69
Bodhisattva-Gelübde 175, 407
Bodhisattva-Pfad (siehe auch spiritueller Pfad, zur Erleuchtung) 128
Bodhisattvas 111, 129, 235, 239 263, 357
  Höhere 277, 317
  ihre Art zu sehen 138, 260, 362, 416
  Kräfte der 246, 252
Buddha-Juwel 90, 200
Buddha-Natur/-Samen 112, 152-53, 199-200, 226-27, 278
Buddhas (siehe auch Shakyamuni, Buddha) 110, 158-59, 174, 177, 233, 246
  ihre Sichtweise 148, 149, 165
  konventionell existierend 298
  Funktion 229
  Qualitäten 147, 193, 270-71, 318, 416, 417-18
  tantrische 191
Buddhaschaft (siehe Erleuchtung)
Buddhismus
  Kadampa- 237
  Mahayana- 201, G

C

Chekhawa, Geshe 181, 210, 368, G

D

Darbringungen 357, 416, 418
degenerierte Zeiten 227, 421, G
Den Geist verstehen 21
Dharma (siehe auch Dharma-Juwel; Unterweisungen) 269, 381, 410, 414, G
Dharma-Buch 93-94, 229
Dharma-Juwel 90, 200
Dharmakaya 278
Dharmarakshita 227, 234
die Niederlage annehmen und den Sieg anbieten 233-41
Direktwahrnehmer 316, G
drei Hauptaspekte des Pfades, Die 427, 435-38
Drei Juwelen 90, 200, 357, 401, 416

E

Einfühlungsvermögen 194, 206
Einkaufs-Analogie 184
Einsamkeit 124, 202, 218
Einzahl, Extrem 311-12
Elemente, vier 44, G
endgültige Natur (siehe auch endgültige Wahrheit) 278
endgültige Suche 290
endgültige Wahrheit (siehe auch Leerheit) 48, 247, 274, 277-329

endgültiger Bodhichitta 277-78
Ensäpa 89
Entsagung (siehe auch Befreiung, suchen) 85, 97, 227
   erzeugen 180, 223, 380
   Hindernis für 374-75, 412
erleuchtetes Wesen (siehe auch Buddhas) 110
Erleuchtung 110-13
   erlangen 134, 143, 206, 255, 420, 421
   Glück der 177, 279
   Hindernis für 174
   Ursachen der 122, 416
Erleuchtungsgeist (siehe Bodhichitta)
Erscheinung (siehe auch inhärente Erscheinung, Erscheinung von; bloße Erscheinung) 308
   dualistische 321
   fehlerhaft 110, 279, 317, 323
   karmisch 287, 308
   Traum 9, 287-88, 308, 314-15, 327
erzeugter Raum 325
erzeugtes Phänomen, Extrem 307-09
Erzeugungsstufe 191, G
Essen 5, 45
Extreme von Materialismus und Spiritualität 11
Extreme, acht 307-13, 317

F

falsche Vorstellung 279
falsches Gewahrsein 165, 306

Familie 6, 112, 133, 199, 402, 403-04
Faulheit 42, 102, 230
   der Anhaftung 36
Fehlen von inhärenter Existenz (siehe Leerheit)
Fehler 93, 134, 135-36, 176, 392
   von anderen 137-39, 148-52, 363
Feinde 120, 133, 158, 223, 361-62, 409
   Güte der 223-24, 397, 414-15
   innere 148, 181, 364, 380,
Feindzerstörer 167, G
Festhalten am Selbst 211, 381
   aufgeben 48, 279, 281, 421
   Ergebnis von 52, 235, 279, 376, 387
   und Selbst-Wertschätzung 135, 166-67, 320
   von eigenem Selbst 62-63, 72, 111, 135, 300-01, 305
   von Körper 190, 291, 296
   zwei Arten von 279-80
Formbereich 59, G
Formkörper 278, G
formloser Bereich 59, G
Fremde 114, 120, 133
Freudvoller Weg 237, 269
Freunde (siehe auch Anhaftung, an Freunde) 6, 113, 114, 224-25, 402, 407
   abhängig von Geist 120, 158, 208, 362
   Mitgefühl für 133-34, 199, 202
   unbeständig 79, 223, 228, 283, 403
Freundlicher Brief 189

Frustration/Enttäuschung 8,
    81, 173, 366, 369
fühlende Wesen (siehe Lebewesen)
Führer ins Dakiniland 192
funktionierende Sache
    309, G

G

Gampopa 248
Geben 47-48, 144-45, 406, 414,
    416
  Ergebnis von 96, 230
  mittels Liebe 258-60
  unser Leben 237-38
Gebet 250, 252
Gebete für die Meditation
    335-39
Geburt 70-72, 117
Geduld 48, 145, 171, 223-24,
    230, 356-421
  der Nichtvergeltung 372,
    387-420, 421
  Ergebnisse 389, 420
  freiwillig Leiden anzunehmen 233, 249, 368,
    372-80, 420
  mit Praxis 183
  entschieden über Dharma
    nachzudenken 372, 381-87,
    421
  mit uns selbst 151
Gefühl 299, G
  angenehm 218-19
  unangenehm 9, 375

Gegenmittel gegen Verblendungen 141-42, 180, 283
Geheimes Mantra 191, 255, G
Geist (siehe auch die verschiedenen Arten) 17-21, 149
    211, 299
  anfangsloser 98, 119
  Ebenen von 20
  fehlerhaft/nichtfehlerhaft
    166, 305, 314, 317, 324
  konventionell existierender
    298
  primärer 21, 299, G
  rein/nichtverunreinigt 85,
    140, 211, 317
  Schöpfer von allem 255
  sehr subtiler 21, 26
  Traum-/Wach- 287-88,
    327-28
  und Ich 302
  und Körper 17-18, 25-26, 27
  und Objekt 9, 210-11, 299
  unrein/verunreinigt 60,
    158, 211
  Ursprungs- 140
Geist umwandeln, den (siehe
    auch kontrollieren des
    Geistes) 9, 19, 47
Geister (siehe auch Hungrige
    Geister) 81, 221
Geistesfrieden 5, 212, 247, 285
  immerwährender (siehe
    auch Befreiung) 19, 111,
    297, 348
  Ursache von 48, 173, 345
  zerstören 278, 358

Geisteskontinuum (siehe auch Geist) 21, 25, 119, 149, 178
Geistesschulung in sieben Punkten 175, 180, 299, 327, G
Geistesschulung vii, 47, 189, 195, 241
  Hauptzweck 155
  Praktizierende 263
geistige Faktoren 21, 299, G
geistiges Gewahrsein 255
Gelübde G
  Bodhisattva- 175, 407
Geschichte der wütenden alten Frau 361
Geschmeidigkeit 101
Geshe 142, 186, 248, 251, G
Gesundheit 11
Gewohnheit 9-10, 178, 365, 370, 375, 379, 389
gewöhnliches Wesen 25, 135, 144, 158, 167, G
  Erscheinungen von 290-91, 317
Gleichgültigkeit 168, 323
Gleichmut 99-100, 260
Gleichstellen vom Selbst und anderen 115, 155, 180, 285
Glück 109, 212, 235, 346
  aus Wertschätzung 167-68, 176, 185-86, 420
  der Erleuchtung 177, 279
  reines/wahres vii, 53, 110, 208, 218-19, 226
  Ursache von 5-13, 19-20, 286, 417
  zukünftiger Leben 32, 348

glückliche Bereiche (siehe auch höhere Wiedergeburt) 59
Glückseligkeit 59, 177, 259, 375, 411
Götter 58-59, 85, 221, 253
  Langlebens- 101
Gottheit 192, G
Groll 363
Großes Mitgefühl 128, 174, 199-213, 267-68, 273
  Höheres 270
Grundlegende Weisheit 313
gültiger Erkenner 120, 256, 314, 328, G
Gungtang 42
Guru (siehe Spiritueller Meister)
Güte 115-23, 145, 152, 212, 420
  der Mutter 115-20, 151, 194, 201
  von Buddha 147, 417-18,
  von Feinden 223-24, 397, 414-15
  von Tieren 120, 199
gutes Herz 128, 268

H

Halbgötter 58
Halluzination 295
Handlungen und Wirkungen (siehe auch Karma; nichttugendhafte Handlungen; tugendhafte Handlungen) 51-65, 228-30, 385-86
  Arten 57-58, 61-65
  rein/nichtverunreinigt 55

unrein/verunreinigt 52,
62-65, 166, 279, 312
Haß 7, 312, 360
heilige Wesen 125, 158
Held/Heldin 234, 251, 379
Hellsicht 38
Herr des Todes G
Heruka 263, G
Herz der Weisheit 293
Herz-Sutra 321, G
Himmels-Analogie 324-25
Hinayana 167, G
höhere Wiedergeburt (siehe
auch glückliche Bereiche)
64, 96, 138
Höheres Sehen 285, G
Höheres Wesen 200, 278,
316-17, G
Höllenbereich 58, 60, 211, 394
Höllenwesen 60, 64, 85, 204,
206, 253
Hund 96-97, 158, 199
Geschichten 159, 210, 246
Hungrige Geister 60, 64, 85,
204, 206, 253

I

Ich (siehe auch inhärente Existenz, des Ichs) 149, 194,
300-01, 311
konventionell existierendes
305, 318-19
und andere 191, 194
Illusionen 61, 288, 296, 326-27,
385-86

inhärente Existenz (siehe auch
wahre Existenz) 286, 291
des Ichs 62, 122-23, 157, 166,
285, 300-01
des Körpers 294
Erscheinung von 110, 166,
291, 317, 321, 326
innere Winde 20-21, 26, 261,
299, G
Intelligenz 177

J

Je Tsongkhapa 187, 240, 427, G
Jesus 246

K

Kadampa 427, G
–Buddhismus 237
–Geshe 142, 186, 248, 251, G
–Tradition 240, G
Kadampa-Lebensweise, Die 427-38
Kailash 263
Kanäle 20-21, 261, G
Kanalrad 21, G
Karma (siehe auch Handlungen und Wirkungen) 41,
51-65, 144, 405
allgemeine Eigenschaften
53-56
Ergebnisse 57, 398
für dieses Leben 38, 45
kollektives 308
Unterweisungen über 143,
222, 392

karmische Erscheinung 287, 308
karmische Verbindung 154-56, 246, 260
karmisches Potential (siehe Prägungen von Handlungen)
Kharak Gomchen 262, 362
Klares Licht 21, 26, G
Kloster Jampaling 252
Kommen und Gehen, Extreme 310-11
König Chandra 141
Kontakt 299, G
kontrollieren des Geistes (siehe auch Geist umwandeln, den) 10, 19, 346-47, 361
Konvention 298
konventionelle Suche 290
konventionelle Wahrheit 297, 313-20
   falsch 313-15
   grob/subtil 315-16
konventioneller Bodhichitta (siehe Bodhichitta)
Konzentration 48, 76, 101-02, 272, G
Körper 117, 121, 174, 190, 263, 289-90
   göttlicher 191-92
   inhärent existierender 290-91, 294
   konventionell existierender 297
   rein/nichtverunreinigt 53, 85, 394
   Teile von 291-92, 295
   unbeständig 46, 79
   und Geist 17-18, 25-26, 27
   und Ich 149, 302
   unreiner/verunreinigter 81, 393
Körper eines Buddhas G
korrekter Glaube 256
kostbares menschliches Leben vii-viii, 69, 269-70, 405, 410, 427
   endgültiges Ziel 101, 109-12, 377-78, 397
   Sinn 7, 19, 37, 146, 421
   verschwenden 21, 25, 42
Kostbarkeit 135, 144, 212
   von anderen 133, 136, 145, 155-56
   von Buddha 147,
Krankheit 76-78, 81, 98, 234, 283
   des Spirituellen Meisters 246
   heilen 38, 262-63, 296
   Ursache von 5-6, 53, 168, 228, 392
Krebs 148, 202, 282, 366
Krieg 168, 172, 202, 362-63
Kritik 146, 165, 171, 173, 397

L

Lama (siehe auch Spiritueller Meister) 248, G
Lamrim (siehe auch Stufen des Pfades) 184, 248, 427, G
Langri Tangpa 155, 156, 195, G
Lebensspanne 39, 40
Lebensstil 113, 114

Lebewesen 417, G
  zahllose 109, 181, 236, 257, 284
Leerheit (siehe auch Leerheit des Ichs; Realisation von) 61, 277-329, 381
  aller Phänomene 298, 318
  Basen von 322
  der acht Extreme 318-19
  des Geistes 299-300, 383
  des Körpers 249-57, 316-17, 321
  Fehlen von inhärenter Existenz 310, 316
  gleiche Natur 322
  konventionell existierend 298
  raumähnlich 296, 304, 319-20
  studieren 284, 320
  von Schmerz 385
  wahr 316
Leerheit des Ichs 300-05, 318-19
  verneintes Objekt identifizieren 285, 300-01
Leiden (siehe auch Schmerz) 9, 98, 93, 234-35, 240, 246-47
  annehmen (siehe auch Geduld, freiwillig Leiden anzunehmen)
  der Trennung 80, 98, 403
  gute Qualitäten von 248, 380
  manifeste 202-04, 218-19, 247
  Meditation über 202-07, 254, 284
  sich veränderndes 218
  Ursachen von 5-6, 18, 52, 109, 127, 168-73, 218-19, 394-95
  von Menschen 69-85, 206, 254, 283-84, 403
  von Tieren 85, 203-04, 206, 254
  wahre 69, G
  Wurzel von 111, 376, 387
Leitfaden für die Lebensweise eines Bodhisattvas 137, 147, 190, 194, 289, 317, 356, 368, G
Liebe 99-100, 152, 154, 201-02, 416
  drei Arten 217
  für das Selbst 175
  reine 171, 188, 221
  und Anhaftung 99, 134, 171, 208, 221, 404
  Ursachen von 138, 144
  von Buddha 149, 221
  Vorteile 221
liebende Güte 124, 158
Lob 407, 409, 411
Lojong (siehe Geistesschulung)
Luftspiegelung 8, 288, 297, 385

M

Madhyamika-Prasangika 292, G
Mahamudra 248, G
Mahayana G
  –Buddhismus 201
  –Pfad (siehe auch Bodhisattva-Pfad) 174

Maitreya 159, 210, 212, G
Maitriyogi 246
Mala 252, G
Manifestation 309
Manjushri 187, 252, 427, G
Mantra 29-30, 93, G
Mara/Dämon 208-09, 221, G
Maus 173, 204, 259
Meditation 101, 184, 238, 345-50
   Adler-Analogie 319-20
   analytische & verweilende 345-46
   Atem- 260-62, 350-52
   Hindernis für 76
   Objekt der 346
Meditationspause 272-73
   Praktizieren von Leerheit 281, 326-29
Meditationssitzung 154, 272-73
Mehrzahl, Extrem 311-12
menschliche Wiedergeburt (siehe auch kostbares menschliches Leben) 58, 64, 69, 138, 221, 257
   Leiden 69-85, 206, 253, 283-84, 403
Methodenübungen 227, 278
Milarepa 248, G
   Geschichten aus dem Leben von 226, 246, 324-25
   Zitate 41-42, 73, 229, 325
Mitgefühl (siehe auch Großes Mitgefühl) 149, 169, 199-213, 227
   Definition 200
   eines Buddhas 128, 149, 177, 200
   erzeugen 201-07, 253-54, 380, 387, 421
   und Weisheit 236-37
   Ursache von 112, 134, 138, 201-02, 206
   Vorteile von 200
mittlerer Weg 11
moralische Disziplin 47, 96, 101-02, 127, 223, 230
   verunreinigte 62
Motivation (siehe auch Absicht) 121, 192, 239, 260, 273
   für Meditation über Leerheit 284
Mutter 70-71, 156, 158
   des Autors 28-30, 263
   Güte von 115-20, 151, 201, 420

N

Nagarjuna 45, 46, 96, 189, 313, G
Nehmen 234, 248-58, 261-62
   eigenes Leiden 249-51
   eigentliche Meditation 252-58
   Vorteile 251-52, 254
Nehmen und Geben 233, 245-63, 267
   auf dem Atem 260-62
   Vorteile 245-46, 261-63

Neid/Eifersucht 55, 79, 99,
  124, 269, 412
  überwinden 100, 146, 406-09
neutrale Handlungen 53, 62
Nichtanhaftung 97-99
nichtbestätigendes negatives
  Phänomen 326
nichterzeugter Raum 310,
  325-26
Nichthaß 99-100
nichts 278, 328
nichttugendhafte Handlungen
  62, 89, 94, 150, 374
  Ursache von 52, 111, 114-15,
    127, 168, 172-73
  Wirkungen von 52, 53-54,
    127, 137, 227-28, 233
  zehn, die 62
niedere Bereiche 59, 96, 404,
  405, 409
niedere Wiedergeburt 63, 137,
  173
Nirvana (siehe auch Befreiung)
  7, 11, 13, 54, 85, 190

O

Objekt 211
  äußeres 9, 291
  beobachtetes 165, 277, G
  der Meditation 346
  der Verblendung 298
  der Verneinung 285, 326, G
  tugendhaftes/nichttugend-
    haftes 345
  unwahres 313-14
  vorgestelltes/reales 256
Ozean von Nektar 326

P

Palden, Geshe 252
Pfad (siehe spiritueller
  Pfad)
positives Phänomen 326
Potential (siehe auch Buddha-
  Natur/Samen; Prägungen
  von Handlungen) viii,
  112, 140, 152-53,
  199-200
Prägungen des Festhaltens
  am Selbst 166, 167, 288,
  300, 306, 317
Prägungen von Handlungen
  52, 79, 308, 376
Probleme 35, 226, 350
  Geduld mit 233-34, 373
  im Geist 8, 20, 240, 268-69,
    371
  lösen viii, 6, 20, 123, 143,
    185, 257
  Ursache von 63, 84, 172,
    227-28, 278-79, 280
Projektion 8, 291, 298, 327

Q

Qualitäten (siehe auch
  Buddhas, Qualitäten von;
  Leiden, gute Qualitäten
  von) 135, 138, 160, 268
  von anderen 136, 138

R

Rad der scharfen Waffen 227
Rat aus dem Herzen Atishas 138, 427, 429
raumähnliches meditatives Gleichgewicht über Leerheit 319
Realisation von Leerheit (siehe auch endgültiger Bodhichitta) 85, 283-86, 300, 318-20
   ausmerzen vom Festhalten am Selbst 48, 180, 365, 381
   begriffliche 305, 306
Realisationen viii, 13, 145, 157, 187, 195, G
   Ursache für 89, 96, 113, 146, 157, 255
realisiertes Wesen 158
Regenbogen 309, 311, 328
Reichtum 82, 145, 157, 400
   als Hindernis 6, 170, 207-08, 412
   innerer 207-13, 397
   Ursache von 408, 410, 420
Reines Land 210, 257, 263, G
Reinigung 56, 223, 229
   durch Geduld 376, 397
   durch Mitgefühl 210
   durch Nehmen 249, 257, 262-63
   Ergebnis 140, 158, 185
Reinigung des Geistes (siehe Reinigung; Geist umwandeln, den)
Reinkarnation (siehe auch Wiedergeburt) 25-32
Religion 125, 312
Resultat in den Pfad bringen 255
Rücksicht auf andere 94-97, 124-26, 195
Ruf/Ansehen 92, 156, 399, 401, 409-10

S

Salzwasser-Analogie 170, 219
Samen der Verblendungen 180
Samsara 69-85, 220, 223, 421
   anfangslos 60, 98
   endlos 65, 70
   Fehler von 206, 367, 369, 372, 374, 403
   Ursprung von 165, 167, 235, 279, 312
Sangha-Juwel 90, 200
Schamgefühl 94-97
schlafen, träumen und aufwachen 26-27, 57
Schmerz (siehe auch Leiden) 9, 165, 240, 373, 381, 384-85
   manifester 202, 218-19, 247
Schuld 84, 136, 228, 269, 361, 363
   der Selbst-Wertschätzung 182
   der Verblendungen 151, 395
Schuldgefühle/Schuld 151, 181-82
Schulen buddhistischer Philosophie 292
Schutz 41, 79, 91, 99, 221, 392

sechs Bereiche 57-61, 172, 253
Sechs Vollkommenheiten 144, 273-74
Segnungen 10, 160, 229, 247, 260, 285, G
   Zweck der 185, 187, 246-47
Selbst (siehe Ich)
Selbstachtung 175
Selbstmord 25, 170, 388
Selbstvertrauen 139, 175
Selbst-Wertschätzung 113, 151, 235, 249
   aufgeben 114-15, 154, 163, 178-89, 239, 421
   eines Feindzerstörers 167
   erkennen 164-66, 178
   Fehler der 114-15, 139, 167-77, 181, 193
   Gegenmittel gegen 146, 360
   Objekt von 135, 157, 165, 189-90
   und Festhalten am Selbst 135, 166, 304
Serlingpa 268
Shakyamuni, Buddha 187, 228, 250, 312, 418
   frühere Leben 418
   Geschichten aus dem Leben 54-55, 221
   Zitate 102, 139, 152, 220, 415, 416
Shantideva 167, 187, 248, 356, 427, G
Shariputra 280, G
sich erfreuen 95, 125, 406-09
Sinnesgewahrsein 255, 286

Sinnvoll zu betrachten 195, 269
Soldaten-Analogie 378
Sorgen 9, 240
Spiegel des Dharmas 93, 134-43
spirituelle Praxis 40-43, 183-84, 236, 379
   Essenz 16, 47, 200, 414
   Hindernis für 36, 75, 209, 230, 238
   und tägliches Leben 272-73
   Zweck 7, 9, 20
spiritueller Fortschritt 97, 122, 224, 356, 381, 398
Spiritueller Meister 126, 187, 246, 248, 402, G
   andere sehen als 222-23, 229, 413
   Dharma-Buch als 94
   Funktion von 142
spiritueller Pfad 36, 61, 89, 102, 212, 272-73
   höherer 277-78
   zur Erleuchtung 113, 174, 414
stehlen 54, 228, 395
Stolz 92, 135, 137-38, 159-60, 412
   aufgeben 138, 380
Streß 350, 373
Stufen des Pfades (siehe auch Lamrim) viii, 184, 227
   Gebet 337-38
Sutra 228, 318, G
Sutra der hundert Taten 228
Sutras der Vollkommenheit der Weisheit 313, G
   in achttausend Zeilen 280

T

tägliches Leben 272-73
Tantra 191, 255, 318, G
Tantrische Ebenen und Pfade 192
Tathagata 419, G
täuschende Wahrheit 294-95, 313-14
Teekrug-Geschichte 30-32
Tiere vii, 112, 230, 259
  Güte der Tiere 120, 199
  Leiden der 85, 203-04, 206, 253
Tod 25, 81, 248, 400
  Leiden von 78-80, 80, 98, 202
  Meditation über 35-47
  Prozeß 21, 26
  Realisation von 36
  Ursachen von 44
  vorzeitiger 45
  Zeitpunkt von 57, 63-64
Tod, Zwischenzustand und Wiedergeburt 26-27, 57
Toleranz 181-82, 195
Tor zur Befreiung 36, 61
Töten 94, 228
Traum 26-27, 287-88, 329
  -Analogie 27, 172, 211, 327
  Bedeutung 27-28
  Erscheinungen 9, 287-88, 308, 314-15, 327
  -Geist 287-88
Traurigkeit/Kummer 9, 123, 170, 180, 346-47, 366
  Ursache von 361, 366-67
tugendhafte Handlungen 56, 62, 89
  Auswirkungen von 53, 53
  Ursache von 127, 177

U

Unauffindbarkeit 328, 384
  des Geistes 299-300
  des Ichs 303
  des Körpers 293-94
unbeständiges Phänomen, Extrem 310
Unbeständigkeit 219, 248, G
  subtile 309, G
Unterscheidung 163, 299, G
Unterweisungen 41, 52, 91, 93, 112, 229, 392
  als Heilmittel 143, 247, 283
unwahres Objekt 313-14
Unwissenheit (siehe Festhalten am Selbst)
Unzufriedenheit 81-82, 83-84, 112
Upala 54-55
Ursache und Wirkung
  (siehe auch Karma) 383-84, 385-86, 402

V

Vajrayogini 191-92, G
Verbeugung 416, 419, G
Verblendungen (siehe auch jede einzelne) 7-8, 18-19, 151-52, 212, 345

anfangslos 282, 380
aufgeben 13, 89, 164, 177, 348, 379
erkennen 136, 164, 178-79
Fehler von 35, 148-52, 205, 282, 388
nicht inhärent/innewohnend 9, 140-41, 149
Objekt von 298
Ursprung von 62, 168, 278-79, 288, 312
Verdienste 45, 156-57, 406, G
ansammeln 157, 185, 221, 278, 397, 416
Ergebnis 127, 187, 252, 269, 285
zerstören 356-57, 374-75, 408-09
Verdienstfeld 416, G
Vereinigung der zwei Wahrheiten 320-26
vergangene Leben (siehe auch Wiedergeburt) 125, 282
zahllose 119
Verkündung der Wahrheit 252
verneintes Objekt (siehe Objekt der Verneinung)
Verpflichtungen 96, G
der Geistesschulung 175-76, 240
Vertrauen 89-94, 187, 247, 285, 417
Vertrautheit 180, 192, 262, 271, 379
mit Leerheit 282, 296
mit Selbst-Wertschätzung 135, 153, 165
Vinaya-Sutras 220, 228, G
Vorstellung 255

W

Wachsamkeit 185, 364, G
wahre Existenz (siehe auch inhärente Existenz) 286
Erscheinung von 279, 286, 288
wahre Natur 281, 294
Wahrheit (siehe auch konventionelle Wahrheit; endgültige Wahrheit) 316
Wahrheitskörper 278, G
Weisheit (siehe auch Realisation von Leerheit) 48, 94, 180, 212, 235, G
allwissende 21, 110, 226
Überlieferungslinie 187
Übungen 227
und Mitgefühl 236-37
Weisheit meditativen Gleichgewichtes 277, 317
Weisheits-Buddha (siehe Manjushri)
Welt 6, 40, 46, 163, 327
bloße Erscheinung 211, 287-88
rein/unrein 52-53, 211, 226
Traum/des Wachzustandes 26-27, 287-88, 308, 329
Ursache der 52, 308
Weltfrieden 12
weltliche Belange, die acht G
weltliche Errungenschaften 110, 156, 255
weltliche Vergnügen 44, 76, 77, 218-19, 234, 269-70
Anhaftung an 36
täuschend 82-83, 98, 112

unbeständig 40, 80
Ursache von 96-97
Weltsicht 113, 139
werfende Handlung 63-65
wertschätzende Liebe (siehe
auch andere schätzen) 100,
133, 217, 267
Widmung 56, 260, 357-58
widrige Umstände umwandeln
(siehe auch Geduld,
freiwillig Leiden anzu-
nehmen) 177, 222-30, 251,
405
Wiedergeburt (siehe auch
zukünftige Leben; höhere
Wiedergeburt; niedere
Wiedergeburt; vergangene
Leben) 25-32, 52-61, 98
 anfangslose 69-70, 263
 unkontrollierte 41, 81, 89,
 173
 verunreinigte 58, 65, 69-70
Wiedergeburt als Tier 31, 59-60,
63-65, 96-97, 283
Wunderkräfte 38
wünschende Liebe 100, 217, 258
 Vorteile 221
wunscherfüllendes Juwel 110,
128, 144, 258
Wut 147, 179, 230, 269, 355-421
 aufgeben 11-12, 100, 134,
 146, 281, 327
 Fehler von 6-7, 56, 228,
 356-64, 389
 gegenüber Verblendungen
 182
 Objekt von 208, 298, 323,
 357, 386, 397
 Ursache von 137, 168, 169,
 364-72

Y

Yeshe Ö 237
Yoga des Gleichstellens von
 Samsara und Nirvana 323
Yogi/Yogini 31, 141, 246, G

Z

zahllose Lebewesen 109, 181,
 236, 257, 284, 375
Zauberer-Analogie 281, 288,
 296, 326
Zerfall, Extrem 309
Zorn 391
Zuflucht 90, 111, G
Zufriedenheit 349, G
zukünftige Leben (siehe auch
 Wiedergeburt) 21, 32, 41,
 125, 282, 348
 zahllos 98
zuneigungsvolle Liebe 100, 217
Zuschreibung 298, 305, 308,
 311-12, 316
Zustand jenseits von Leiden 190
zwei Wahrheiten, Vereinigung
 der 320-26
Zweifel 93
Zwischenzustand (siehe auch
 Tod, Zwischenzustand und
 Wiedergeburt) 26-27, 57

Weitere Bücher von Geshe Kelsang Gyatso

FREUDVOLLER WEG

Das vollständige Handbuch für den buddhistischen Pfad zur Erleuchtung

Freudvoller Weg stellt den vollständigen buddhistischen Pfad zur Erleuchtung in einer Form dar, die leicht zu verstehen und in die Praxis umzusetzen ist. Mit Geschichten und bildhaften Beispielen bereichert, zeigt dieses Buch die essentielle Bedeutung aller Unterweisungen Buddhas, und zwar in der Reihenfolge, in der sie praktiziert werden müssen. Es führt schrittweise durch alle Meditationen, die uns zur vollen Erleuchtung bringen. Folgen wir den Anleitungen dieses Buches, können wir unser Leben umwandeln, unser menschliches Potential erfüllen und in uns selbst und anderen eine unbegrenzte Kapazität für Frieden und Glück entdecken.

740 Seiten, 8 Federzeichnungen, Glossar, Bibliographie, Index
gebundene Ausgabe   29.90 / SFR 59.–
ISBN 3-908543-14-2

SINNVOLL ZU BETRACHTEN

Die Lebensweise eines Bodhisattvas

Viele Menschen möchten aus Mitgefühl anderen Lebewesen helfen, aber nur wenige wissen, wie sie diesen Wunsch in ihrem täglichen Leben Wirklichkeit werden lassen. In dieser hoch angesehenen Erklärung des großen buddhistischen Klassikers *Leitfaden für die Lebensweise eines Bodhisattvas* zeigt Geshe Kelsang, wie wir die höchst mitfühlende Motivation eines Bodhisattvas entwickeln und aufrechterhalten können und wie wir dann die eigentlichen Übungen ausführen, die anderen von höchstem Nutzen sind und zur vollen Erleuchtung führen.

548 Seiten, 1 Federzeichnung, Glossar, Bibliographie, Index
gebundene Ausgabe   24.90 / SFR 49.–
ISBN 3-908543-10-X

DAS MEDITATIONSHANDBUCH

Ein praktischer Führer zur buddhistischen Meditation

Dieses Meditationshandbuch zeigt Schritt für Schritt, klar und zweckmäßig, was Meditation ist und wie wir sie in unseren Alltag integrieren können.

Diese inspirierende Einführung in die buddhistische Meditation vermittelt das essentielle Hintergrundwissen der Meditation: Warum wir die Meditation brauchen, wie wir uns für die Meditation vorbereiten und wie wir zu einer erfolgreichen Meditationssitzung kommen. Es werden einundzwanzig leicht verständliche Meditationen vorgestellt, die zusammen den gesamten buddhistischen Pfad zur Erleuchtung bilden.

170 Seiten, 22 Federzeichnungen, Glossar, Bibliographie, Index
gebundene Ausgabe   15.– / SFR 29.50
ISBN 3-908543-00-2